校外教育
活动策划与案例评析

北京市教育学会校外教育研究会 编
武迎选 主编

学苑出版社

图书在版编目（CIP）数据

校外教育活动策划与案例评析.武迎选主编，北京市教育学会校外教育研究会编.—北京：学苑出版社，2012.7(2018年10月重印)

ISBN 978-7-5077-2771-5

Ⅰ．①教… Ⅱ．①武… ②北… Ⅲ．①校外教育－青少年教育－教育工作－北京市 Ⅳ．①G775

中国版本图书馆CIP数据核字(2012)第147256号

责任编辑：任彦霞
出版发行：学苑出版社
社　　址：北京市丰台区南方庄2号院1号楼　100079
网　　址：www.book001.com
电子信箱：xueyuanpress@163.com
联系电话：010-67601101（销售部）、67603091（总编室）
印　刷　厂：北京虎彩文化传播有限公司
开本尺寸：787×1092　1/16
印　　张：23.50
字　　数：425千字
版　　次：2013年4月第1版
印　　次：2018年10月第2次印刷
定　　价：65.00元

编委会

顾　问：王东江　崔向红

主　任：张　萍　史建华

副主任：武迎选

编　委：（按姓氏笔画排序）
王　平　王宣德　王振民　巴文丽　石宝泉　齐　炘　孙宏芳
李　昱　李　滢　宋天乐　祁国章　周　放　周　咪　胡　冰
贾福岐　唐汝明　龚　蕾　葛宜科　虞晓勇　潘　琪

主　编：武迎选

参编作者：（按姓氏笔画排序）
王　颖　王建民　王春妹　王彦斌　王海伶　王海斌　王硕华
王雪艳　王瑛琳　王燕红　牛　琦　马艺元　石宝泉　艾贺荣
田　昕　田冬梅　史建华　代莹莹　匡振然　闫　珉　吕亚琼
任　磊　刘　贺　刘　爽　刘　颖　刘　睿　刘克华　刘铁汉
刘晓宇　刘桂艳　齐　炘　孙　可　苏　华　李　君　李　波
李　勇　李小娜　李晓丽　吴慧杰　肖　毅　张　菁　张　倩
张　蕾　张力慧　张京华　张宗霞　张淑萍　周　咪　周长祐
赵　兴　施　政　贺红梅　秦雪莲　钱　玮　栾昊颖　高英梓
唐汝明　曹雅玉　崔　冰　常晓玲　康　怡　康楠楠　韩文利
焦书祥　隋福中　樊　华　潘　涤

点评专家：（按姓氏笔画排序）
王　平　石宝泉　宋天乐　周　放　唐汝明　虞晓勇

规划校外教师专业成长，促进校外教师专业发展
（代　序）

武迎选

校外教师是青少年学生校外教育发展的第一资源，教师队伍建设在校外教育事业发展格局中一直处于核心的位置。校外教育活动的特点对校外教师专业素质提出了特殊的要求，也提出了科学规划校外教师专业成长的永恒命题。建设师德高尚、结构合理、充满活力、专业水平高的校外教师队伍是新世纪校外教育持续发展的基石。

一、校外教师专业成长

教师作为一种专门的职业，必须经过职前培养，取得专业的资质，还要在岗位实践与在岗进修中持续提高专业水平，才能胜任教育教学工作的要求。

在岗教师的专业成长一般经过"初适期→成熟期→骨干期→专家期"四个阶段，在教师职业生涯中体现着"奠基、胜任、示范、创新"的阶段特点。这既是教师专业发展的阶段性标志，又可作为规划教师职业生涯目标的链条或架构。因而，教育管理者、研究者、教师个体和社会均高度关注教师专业化建设。

新入教师（3年内）专业成长是教师专业发展的奠基期，对他们职业生涯中的专业发展水平、方向、速度、成效有长期的影响。由于校外教育活动的特殊性，在新入校外教师中，不仅面临着与中小学新教师同样的熟悉教学内容、了解教学对象、在实践中认识教育规律、掌握教育教学方法等——解决"如何教"的共性问题——还要解决设置活动项目、选编活

动内容、招收学员、成绩评价等必须要解决的问题，也就是"教谁，教什么"的特殊问题。

这些专业问题涉及校外教师专业素质的内涵与架构，决定了校外教师专业发展方向、视野与领域，并伴随着校外教师专业发展的全过程。

二、校外教师专业基本功

教师基本功是从事教育教学工作必须具备的基本职业技能，根据教育教学需求可分为所有教师都应该具备的通用基本功和各学科教师教学所需要的专项基本功。

教师基本功是变化与动态调整的。随着教育发展、科技发展和教师素质的提高，随着教育目标、教学内容、教学技术、教育对象的变化，教师基本功会相应注入一些新内容，教师也会主动进行适应性调整。

教师基本功的个体水平是有差异的。不仅在新任教师、骨干教师、成熟教师中存在着基本功水平的差异，教师之间还存在基本功优势与特色的差异。

教师基本功提高是持续的过程。随着课改的深入和育人方式的变化，教师需要不断学习新知识、掌握新技能，自觉提高基本功水平。

校外教师基本功具有多层、复合和操作性强的特点。作为一名校外教师不仅要有教师通用基本功以及校外教育专业知识和指导校外活动的技能，还要熟练掌握所从事校外活动项目的专业基本功（专项技能、专用工具、专门工艺等），才能适应开展校外教育活动的需要。

三、校外教师发展的途径

（一）自我规划发展

校外教师在进入岗位时已承担起相应的社会责任，而清楚认识到教师工作的职责与价值，还需要在教育活动实践基础上，主动参加专业进修、自觉规划专业发展。

教师在确定和实施个人专业发展规划过程中可采用"设计（反思）→行动（反思）→实现（反思）"的螺旋上升方式。

"设计（反思）"是教师专业发展的第一步。教师的职业理念、职业目标、行为特征、策略方法等元素制约着专业规划的设计水平与可行性。教师在设计专业发展规划过程中，需要反复思考专业发展的方向与目标、需要与可能、时段与方法等问题，力求使自己制定的专业发展规划更加清晰、可行。

"行动（反思）"是教师专业成长的沃土。教师的专业成长离不开教育活动实践，专业发展只有在教育教学活动中才能实现。教师在教育活动实践中不仅要实施自己的专业发展规划，还能发现和解决制定发展规划时未曾预测的问题，检验和调试专业发展的目标、策略、方法。

"实现（反思）"是教师专业发展的关节点。教师在一个时段专业规划结束后，要检视规划目标的达成度，系统反思专业规划的"设计→行动→实现"各个阶段，总结自己专业成长的经验，研究专业发展中遇到的新问题，对教师接续制订专业发展规划具有重要的价值。

（二）建设发展平台

教师成长的外部环境直接影响着教师成长的效率与质量。教师在形成专业发展动机、制定个人发展规划、寻求专业发展途径的各个阶段，需有适当的机会与有利的发展环境。教育管理者必须为校外教师成长搭建多样、实用的发展平台，专家要为教师专业发展提供必要的指导与帮助。

可以建立"校外教师发展资讯平台"，为教师的专业发展提供信息支持、发展分析、规划指导、行为建议等服务；通过组织教研活动、组织教师基本功展示、教育活动成效展示和教学观摩等活动，完善校外教师专业交流机制；培养校外骨干教师队伍，分享他们的成功经验，发挥其成长示范、专业引领作用，提升校外教师专业发展水平；通过异地访学、国际交流等形式，扩展校外教师的专业视野，学习先进的教师专业发展理念与策略，逐步建立校外教师专业发展的国际平台。

《国家中长期教育改革和发展规划纲要（2010-2020年）》提出了"努力造就一支师德高尚、业务精湛、结构合理、充满活力的高素质专业化教师队伍"的工作目标，我们要继续探索校外教师成长规律，科学规划校外教师专业发展，完善校外教师专业发展工作机制，建设一支高素质的首都校外教师队伍。

目录 / CONTENTS

理论探索篇

从社会实践活动的主要形式看学生实践能力的培养……………………齐　欣 / 2

社会实践活动需要确立的具体目标……………………………………周长祜 / 7

一次好活动要把握的几个要点…………………………………………史建华 / 11

社会实践活动是兴趣小组活动的重要内容……………………………石宝泉 / 17

浅谈校外群众活动的设计策略…………………………………………唐汝明 / 21

活动辅导方案要体现为学生进步而设计的教育观念…………………周　放 / 25

议校外教师在教育活动中的角色定位与要求…………………………常晓玲 / 28

校外教育活动特色的再认识……………………………………………周　咪 / 32

校外教师基本功测试与评价……………………………………………李　昱 / 37

实践探索篇

▶▶▶　兴趣小组的社会实践活动　◀◀◀

热爱植物，保护环境……………………………………………………栾昊颖 / 42

小小发明走进社会………………………………………………………牛　琦 / 49

智能机器人………………………………………………………………孙　可 / 55

我是节水小使者	闫　珉/60
"笔歌墨舞颂奥运"忘年交书法笔会	肖　毅/65
发扬龙的精神，为奥运加油	刘　颖/71
我们眼中的琉璃厂	田冬梅/76
老幼同携手，彩绸舞天坛	施　政/83
个性文化衫，传递关爱情	王硕华/89
用音乐照亮心灵	樊　华/94
以旧换"心"，共绘绿色家园	康楠楠/100
我的汽车不"喝油"	刘铁汉/105
手拉手，心连心	张　菁/110
我是社区文明宣传员	焦书祥/116
走进"北京胡同"，传承北京传统文化	张　蕾/122
民族音乐爱心之旅	李　勇/126
古香古韵西峰寺	贺红梅/130
感恩的心	刘克华/135
琴声传爱心，老少同欢乐	李小娜/142
舞动风车e起来	张宗霞/148
看农家院，吃农家饭	王海伶/153
走进桃乡展才艺，音乐连着我和你	艾贺荣/158
绿色环保袋，"袋袋"传农家	吴慧杰/163
翰墨传友谊	周洪娟/168
小棋手访围棋名家	韩文利/174

目录

爱在"太阳村" ………………………………………………………… 张力慧 / 179

北京奥运我先行，学好外语迎来宾 ………………………………… 刘　贺 / 184

同在蓝天下，人鸟共家园 …………………………………………… 田　昕 / 189

炫动的拨浪鼓，炫亮的歌声 ………………………………………… 曹雅玉 / 194

顺义，我可爱的家乡 ………………………………………………… 高英梓 / 199

同庆端午，敬老演出 ………………………………………………… 康　怡 / 203

参观小提琴制作坊 …………………………………………………… 李　波 / 207

音乐连着我和你 ……………………………………………………… 刘桂艳 / 211

我们如何面对地震 …………………………………………………… 刘　睿 / 215

碰撞特殊艺术，实践"我的梦" …………………………………… 钱　玮 / 221

迷人的妫水河 ………………………………………………………… 王海斌 / 227

幼携老，民族舞蹈展英姿 …………………………………………… 苏　华 / 233

走进军营 ……………………………………………………………… 王雪艳 / 238

▶▶▶▶　小组教师的群众性普及活动　◀◀◀◀

走进机器人世界 ……………………………………………………… 刘　爽 / 245

走进数字娱乐产业基地 ……………………………………………… 匡振然 / 250

聆听与感受 …………………………………………………………… 吕亚琼 / 256

走近民族舞，感受傣家情 …………………………………………… 赵　兴 / 260

音乐家贝多芬成长背后的故事 ……………………………………… 李晓丽 / 265

民族舞蹈走进民族校园 ……………………………………………… 代莹莹 / 270

健康宝宝，爱牙行动	李　君 / 274
情系灾区，牵手奥运	崔　冰 / 278
舞动民族风，共抒奥运情	马艺元 / 283
北京之春"和谐之声"歌曲演唱会	王春妹 / 289
你了解楷书吗？	王建民 / 294
古街的牌匾	王　颖 / 301
风靡世界300年的"乐器之王"	刘晓宇 / 306

▶▶▶ 群众性教育活动 ◀◀◀

我不是塑料袋	潘　涤 / 311
心手相连，美在童年	王燕红 / 317
走进京剧殿堂，感受国粹魅力	张　倩 / 322
走进京城百工坊，感受民族传统工艺魅力	王瑛琳 / 327
知识就是力量，科技改变生活	王彦斌 / 332
大兴区中小学生"争当理财小行家"主题教育活动	任　磊 / 337
同心迎奥运，携手创明天	张京华 / 343
防震减灾，从我做起	张淑萍 / 349
我和星星在一起	秦雪莲 / 354
团队展风采，快乐伴成长	隋福中 / 359

附录：六个校外教育活动案例实录 ……………………………………… / 365

理论探索篇

从社会实践活动的主要形式看学生实践能力的培养

中国教育科学研究院 齐欣

实践性是校外教育的重要特征之一。培养学生的社会实践能力，实现书本知识同社会实践的有机统一，实现德育、智育、体育、美育、劳动教育的相互渗透，协调发展，对提高青少年学生的整体素质具有重要的作用。

组织学生参加社会实践，是完成道德认知向道德行为转化的基础。青少年的道德认知、道德情感是通过一定的生活情境表现出来的，并在这一情境中逐步实现向道德行为的转化。社会实践就是实现这种转化的最有力的情境。它有益于开阔眼界，深化学生对社会生活的体验；有益于密切与生活的接触，增强学生爱国主义、集体主义、社会主义的情感；有益于为学生提供磨砺人生的环境和条件，培养学生坚忍不拔的意志和艰苦奋斗的精神；有益于通过实践的切身体验，促进思想觉悟的转化和行为习惯的养成，并在社会实践的锻炼中逐步树立科学的世界观、人生观、价值观。

组织学生参加社会实践，也是实现知识向能力转化的基础。完成知识向能力的转化是有条件的，其中社会实践活动应该是实现转化的根本条件。它不仅为能力的形成提供了知识的应用过程，而且为活跃学生的思维、发展学生的多项能力提供了重要的平台。它有助于通过社会实践的体验和锻炼，提高学生的参与意识和参与能力，并通过这一平台，在集体活动中增强学生的团结协作意识和社会活动能力；有助于通过深入社会生活的实践培养学生的观察能力，帮助他们拓展积极、健康的信息来源，形成获取新知识的能力；有助于在社会实践中发现问题、分析问题，提高学生解决问题的能力。

一、社会实践活动的主要类型与形成

开展社会实践活动，必须考虑到学生的需要，要照顾本地区的特点和具体条件。通常采取较多的形式主要有：

（一）调查访问

调查访问是指通过组织学生深入社会、了解社会而获得新的认识和道德认知的活动形式。具体活动有参观、访问、座谈、进行社会调查等。

对于小学生和初中学生，侧重组织参观、访问；对于高中阶段的学生则侧重开展社会调查。

组织参观、访问要明确目的、要求。即通过参观、访问要解决什么问题，是思想认识上的问题，还是知识结构上的问题，要让学生带着问题去观察、了解，并促成思考。所谓明确的要求，除具体组织上的要求外，主要应要求学生完成预定的任务，如写出"观后感"、"访问记"，或组织学生讨论或交流。

社会调查需要教师的悉心安排和组织。教师应指导学生自行拟定社会调查题目，制订具体的实施调查方案。社会调查方案应明确调查目的、调查对象、调查内容、调查程序和步骤。在进行社会调查前，应对学生进行必要的培训，帮助他们掌握一定的调查方法和技术：学会观察、访谈、座谈以及记录等。教师还应指导学生学会整理记录和材料，组织学生撰写调查报告。调查报告应写明调查时间、地点、目的及对象，通过对资料的筛选，最终得出准确、可靠的结论。

（二）社会公益劳动

社会公益劳动是指通过组织义务服务以净化社会环境和社会舆论的社会实践活动形式，也是一种直接服务于社会的活动。譬如，组织学生到军烈属或孤寡病残的老人家中从事义务服务，组织学生参与社区服务，维护交通安全，组织学生参加以净化环境为主要内容的"地球村"等活动。通过上述活动的组织，培养学生树立集体主义、社会主义的思想，形成以为人民服务为核心的社会主义道德品质，推动服务人民、服务社会的良好风气的形成。

组织社会公益活动，应注意适度、适量，照顾到学员的年龄实际，从身边做起，从小事做起，从我做起。引导学员说、学、做合一，知行统一，使之成为包含知识、觉悟、能力在内的具有多方面价值的社会实践活动。

（三）实地操作活动

实地操作活动是根据本教材的设置或教学活动的需要，选取一定的社会实践基地所开展的训练活动形式，属于实地操作。它体现出"知"与"行"的结合、学习知识与应用知识的统一，是学生的一种重要实践活动。

组织开展实地操作要明确操作规则，要求学生"入境"，即身入其境，在认真、严肃的参与中努力深化自己的内心体验；既要注重知识的理解吸收，又要注重知识的运用，把"学"和"做"结合起来，努力学会应用知识去解决问题，培养自己的活动能力和动手动脑能力。

（四）研究性学习

研究性学习，要求学生在教师指导下，从自然、社会和生活中选择确立专题进行研究，并在研究过程中主动地获取知识、应用知识、解决问题的形式。

研究性学习可以是在教师的指导下，学生个人承担研究专题，独立研究，也可以是几个人组合进行合作研究。独立研究有助于培养学生自主探索、自主发现、自主解决问题的能力，合作研究则在此基础上强调集体合作、团队精神的培养。

研究性学习要求面向真实的情境和真实的问题。这些都属于未曾分析、未曾解决的问题，有的还是刚刚发生或正在发生着的问题。解决这类陌生的问题，要求必须从现实问题出发，经过分析、综合，去提出解决这类问题的新办法、新方案、新途径，当然这就需要借助发散思维，借助合理的假设，借助想象和联想，所以研究性学习具有培养创新精神、创新思维的性质。

（五）活动教育

开展具有明确教育主题的活动，在活动中组织学生参与一定的政治、文化等方面的生活，使学生获得深刻的教育和启迪，即是活动教育。比如参加广场升旗仪式，祭扫烈士墓，参加志愿者活动，参与科技文体活动，等等。

组织活动教育必须确立活动的主题，并在事前制定出整个活动的步骤和程序。在活动中要调动学生参与的积极性，创造一定的情绪氛围以激发学生的情感，具有强烈的教育效果。通过这类活动的组织，培养学生关注民族和国家命运，自觉维护国家荣誉和国家利益，增强对国家富强、民族振兴的使命感和责任感，提高他们的爱国主义、集体主义和社会主义觉悟。

（六）课堂活动

课堂活动是在课堂教学中鼓励学生动脑、动口、动手，组织开展与提高觉悟、发展能力有关的活动形式。比如，组织学生演讲、辩论、表演以及观看影视、录像、点击网络查询等活动。课堂活动与"做"相联系，突出在"做"中提高觉悟、发展能力，应该说也是一种实践。

课堂活动的组织要有针对性，既要考虑到教学目标的要求，又要考虑到学生的实际需要，在遵循学生心理特点和认知规律的前提下，有的放矢地开展课堂活动。课堂活动应围绕一定的问题展开，一般来说，社会生活的热点、学科教学的难点、思想认识的疑点都应该成为教师关注的内容。

开展课堂活动要注意精心设计、精心组织，切不可流于形式。课堂活动应有明确的主旨，围绕中心设计具体的活动步骤，注意具体环节的衔接和转折，追求活动的连贯与完整；在具体组织中，既要有活跃的思维发散，又要有冷静的思维聚敛，而不能只图表面上的热闹。

组织课堂活动重在激活学生的参与意识和竞争意识，促成道德情感、知识信息的交汇和碰撞，并在碰撞中形成知、情、意、行的结合，达到发展能力、提高思想道德素质的目的。

（七）虚拟网络实践

虚拟网络充分利用计算机网络的优势，虚拟一定的情境和条件，组织学生开展网络社会实践活动，应该是一种具有潜在发展空间的形式。如虚拟司法审判，虚拟企业经营管理、虚拟银行、网络旅游等。

组织虚拟网络实践，可先在小范围内初步实验，所虚拟的环境要尽可能地贴近真实，以强化学生的真切感受，从而扩大活动的受益范围，增强实践活动的吸引力和影响力。

虚拟网络实践重在应用知识去实验性地解决问题。通过解决问题的过程，加深对知识的理解，加深对知识应用过程的体验，并在这一过程中发展学生的自主学习和创新能力。开展此类活动，教师应注意把握适度，避免活动内容和活动形式的偏离。

二、培养实践能力是校外教育工作的着力点

实践能力是指人们在有目的地探索和改造现实世界的一切社会性客观物质活动过程中所表现出的能力和素质。它包括科学实践能力、社会实践能力、生产实践能力和教育实践能力等。实践能力是人的智能结构中的重要组成部分，同时也是人的素质形成的基础。构成人的素质的一系列要素都是需要人们在长期科学的实践活动中培养而成的，包括知识、技能、意志、品德，对社会的责任感乃至个性、人格等。

（一）知识的获得

知识的获得是不能脱离实践活动的。虽然人们可以通过间接经验获得知识，但间接经验的学习是以一定的直接经验为基础的，并且获得的间接经验必须通过实践的运用而得到检验、巩固、深化。同时，"实践出真知"，人们还可以从实践过程中学得大量的知识。

（二）技能的形成

要形成技能，唯一的办法就是投入到该项活动中反复练习，直到能够顺利地从事该项活动的时候便掌握了该项活动的技能。不经过实践和练习，仅靠学习别人活动的经验知识，是无法掌握任何技能的，哪怕是一些简单的技能如骑自行车、游泳、演奏等。

（三）意志的磨炼

坚强的意志是在一个人的生活和实践中磨炼出来的。一个人不在生活中经受种种磨炼，单凭下决心、立誓言等主观愿望是无法形成坚强意志的。

（四）品德的形成

品德的形成是一个培养知、情、意、行统一的过程。其中"行"是道德实践的结果。

人的社会责任感和个性人格也是在社会实践中经过不断地内心体验、情境激励逐步形成和完善的。

尽管实践能力在人的素质培养和形成中如此重要，但我们的学校教育却严重忽视了实践能力的培养。在很长一段时期，我国教育中存在着重理论灌输、轻实践能力培养的现象，忽视教学的实践环节，学生动手少、实验少、社会实践少，使得学生的动手能力、知识的应用能力以及社会适应能力都较低，影响了其综合素质的提高，限制了优秀人才的成长，导致了一批高分低能的"优秀学生"的产生。这种现象不能不引起我们的高度重视。也正是由于这些现象的存在，素质教育把培养学生

的实践能力作为当前教育改革的一项重要内容，同时也成为校外教育工作的着力点和校外教师的重要职责。

人的实践能力是在参与现实的实践过程中逐步发展起来的。培养学生的实践能力，必须认真研究学生实践活动的特点和发展规律，并根据其特点和规律不断实践，循序渐进，逐步提高。

学生实践活动的开展，是以提高学生的实践能力，从而为其今后更有效地进行高水平实践活动为主要的目的。它有一个由低级向高级、由简单到复杂的发展过程。而学生的实践能力也正是随着这种实践活动的展开而不断提高和发展起来的。要注意把握好以下几个转变：

1. 将认知性实践活动转化为解决问题的实践活动

学生在课堂教学中所学的知识是系统化、理论化了的知识经验体系。认知性实践毕竟局限于学习知识的范畴，而学生学习这种抽象的、以间接经验为主的知识，如果缺少直接经验或认知性实践的支撑，是很难达到对知识的正确和深刻理解的。要增强学生的实践能力，必须使学生真正步入解决问题的实践领域。因此，通过观察、实验、操作、体验等认知性实践，获得感性认知和直接体验，对学生把所学知识深刻、全面、准确地纳入到自身的知识体系或重建知识体系，具有重要意义。

2. 将模拟性实践活动转化为现实性实践活动

与现实性实践活动相比，模拟性实践活动具有典型、安全、便于指导的特点，这种实践方式可以帮助学生角色模拟参与因自身发展水平不足或时空限制等原因而无法真实参与的实践活动。但是模拟性实践毕竟局限于教室或实验室等小范围，它所提供的场景和条件，与现实世界中的实际相关问题尚有不小的差距。因此，它对学生实践能力的发展产生了一定的限制作用。为了全面推进学生解决实际问题能力的发展，提高学生解决一个完整实际问题的全局感和综合把握能力，应在一定的模拟性实践基础上及时将学生从模拟性实践推向现实性实践。

3. 将有限的实践活动转化为开放的实践活动

无论是校内还是校外教育组织实施的认知性、模拟性一类的实践活动，由于受环境、氛围和条件的制约，对学生真正的实践活动能力的培养和提高是有限的，许多预期的设想和目标无法圆满达成。因此，要想方设法拓展学生实践活动的途径，搭建和创造更开放、更广阔的平台和实践活动的空间，在客观上为学生提供一个真实有利的外部环境，让他们更多地接触和融入社会，了解和认识社会，培养多种社会生活能力。这样，学生的视野才能更开阔，社会责任感才能更强，创造性解决问题的素质才能形成，实践能力才能更快、更好地得到锻炼和培养。

社会实践活动需要确立的具体目标

北京市校外教科研顾问　周长祜

社会实践活动是人有意识、有目的的社会活动，是加强中小学生思想道德教育和整体推进素质教育的一个重要途径，其根本目标是培育有理想、有道德、有文化、有纪律的公民。中小学生社会实践活动包括公益劳动、社会调查、社会服务、志愿者行动、勤工俭学、科技文化活动等，是校外教育活动场所的基本活动内容。校外教育机构可以采取群众活动和兴趣小组活动形式，帮助和指导学生积极投身于社会实践活动，提高学生的探索精神和社会适应能力。

社会实践活动的具体目标会因活动主题和学生实际有所不同，但都是实现根本目标的组成部分，都需要指导教师注意在活动中培养学生的公民意识和探索精神，着力培养他们与人交往的能力，帮助他们感悟自我的社会价值，树立起改善社会环境的责任感，提升学生对所学技能知识的理解与把握程度。

一、通过活动帮助学生感悟自我价值，确立正确的价值观

人的价值是指对他人、对社会的意义，即对他人需求和社会需求的满足程度。美国学者马斯洛从一般个人的角度把人的需要分成五个层次：①生理需要；②安全与保障的需要；③爱与归属的需要；④尊重（自我和他人）的需要；⑤自我实现的需要。人的需要可以随着满足和满足的条件与方式的发展不断丰富、更新。

人的自我价值是社会对于个人价值的肯定，即社会对个人的尊重与满足。当一个学生帮助了别人，并获得了对方的认可与尊重时，他就能够深切感受到自我价值的意义。房山区少年宫英语兴趣小组，在迎奥运期间开展了教社区居民学说"奥运英语"实践活动，从活动后学生表现出来的兴奋之情可以看出他们已经感悟到了自我价值。此刻如能及时引导学生把这一朦胧认识提升到需要确立的正确价值观高度，就会对活动起到"点睛"的作用。希望教师在设计活动方案时能够意识到应该培养学生价值观的目标要求。

二、通过活动培养学生与人交往的能力

中外学生相比，中国学生大多学业成绩优秀，但是普遍依赖性强，人际交往能力较弱。培养学生具有人际交往能力是社会发展和学生发展的需要，也是教育工作者的重要任务。从学生的本性特点看，当没有生存的压力和环境的约束时，最容易

体现出他们外露的本性，想到什么就说什么，想到什么就做什么，喜欢就是喜欢，讨厌就是讨厌，天真直率。可是当他们一旦在老师面前、在同学面前和在陌生人面前就会变得十分拘谨，如果没有机会得到相应锻炼，就不易形成在社会生存和发展中必须具有的能力。天津儿童心理研究中心和心理卫生协会对本市2万名小学生调查显示：认为自己不会交往的孩子，在小学一至三年级占10%—30%；四至六年级占50%—80%；50%的孩子认为自己有沟通障碍。很多孩子反映，自己说的一些话本无恶意，但是对方却会感到不高兴，甚至为此双方发生争执，由此变得不再愿意与人沟通和交往了。

海淀区青龙桥青少年活动中心英语兴趣小组在颐和园开展的为外国游客"导游"活动，促使学生克服了初次与人交往时的心理障碍和害怕英语口语不标准、词汇量少的羞涩，以及因对历史知识的一知半解而产生的胆怯，在教师的引导下较好地完成了"导游"实践活动。活动结束后有学生说，"虽然之前已经做好了充分的语言准备，可是站到别人面前，一紧张，脑子就一片空白，可是当我断断续续、结结巴巴地讲解完后，没想到外国游客却给了我极大的鼓舞，之后我不紧张了，胆量变大了，讲解也就很顺利了"。还有很多同学都表达了通过这次活动学会了如何主动与人交往，锻炼了英语的表达能力，增强了与人交往的自信心。这些学生的真实感受就是这次实践活动的最大收获，引导学生从这点切入总结活动的收获与体会，要比被动地接受老师的评价更为有意义。

三、通过实践活动培养学生的公民意识

加强公民意识教育是党的十七大提出的要求。坚持把培养"有理想、有道德、有文化、有纪律"的公民作为未成年人思想道德建设工作的根本目标，是胡锦涛总书记在"全国加强和改进未成年人思想道德建设工作会议"上提出的要求，认为这是我们党在开展未成年人思想道德建设工作方面积累的重要经验之一，对于进一步加强和改进未成年人思想道德建设具有重要的指导意义，必须长期坚持。公民意识的培养相对于中小学生来讲，主要是帮助他们树立公民的责任意识和维护公民的权利意识。在校外教育活动场所组织的群众性活动和兴趣小组活动中，有计划地设计开展社会实践活动，就是培养学生公民意识的极好形式。

（一）培养公民的责任意识

责任是公民分内应做的事或是对别人的承诺。责任意识是把责任转化为行为的心理特征。培养公民的责任意识就是要培养学生学会做一个负责任的公民。东城区少年宫组织的"我不是一个塑料袋"活动，把设计制作环保袋与保护环境、"善待地球"联系起来，把宣传少用、不用塑料袋的活动上升到了培养学生做负责任公民的高度。尤其是活动中的"问号团"同学，在采访学生设计环保袋思路和选择制作环保袋材料的理念活动中，进一步引导学生提升了对环保意义的认识和探索如何有

效保护环境的精神。如果老师能够再进一步引导学生细算为此项活动花费的时间、精力、费用和暂时放弃兴趣爱好作出的付出，体会由此换得的社会的尊重、荣誉与反响，畅想全社会都使用环保袋，我们的社会面貌将会发生什么样的变化，由此帮助学生理性地认识履行公民责任的重要意义，那么这项活动就更完满了。

（二）培养维护公民合法权益的意识

人的基本权利是每一个人作为人存在和发展的前提条件，未成年人是公民的特殊群体，国家高度重视保护未成年人的合法权益，颁布了一系列保护未成年人的法律，签署了有关的国际公约。我们教师应该有意识地帮助学生了解有关维护他们权利的法律内容，培养他们的参与意识和维权意识。

组织开展以维权为主题的社会调查、模拟法庭、案例研讨等专题活动，是一种培养学生维权意识和维权能力的教育形式。结合制定各种形式实践活动的安全防范预案，相机开展维权教育活动，把被动的防范行为变为学生主动参与的维权活动，更是一种极好的培养维权意识的活动。当前，随着环境和技术的发展，教师、学生家长可能说不清学生到底会面临哪些危险。因此，要学会倾听中小学生的心声，让他们自己说出对环境中的危险与不安全因素的认识，引导他们参与拟定保护措施活动，提高维权教育的实效性。据了解，在英国大多数家长认为，应该给儿童在冒险中学习自我保护的机会，他们的理念是"给孩子坚强翅膀，而非坚固牢笼"。我想英国的经验对于改进我们制定实践活动安全防范预案的思维方式是有帮助和促进作用的。

四、通过活动提升学生对所学知识的理解和把握程度

学习知识是为了增强解决问题的能力。歌德认为，"一切才能都要靠知识营养，这样才有施展才能的力量"。我们一般把知识分为事实知识、原理知识、人际知识、技能知识。学生从书本上获得的主要是事实知识和原理知识，而提高处理问题的能力还需要有人际知识和技能知识。在实践中，帮助学生把事实知识和原理知识转变为人际知识和技能知识，形成解决问题的能力，进而巩固和提高对原理知识的理解和把握，这就是组织学生参加社会实践活动的重要性所在。

北京市丰台区少年宫声乐班学生演唱《北京胡同》歌曲曾多次获奖，但是由于学生对北京胡同缺少感性和理性的认识，感到很难再提升演唱水平，为此老师决定带领学生考察北京胡同。活动伊始，学生从网上、从书中、从周围人群那里搜寻到了大量有关北京胡同的介绍，对北京胡同的特点和胡同的标志——四合院的特点有了初步的了解。之后师生们一起到东城区史家胡同实地认识"胡同"与"四合院"，通过走访当地的居民，聆听他们讲述北京胡同、北京四合院和那些因胡同、四合院在历史变迁中所演绎出的曲曲折折的故事，使学生真切地体味到歌词与京味曲调所包含的北京文化以及词曲作者对北京胡同的情感。当学生再演唱《北京胡同》歌曲时，唱腔之中深含了对北京、对北京胡同的情感和对歌曲的深入理解。如果再让学生认真地听一下他

们两次不同的演唱录音,并进行逐段的分析可能会有更深的感受。

五、通过社会实践活动培养学生科学试验的精神与能力

考试是检查人的学习能力和水平的重要环节,考试选拔是为高一级学校录取提供参考的基础。基础教育阶段的考试应该导向素质教育。但很多地方把教育目标绑在了应付升学考试上,以致开展校外兴趣小组活动也成了为通过艺术、体育等技能项目的考级,把考试推到极端,产生了异化。因为考试内容是限定的,答案也是标准的不容置疑,完全摒弃了学生独立思考的能力。为此,在教育观念上很多学校教师都把学生的知识积累和"形而上学"地应用知识(指应付考试中的主观试题)的技巧放在教学的首位,而无暇顾及对学生生存适应能力的培养,以至于列入教学计划的劳动锻炼、社会调查、社会服务、志愿者行动、科技文化活动等社会实践活动时间和参加校外活动场所活动的时间,越到毕业年级越难以落实,均被学科学习与补习所侵占。由于缺少自我锻炼的机会和条件,多数学生除了学业成绩比较好之外,普遍表现出做事被动、依赖性强、缺乏适应能力。这些问题有目共睹,我们应当从更新教育观念和机制的角度,从自己的工作入手探究解决问题的途径,突破这个教育上的怪圈。

北京西城科技馆周老师在校外科技小组活动中,运用盐含碘量的测试活动培养学生的科研精神和应用能力的案例,对促进我们更新教育观念很有帮助。碘缺乏对人的生殖功能、神经系统、听力和对新生儿及成年人的体格发育会造成危害。如果碘摄入量低于标准值,人会出现甲状腺肿大。目前,我国主要的补碘方法是以钾、钠、钙的碘化物或碘酸盐的形式加入食盐中。周老师指导学生应用测试碘盐方法,对生活中碘情况进行调查——检查个人、亲朋用盐情况,调查在炒菜的不同时间加入盐,碘的损失情况以及调查了解食盐储存时间长短对碘损失的影响情况,然后将调查结果告诉大家、告诉家长。简单的化学试验,使学生增强了动手实践能力并增加了学生对国家政策的理解程度,同时也增强了学生的社会责任感与使命感。

校外活动场所开展的教育活动,不是为培养有技巧的表演者,而是通过表演来教导学生,使学生热爱艺术、热爱社会,增长见识,培养丰富的想象力和敏锐的洞察力,培养学生逐步形成"四有"公民的品质。教师在指导学生的社会实践活动时,一定要注意把教育总目标和具体目标放在心中,清楚要把学生带到哪里去和怎样把学生带到那里去(方式和方法),以及怎样引导学生达到目标要求,避免仅仅是为了开展活动而组织活动,以致使学生的兴奋点仅仅停留在活动本身上,而失去了方向和目标。

一次好活动要把握的几个要点

北京学生活动管理中心 史建华

校外教育活动的设计与开展，不论是教育活动还是教学活动，我认为都需要把握以下11个要点。

一、具有先进的教育理念

（一）教育理念

理念就是关于事物的条理、准则的看法。教育观念是人们对教育事物的看法，是人们在思考和回答"教育事物究竟是什么？应当怎样？它有什么价值？如何更好地实现它的价值？"等问题的过程中形成的判断与看法。

1. 教育理念与教育观念不同

（1）教育理念比教育观念更强调理性思考和亲身体验。（2）教育理念是坚定不移的判断与看法，而教育观念不一定具有这种坚定性。（3）教育理念是一些根本性的判断与看法，而教育观念则不一定是根本性的看法。（4）教育理念更加强调"应该怎样"、"怎样才能做得更好"。

任何教育理论和教育思想的产生都是从教育理念创新开始的。

2. 教育理念的作用

（1）总结作用；（2）激励作用；（3）约束与指导作用；（4）创新作用；（5）代表作用。

（二）先进的教育理念

1. 宏观教育理论

终身教育、学习化社会是宏观教育理论的核心。

2. 一般教育理论

创新教育、多元教育理论、合作教育、创业教育、范畴教育等。

3. 现代教学理论

发展性教学理论、掌握学习理论、学科基本结构理论、范例教学、交往教学、构建主义学习理论、最近发展区、教学过程最优化、发现教学等。

（三）新课程后新的教学理念

教学是课程创新与开发的过程；教学是交往、互动的过程；教学以学生发展为本位；教学必须注重结论与过程的统一；教学应做到知、情、意统一；教学应是开放的学习过程。

二、好的活动创意

创意是传统的叛逆，是打破常规的哲学，是大智大勇的同义，是导引递进升华的圣圈。它是一种智能拓展，是一种文化底蕴，是一种闪光的震撼。它是破旧立新的创造与毁灭的循环，是宏观微照的定势，是点题造势的把握，是跳出庐山之外的思路。好的创意是超越自我，超越常规的导引，是智能产业神奇组合的经济魔方。是思想库、智囊团的能量释放，是深度情感与理性的思考与实践，是思维碰撞、智慧对接，是创造性的系统工程，是投资未来、创造未来的过程。利用创造性思维和头脑风暴可以产生新创意。好的创意必须是新奇的、惊人的、震撼的、实效的。

（1）在创意思考上要有独特视角，在行动表达上有正确的目标，在实践体验上有切实的收获，在责任承担上有实际的作为。

（2）活动创意要内容翔实，导向正确，思想健康，时代特色鲜明，富有现实意义。

（3）活动方式要新颖，贴近青少年实际，具有较强的吸引力和感染力，有较强的可操作性、实效性和较好的长效性，青少年自主参与性强。

（4）团队实践还要求团队名称鲜明，分工明确，方案合理，能体现团队特色；个人实践要求结合自身实际，彰显个性特点。

三、一个好的目标

教学目标是教学活动的主体在具体教学活动中所要达到的结果或标准，教和学双方都应共同遵循。它的作用是制约教学设计的方向，提供教学活动评价的依据。

（一）确定活动目标的要素

1. 符合辅导纲目的要求
2. 符合教材的特点
3. 符合学生的实际

（二）活动目标的内容

1. 知识目标
2. 技能目标
3. 能力目标
4. 道德目标
5. 情感目标

（三）显性目标和隐性目标

教学活动目标分为显性目标和隐性目标。

1. 显性目标表现为具体目标，能够直接操作。
2. 隐性目标表现为情感领域，不能够直接操作，但却是可以检测的。

（四）教学目标的表述

新课程对具体教学内容的目标评价，是通过知识、技能、体验性目标的层次和相应的行为动词来表示的。知识目标分为了解水平、理解水平、应用水平；技能目标分为模仿水平、独立操作水平、迁移水平；体验性目标分为经历水平、反应水平、领悟水平，行为动词分别为说出、说明、使用、绘制、联系、感受、关注、形成等。

四、轮廓清晰

轮廓是构成图形或物体外缘的线条。教学活动辅导方案的轮廓是指构成辅导方案的环节、结构、层次等外缘的要素。只有这些外缘的要素清晰，辅导方案才能设计好。

（一）环节完整
（二）结构合理
（三）层次清楚
（四）详略得当

五、抓重点、攻难点

（一）什么是活动的重点和难点

1. 教学重点

教学重点应是基本概念、规律及由内容所反映的物理思想方法，也可以称为学科教学的核心知识。教学重点也是书写教案的必备要素之一。

2. 教学难点

活动的难点是指学生不易理解的知识，或不易掌握的技能技巧。

3. 活动重点与难点的关系

在教学活动中，有时重点又是难点，难点又是重点，有时两者不相同，作为辅导教师应该深入研究教材，不断总结教学活动经验，恰当地处理教学活动的重点、难点。

教学难点要根据学生的实际水平来定，同样一个问题对于不同班级的不同学生来说，就不一定都是难点。在一般情况下，使大多数学生感到困难的内容，教师要着力想出各种有效办法加以突破，否则不但这部分内容学生听不懂、学不会，还会为理解以后的新知识和掌握新技能造成困难。

（二）如何确定教学的重点和难点

1. 根据教材内容的特点和安排，找出重要的内容
2. 通过比较找出重要内容
3. 深入研究重要内容，确定教学重点

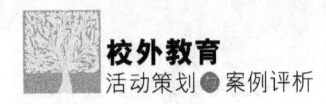

（三）如何把握教学的重点、难点

1. 层层铺垫，逐步进行"攀登"

突破教学重点，犹如引导学生登山。教师要通过层层铺垫的方法，给学生建造攀登的阶梯，然后引导学生拾级而上，登上顶峰，即（1）提供事实；（2）语言表述；（3）概括归纳；（4）深入探究。

2. 强化感知，由表象而抽象

3. 全程引导、启发，使学生自觉领悟

4. 引导自学、练、看、议、讲有机结合

六、理清教学思路

教学活动主线、结构、层次要清晰、准确、合理，避免思路不清、结构凌乱、层次不合理。

教师撰写的辅导方案，要从教学活动内容系统性上研究教学活动内容，用逻辑学的观点设计每一次活动。

（一）教学活动要有主线
（二）教学活动内容要系统性强
（三）教学活动内容要逻辑性强

七、把握教学规律

教学过程的规律，简称教学规律，是指在教学过程中必然存在的、稳定的联系。教学规律是多种多样的，作为辅导教师一方面要掌握基本的教学规律；另一方面在教学过程中要不断总结发现教学规律，并运用教学规律开展教学活动。

（一）符合学生认知规律
（二）注重知识发生过程
（三）体现知识形成过程

八、评价手段多样化

在教学评价上，《课程标准》改变了过于强调考试成绩的单一评价方式，建立了有利于促进学生全面发展、激励教师积极进取和促进课程不断发展的多元化评价体系。

（一）评价对象和参与者多元化
（二）评价目标和内容多元化
（三）评价方法多元化

九、教师专业基本功扎实

教师要履行好自己的职责，就需要具备良好的开展教育教学活动的基本功。教师开展教育教学活动的基本功不牢，将给青少年学生带来极为不良的影响，甚至会葬送优秀艺术、科技、体育人才的专业生命。因此，辅导教师要加强基本功的培训，以不辜负"人类灵魂工程师"的称号，为培养德智体美全面发展、学有特长的建设者和接班人而贡献我们的力量。

　　（一）语言表达能力
　　（二）教态、仪表风度
　　（三）专业智能结构
　　（四）教育与管理的能力
　　（五）运用教学媒体的能力

十、在教学中使用好现代化教学手段

　　在教学中使用好现代化教学手段主要是指借助计算机来开展教学活动。

　　运用现代化教育技术可以改革教与学的过程，能使学生主动参与探索知识的过程，品尝学习的成功体验和乐趣，提高教学质量和效益，全面提高学生素质，促进校外活动由"应试教育"向素质教育转变。

　　从推动教育发展的角度来看，充分利用现代化教学手段，尤其是计算机的学习很可能就是一条改变我们现有活动状况的高速公路。

　　（一）巧妙运用多媒体，优化教学活动
　　1．合理运用多媒体课件，刺激学生听、视觉，激发学生学习兴趣。
　　2．运用多媒体课件，创设学习情境。
　　3．充分发挥多媒体课件优势，提高学生的理解能力。
　　4．运用电教手段，培养学生自主学习的能力，优化思维方式。
　　（二）运用多媒体教学突破重、难点，提高教学活动效率
　　（三）利用多媒体教学，诱发学生的创新思维
　　（四）运用多媒体教学，培养学生学习兴趣，激发求知欲
　　（五）使用现代化教学手段应注意的问题
　　1．课件制作风格要和教师教学风格保持一致
　　2．媒体仍是辅助手段，教师仍应发挥主导作用
　　3．注意各种媒体的综合运用，避免把投影屏幕当成黑板用

十一、校外教育特点突出

　　体验、实践是校外教育显著的特点。

　　体验是对某种具体事物、情境的体验，其价值不在于掌握某种操作过程，学到某种知识和技能，而在于活动中获得的对现实的一种真实的感受。

　　实践是体验教育最直接的表现形式，在校外，实践包含专业实践和社会实践。实践性是校外教育区别于学校教育的一个重要标志，是产生兴趣、保持兴趣的基础。

　　体验、实践是通过"活动"而实施的。"活动"是教育的生命线。不通过活动

实施的教育不是校外教育，只有活动不实施教育的也不是校外教育。

（一）遵循校外教育的工作原则

1．实践性原则

2．个性教育的原则

3．多样性的原则

4．亲密师生关系的原则

（二）校外教育的特点突出

1．通过"活动"对受教育者实施教育

2．开放性

（1）活动内容的开放性；（2）活动时间和空间的开放性；（3）活动形式的开放性；（4）办学制度的开放性；（5）具有多样性和地域性。

3．活动形式

（1）群众性教育活动；（2）专业兴趣小组活动；（3）少先队活动；（4）指导性活动。

社会实践活动是兴趣小组活动的重要内容

北京市人民政府教育督导室兼职督学　石宝泉

　　2008年3月至11月，北京市教委分两个阶段组织了全市校外教育机构45岁以下教师的基本功测试活动。由于各级领导和组织者以及教师们的高度重视，这次基本功测试活动取得了成功。很多教师反映，这次基本功测试活动不仅使兴趣小组的组员得到了锻炼和提高，教师也得到了发展。

一、社会实践活动是兴趣小组活动贯彻实践性原则的重要内容

　　在本次基本功测试活动中，大家感到难度最大的是对"社会实践活动"的理解和认识。老师们说："组织社会实践活动的事儿从来没干过。"更年轻一点的老师说："社会实践活动？没听说过，也没想过要去做。"还有人说："组织社会实践活动怎么会是小组活动老师的基本功？"有这些想法和议论非常正常。回忆这次基本功测试活动的组织过程，对于"社会实践活动"要不要作为校外小组活动教师的基本功这个问题，不论是对于组织者，还是对于教师，抑或是兼职教研员们，都有一个认识逐渐成熟的过程。

　　什么是兴趣小组的社会实践活动？主要存在三种理解：一是只要是走出了活动室，从事了本专业的活动，就是社会实践活动。例如，美术小组的外出写生或参观美术展览，文艺小组的文艺演出，生物小组参观生物多样性特点的公园，等等。二是社会实践活动就是一些社会公益性活动。例如，环保小组到社区宣传国务院的"限塑令"活动，等等。三，走出活动室，在利用自己掌握的专业知识和专业技能为社会服务的同时接触社会、了解社会。我认为，第三种认识才是本次基本功测试的本意，或者说是兴趣小组活动所提倡的。

　　社会实践活动是兴趣小组活动贯彻实践性原则的重要内容。实践性是校外教育要坚守的原则之一。在管理上坚持实践性，就是坚持了校外教育的特点，就是坚持了正确的办宫（家、馆、中心）方向；在教育活动上，坚持了实践性就是体现了校外活动的特征，做到了与学校内课堂教学的不同。校外兴趣小组活动与校内课堂教学主要有三点区别：首先，校外兴趣小组活动以发展组员的兴趣爱好为主要培养目标；其次，实践的本质是"做"，是"体验"，校外兴趣小组活动要体现体验性，动脑、动手、凸显实践；最后，校外兴趣小组活动要用不同的标准衡量组员，让每

个组员都得到发展、得到成功。这三点应该成为评价校外兴趣小组活动是否坚持了校外教育特点的最重要的标准。校外兴趣小组的实践，包括专业实践和社会实践。专业实践活动是指将零散学习到的专业知识和专业技能经过整合、思考，形成相对整体、相对完整的认识或作品，并进行实际运用的过程。如绘画小组中的外出写生创作或举办作品展览，文艺、科技、体育小组的汇报演出、比赛，等等。专业实践活动的目的是检验组员掌握专业知识和专业技能技巧的情况，促进专业知识和专业技能技巧的综合运用能力。

校外兴趣小组社会实践活动的内涵应该有三个基本要素：第一，社会实践活动是兴趣小组组员参加的活动，或者说社会实践活动的对象是小组组员。第二，要将组员带出活动室，走进社会，接触社会。带出活动室是"走出去"，也可以"请进来"，不要理解太狭隘。走进社会、接触社会，主要是要接触人群。不接触人群不能叫做接触社会，不与人沟通、交流也不能叫接触社会。第三，要用自己所掌握的知识和技能技巧为社会服务，使公众受益。社会实践活动的目的主要是对组员进行两个方面的教育：一是要了解社会，学习社会，懂得社会；二是要树立为祖国、为人民服务，为社会作贡献的意识。

二、坚持开展社会实践活动是坚持校外教育特点的重要体现

兴趣小组为什么要开展社会实践活动呢？

理由之一：兴趣小组是校外教育的一种组织形式，它以共同兴趣为纽带，以发展兴趣为主要目标，以人数不多的中小学生组成共同体。兴趣小组的任务是解决在学校教育中"吃不到"、"吃不饱"、"吃得不过瘾"的问题。发展兴趣、丰富课余生活，为学校教育培养课外校外活动骨干，并为一部分人将来成为专门人才打下基础，应该成为兴趣小组的主要培养目标。这样的培养目标与学校教育的培养目标相统一、相协调，体现着校外教育与学校教育不同育人功能的相互补充、相互作用和相互衔接。不论是学校教育还是校外教育，社会实践活动都是重要的教育内容和教育形式，都是实现各自功能、各自目标的重要途径。

理由之二：专业知识和专业技能的学习是兴趣小组重要的活动内容，也是兴趣的载体。专业知识、专业技能的不断提高，运用专业知识、专业技能的能力不断增强，专业素养不断提升，是兴趣不断发展的体现，但专业价值的最终体现是为社会生活服务。因此，专业方面的训练与提高应该在社会实践中进行，而且只有在社会实践中才能把握正确发展方向。

理由之三：兴趣小组的组员是正在社会化着的青少年儿童。从文化角度看，人的社会化是指人接受社会文化的过程，个人社会化的实质是社会文化的内化。社会化不仅是社会教化的过程，同时也是个人积累社会知识、发展和形成自己个性的过程。社会化过程就是角色学习的过程，角色学习首先必须以基本生活技能和某些专

门技能的掌握为基础，在此基础上了解自己在群体或社会关系中的地位，按社会结构中所规定的规范行事。

理由之四：重视个性培养是校外教育的重要任务和特点，个性的健康发展必须与社会价值标准相吻合，必须有效地参与社会生活，而社会实践活动正是组员积极参与社会生活的有效形式。

开展社会实践活动总体上要实现三个目标。首先，要让教师牢记教育意识。校外教师的职责和使命是"育人"，"育人"不仅是让组员学习专业知识、掌握技能技巧，提高专业素养，更要重视组员的道德品质的培养，注重组员的全面成长。其次，要让组员牢记服务意识。组员到校外教育机构参加兴趣小组，固然要学习专业技能技巧，发展兴趣爱好，提高专业素养，发展自己，同时更要懂得奉献人民，建设国家，促进社会的发展。最后，提高组员的综合能力。社会实践活动是一个过程，通过活动，组员除了了解社会外，一定会在与人沟通、与人合作、自我管理、语言表达以及专业技能技巧等各方面都得到提高。社会实践活动是组员实践提高的平台。另外，社会实践活动从来就是小组活动的重要内容，是兴趣小组活动模式的重要体现，也是校外教育的光荣传统，坚持开展社会实践活动就是坚持了校外教育的特点特色。

三、成功组织社会实践活动是小组活动教师的基本功

设计和组织社会实践活动是小组活动教师的一项基本功。社会实践活动对于组员的成长有着重要的作用，社会实践活动组织得如何将直接影响到组员受教育的质量。社会实践活动组织得是否成功，因素是多方面的，但主要应做好以下几个方面的工作。

第一，社会人群的选择，即活动地点的选择。应该在多种社会人群中选择组员兴趣比较浓、教育因素比较丰富的地点，比如部队、敬老院、经济比较发达或经济十分落后的农村、科学院、杂技学校，等等。这些地点，解放军、科学家、老人、农民、特殊的同龄人等群体容易引起组员的好奇，有一种神秘感，他们想去接触，愿意去接触。

第二，辅导教师的实地考察。地点确定以后，教师一定要在设计活动方案前到活动点考察，亲自体验环境，亲自接触人群。考察环境的目的是要选择教育因素，要在诸多的教育因素中有取有舍，选择那些和本次活动目标紧密相关的因素。比如去部队开展社会实践活动，部队营房的内务、部队训练的场面、战士集体用餐的场面、英雄人物，等等，都是非常重要的教育因素。要将选定的各教育因素用一个主题"串"起来，实现教育目标。

第三，要精心设计活动目标和活动环节。不经过设计的活动不可能取得成功。活动设计最主要的是活动目标和活动环节两个方面。活动目标是活动需要所在，是

活动必要性的呈现，也是活动结果评价的标准。社会实践活动的目的应该侧重在了解社会方面，而不是专业技能技巧的学习。目的是可以选择的，确定的活动目标不要太大，也不要贪多，要选择最重要、最容易实现的。活动对象的年龄不同，目标的层次也应不同。活动环节是整个活动的骨架，是实现活动目标的载体，是体现活动特点和教育理念的渠道。活动环节要紧紧围绕活动目标进行设计，为实现活动目标服务。当然，活动的设计还包括其他很多方面，例如活动的组织、安全预案的制定、活动形式的选择等，也是非常重要的，都要精心设计。

第四，要明确服务社会的形式。了解社会和为社会服务是社会实践活动最基本的内容要素，缺少了其中任何一项都不能被称作社会实践活动。"为社会服务"是通过组员展示自己掌握的知识及技能进而给他人带来愉悦或为社会作出贡献实现的。例如：书法组将书写的春联送给农民，文艺组用精彩的文艺节目给别人带来快乐，环保组帮助公园解决了一个环保难题，等等。讲解、宣传、表演、展示、实验、操作……服务的形式很多，教师应选择最适合本专业特点、最能表现组员才能、最能取得效果的形式。在社会实践活动中，组员的专业知识和专业技能固然需要巩固和提高，但此时的主要任务是所学知识和技能的运用，是运用得如何的问题，而不是在老师的指导下"学习"和"训练"。当然这并不排除在"活动准备"中教师为提高组员的"服务能力"而进行的训练，也不完全排除教师的现场指导，因为组员毕竟还是学习者。

第五，要按照社会实践（而不是专业实践）的标准评价活动效果。社会实践活动是组员将自己所掌握的专业知识和专业技能服务于社会的过程，在实施服务的过程中接触社会、了解社会，锻炼自己的综合能力。评价一次社会实践活动是否成功，主体是组员，且应该从"是否接触了社会"和"是否服务了社会"两个方面来把握，缺一不可。千万不要把评价的侧重点放在专业的学习和提高上。活动评价是活动设计的导向器，教师在设计活动时应该想到活动后的评价，这样才能保证活动目标的准确。

基本功是教师履行职责的基本能力，它的提高靠教师的不断学习和积累。设计和组织社会实践活动的基本功要在社会实践活动中形成和提高。此次基本功测试活动受到了各方面好评，教师、组员、家长也都尝到了甜头。但要将这项制度坚持下去还需要继续克服各方面的困难。一是要树立"社会实践活动是小组活动教师的一项基本功"的坚定信念，且不能动摇。树立信念需要一个过程，这个过程是从不认识到逐渐认识的过程，这个过程要不断地克服各方面的干扰。二是要将组织社会实践活动作为一项制度确定下来，纳入教师工作评价的内容。通过评价引导教师将组织组员的社会实践活动制度化。实践证明这样做是行得通的。三是小组活动教师要将社会实践活动纳入自己的教育教学活动计划，有计划地开展组员的社会实践活动，通过经常组织社会实践活动，不断提高自己社会实践活动的设计能力和组织能力。

浅谈校外群众活动的设计策略

北京市校外教科研顾问　唐汝明

一、群众活动的概念

《北京市校外教育机构工作规程》第三章"教育活动"第十条：教育活动的主要形式有：群众活动、兴趣小组活动、社团活动、社会实践、游戏娱乐等。

群众活动是"校外群众性教育活动"的简称，是指为了实现某一个教育目的，由校外教育教师设计，将一定数量的青少年学生临时组织起来，通过某一种活动形式对青少年学生实施教育，促进青少年学生健康发展的一种教育活动。

群众活动概念包含了四层意思：（1）群众活动的教育性：为了实现某一个教育目的而设计并组织的活动，有一定的教育目标；（2）群众活动的广泛性：参与活动的对象必须"有一定的数量"，并且应该涉及一定数量的学校，有一定的普及面；（3）群众活动的创意性：校外群众活动，不是书本上现成的，而是由校外教师依据自己的创意，自行设计的活动；（4）群众活动的临时性：把青少年学生临时组织起来开展的活动，不同的活动针对不同的对象，不同的对象采用不同的内容和不同的形式。

开展群众活动，可以充分利用校外机构阵地和广泛的社会资源，满足广大少年儿童的各种兴趣爱好、愿望和要求，满足他们个性发展的需求，使他们在多种多样、富有理想性的活动中，在传播传统文化、现代文化和传递最新科学知识的活动中，在培养技能技巧和陶冶情操、锻炼意志的各种有趣活动中，开阔眼界、激发兴趣、孕育理想，受到良好的教育。

二、群众活动设计的一般策略

由教师策划设计活动是校外群众活动的特色之一。策划设计活动是校外教师的必备能力，对校外教师来讲，既是检验能力的挑战，又是展示才华的机遇。

群众活动的策划设计主要是群众活动方案的设计。

（一）活动方案设计的重要性和必要性

群众活动方案是教师从学生实际出发，以一次或一系列活动内容为对象，制订的辅导活动计划。活动方案是教师对活动主题创意再创造加工的成果，是组织实施校外群众性教育活动的依据。

（二）活动设计思路

活动设计思路是在活动方案设计前的构思，是活动方案设计的理念指导和实施提纲。活动设计思路精辟地回答出：为什么要开展这项活动；设计这项活动有什么特点，有什么创新点和闪光点；怎样开展这次活动，达到什么样的效果。

（三）活动方案包括四个部分和八个方面

第一部分："标题"。

第二部分："确定主题的依据"和"活动目标"。

第三部分："活动对象和时间"和"活动内容"。

第四部分："活动准备工作"、"活动过程"和"活动效果检验办法"。

（1）"标题"是活动方案的点睛之笔，要清晰地反映活动主题，简单明了地反映活动内容与形式。

（2）"确定主题的依据"和"活动目标"要回答清楚"为什么组织这项活动"和"这项活动要达到的具体目标"的问题。

"确定主题的依据"主要分为时令氛围、学生教育的需求和组织者自身的条件（包括场地、设施、经费、师资等各方面的条件约束）三部分。

"活动目标"要尽量写得准确、具体，有可检测性。反映本次活动要达到的目标，而不是泛泛的广义抽象的目的。

（3）"活动对象和时间"和"活动内容"要回答清楚组织什么人、什么时间、开展什么活动的问题。

活动对象和时间：包括人数、年龄或文化程度、学校数。

活动内容：简明扼要地概括出本次活动的主要内容。

（4）"活动准备工作"、"活动过程"和"活动效果检查办法"中的"活动准备工作"、"活动过程"要回答清楚怎样开展活动的问题，"活动效果检验办法"要回答清楚怎样反馈活动效果的问题。

活动准备工作对于群众性教育活动尤为重要，关系到活动各阶段的衔接、活动效果的好坏、活动对象的安全。这部分应该写得比较全面、具体。活动准备应该包括：周密的活动计划、合理的人员分工、齐备的物资设备、翔实可行的安全预案、严谨的活动对象组织工作等等。

活动准备工作中活动安全保障是一个重要部分。活动的安全保障工作是活动之前、活动之中、活动之后的重要工作。群众活动策划一定要把安全工作放在重要的位置，安全工作出了问题，特别是青少年人身安全出了问题，一切都将前功尽弃。要千方百计地保障活动对象的安全。大型活动一定要做好"活动安全预案"，中小型活动也应考虑到具体、切实、可行的安全措施。

"活动过程"是活动方案的主体部分，是教师组织开展活动的依据，也是同行教师用以互相交流的成果。所以活动方案中的"活动过程"一定要写得详尽，活动步骤程序要清晰，前后顺序安排要合理。要让没有参加活动的人也能看明白这次活动的过程，明白这次活动是怎么开展的，包括教师组织活动的过程，也包括学生参与活动的过程。活动的特色、活动的亮点都应该反映在方案的"活动过程"中。

"活动效果检验办法"包括活动设计者的自我评价办法，还包括活动对象（未成年人）的反馈及学校、家长的反馈评价办法等。检验办法应该写明具体的检测办法。比如：活动后教师自我评价总结，召开参加活动学校的教师座谈会，对学生采取问卷调查，召开征求意见座谈会，活动中有意征询教师、家长的意见等。

三、群众活动设计的特色策略

校外群众活动设计除了一般策略之外，在不同背景之下还具有一定的特色策略。

（一）由于中央和地方对未成年人校外教育的重视和社会需求期望值的提高，校外群众活动的公益性愈显突出

随着教育改革与发展，素质教育愈加受到关注，未成年人的全面发展、健康成长成为教育的重要目标和社会的关切期望。由此校外教育受到全方位、多角度的重视，同时也对其提出了更高的要求。中共中央办公厅、国务院办公厅《关于进一步加强和改进未成年人校外活动场所建设和管理工作的意见》和中共北京市委办公厅、北京市人民政府办公厅《关于进一步加强和改进未成年人校外教育工作的意见》为校外教育的发展明确了方向和奠定了基础。

校外群众活动的设计必须以这两个文件精神为依据，凸显群众活动的公益性。

群众活动是校外教育机构体现公益性、面向大多数少年儿童的主要渠道和手段。校外群众活动的公益性主要体现在活动的教育性和广泛性两个方面。

教育性是群众活动的重要特点。校外教育机构是从事未成年人校外教育的机构。校外群众活动是以未成年人为对象的教育活动。教育活动如果没有教育性就失去了教育的意义，群众活动设计的教育性就是活动主题要突出教育内涵，活动要设定一定的教育目标，在设计活动时有意识地在各项实践活动中凸显教育功能。

广泛性是群众活动的主要特点。群众活动如果失去了广泛性也就不能称为群众活动。活动对象的广泛性，体现在对学校和学生的两个普及面，在活动方案设计中应体现组织有一定数量的学校和一定数量的学生参加活动。"一定数量"主要指在活动内容、活动形式和活动条件（主要是活动场地、安全保障）允许的范围内最大限度地吸收更多的学校和学生参与活动。

（二）由于教育行政机关职能的转变，校外教育机构接受委托承办中小学大型主题群众活动成为校外群众活动的重要组成部分

近几年来，由于教育行政机关职能的转变，市区级大中小学校大型传统群众活动由教育行政部门主办，委托相关校外教育机构承办。校外教育机构接受委托承办中小学大型主题群众活动已经成为校外群众活动的重要组成部分。这部分活动的特点是有活动特定的主题，有活动指定的对象，有相关的目标要求。针对以上背景，校外教师的主要任

务是在有限定的条件下，发挥最大的创造性和拓展性，最大限度地把承办工作做好，达到内容、形式、效果的最佳深化。在设计活动中首先关注到活动的覆盖面，让更多的学校、更多的适龄对象参与到活动中来，扩大教育面。其次在活动过程设计中一定要注重教育实效，防止走过场，防止只重成果成绩而淡化教育效果的倾向。

这部分活动凸显了校外活动和学校教育的有效衔接。市区大型专题群众活动，如艺术节、体育节、科技月、科技周，以及各种单项科、艺、体比赛竞赛活动，与学校的思想品德教育、艺术教育、科技教育、体育等诸多方面的教育融为一体，与学校的艺术、体育、科技等课外活动融为一体，成为学校艺、科、体教育和课外活动成果展示与交流的平台。所以在活动设计上，还必须结合学校艺、科、体教育和课外活动的相关背景和实际情况，以达到活动的教育实效。

（三）市、区、县校外教育机构群众活动部门（活动策划部、群文部、科普部、活动部等）精心设计一批有创新性、有区域性，适合未成年人需求的品牌特色活动

中央《关于进一步加强和改进未成年人校外活动场所建设和管理工作的意见》和北京市《关于进一步加强和改进未成年人校外教育工作的意见》都明确提出：城区和县（市）的青少年宫、少年宫、儿童活动中心等，要充分发挥普及推广、兴趣培养、体验实践的功能。要针对未成年人的身心特点，精心设计和广泛开展经常性、大众化、参与面广、实践性强的校外活动。这为校外教育机构开拓创新设计具有地域特色的群众活动提供了依据。活动的设计一定要有自己的特色。校外教育机构分布在不同的地域，每个地域都有不同的地理环境，都有不同的历史掌故，都有不同的文化传承，这是每个地域得天独厚的创作条件，也是校外教师设计群众特色活动的最好素材。以其为主题设计的活动最有实践性，也最贴切地域内未成年人学习和生活。这样的特色活动经过反复实践，反复修改完善，会逐渐形成最受活动对象的欢迎、教育效果最佳的品牌活动。

（四）在"以人为本"理念的背景中，活动设计一定要以未成年人需求为本，适应青少年活动对象的身心特征、适应社会的教育形势需求

群众活动设计要以未成年人的需求为本，特别关注趣味性要求，这是由于其活动对象未成年所决定的。在新的教育理念下，群众活动应当具有互动性，在活动设计上要注重充分调动活动对象的积极性和主动性，让青少年在生动活泼的教育情境中有一种积极参与的欲望、有互动实践的机会、有乐在其中的感受，充分发挥他们的主体性作用，这样的群众活动为青少年所喜爱，有着深化的教育效果，达到"活动育人"和"寓教于乐"的目标。

校外群众活动的策划与设计是校外群众活动教师的基本功，在活动设计中必须既明确活动设计的理念和原则，掌握活动设计的一般策略，又能依据教育的发展、形势的氛围、地域的特点，特别是未成年人教育的需求，掌握活动设计的特色策略，设计出具有教育性、广泛性、科学性、创新性、实践性、趣味性，有特色的、受到未成年人喜欢的品牌群众活动。

活动辅导方案要体现为学生进步而设计的教育观念

北京市朝阳区青少年活动中心　周放

衡量教学效果优劣的标准不是教师是否完成教学任务，而是学生是否主动参与学习，完成了学习任务。学生有无进步是衡量教学效果的最终标准。要使学生在教学活动中有进步，教师就要认真研究如何设计好教学活动的每一个环节，使每一个环节都能激发学生主动的参与欲。教学目标指向一定是学生的进步与发展。为此，做好教学设计就成为教师提高教育教学工作质量的首要任务。2009年，校外教育教学活动辅导方案的设计能力被确定为北京市校外教师基本功测试的重点内容，就是一个很好的导向说明。

校外教育教学活动辅导方案与学校课堂教学的教案一样，是教师组织开展教学活动前设计的关于教和学的一种预案，是教师最基本的教育专业能力。对于校外教师而言，这种能力显得更为突出和重要，因为校外教育教学的对象、内容、形式、时间、场所等教学诸因素与学校课堂教学相比存在着较大的自由度，其开放性和不确定性远远大于课堂教学。如果校外教师的这种能力不强，对于经验不足的新教师可能产生的问题就是教学无章法，随意性太大；对于有些经验的教师可能产生的问题就是教学过于依赖经验，缺乏创新性。显然，设计教学的能力如果偏低，既不利于学生的进步发展，也不利于教师的成长，这是显而易见的。

之所以关注校外教师编写活动辅导方案的基本功问题，是因为在本次参与校外教师教育教学基本功测试过程中，与几十位教师面对面或文字交流时发现，如何进行教学活动设计，怎样撰写活动辅导方案，一些教师无论是在认识上还是在具体操作上都有一些困惑。在体现以促进学生全面发展和进步为中心的教学理念上，在如何提高活动设计的科学性、合理性和有效性等方面，部分教师还不能很好地把握。为此，结合本次教学基本功关于活动辅导方案的评比标准谈两点想法，供大家参考。

一、对活动辅导方案的再认识

撰写活动辅导方案是教学设计中的主要环节，是教师教学观念的物化体现。以往认为校外教育教学活动辅导方案，是以活动内容为对象，明确活动要传授的知识和技能为主要任务，更多体现的是教师教什么和如何教的问题。

而现代教育理念提出，教学设计是以学生为中心，突出学生在学习过程中的主体地位，要以学生的"学"为教学设计的出发点，即为学生的学习而设计。在做教学设计时，教师不仅要根据教学的内容确定教学目标，而且要根据学生的学习能力和水平以及客观条件制定教学目标；要依据学生的初始状态安排不同的教学活动，提供不同的学习材料，并参照学生的初始状态来评价学习效果；要分析学生学习的实际情况，选择不同的教学方法；要根据学生掌握所学内容的时间安排教学过程；要针对不同学生的差异采取适当的教学策略。教学设计只有真正以促进学生的学习为中心任务，才能达到教学最优化的理想境界。

要达到这样的教学境界，在进行教学设计时就一定要把握好以下四个特点：一是充分考虑学生的特点，作为设计的依据，强调调动学生学习的主动性和积极性。考虑到个体差异，充分挖掘学生的潜能。二是以认真分析学习者面临的学习问题为出发点，进而提出解决问题的办法，帮助学生克服学习中的问题障碍，达到提高教学的有效性。三是强调教学目标、教学过程和教学评价的一致性。教学目标是教学过程的出发点和归宿，也是教学评价的依据。教学目标是学习者通过学习后的一种学习结果，这种结果应该是明确的、具体的，可以观察和测量的。四是围绕活动主题选择适当的教学策略。换言之，就是要根据教学目标和学生的实际，选择完成如何教和怎样学的有效方法和途径，安排好活动的顺序和进程。

二、对辅导方案主要构成要素的分析

构成辅导方案几个要素的提出，是遵循教学设计的一般要求，针对校外教育教学的特点而建议的。在编写辅导方案时，需要明确每个要素的作用。下面针对教师们易出现的问题，对一些组成要素给予说明。

（一）活动的背景

由活动的背景，要回答为什么开展这样一个活动。这个问题显然是由校外教育的特点所决定的，活动内容和形式的选取因为没有统一的规定，所以需要教师说明策划本次教学活动的依据，以及重要性和必要性。

可以从三个需求考虑：其一，从社会发展的大形势考虑，包括社会热点、焦点、政策要求；其二，从本专业知识技能系统教学的安排考虑；其三，从学生全面发展的需求考虑。在这三点考虑中，最重要的是满足学生发展的需求。

（二）学生的分析

这是进行教学设计时，教师要考虑的一项非常重要的因素。实际上这个因素就是要求教师对参与本次学习活动的学生开始时的学习能力、学习态度、学习特点、学习方法和认知结构有一个客观的分析，这个初始的分析直接涉及活动目标的制定。

（三）活动的内容

活动内容的选择应该体现本专业的特点或体现活动主题的要求，特别注意避免主题性活动出现主题过大，过于口号化、艺术化的倾向，以至于内容与主题之间连接不够紧密。此外，活动内容要以知识和技能的理论学习为前提，强调体现校外教育兴趣性、实践性和创新性强的特点。

（四）活动的目标

活动目标的制定是教学设计的核心要素。注意避免三种误区：一是目标过大、过泛，一次活动，甚至几次活动都难以达到；二是对知识技能的目标把握得比较准确，而对能力方法和情感态度目标则体现得不够；三是将教师的教学任务表述为活动目标，从根本上忽视了以学生为中心的教学理念。

（五）活动的重点和难点

重点、难点是站在学生学习的角度分析确定的，反映的是学生学习的重点和难点，而不是教师从自己的角度确定教的重点或难点。通常情况下，尽管上述两个角度的分析不同，但重点内容的确定基本能统一，而确定的难点就容易出现难点不难，或没设成难点的地方在实际活动中成了学生学习的障碍。

（六）活动的过程

通过上面五个要素的分析，我们明确了教学活动的内容和学习所要达到的程度，接下来就是设计活动如何实施，目标如何达到了。活动的实施过程涉及活动的顺序安排、活动环节步骤、活动的组织形式和活动的辅导方法的选择。这是活动辅导方案中的主体部分，在设计时特别要注意三点：第一，要突出教师的引导和指导作用，学生能做的要引导他们自己做，学生有困难的地方要指导他们做，切不可替代。第二，每个环节的设计意图要清晰，指向对学生的进步和活动目标的达成。第三，针对不同的活动环节，选择恰当的教学方法，体现自主性学习、探究性学习、合作性学习。

（七）学习效果的评价

学习效果评价的依据是活动目标的达成情况。评价的方法应该是多元的，既可在过程中，也可在活动后；既可以量化，也可以进行描述；既可以采用比赛、表演、展示的方法，也可以用师生评论的方法。学习效果的评价可以不拘形式，以促进学生主动发展和显现学生发展程度为目的。

浅议校外教师在教育活动中的角色定位与要求

北京市西城区校外教研室　常晓玲

校外教育机构对学生实施教育的主要形式是活动,这是校外教育机构的主体工作,也是对校外教育机构进行评估的主要内容。"活动"是校外教育的生命线,在这句话中蕴涵着丰富的教育理念。校外教师如何把理论层面的"活动"与实施操作层面的"活动"有机地统一起来,真正实现以"活动"促学生全面发展的目标,还要在理念上加以深刻地理解、在活动实践过程中加以深入地探索。

一、教师在校外教育活动中的角色定位

活动的实施过程,就是教师和学生不断地创造和生成的过程,教师的主导作用在于为学生创设一定的教育情境,营造良好的精神氛围,更多地应该把时空留给学生,让学生体验、内化。

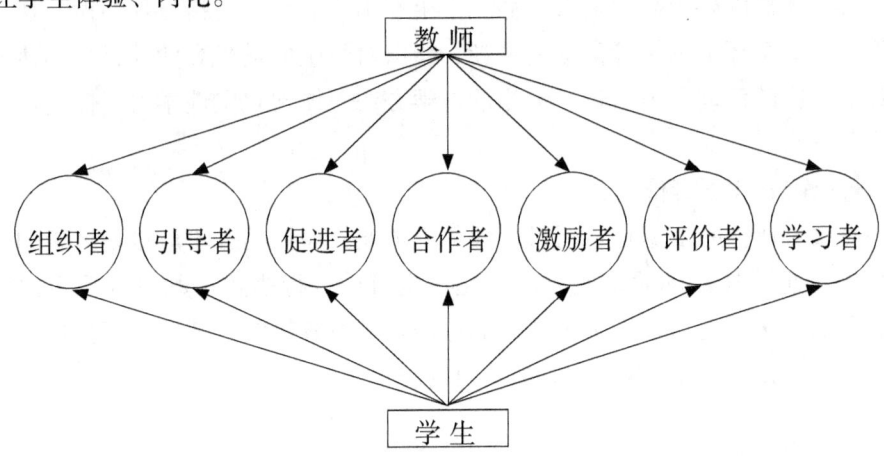

有力的组织者:教师按照一定的活动目标、活动步骤和形式,有序有效地安排活动,从活动准备阶段开始,教师要制定切实可行的活动方案和周密的安全预案,在活动实施过程中,教师绝不是活动的主体,要真正把关注的焦点放在学生身上,依据他们的活动情况,灵活地安排每一个教育教学活动环节,而不是机械地执行预设的活动计划。

有效的引导者:离开了教师的引导,学生的活动只能是无意识的自由活动。教师的引导是实现学生自主活动不可或缺的重要环节。教师指导的目的就在于帮助学

生拥有自主意识和自主能力，以便更好地自主开展活动。

积极的促进者：在校外教育教学活动中，教师应该是学生学习的促进者，不应是知识传播的中介，而是学生学习的动力、源泉与向导。注重激发学生的活动兴趣，为学生创造想象的时间和空间，鼓励学生带着各自的兴趣与需要直接与生活世界进行对话。

平等的合作者：教师把自己放在与学生平等的地位上进行学习与活动。充分地尊重学生、与学生分享自己的感情和想法；如果教师在参与活动的过程中出现过失或不足，应勇于承认，并进行自我反思与总结。

热情的激励者：从心理学角度看，表扬比批评对学生的教育效果更明显。激励对于学生来说是十分重要的，在活动中，教师不能要求学生不出现错误或失误，这恰恰表现出学生的个体差异性，有差异才需要因材施教，需要教师不同程度地给予指导和帮助。教师要用包容的心态去审视与塑造每一个学生，发现并欣赏每一个学生身上的闪光点，由衷地给予真诚的肯定与赞赏，促进学生增强自信心，激发创造性。活动中教师对学生的评价不仅表现为一些鉴定性的语言，更多的应是教师的肢体语言，如手势、眼神、默许、微笑等，以此给学生以激励。

积极的评价者：校外教师要特别重视通过采取多种评价方法促进学生发展，发挥评价的激励功能，加强活动中与活动后学生的自评互评，要重视学生的精神成长，重视学生非显性的态度、观念、思考方法、情绪情感的发展，并重视让学生参与活动评价，增进学生主体意识的觉醒，让学生在自评中产生自信心与成功感的体验，形成发展的内驱力。

虚心的学习者：教师在活动中不仅是知识的拥有者和传播者，还应是一个虚心的学习者，学生在学习过程中会表现出许多优良的品格和智慧，教师除了予以充分的赞赏和肯定之外，也应善于从中进行学习，教学相长。

二、教师在校外教育活动中的角色要求

（一）把握校外教育特点

与学校教育相比较，校外教育目标的制定具有三个突出的特点：一是体现活动育人，寓教育于丰富多彩的活动之中。二是侧重青少年学生的个性品质的培养，关注兴趣与才能的发展。三是强调教育与实际生活的有机结合，走进社会，开展公益性社会实践活动以及愉悦身心的娱乐活动。因此，教师应把握校外教育的开放性与实践性等特点，在活动设计的时间、空间、形式上给予灵活运用与创新。坚持活动育人，突出创新发展。

（二）捕捉教育的契机点

教育契机，有时来自社会大背景下的具有时代性、时事性、突发性的事件或问题；有时来自贴近学生身边生活的热点、难点问题；有时来自学生年龄、心理等成长阶段的不同方面不同需求；有时来自节假日、纪念日等。教师应善于发现生活，

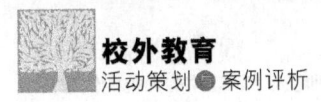

善于捕捉教育机会，做到及时准确，将教育的内容用恰当的形式加以实施，从而达到最有效的教育目的。

（三）找准学生的兴趣点

活动的设计要考虑活动对象的层次性（幼儿、小学生、中学生等），了解个性特征体现寓教于乐。要依据学生的不同年龄特点和认知水平，确保教育活动目标、内容和效果的一致性。活动中创设一定的教学情境，营造生动有趣的、具有吸引力的学习背景；创设亲和的人际情景，注重设计互动性强的环节，增强趣味性、参与性，使学生在宽松、和谐、愉悦的氛围中主动学习。

活动趣味性是为保证教育目标的达成而服务的，每个活动环节的设计都应有明确的教育意图。应注重采用参与式、体验式活动形式，把握好活动目标的适切度。活动目标是否明确、具体可测，是活动成败最重要的问题，要让学生能够达到，不能只图场面热闹，而缺乏教育深度。防止片面追求活动过程中的"趣味性"，而忽视了教育"实效性"。应加强学情分析，内容上力求丰富、通俗易懂，应注意把"差异性"作为资源来利用。

（四）开发并利用资源点

一是要立足自身，挖掘利用身边的教育资源，有时不必舍近求远。有的校外教育场所自身就具有良好的人力资源和环境资源，关键是如何把这些资源恰当地运用于活动中，实现一定的教育目标。

二是要视野开阔，整合利用丰富的社会资源为我所用。树立资源意识，实现有机整合。社会就是舞台，社会就是课堂，教师应树立资源意识，最大限度地开发和利用社会人力、物质、环境资源，为学生开辟广阔的社会实践空间和更丰富的活动内容。

（五）注重活动后反思点

叶澜教授说："一个教师写一辈子教案不一定成为名师；如果一个教师写三年的反思，就有可能成为名师。"可以说，教师专业发展就是一种自我反思的过程。校外教师应自觉开展活动后反思，每次活动后，对成功之处、不足之处、环节的疏漏之处、学生反馈的情况等方面进行反思。反思的重点在"思"。不是空洞的泛谈，而是从更宽广、更深远的层面，进行全面、深入、冷静的思考和总结。只有反思，才能真正让教师成长。

三、教师在校外教育活动中应达成的几点共识

（一）围绕"一个核心"

教育具有四个功能，即"发现人的价值、发觉人的潜能、发挥人的力量、发展人的个性"。校外教育作为教育的重要类别，正是围绕"育人"这个核心，通过"活动"这个载体，选择适当的内容、途径、模式来最终实现教育的目标。

（二）注重"两个结合"

活动设计与实施应注重将"课堂内的学习"与"课堂外的学以致用"相结合，将"校内"与"校外"的教育时空、内容相结合，创设多样化的活动载体，整合、开发、利用社会资源，形成开放式、社会化、多元互动的校外活动体系。

（三）做到"三个着眼"

校外教育活动中蕴涵着教师在设计与实施活动时树立什么样的"儿童观"的问题。儿童是独立的、积极的、主动发展的人，是具有创造精神的人，是具有个别差异的人。因此，在活动中教师着眼于学生的主体性实践和体验，着眼于为每个学生营造个性发展的空间，着眼于学生综合素质与能力的提高和发展。

（四）实现"共同发展"

教师在校外活动中"因地制宜、因时制宜、因人制宜"，将自己的教育智慧内化于包括师生教育活动及教育目标、教育价值、教育过程、教育环境、教育管理在内的一切方面，在具体活动情境中锻炼教师对教育教学活动的驾驭创造和深刻洞察以及灵活机智的综合能力。教师在促进和培养学生的同时，自身也获得了自我价值和社会价值的实现。因此，开展校外教育活动的过程是教师和学生互动、和谐、共享、共促的共同发展过程。

总之，校外教育活动为学生的全面和谐地发展撑起了一片晴空，同时也为教师的自我发展提供了广阔的平台。目前，校外教育面临着大好的发展机遇，作为校外教师应找准位置，发挥优势，不断提高工作水平和研究能力，为校外教育可持续发展作出努力。

校外教育活动特色的再认识

北京市校外教育研究室　周咪

与学校教育相比，校外教育机构所开展的教育活动具有鲜明的校外教育特色，这些特色有深厚的教育理论基础，特色的坚持与否直接影响着校外教育机构的教育质量。本文试图从杜威教育思想与校外教育理论的吻合开始探究校外教育的理论基础，分析校外教育机构开展教育活动的现状和教育形势的变化，指出校外教育机构在新时期坚持校外教育特色开展教育活动的重要性与必要性。

一、杜威教育思想要点

（一）做中学

杜威"做中学"思想的基本涵义是"它包括使用各种中介的材料、用具以及使用各种有意识的用以获得结果的各种技巧，它涉及各种工具和材料去进行的表现和建造一切形式的艺术活动和手工活动，只要它们包括为了达到目的的有意识的或深思熟虑的努力……它们还包括要动手的科学研究，对研究材料的搜集、对器具的管理、工作进行中和记录实验情况所需的活动程序"。[①]因此，杜威的"做中学"包括艺术创作、手工活动和科学探究三方面。

（二）儿童中心

1. 在教育过程中，强调儿童的"兴趣"、"直接经验"和"探究"

杜威强调的"经验"指的是个体与环境相互作用的过程，获取经验的过程就是不断"做"的过程，也就是不断实践、不断经历、不断体会的过程。

杜威认为，只有与我们的经验相关联，我们才能从经验、书本及别人所说的话中学习，"一切学习都来自经验"。他认为，通过活动获得的经验包括情绪、理智、身体及社会方面的经验，尤其是社会经验，对于儿童的身心发展具有重要意义。

2. "儿童中心"前提下教师的作用

杜威认为，教育的中心问题是选择经验，"以经验为基础的教育，其中心问题是从各种现时经验中选择那种在后来的经验中能富有成效并具有创造性的经验"。[②]这个选择的任务应由教师来完成。"教师在学校中并不是要给学生强加某种概念，或形成某种习

[①] 赵祥麟 王承绪. 杜威教育论著选.上海：华东师范大学出版社，1981.
[②] 转引自褚宏启，论杜威课程理论中的"经验"概念，课程教材教法，1999(1).

惯，而是作为集体的一个成员来选择对学生起着作用的影响，并帮助他们对这些影响作出适当的反应。"③ 同时"教师是这一团体中最成熟的成员，他对社会团体生活中的各种交互作用和各种相互交往负有独特的指导的责任。"④

（三）社会本位的教育目的

杜威曾批评某市的一所游泳学校，那里教青少年游泳不是在水里，而是在岸上反复练习游泳所需的各种动作。杜威认为受这种训练的年轻人如果掉进水里唯一的可能是"沉下去"。这就是说，准备生活的唯一途径就是参与社会生活；否则，要培养对社会有益的和有用的习惯是不折不扣地如同在岸上教儿童游泳一样。⑤

杜威认为必须把儿童置于广泛的社会关系中，从最广泛的社会关系出发，视儿童为社会的一员，并从儿童所要实现的社会角色来全面看待儿童，以使其能够理智地认识他的一切社会关系，并维护这些关系。⑥他还认为儿童是"实现社会目的和道德理想的唯一手段和工具"。⑦总之，杜威认为儿童是社会的一员，对儿童的教育要在社会中进行，并最终为社会服务。

二、与杜威教育思想相吻合的校外教育理论

梳理了杜威教育思想之后，我们发现杜威教育思想与校外教育的某些理论非常吻合，具体如下：

（一）强调"实践"与"体验"

校外教育的一个重要特征是强调"实践"与"体验"。"实践性"是校外教育活动的一个重要原则。实践的本质是"做"，坚持"实践性"的活动原则，就是要坚持"做中学"，让学生动脑、动手，让学生亲自体验，从体验中获取直接经验。而不是"从听中学"，只能获取间接经验。学生通过自己的亲身体验，不仅是掌握了某种操作技能，更重要的是在活动中获得对于现实的真实感受，这种内心体验是形成认识、转化成行为的原动力。⑧

校外教育机构开展的教育活动都是围绕着"实践"与"体验"进行的。比如，通过学习京剧、相声、书法等传统艺术，了解历史、增长知识，感悟中华民族优秀的传统文化；通过各种球类运动和武术训练，让学生强身健体，并培养不怕苦、不怕累的坚强品质；通过机器人、航空航海模型制作等科技活动，让学生动手动脑，感受科技的魅力；通过各种社团活动，让学生学以致用，培养自信的品质，并在集体中培养孩子们形成互帮互助、团结友爱的意识。

（二）以学习者为中心

校外教育是一种以学习者为中心的教育，主要有三层含义：一是校外教育把着

---

③ 单中惠. 现代教育的探索——杜威与实用主义教育思想. 人民教育出版社，2003.
④ 赵祥麟 王承绪. 杜威教育论著选. 上海：华东师范大学出版社，1981.
⑤ [美] 约翰·杜威著，赵祥麟等译. 学校与社会·明日之学校. 北京：人民教育出版社，1994.
⑥ [美] 约翰·杜威著，赵祥麟等译. 学校与社会·明日之学校. 北京：人民教育出版社，1994：144-145.
⑦ [美] 约翰·杜威著，王承绪译. 民主主义与教育. 北京：人民教育出版社，2001：49.
⑧ 高峡，康建等. 活动课程的理论与实践. 上海：上海科技教育出版社，1997：126.

眼点从传授转向学习，从外部的教，转向内在的学，更注重教育的使命就是使青少年学生学会学习，充分发掘他们个人的潜能。二是校外教育过程更具有个性化的特点，更重视青少年学生个性品质的培养，并给他们个性的发展提供了更多的机会和条件。三是校外教育是一种主体教育，它更注重青少年学生的独立性、主动性和创造性品质的培养。⑨

由此可见，校外教育的"以学习者为中心"相对杜威的"儿童中心"有本质上的一致，又有一定的发展。它们都强调以学生为教育的出发点，并最终都落脚在学生能力和品质的养成。而且，校外教育更加强调"个性化"的教育过程，强调学生个性品质的培养，这也是校外教育的鲜明特色之一。

（三）教育与实际生活相结合，培养社会所需要的人

校外教育的总目标与学校教育的总目标具有一致性，都是"要把受教育者培养成为一定社会所需要的人"。更应强调的是，校外教育区别于学校教育的一个重要特点在于"校外教育强调教育与实际生活的有机结合"，通过组织各种活动（而非课堂教学），"使学生的课余生活能够以社会为舞台，有一个更为广阔的活动空间"。⑩

校外教育理论与杜威教育思想都认同教育的最终目的是为社会培养人，也都认为要达到这一目的，必须把对学生的教育与实际生活紧密联系起来，将学生置身于社会中去教育。

三、新形势：校外教育机构开展教育活动现状不容乐观

通过杜威教育思想与校外教育理论的对比，我们看到校外教育具有非常深厚的理论基础，并且有着自己非常鲜明的特色。坚持以这样的特色来开展教育活动才是真正的校外教育。"以青少年学生为主要对象的综合性的专门性的校外教育机构是校外教育的主体和骨干力量"。那么，校外教育机构开展教育活动的现状是怎样的呢？

（一）校外教育机构开展教育活动校外教育特色不突出

通过杜威教育思想与校外教育理论的对比，我们看到校外教育具有非常深厚的理论基础，并且有着自己非常鲜明的特色。坚持以这样的特色来开展教育活动才是真正的校外教育。"以青少年学生为主要对象的综合性的专门性的校外教育机构是校外教育的主体和骨干力量"。⑪那么，校外教育机构开展教育活动的现状是怎样的呢？

近年来，办培训班成为校外教育机构被媒体和社会诟病最多的一个方面，有媒体报道"办班已成校外教育的主要内容"。⑫应该说，延续课堂教学模式的"培训"和校外教育机构的主要活动形式"兴趣小组活动"是有本质区别的，但有些机构在开展活动时的确模糊了二者之间的界限。比如，班额过大，这就导致每个学生受到关注的

---

⑨ 青少年校外教育工作者培训指导用书编写组.校外教育机构管理人员培训手册.北京：中国统计出版社，2003：47.
⑩ 青少年校外教育工作者培训指导用书编写组.校外教育机构管理人员培训手册.北京：中国统计出版社，2003：18.
⑪ 青少年校外教育工作者培训指导用书编写组.校外教育机构管理人员培训手册.中国统计出版社，2003：17-18.
⑫ 倪光辉，张鹏.把天空还给孩子.人民日报，2009：14.

机会少了，影响了校外教育倡导的"使每个学生都获得成功"的教育目标；还有些活动给学生提供的实践机会太少，比如学表演项目的不给提供演出和展示的机会；至于补课性质的写作、数学、英语培训班，这些本就不是校外教育活动内容，却由于社会需求、经济利益等原因，依旧在一些校外教育机构中存在着。

2007年北京市中小学生成长需求的调研显示，"希望有更多的实践和体验"是继"希望有更多的睡眠和休息"之后的学生成长第二需求。⑬这也从一个侧面反映出校外教育在给学生提供实践和体验机会的不足。

在2008年由北京市教育委员会颁布的《北京市校外教育机构工作规程》中，规定校外教育活动的主要形式有："群众活动、兴趣小组活动、社团活动、社会实践、游戏娱乐等"。就现状来看，社会实践、游戏娱乐这两种活动形式在校外教育机构的开展非常不足，社团活动的开展也不够普遍。

（二）社会大课堂带来的冲击

在校外教育机构的自身特色不突出的同时，学校教育却随着新课改的进程，越来越多地向校外延伸，体现出明显的校外特色。

比如现在北京市正在开展"社会大课堂"工作。北京市将逐步要求每一所学校，都要在"社会大课堂"相关资源中安排一部分教学内容。"社会大课堂"正式推出后，学校有序地组织学生走进大课堂，教师可以从大课堂中找到相适应的教育教学内容，学生可以从大课堂中找到感兴趣的实践活动场所和活动信息。⑭

在2008年出台的《北京市中小学生社会大课堂建设方案》（京教德〔2008〕8号文件）中提到社会大课堂"以促进学校教育与社会教育的结合，学生的知识学习与社会实践的结合为目标"。在2012年的文件中（京教财〔2012〕9号），进一步提出设立北京市中小学生综合素质提升工程项目旨在鼓励和支持中小学生在课堂学习的基础上，"走出校园，拓宽视野，培养兴趣，发展特长，锻炼能力，提升中小学生思想品德、科学素养、健康素质、文化修养等方面的综合素质"。而《北京市校外教育机构工作规程》中，这样规定校外教育机构的职能："组织未成年人校外教育活动，培养兴趣，发展个性，促进未成年人的全面发展"。

可以看到，从空间来说，学校教育已经开始将一部分教育内容放到了学校之外的场所；从内容来说，学校教育也开始将"社会实践"、"活动"纳入课程计划；从目标来说，"培养兴趣"，"发展特长"也开始被学校教育所强调所关注。这意味着处于学校之外、以"活动"为主要育人方式、以兴趣和个性的培养为目标，都不再是校外教育机构的专属特色。

四、应对策略：坚持校外特色，充分发挥优势

面对上述形势，校外教育机构到底应该如何应对呢？作为校外教育工作者，我

---

⑬ 转引自北京市中小学生社会大课堂建设可行性论证报告，北京市中小学生社会大课堂建设工作组，来自社会大课堂建设的报告，2008:42.
⑭ 董城. 社会大课堂：北京新学期的礼物，光明日报，2008-9-2.

认为应从两方面努力。

（一）坚持校外教育的特色开展教育活动

特色的丧失就意味着生命力的丧失，校外教育机构要葆有旺盛的活力必须坚持自身特色，也就是前面归纳的强调"实践"与"体验"，以学习者为中心，教育与实际生活相结合。

北京市校外教育机构教师教育活动基本功测试已经进行了三届，今年正在开展第四届。在连续几届的测试赛中，始终坚持把组织"实践活动"作为小组活动教师的基本功加以考察，充分体现出政府部门对校外教育机构坚持校外教育特色开展教育活动的重视。这也正是校外教育工作者应该努力的方向。

（二）充分发挥学校教育所不可替代的优势

校外教育机构具备学校教育所不可替代的优势，正是这些优势决定了校外教育机构存在的必要性，在新时期校外教育机构更应该充分发挥这些优势。

第一，参加校外教育活动不是强制性的，而是自愿选择的，这决定了学生对所参加的校外教育活动有兴趣，学习较主动；

第二，校外教育活动的内容不受教学大纲的限制，教学计划相对比较灵活，能够根据学生的学习情况进行调整；

第三，兴趣小组活动是校外教育机构的主要活动形式之一，不同于学校的班级授课制，小组活动使个性化教育成为可能；

第四，群众活动是校外教育机构的另一个主要活动形式，这种活动形式覆盖面广，是校外教育机构公益性的重要体现，能够打破校与校之间的壁垒，使广大中小学生能够共享活动资源。

总之，新时期教育形势发生了很大的变化，面对这种情况，校外教育机构要保持自身旺盛的生命力，必须坚持自身特色，有特色才有存在的价值。

校外教师基本功测试与评价
——北京市校外教师基本功测试活动的实践与思考

北京市校外教育研究室 李昱

所谓基本功是指：完成某项工作或做好某件事所必需的条件性的技能和技巧。教师的基本功是教师的素养、知识、能力与技能的综合体现。[①] 校外教师的教学基本功即校外教师完成教学活动所必需的条件性的技能和技巧。

评价（evaluation）在《朗曼当代英语词典》中解释为：计算价值或程度。教育评价即按照一定的评价标准，在对教育活动及其相关因素进行系统分析的基础上，就教育活动满足社会和个体需要的程度做出判断的特殊认识活动。

教育评价可以分为学生评价、课程评价、学校评价、人事评价等。教师基本功评价属于人事评价范畴。

一、校外教师基本功测试活动的设计

（一）教师基本功一般特点

教师基本功乃教师从教之基，教学之本，具有鲜明的特点。

1. 共同性——教师的教育教学基本功是所有教师要具备的专业基本要求。

2. 基础性——教师基本功是从事教育工作、完成教育教学任务、履行教育教学职责必要的基础性能力和智慧。

3. 习得性——教育教学基本功是后天习得的，是可以通过训练培养的，也必须在教育实践和学习中不断提高。

4. 专业性——教育既对教师基本功有共同的专业要求，同时，不同的教育学科、教育专项又各有相应的科（项）目基本功。

5. 时代性——随着科技的进步和社会的发展，教师基本功也在变化，会融入新的内容，会有新的要求。

（二）设计基本功测试评价方案

1. 基本功测试活动目的

依据校外教师基本功的特点，我们将基本功测试定位为一项教师专业性检测与培训活动，目标是：提高校外教师在教育教学活动中学习、提升、创新、发展专业素质的自觉意识，提升校外教师队伍的基本功水平，研究校外教师专业发展规律，

[①] 参考资料：《课程.教材.教法》.《基础教育课程改革中教师的教学基本功》.人民教育出版社；肖远军.《教育评价原理及应用》.浙江大学出版社，2005；10。

完善校外教师专业培训与测评机制，为造就一支师德高尚、业务精湛、结构合理、充满活力的高素质专业化的校外教师队伍奠定工作基础。

通过校外教师基本功测试活动，进一步挖掘校外活动的教育内涵，突出校外活动的育人优势，强化校外教师教育与服务意识，提高校外教育活动质量。

2. 基本功测试活动内容

为科学、合理地选定校外教师教育教学基本功测试内容，我们在研究校外教师基本功共性要求的基础上，分别划分了校外小组教师和群众活动教师基本功范围与具体内容。

根据加强指导学生社会实践能力需要，将小组活动教师必备的语言表达能力、仪表教态、专业智慧、活动管理以及运用现代教学媒体的能力与群众活动教师的活动设计能力、组织活动能力、社会交往等能力相融合，确定了小组活动教师的"专业社会实践活动"和群众活动教师"主题教育活动"两个测试系列。

3. 基本功测试评价标准

评价标准可划分为相对评价、绝对评价和个体内差异评价。为了把握基本功评价标准的科学性与引导性，我们考虑了校外教师队伍建设、基本功发展、校外师资管理等因素，制定了由"活动方案、活动实录、活动介绍、技能展示"构成的四个一级评价指标。

在细化评价指标时，为了减少评价主体愿望与真实需要之间的偏差，我们对四个一级指标进行了再分解，如：将活动方案测试分为"活动定位、活动目标、活动对象、活动环节、活动准备、效果检测"几方面，分别提出了具体的评价标准，制定了基本功测试评价量表与测试工作单。

随后，分别召开教委、校外教育机构负责人和校外教育专家、部分教师座谈会，直接听取他们对测评标准的意见，并选择了两家具有代表性的校外教育机构的教师进行了试测。之后，综合大家的意见和试测结果，再次对基本功测试标准进行了修改与完善。

（三）建立基本功评价队伍

1. 行政领导

为了确保校外教育评价的顺利进行，我们成立了以市教委领导、区县教委领导、校外教育机构领导为组长的三级校外教师基本功测试领导小组。各级领导小组分别下设基本功测试办公室，确定专人负责校外教师基本功测试的各项工作。为基本功测试活动与评价提供了必要的行政、组织和经费等方面的保障。

2. 评价小组

校外教师基本功测试是一个多元结构的活动，构建与之相适应的基本功评价工作小组是校外教师基本功评价管理的尝试。我们依据基本功测试活动项目组成了"造型艺术类、表演类、科技类"专项评价组；依据基本功测试活动板块设立"教师活动介绍"评价小组,"教师专业技能展示、活动方案设计"评价小组。

各小组组长既是本项目测试评价活动的召集人,也是本项目评价总体原则与标准的责任人。这种模式符合校外教师基本功评价的实际需要,也凸显了校外教育评价复合性的特点。

3. 评价队伍

组建结构合理、公正、公平的评价队伍是保障评价科学、客观、准确的必要条件。基于校外教师活动项目的复合性、多元性,经过多次的基本功测试实践,现已初步形成了校内外专家相结合,项目专家与教育专家相结合,教研组长与理论专家相结合的评价队伍。

重视评价队伍的结构建设既增加了评价的维度,又形成了不同方面专家的整合,有利于形成自上而下、自下而上、由内到外、由外至内的整体评价意见。

二、校外教师基本功评价的实施

从促进教师发展的角度,我们在校外教师基本功测试中改变了以往进行终结性评价的做法,将形成性评价与诊断性评价相结合,帮助教师找出基本功中的问题,分析问题的相关元素,找到解决问题的具体方法。

(一)多元评价主体的结合

我们提倡对参加基本功测评的教师给予指导和帮助,鼓励教师参与到测评各环节之中。在教师测试过程中采取内、外结合的方式,请专家帮助教师设计活动方案与反思,指导活动概括与介绍的语言,提供个人专业技能展示咨询。

这样将评价过程延伸到测评的准备阶段,扩展到测评的全过程,不仅增进了参评与被评者之间的情感,提升了参评与被评者之间的认识,也使每一位参与测试的教师在测评的不同环节、不同方面均有收获。

(二)细化评价指标与操作

考虑到评价主体的多元性,在实施校外教师基本功测评中需要使评价范围更加宽泛,指标更加细腻,要素更加准确,增强评价标准的可操作性。

在试验的基础上,评价指标由一级指标派生出了二级、三级、四级指标。同级指标间的分值度也越来越小。如在教师活动介绍中,将活动介绍过程与内容的分值细分,活动录像与活动自评的分值细分,分值差度均在一位数以内。还在活动实录中设置了"内容与方案的吻合度、活动环节的展现、图像质量与音质"等小项评价指标,大大增加了评价中的可操作性。

(三)评价要素的创新与发展

在校外教师教学基本功测评实施主体评价中我们注重形成性评价,更注重发挥校外教育评价促进教师发展的功能。

校外教育整体随着时代和教育的进步而进步,教师的发展、教师教学基本功的

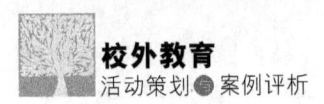

要求也是随之而变化的。例如对教师教学语言要求从完整性到艺术性的深化，认识板书重要性到现代教学手段的应用等。随着教育发展不同阶段对教师的基本功的不同要求，教师基本功要融入新的内容，教师基本功的评价指标、评价程序、评价方法也更加注重科学、系统、实用。

三、校外教师基本功评价的反思

通过连续组织校外教师教学基本功测试活动，提高了管理者、被管理者对校外教师基本功评价的认识，形成一些经验，也引发了对校外教师基本功测试评价的再思考。

（一）基本功评价中的问题

任何一种教育评价都不应以终结性的评价结果为目的，科学地"评"是为了教师专业的发展，最终是为了更好地育人。

在校外教师教学基本功的评价领域中，应当避免以下几种常见的评价误区：过分关注甄别与选拔功能，忽视改进与激励功能；过分注重成绩，忽视教师全面发展和个体差异；过分关注评价结果，忽视评价过程的科学性与效能；照搬一般教师评价经验，忽视建立符合校外教育特点的校外教师专业评价机制。

（二）校外教师基本功评价趋势

通过总结校外教师教学基本功测试活动，可以看到教师基本功评价的发展趋势。

1. 教师基本功新增评价内容

随着科技的发展，教育改革的深入，校外教师基本功增加了现代信息技术的掌握和运用；活动开发与活动实施的基本功；协作与合作组织教学活动的基本功；教学评价的基本功（指教师评价学生和自我反思总结的能力）；教学科研等新内容。

2. 参加测评教师为评价主角

"评"的目的在于促"教"。评价并非凌驾于教师之上或存在于教学之外，"评"要服务于提高"教"的质量，服务于教师发展。

我们组织校外教师不仅参与本项目测评内容、评价标准的设计与讨论，参加基本功评价专题培训，进行基本功自评，还安排与评价专家进行交流。在这个过程中，校外教师不再只是被评的对象，不再"谈评色变"，而是变"被测评"为"我要求评"。更好地发挥了基本功评价促进教师专业发展，促进校外活动质量提高的效能。

3. 改变测评策略，形成"常态发展评价"

发展性评价不仅要求评价贯穿整个评价过程的始终，更要求评价为发展服务，将评价作为教师专业发展与保健的重要渠道。尊重被评价者的差异，多角度、多侧面、多主体、分阶段测评成为教师"常态发展评价"的主要特征。

通过建立教师个人成长记录袋、成长自述、案例分析等专业档案，帮助教师梳理专业发展成效，发现专业发展问题，找到专业发展的新空间与新方法，逐步提升教师自我评价的能力。

实践探索篇

兴趣小组的社会实践活动

热爱植物，保护环境
——北京市东城区青少年科技馆英语交流社会实践活动

北京市东城区青少年科技馆　栾昊颖

活动依据

1. 在2008年北京奥运召开前夕，广泛宣传环保知识，增强人们的环保意识，是首都人民的责任和义务。

2. 科技英语组的组员已经学习了有关植物及环保的知识，需要在实践中应用和提高。

活动目标

1. 能力目标

能用英语对某种植物或环保题材进行讲解并能与他人作简单的对话交流。

2. 知识目标

能用英语说出有关植物的知识或日常节能的一两种方法。

3. 情感目标

能积极投入到交流活动过程中，通过语言和情感激发听众热爱植物、保护环境的热情，并能与听众共同参与到讨论中来。

活动时间、地点

2008年5月10日，10:00—11:00；柳荫公园英语角。

活动对象及规模

科技英语组学员12人。组员为小学四至六年级学生，在本小组学习半年以上，具备一定的英语听说能力，均已学过有关植物与环保单元的课程。

柳荫公园英语角游人14人。英语角活动于2009年初由柳荫公园管理部门刚刚发起。他们中有退休的教师，有归国的华侨，有大学英语系的学生，也有英语爱好者。固定在每周四下午和周六上午开展活动。

活动内容和方式

1. 形式：在英语角进行演讲宣传和交流对话。
2. 内容：有关植物的知识和环保的方法。

活动重点、难点

重点：学生与游人都能说出一些植物的知识或在生活中环保的方法。

难点：学生与游人都能积极地投入到对话交流中。

活动准备

柳荫公园植物考察，初次英语角活动，分组准备发言。

阶段一：柳荫公园植物考察

学员以小组为单位到柳荫公园了解植物名称及生长情况。通过学生自主观察、识别、记录，了解柳荫公园的植物种类与特点。

阶段二：初次英语角活动

初次参加柳荫公园英语角活动，熟悉环境，学生与游人相互了解，做好心理准备，使活动中的难点——"学生与游人都能积极地投入到对话交流中"，易于突破。

阶段三：分组准备发言

1. 分小组讨论发言内容，围绕"热爱植物，保护环境"自主选题。组员可以介绍植物的相关知识，如植物种类、植物种植、种子传播等；也可以介绍环境保护类知识与方法，如当前环境危机、生活中如何节能、如何从自己做起保护环境等。学生准备发言，教师巡视辅导。

2. 师生共同选举主持人，准备主持人发言稿。

3. 师生共同准备发放给英语角游人的资料。

4. 负责岩石的学员准备再生纸实验器材：大盆、废旧报纸(或纸浆)、胶、水、尼龙袜制作的网等。

活动过程及思路

"热爱植物，保护环境"主题交流活动

时间：50—60分钟

（教师引言）

Teacher: Hello, everybody. Thank you for joining us. This is the first time for some of my students to take part in an English corner activity, which provides a real communicating chance for them to practice oral English. They have tried their best to prepare for this activity, which concerns about loving plants and protecting environment. Please do forgive us if there is some improper expression or words in the dialogue, and we are expecting to learn from every one of you. Please give us more practical methods and suggestions. Thank you very much!

（主持人介绍活动）

Host:

We are very happy to come here. Today we will talk about plants, our environment and natural resources. Let's share our information and knowledge together. Are you ready? Now, let's begin.

第一部分：了解植物名称

Host: Do you love plants? Do you know the names of the plants? My friends want to show you their favorite plants.

（安妮：介绍迎春花）

Anny: Winter jasmine

You know this plant? It's winter jasmine. Winter jasmine plants reach 4 inches in height with a width of 7 inches. The wide yellow blooms appear in later winter or early spring. Unlike most jasmines, they are not fragrant. Stems stay green in winter.

I like winter jasmines because it blossoms much earlier than other flowers. It brings the signal of spring.

（玛丽1：介绍槐树）

Mary1: Locust trees

Hi, everyone, my name is Mary. I'm 11 years old. My hobbies are singing and collecting flowers.

Last week we went to a park, and I collected many kinds of sample of plants. I saw different kinds of flowers and trees, such as: roses, locusts tree, pine trees and so on. I like locust trees best. Locust tree is the most popular tree in Beijing. You can see this kind of tree everywhere. It's the city tree of Beijing.

Let's plant many plants and protect them, Beijing will be a more beautiful city!

（主持人：引导大家共同讨论植物的名称）

Host: Do you know other kinds of trees or flowers? Which plant do you like best?

学生与游人一起交流。

第二部分：植物的知识

（玛丽2：如何在家里种植植物）

Mary2: How to grow a plant?

Are there any plants in your home? I love plants and grow some plants in my home. Today I want to tell you how to grow a plant.

First, put some potting soil in a pot. Then, put 2 or 3 seeds in the soil. Water the seeds once every 4 or 5 days. Put your plants in a sunny spot, it will grow better. After a few weeks, you will see a seedling grow from the soil. Let's grow more beautiful plants in our home, they can clear the air and protect our environment.

（萨姆：介绍自然界中植物种子的传播）

Sam: How are the seeds scattered?

（pictures）Do you know what they are? Do you know how their seeds are scattered?

Some seeds are scattered by animals, like peaches, apples. Animals eat the fruits and throw the seeds away to the other places. Some seeds are scattered by wind, like dandelions. The seeds are parachute-like. They can float in the air.

（彼得和蒂姆：人们是如何利用植物的）

Peter and Tim: How do people use plants?

P: I like eating bread. They are made from wheat.

T: The socks and clothes we wear are made from cotton.

P: The furniture and paper are made from wood.

T: Some lotions we use everyday are made from aloe.

P: Friend, do you know the plants play an import role in our daily life. Let's protect them and do no waste.

第三部分：日常生活中如何环保

（弗拉沃：保护土壤资源的重要性和方法）

Flower: Protect soil resources

The soil is very important for the plants. If soil is polluted, and if the plants can't grow, the clear air will be fewer and fewer, and if the clear air will be fewer and fewer, that we can't live any longer.We must save the soil. What should we do? We can use less farm chemicals, and don't throw away your batteries into the soil, plant more trees and flowers, don't cut trees and reduce earth erosion, classify the rubbish in your daily life and so on. There are only 30 percent soil on the earth, we must treasure and cherish the soil.

（爱米：保护水资源的重要性和方法）

Amy: Protect water resources

There are many kinds of pollution. When we talk about air pollution, you probably think about smog, a new word made up form the words smoke and fog. Smog is air pollution that you can see, smell and even feel-you probably find that after a long walk in a busy down town area your clothes and face can feel slightly dirty. So we should persuade the people around us. Do not smoke in the public, drive car as less as possible. And we should plant move trees to prevent us from sand storm.

（爱瑞欧：如何制作再生纸，演示与讲解）

Ariel: Making recycled paper

You need: some newspaper, a net, and then some white glue.

Cut some newspapers in tiny pieces.

Put them in water.

Mix the solution you make, then add some white glue, then mix it again.

Now put your net in it, and then slowly rise it up.

After drying under the sun 2~3 hours you have your home made paper, it's very special, because you made it, then, it's a recycle paper, it's good for our environment, too.

（教师总结并发放日常环保节能的宣传单）

Teacher's sum-up:

My friends and my students, we are all very happy today to have this interesting activity, which is concerned with the earth and the environment. It's a disaster to the human being and all other kinds of living things on the earth that we as the people have polluted the air, sea and land; used most of the earth's oil, gas and coal; completely killed more than 500 kinds of animals, birds and plants; made and used atomic bombs. Any yet, these things are still happening. We need a cleaner and healthier planet.

Here's a list of practical ideas. All of them can help you to help the environment.

1. Buy fresh food that doesn't need a lot of packaging.

2. Try to buy "organic" fruit and vegetables from farmers who don't use chemicals.

3. Save as much water as possible.

4. Use bottles more than once.

5. Try to save paper. Also, buy and use recycled paper as often as possible.

6. Avoid "throw-away" products.

7. Make sure that your family and friends use unleaded petrol in their cars.

8. Use public transport as often as possible.

9. Don't buy products made from rare or protected species (fur or ivory, for example).

10. If you're buying wood, don't choose hardwood from tropical rainforests.

11. Don't leave on electric lights, TV, Hi-Fi, etc, if you're not using them.

12. Try to throw away at least 25% less rubbish.

Let's start from now on, start from us-love plants and protecting the environment.

第四部分：学生与游人对话交流

要求：交流内容相对自由，以植物和环保为主，也可包含英语学习的心得体会。

活动效果测评

通过教师的观察日记（附件1）、学生调查问卷（附件2）、游人问卷（附件3）对活动效果进行评测。

附件（略）

附件1：教师观察日记

附件2：学生调查问卷

附件3：游人问卷

附件4：东城区青少年科技馆实践活动安全与学生伤害事故预防措施备案表

活动自评

"热爱植物，保护环境"英语交流活动，是一次主题性英语社会实践活动，是科技英语小组学员用英语向柳荫公园英语角的游人们宣传植物与环保知识，并与游人们一起相互交流、学习、探讨的活动。本次活动以交际语言教学法为依据，以演讲、交流的形式达到提高学生语言交际和运用能力及参与者热爱植物、保护环境意识的目的。

经调查及教师观察日记（见附件1、附件2）显示：100%的学生参与了介绍与交流，63%的学生体会到学习英语的实际用途，55%的学生感到学以致用的成就感，100%的学生非常喜欢这样的交流活动，82%的学生认为学到了书本上没有的知识。在留言中，100%的学生表示希望能多组织这样的活动，能在真实的社会环境中运用英语。

在游人的反馈中，100%的人认为他们学到了有关植物与环保的知识，并且100%的人承诺自己愿意在生活中实施环保建议。不难看出，学生们的宣传活动是成功的，得到了游人的认可与接纳，实现了预期目标。

三个阶段的准备活动为交流活动的成功实施奠定了内容和心理上的基础。

第一阶段：柳荫公园植物识别活动，激发起学生参与活动的热情

正如教师日记中记录的：当学生们刚到公园门口时，就兴奋地呐喊着冲了进去，那种高兴的心情溢于言表。"在活动中我们仔细地观察与欣赏每一株植物，对照在书本上学习的知识，一一研究记录"。他们有的拍照，有的记录，有的找标本，非常认真。活动激发了学生热爱自然的热情，使他们对宣传热爱植物、保护环

境的主题有了切实的感受与愿望。

第二阶段：英语角初次活动，使学生与游人间增进了解，为主题交流活动做好了心理准备

初次参加英语角活动开始时，由于各种原因，不是每一个学生都敢于参与交流。有的比较害羞，不太愿意与不认识的人交流；有的只是在课堂上学习英语，从来没有在生活中真正运用过；还有的没有准备，不知所云；等等。在老师的鼓励下，在一些学生的示范下，终于大部分学生都能参与进来。活动结束后，学生们都很激动，觉得今天真正用上英语，而不只是考试，对于开展主题交流活动都跃跃欲试，充满了信心。几个没说话的学生也表示准备好了，下次一定发言，还有一个学生要做主持。通过这次活动，学生们熟悉了环境，和游人们相互有了一些了解。学生和游人对我们的宣传活动都有了一些感性认识及心理上的准备。

第三阶段：学生在教师的指导下，自主选题，合作讨论，充分准备好活动方案

在对此次活动有了积极愿望及感性认识的基础上，学生们开始选题、讨论发言内容。准备工作是在老师的指导下由学生自主完成的。教师提醒学生发言内容一定要简要，不要选过难或过于复杂、超出自己能力范围的内容。学生们有的在网上查找资料，有的阅读相关书籍，有的自己写发言稿，还有的在一起讨论，每一个学生都积极地投入到准备活动中。在排练中，学生们还积极提出自己的意见，师生共同讨论活动方案。其中有一个学生主动提出要在现场做再生纸的实验，我们采纳了她的建议，使我们的活动更生动有趣。

经过三个阶段的充分准备工作，此次社会实践活动得以顺利成功地完成。

专家点评

此活动能够巧妙利用社会资源特点，把环保科普知识宣传与英语活动特点结合起来，创意好。"活动目标"清楚，"活动准备"充分，"活动过程"环节清晰。

"活动过程"的主要内容应该用汉语标出，否则，不懂英语的人就看不懂各环节所要反映的教育理念和活动组织方法。

"教师日志"为活动的组织和活动效果做了很好的注释，但毕竟不能代替《活动自评》，应选择其中的内容写进《活动自评》（包括活动的"不足"），使《活动自评》更全面，起到总结活动的目的。

小小发明走进社会
——"无触摸筷子盒"的设计、改进与推广社会实践活动

北京市西城区青少年科技馆　牛琦

活动依据

1. 政策依据

中共中央《关于进一步加强和改进未成年人思想道德建设的若干意见》和《关于进一步加强和改进未成年人校外活动场所建设和管理工作的意见》指出:"科技馆是校外一片广阔的天地,在培养学生爱好特长方面有独特优势,是培养青少年科技创新精神、创造才能的重要阵地。""科技馆要开展面向未成年人的科普活动,引导青少年走近科学、热爱科学。走进学校、深入社区,利用各种形式,传播科技知识,支持和指导学校与基层的科普活动。"

2. 学生现实需要依据

小学生已经具有了一定的生活经验,具备了一定的与人交往的能力,但是这种能力更需要在参与社会生活的体验中不断成长、成熟,在认识和完善自我和谐发展中形成个性品质。

3. 课程性依据

随着科学技术的进步与发展,教育技术也有了很大的发展,有各种可以使用的教学辅导工具,实验方式方法也越来越多。智能机器人技术就是综合了信息技术、传感技术、电子工程、机械工程、控制理论以及人工智能等前沿科技的一门学科。

活动目标

1. 知识与方法方面:通过活动,学生学会机器人的动力部件——马达的构造原理和机器人的"大脑"——RCU的使用方法;能够说明红外线传感器的功能特点。

2. 能力与过程方面:通过把机器人作品带到中式餐馆试验使用,增强动手实践能力,锻炼语言表达能力和人际交往能力。

3. 情感态度与价值观方面:遇到困难和问题,学生能积极主动思考,并想办法尝试解决。通过活动,学生对生活更加热爱、更加善于观察生活,用自己学到的知识去体验生活的美好;激发学生对学习科学技术知识的兴趣和严谨的科学态度,增强服务社会的责任感。

活动对象及规模

长安小学机器人小组组员10人。

活动内容和方式

1. 通过机器人小组活动，设计、制作、完善"无触摸筷子盒"，使之能在中式餐馆使用。

2. 组员调查"无触摸筷子盒"类装置在中式餐馆的使用情况，制定查新报告及活动计划并确定调查内容。

3. 将"无触摸筷子盒"带进学校附近的餐馆进行现场展示。讲解使用方法并发放调查问卷。

4. 整理归纳调查问卷，分析"无触摸筷子盒"在中式餐馆的使用状况。

活动重点、难点

重点：了解并说明红外线传感器的功能特点。组员在中式餐馆演示、讲解"无触摸筷子盒"，并调查使用者的感觉，提高学生的动手实践能力，让学生在实践中体验服务社会的愉悦感。

难点：每个组员能够主动与人交往沟通，通过讲解，让人们学会使用"无触摸筷子盒"，提高语言表达能力。

活动时间、地点

2008年6月，北京市西城区长安小学及周边中式餐馆。

活动准备

1. 教师准备

选择活动地点，根据学校周边中式餐馆数量较多、档次不同、面向的消费人群不一样等问题，确定几个相对有特点的中式餐馆。拟定安全预案（见附件）。

2. 学生准备

利用课余时间进行调查（表略），准备各种机器人制作所需工具、活动所需材料。

活动过程及思路

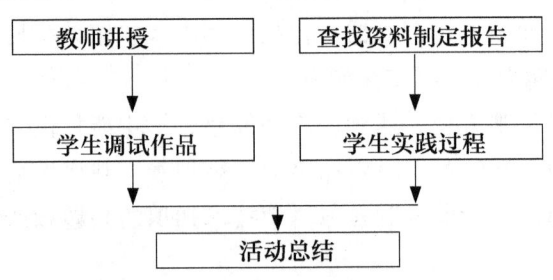

	教师组织活动	学生活动	阶段目标
环节一	在校内机器人工作室介绍本次活动的主题和内容，说明开展本次活动的目的和意义。	学生进行准备工作，准备机器人套装内各种零部件等工具。	创设情境，激发学生活动兴趣，明确活动目标。
环节二	辅导学生制作作品。	学生通过已有机器人技术知识，制作作品。	学生小组合作。
环节三	创设餐馆复杂环境，辅导学生改进"无触摸筷子盒"。	在模拟餐馆环境下，将"无触摸筷子盒"中的核心部件——红外对射传感器调试精确，使之适合在复杂环境下正常工作。	学生自主探究，小组合作研究。
环节四	引导学生自主参与，鼓励学生多与人沟通。	在校内给自己熟悉的老师同学进行演示和讲解，收集反馈意见。	模拟练习。
环节五	选派一两名组织能力强的学生担任组长，确定将"无触摸筷子盒"带进中式餐馆的可行性。	上网查阅。检索是否已经有此类装置进入中式餐馆，制定查新报告。	学生整理、归纳、分类素材。
环节六	在餐馆，组织学生讲解作品的使用方法及特点和发放调查问卷。	尝试把"无触摸筷子盒"分别放到不同类型中式餐馆进行讲解。在向餐馆用餐者和经营者的讲解过程中，每个学生根据自身的能力特点制订一份推介计划，每个学生至少能够完成一次完整的对"无触摸筷子盒"的介绍。采取1对1和多对1的形式，将"无触摸筷子盒"的使用方法及优点讲解清楚。并且向每一个倾听者发放反馈问卷，调查不同人群对此装置在中式餐馆使用的可行性。	学生主动参与，了解并介绍装置的功能特点。
环节七	通过学生之间、师生之间的交流，教师总结本次活动内容及过程。	反思活动过程中出现的问题并且研究出如何解决或改进的方法，并得出活动结论。	师生互动、生生互动。

活动效果测评

通过餐馆经营者、用餐者填写调查问卷的方式，对活动效果进行测评。

附件（略）

附件1："安全与学生伤害事故预防措施备案表

附件2："无触摸筷子盒"调查反馈问卷

活动自评

一、活动设计合理

1. 注重亲身体验

本次活动十分重视引导学生参加社会实践，因为社会实践是校外小组活动非常重要的一个组成部分。学生参加了贴近生活的社会实践活动，提高了学习机器人创新设计的兴趣。他们借助生活知识，主动探究解决问题的方法，亲身体验知识的形成和发展的过程，认识到机器人的归宿是应用。

2. 激活学生潜能

参加本次活动的是小学五、六年级的学生，他们已经具有了一定的生活经验，具备一定的与人交往的能力。通过本次活动，这种能力在参与社会的体验中不断成长、成熟，在认识和完善自我的和谐发展中形成个性品质。活动进一步发现了他们的潜能，培养了他们的创新精神和实践能力，增强了学生的社会责任感，为他们继续参加机器人小组活动奠定了坚实的基础。

3. 应用创新成果

本次活动前我们通过查新发现，目前没有类似于"无触摸筷子盒"一样的装置，并且本设计装置在北京市青少年创新大赛小学组中取得一等奖第一名的成绩。如何将科技创新成果应用到学生的社会生活中，发挥成果的服务性，对学生有着十分重要的教育意义。我们的创新作品"无触摸筷子盒"没有停留在设计制作上和参赛上，而是将此装置真正地拿出实验室，投入社会生活，使学生切身体会到自己所学所做的东西是切实可用的。

二、活动过程特点

1. 突出重点"有环节"

在活动中，指导者自始至终引导青少年围绕着能够将"无触摸筷子盒"成功地在中式餐馆使用这个重点进行，活动通过"制作、调试、推介、调查"等环节让学生在此过程中增强动手实践能力，掌握红外线传感器的功能特点；通过"演示、讲解"等环节让餐馆用餐者和经营者了解并正确使用"无触摸筷子盒"，提高了学生的动手实践能力，让学生在实践中体验服务社会的愉悦感。

2. 突破难点"有方法"

针对本次活动的难点,教师采用具体问题具体分析的方法各个突破(详见下表)。

	类型	特点	教师对策	效果
学生类型	技术型	实际设计作品,操作水平较高,但语言表达能力不足。	选派为主要讲解成员,详细为食客解答问题,使他们有更多说的机会。	不同类型的学生相辅相成,相互补充,得到不同程度的锻炼,尤其在自己欠缺的方面得到了提高。每个学生制订一份推介计划,至少能够完成一次完整的介绍。
	语言型	善于表达,但技术方面欠缺经验,操作水平不足。	在调试作品过程中,让他们多动手、多操作,增长他们的技术知识。	
	熟练型	原来就是设计制作这个作品的人,参加机器人小组有一段时间。	不过多介入,积极发挥他们的带动作用,使他们能够自主、自信地实践。	
食客类型	不参与	完全漠不关心,学生在讲解作品时,不予倾听。	在逐一发放调查问卷时,让学生单独再次讲解。	所有食客都填写了作品意见反馈表,并且都学会了使用"无触摸筷子盒"。
	有兴趣	积极主动地听取讲解,并且提出改进意见和使用方法。	将学生分组进行讲解演示,解答所有问题。记录改进建议。	
	怀疑型	不主动提出意见,但边用餐边听学生讲解。	让学生主动去询问对作品是否感兴趣和是否有建议并记录。	

学生的这种主动参与表现,使我感受到学生渴望将自己学到的知识和技能应用到社会生活中去。

3. 学生参与"有热情"

在本次活动中,学生们所表现出来的热情、积极性是我事先没有预料到的,有的学生在活动前一个月就已经开始暗自到这些中式餐馆调研,上网找资料、查新闻。同学们在制作一部自己喜欢的机器人时,会深深地沉浸于制作过程中,每一步都会印象深刻,无论是在创意和制作过程中,还是在对待调查结果的分析中,都表现出积极的参与性。

三、本次活动所遇到的问题及解决方法

	遇到的问题	改进的措施	教师从中得到的启示
1	没有预想到中式餐馆的环境复杂度很强，餐馆内光线的不稳定性对作品核心部件——光电传感器的精确程度要求很高。	在制订教学计划时多增加预设性问题，并针对可能出现的技术问题和学生容易忽视的问题，制定解决预案。	认识到理想的科学素质除了有严谨、认真的求实态度，努力上进的进取精神外，还必须具备较广博、扎实的基础知识，良好的基本操作能力及独立思考、大胆质疑、勇于探索、善于创新的创造能力。社会实践活动能够有效培养学生多方面的素质，应列为常规教育教学活动计划的一部分。
2	有个别学生由于性格内向，不善于表达，当被访者询问技术问题时，没有足够的知识储备，不知道如何表达自己的思想。	在平时的教学活动中多加入互动环节，培养学生语言表达能力和人际交往能力。	更多的设计活动，引导学生走进生活、观察生活、热爱生活，用自己学到的知识去体验生活的美好。那些本来坐不住的学生变得聚精会神了，那些本来不愿意多说话的学生变得滔滔不绝、能言善辩了。

专家点评

这是一次很有趣味的社会实践活动。教师引导组员将所学知识技能用于餐馆"无触摸式筷子盒"的设计制作，既对餐馆进行了调查，又利用科技手段解决了生活中的实际问题。这便是社会实践活动的真正意义所在。"活动方案"要素全面，"活动目标"明确，"活动过程"各环节清楚，"活动自评"认真、真实。

"了解社会"是社会实践活动的重要内容和目的之一，"活动目标"和"活动自评"中这部分内容还缺少，应补写进来。

智能机器人
——友谊医院设施智能化调查活动

北京市宣武青少年科技馆　孙可

活动依据

机器人中级组学员大都是中学生，参加过两年以上智能机器人培训，已初步掌握智能控制的相关知识和技术，但他们没有在实际生活中运用所学知识的经历，难以将所学智能控制技术与现实生活联系，不容易发现有实用价值的研究点。经过调查发现，医院的智能化设施较多，易于学生接受，能够启发学生思路。因此我设计了"友谊医院设施智能化调查活动"。

活动目标

1．初步学习观察和访问两种调查方法。

2．尝试运用观察法和访问法，调查友谊医院智能化设施，发现就医不便问题，初步积累素材，寻找研究点。

3．锻炼小组合作意识，交流共享彼此的调查成果。学生自主参与、主动探究，初步建立应用所学服务社会的意识。

活动内容

带学生到友谊医院牙科诊室进行观察、访问两种形式的调查活动，感受智能化带来的便利，探索不便之处，寻找创新点。

活动重点、难点

重点：应用观察、访问法开展设施智能化调查，寻找创新点。

难点：确保学生有效应用观察法和访问法开展调查。

难点突破方法：引导学生通过亲身体验、角色扮演等形式在实践中掌握观察法和访问法。加强现场鼓励、启发、引导，多种手段协助学生成功体验。

活动准备

（一）活动准备会

1．分组，选组长。

2. 确定活动主题。
3. 制定调查方案。

（二）教师与组长进行实地考察

1. 联系医院负责人，获得调查许可。2. 确定调查路线，选择门诊大厅和牙科诊室作为活动地点，确保学生安全。3. 现场拍摄照片，制作调查索引图。

（三）教师准备活动资料

1. 设计调查记录单。
2. 设计安全预案（包括活动安排和注意事项）。

活动对象

机器人中级组组员8人；

活动时间、地点

时间：2008年4月26日（约3.5小时）；地点：北京友谊医院。

活动过程（约120分钟）

环节一：调查前的指导

（一）明确基本调查方法

1. 现场体验观察法：有目的、有计划地运用自己的感觉器官和辅助工具，去能动地认识现象的方法。

学生体验观察法：观察矿泉水瓶（中间为弧形），要求同学观察描述：为什么水瓶中段设计为弧形？

意图：引导学生观察并思考，认识其美观、省水、便于手拿的特点，引申出为使用者提供便利的设计思路。

2. 角色扮演认识访谈法：由访谈者根据调查所确定的要求与目的，系统而有计划地收集资料的一种调查方法。

（1）设计采访的问题。

（2）学生进行角色扮演，总结访谈的流程。

礼貌地求得同意——明确提出问题——耐心听取答复——结束后致谢。

（3）讨论访谈法的记录要领。

记录关键字、应用小型设备录音、小组要分工合作。

意图：学生能初步掌握访谈的流程。

（二）明确调查环节

小组长展示调查索引图，大家明确各环节的调查任务。

活动地点	活动任务	活动要求
观察门诊大厅	询问医务人员，观察智能化设施，发现方便与不便之处，进行调查记录。如：导航装置、挂号设施、取药设备、信息查询系统等。	各小组选择一项详细调查
观察牙科诊室	观看牙科智能诊疗设施，访问牙科医生，了解设备的简要功能，发现方便与不便之处，进行调查记录。	各小组选择一个设备
访问牙科患者	探索未受重视的就医不便问题，进行调查记录。	各小组分别采访两名患者

阶段效果测评：各小组能明确写出各环节的任务及要求。

意图：引导学生明确任务，了解适用方法，主动参与，到生活中寻找创新点。

环节二：到门诊大厅观察发现智能化设施

教师活动	学生活动	设计意图及测评
1. 明确活动要求 2. 观察学生活动情况，给困难小组以提示和鼓励 3. 关注学生的感受与发现	1. 集体观察门诊大厅中的智能设施 2. 思考该设备的功能 3. 简单记录设备的功能 4. 师生交流调查发现	意图：引导学生初步观察发现智能化设施 测评：学生能认识设施的智能化特点

环节小结：学生交流活动过程中发现教师布置环节三、环节四的主要任务。

环节三：牙科诊室智能诊疗设备调查

教师活动	学生活动	设计意图及测评
1. 提示学生集体行动，不大声喧哗，未经医生允许，不触摸设备 2. 鼓励学生猜想设备的发明原因	1. 听医生讲解牙科智能设备功能 2. 结合所学智能控制技术，观察牙科智能诊疗治疗设备 3. 思考设备中所使用的智能控制技术，重点观察智能治疗设备中传感器的应用 4. 向医生咨询，验证自己的想法	意图：引导学生观察智能控制产品，思考设备发明的原因。鼓励学生体会发明创造目的是改进现有生活中的不足

环节四：采访牙科诊室外的病人

教师活动	学生活动	意图及测评方法
1. 提示：回忆访谈法的经验 2. 给成功小组以鼓励，给困难小组提出建议	1. 每组学生访问2名患者 2. 发现医院中的便利设施，探索易被忽视的小问题 3. 记录所发现的问题	意图：应用访谈开展实践活动 测评：正确应用访谈方法进行采访

环节五：活动效果测评

（一）调查成果分享：学生分组讲解活动中的发现

1．发现哪些智能化设施？
2．调查到哪些就医不足问题？
3．结合已学智能控制技术思考解决办法。

（二）调查收获交流

1．学会哪些基本的调查方法？
2．活动中遇到哪些困难？如何解决？
3．参与本次活动的感想。

意图：引导学生充分参与，主动提出问题，帮助学生树立对所学智能控制技术的应用意识，树立为他人提供便利的思想。

附件（略）

附件1：友谊医院设施智能化调查活动安全预案
附件2：学生调查活动记录单

活动自评

本次活动较好地达到了预期目标。学生通过参加调查活动，初步学会了社会调查方法(观察法和访问法)，感受到智能化给人们带来的便利，体会到设计创新作品的目的就是为了改进生活中的不足，而且大部分小组在自主探究的过程中发现就医过程中存在的小问题，并制定出有个性的研究设想。

通过设计实施本次调查活动，我收获很多，发现今后教学活动可以借鉴之处。下面进行简要分析。

本次社会实践活动与以往闭门造车式作品选题活动形成鲜明的对比，学生以小组为单位自主调查，观察智能化设施，思考设备发明目的，探索就医不便之处，体验所学智能控制技术的实用性，为选择创新点积累素材。活动后全体组员共同分析调查记录单，归纳整理问题，结合实际进行可行性分析，发现明确的研究点，归纳总结如下：

	组别	问题点	改进设想
学生感兴趣的问题	A组	发现医院中引导标志太少，而且不够清楚明白	可以设计智能导航器——引导病人正确看病、取药的导航装置
	B组	发现很多物品(笔、纸、电梯按键等）容易交叉感染，应及时消毒	可以设计自动消毒机器人
	C组	病情严重的患者难以向他人求救	可设计小型智能求救器——放在病人身边便于求救
	D组	排队挂号等候时间长	投币式自动化挂号器

社会实践活动成为学生提高、发展的原动力。学生步入社会，观察到新奇的智能化设备，关注生活的不足，体验到科技的实用价值，从被动学习变为主动探究。活动总结时，学生感受到自身技术上的不足，"我想知道自动化视力测试系统是怎样做的。我想学习智能导航方面的知识"。学生的话语为教师设计活动内容指明了方向。通过本次实践活动，我深刻体会到室内教学与室外教学是一个连贯有机的整体，室内教学重视知识的传授和能力培养，室外教学突出知识的迁移与综合应用，而后回到教室中去补充所需的知识，这构成一个完整的学习回路。

此次活动还有很多需要注意和改进的地方。

本次活动中个别小组能力水平存在差异。通过分析各组调查记录单，发现他们虽然积极进行探索，发现很多存在的问题，但解决办法的思路还很幼稚。因此，今后活动中应当按年龄划分任务和根据学生水平进行小组互助两种方法进行解决，使每一个学生都能进步，都能体验到成功的快乐。

社会实践活动更符合学生掌握科学技术的认知规律，更有利于培养学生的自主学习意识，更能激发学生的学习兴趣。社会实践活动是教师在教育教学观念上的更新，要求我们改变以往单纯的知识传授模式，鼓励学生敢于在实际生活中应用所学知识与技能，乐于在实践中发现自身欠缺的科学技术，需要我们设计的教学内容更符合实践性。此次调查活动是我们开展社会实践活动的开端，我将在今后的教育教学活动中更好地借鉴本次活动的经验，为学生们设计更为深入具体的社会实践内容。

专家点评

该方案设计思路比较符合学生实际，是一次有意义的专业社会实践活动。从方案设计的五个环节来看，过程清楚，设计意图从学生学习角度表述得比较明确，体现了教师引导学生参与学习的活动过程。特别是教师能抓住重点，从调查方法入手，从寻找问题、分析问题到提出解决问题的设想，完成整个调查活动。在此过程中，采取为学生提供"学生调查活动记录单"的方式，帮助他们开展调查，这也是教师提供学习支持的有效方法。

两点建议：

1. 学习目标的表述还需要进一步具体、明确。

2. 将准备活动也纳入到活动过程中去，使学生从准备期就开始自主学习，这样指导学生参加社会实践就更全面了。

我是节水小使者
——青少年响应"节能减排"节约用水宣传牌设计及应用活动

北京市东城区少年宫 闫珉

活动依据

保护环境并不只是大人们的事,每个青少年都有责任。在青少年中倡导环保理念,响应国家"节能减排"的号召,保护环境要从身边做起,从小事做起,从我做起。积极向家长宣传"节能减排",以实际行动影响家庭,改变不良用水习惯,让"节能减排"成为一种自觉意识。

设计制作漂亮的节约用水宣传牌的意义不仅在于它的实用功能,更在于它的宣传、教育功能。让生活中处处环保,让学生在潜移默化中树立环保的理念,在环保的生活中健康成长。

活动目标

1. 以环保理念创意制作作品——节约用水宣传牌,并在身边应用。

2. 宣传、响应国家"节能减排"的号召,培养学生的创新精神和实践能力。要从身边做起,从点滴做起,养成爱惜、节约每一滴水的好习惯,影响带动更多的人投入到节约用水的行列中来。

3. 让奥运精神和环保意识在青少年中继续发扬光大,为支持北京"绿色奥运"贡献力量。借奥运会即将举行之际,向来自世界各国的朋友展现一个最优美的水环境、最美丽的新北京!

活动时间、地点

活动时间:2008年6月22日(星期日)上午9:00—10:00。
地点:东城区少年宫8层综合活动室(多功能厅)。

活动对象及规模

北京市东城区少年宫组员及海淀区实验小学学生代表,特邀10名小记者,合计约80人。

活动过程及要求

活动要求

1. 各队提前设计完成节水宣传牌。
2. 活动组织者提供制作好的节水宣传牌，展板尺寸（30cm×20cm）。
3. 学生须在限定时间(10分钟)内现场展示节水宣传牌。
4. 应用设计时，参加活动的学生每三人组成一个节水宣传小组。
5. 节水宣传小组在各个楼层卫生间及饮水间张贴设计好的节水宣传牌。

奖项设置

活动设优秀作品奖（20名）、节水宣传小使者纪念奖（每人1张纪念标贴）、现场知识问答奖（5名）。

评分标准

项目	评分细则	所占比重
创意	1. 创意别出心裁； 2. 创意新颖。	40%
美观	1. 风格独特,令人眼前一亮； 2. 富有情趣，具有艺术欣赏性。	40%
实用	1. 语言易懂、不生硬； 2. 作品适合使用； 3. 观者喜欢，乐于接受。	20%

活动准备

（一）活动前期准备工作

1. 细化活动组织实施方案。
2. 根据会场平面示意图设计活动场地。
3. 设计制作奖状、彩喷背板；印制摄影小记者证；制作宣传海报。
4. 落实活动工作人员，召开工作人员会，进行工作分工，讲解注意事项。
5. 与总务处、蓓蕾中心落实活动场地环境布置；活动音响。
6. 与办公室、信息部落实活动摄影、摄像以及新闻宣传报道工作，撰写活动新闻稿。
7. 落实参与活动学生奖品。
8. 特邀10名小记者现场摄影采风。

（二）活动现场准备工作

1. 场地布置：活动幻灯片背景，舞台（长6米、宽1.5米、高0.1米），统一的活动标签牌，音响台，话筒2支，适宜现场活动的音乐碟片，制作台（桌子40张、凳子60把）。
2. 参与活动的学生所需预备提供的材料：30cm×20cm展板每人1块，尼龙搭扣4个。

（三）人员分工

活动总协调3名。

活动组织工作若干。

活动时间	活动环节	内容安排
8:30—9:00	活动准备	学生就座，活动前向学生进行活动注意事项教育。
9:00—9:25	开场活动 （25分钟）	介绍领导； 教师介绍活动内容，幻灯片演示。
活动时间	活动环节	内容安排
9:25—9:35	欢乐时刻 知识问答 （10分钟）	介绍活动前期绘画过程； 节水知识问答，检验学生学习效果，答对者有小奖品鼓励； 公布前一阶段优秀设计获奖名单； 领导颁奖，并与获奖代表合影留念。
9:35—9:45 9:45—9:50	学生感言 （15分钟）	为了使"节约用水节能减排"宣传范围更广，促进学生间的交流，我们专门创设了跨城区的交往情境，使学生更加自豪和重视此次活动，认识到自己的作品不仅应用于自己熟悉的环境而且被应用到其他场所。 不同单位学生代表及家长代表发表简短感言。 海淀区实验小学代表发表感言后转赠部分宣传牌。 领导致活动贺辞；少年宫学生代表向节水办领导赠送节水宣传牌及海报。
9:50—10:00	作品展示 （10分钟）	每位学生手举自己制作的宣传牌上台向来宾、家长展示成果。
10:00—10:15	应用设计 （15分钟）	学生在各个楼层卫生间及饮水间张贴设计好的节水宣传牌（18个卫生间+3个饮水间）。
10:15	结束 （1分钟）	在应用设计前宣布活动结束。 活动后作业：同学们可以观察一下你的宣传牌在日常生活中是否起到作用。

活动效果测评

1. 活动前，设计调查问卷，统计学员节水知识情况。
2. 活动后，让同学们观察一下自己制作的宣传牌在日常生活中是否起到作用。

附件（略）

附件1：活动工作流程及人员分工详细流程表

附件2："我是节水小使者"幻灯片

附件3：活动Logo

附件4：现场学生、家长感言名单

附件5：参加活动家长志愿者名单

附件6：会场活动布置平面图
附件7：活动工作人员联系方式
附件8：学生获奖名单
附件9：学生奖状样张
附件10：活动邀请函样张
附件11：活动家长感谢信样张
附件12：活动报道新闻稿(要点）
附件13：活动工作流程及人员分工详细流程表
附件14："我是节水小使者"幻灯片

活动自评

2008年6月22日上午，东城区少年宫8层综合活动室(多功能厅），东城区部分小学和海淀区实验小学的学生代表及部分家长共有80人参加了"我是节水小使者"主题节水宣传教育活动。我们的活动将环保议题和美术教学相结合，以环保理念创意制作节约用水宣传牌，并在身边应用，在青少年中倡导从身边做起，从点滴做起，养成节约每一滴水的好习惯。本次活动向学校、社区、家庭等方方面面积极宣讲水情知识，传播节水理念，让更多的人投入到节约用水的行列中来，努力形成人人关心节水、时时注意节水的好风尚。让奥运精神和环保意识在青少年中继续发扬光大，为支持北京"绿色奥运"贡献力量。在奥运会即将举行的时刻，向来自世界各国的朋友展现一个最优美的水环境、最美丽的新北京！

在活动的前期准备中，我和学生们一起查找节水资料，筛选出适合用于学校的节水宣传用语，并进行了字体设计和"小水滴使者"的卡通形象设计，通过与少年宫、学校的领导和老师们交流，我们达成对本次活动的共识，得到他们的支持。在活动前我们做好准备工作，计划好活动的时间、地点、对象、规模、内容、程序、要求等。在活动规模上有三个亮点：一是邀请了东城区节水办的领导对活动给予点评指导；二是为了使"节约用水节能减排"理念宣传范围更广，促进学生间的交流，我们专门创设了跨城区的交往情境，邀请了海淀区实验小学的学生代表参与活动，让学生在活动中进行跨城区性质的合作和交流，使他们更有自豪感，更重视此次活动，认识到自己的作品不仅应用于自己熟悉的环境而且被应用到其他场所；三是邀请了学生家长一起参与活动的全过程，进行精彩的互动，促使家长们协助孩子从自己做起，从家庭做起，从身边做起。

这次活动很成功。通过丰富多彩的活动形式，让学生们贴近水，对水情的知识和现状有了实际了解。通过讲解水情的基本知识，让同学们充分感知水资源的宝贵；通过知识抢答的形式，让同学们积极参与了解、掌握、宣传节约每一滴水；通过自己亲手设计节水宣传用语和"小水滴使者"，让学生真正体验用自己学到的知

识改变自己身边的环境，培养他们的创作热情和审美情趣。

本次活动效果很不错，得到领导、家长、学生们的一致好评。节水办的领导表示：你们的活动非常好，很受启发，希望能协助节水办一起策划搞更多的节水宣传活动。

由于前期考虑得不够周详，活动中有两个疏漏需要改进。第一个问题是在进行节水宣传牌的喷绘制作时没有叮嘱制作方进行颜色的打样确认，导致宣传牌颜色偏深（浅蓝都变成了深蓝），在色彩方面没有达到预想的效果。第二个问题是幻灯片在播放时文件无法打开，出现技术故障。本来我为这次活动精心准备了一个40页的幻灯片，虽然提前了半小时进行设备调试，但还是出现了问题，导致无法播放，影响了活动效果。幸亏我对这个问题前一天有所考虑，打印了一份幻灯片的大纲，配合幻灯的图片文件夹播放，同时我很快调整了紧张的情绪，使现场得到了控制，使活动有序进行。

活动中出现的这两个问题，我应该引以为戒，在今后的活动中我会想得更全面更周到，确保活动更加完善。

活动之后我走访了参加活动的几位学生和家长，了解同学和家长的感受，并听取节水办及单位领导们的意见，探讨整个活动过程，认真研究调整活动方案，完善各个环节，查找问题，总结经验，以便今后更好地开展活动。

专家点评

此项活动把绘画和节水的宣传工作紧密联系在一起，并且比较适合少年儿童的特点，简单易行，实际效果明显。活动设计思路清晰，准备工作细致，活动环节清楚，组织工作周全。

"活动目标"还可以作些调整，从"了解社会"和"服务社会"两个方面着眼，使目标更完善、更具体。"活动自评"中提到的"亮点"，在"活动过程"中体现得还不很明显，应该补充，这样才能反映出"因果关系"。

"笔歌墨舞颂奥运"忘年交书法笔会

北京市西城区少年宫 肖毅

活动依据

1. 时事依据

北京奥运会所要体现的奥林匹克精神,其中重要的一点是人文奥运理念,展现精彩纷呈的多元文化,倡导人们陶冶情操,实现身心和谐发展。《奥林匹克宪章》赋予奥林匹克精神的内容是"互相理解、友谊、团结和公平竞争"。顾拜旦曾说过:"奥运会重要的不是胜利,而是参与;生活的本质不是索取,而是奋斗。"这一原则已被世界各国运动员和广大群众所接受。"奋斗"是奥林匹克精神的灵魂,是人类得以繁衍生息、繁荣昌盛的重要品质,是人类最伟大的内在精神力量。"竞争"是奥林匹克运动的基本形式,勇于向世界强手和先进水平挑战,不断超越自我、超越他人,有所发展、有所创新、有所前进。奥运会来到北京,与东方文明第一次亲密接触,相互交融,奥运精神现成为引领人类社会向上的精神动力。书法是我们传统文化中的瑰宝,西城区少年宫和西城区老年大学拥有众多的书法爱好者,师生们都希望用书法为奥运添彩。

2. 学情依据

西城区少年宫书法班的学员25人,学习书法三年以上,目前主要临习颜体《多宝塔碑》,具有创作书写大字作品的能力。老年书法爱好者们既有书法家又有初学者,他们能够用真、草、隶、篆、行等各种书体及丰富多样的章法来创作作品。

3. 方式依据

书法笔会是互动、合作学习的最佳方式。老人丰富的人生阅历和社会责任感,是不可多得的教育资源。交流、互动的活动方式能够强化德育渗透,从思想、精神层面对学生进行引导和熏陶,从而使学生在社会实践活动中受到锻炼和启迪。

活动目标

1. 巩固对书法作品创作技法中"选主题、选书体、设计章法布局"等相关知识的理解与掌握,促进创作书写水平的完善与提高。

2. 培养运用书法基础知识进行创作的创新思维能力;提高学生的鉴赏、评价能力;促进语言表达能力和人际交往能力的发展。

3．通过书法长卷的书写，弘扬奥运精神、抒发奥运情怀、激发学生的爱国热情；培养学生的合作精神，加强团队意识；增强社会责任感，锻炼知难而进、勇于探索的意志品质。

活动对象及规模

1．西城区少年宫书法班学员25人。
2．西城区老年大学书法班学员25人。

活动时间、地点

2008年5月30日下午5:30—7:00，西城少年宫。

活动内容和方式

本次活动是以弘扬奥运精神为主题，以书法笔会为形式展开的一次公益性社会实践活动。首先展示以奥运为主题创作的习作，通过对个人创作的选题、章法设计、书写效果等方面进行评价与讨论，使大家了解创作技法如何灵活运用及更多的相关知识，同时感受积淀了近百年的奥运梦想在国人心中涌动出的激情。分组、分段现场书写完成《笔歌墨舞颂奥运》书法长卷，让人们的奥运情怀得以释放与抒发。活动过程中争取给每个人提供扬其所长、展示才华的空间，使全体参加笔会的书法爱好者们互相促进、共同进步。

活动重点、难点

重点：通过书法作品章法布局创作技法研讨及现场书写完成《笔歌墨舞颂奥运》书法长卷，培养学生的创新思维能力，提高学生的鉴赏、评价能力。

难点：突出书写题材的思想教育意义，增强学生的社会责任感。通过师生对作品的评价与讨论，学生能结合自己的作品，理解创作技法如何灵活运用。

活动准备

（一）学生准备

查阅宣传奥运精神的相关资料；自主选题并设计作品章法布局，尝试写出1—3张作品带到笔会现场。

（二）教师准备

设计活动方案。安排笔会的时间、场地、人员及做好安全预案。聘请专家、领导。准备笔会所需的毡子、砚台、墨汁、宣纸、拼接长卷的横幅等。设定单幅悬挂作品的位置。摆放多人同时书写长卷的桌子等。

（三）应对特殊时事的准备

笔会前几天，突然发生汶川大地震。中华民族始终坚守着、传承着一种团结友爱、勤劳勇敢、自强不息、爱好和平的伟大民族精神，始终体现着、弘扬着一种强大的民族凝聚力。"抗震救灾"是一个增强学生社会责任感的极佳教育时机，教师预见到活动主题及活动内容中的可生成性，并做好相应的准备。

活动过程及思路

环节一：展示习作，营造氛围

活动开始前共同布置"书法习作展"，到会的老少书法爱好者们互相帮助，将自由创作的习作悬挂起来，消除彼此的陌生感，搭建一个观摩与展示的平台，初步形成合作学习的氛围。

环节二：嘉宾寄语，书友畅谈

领导嘉宾为笔会致辞。特邀一位少年时代在少年宫学有所长、现为老年大学学员的特殊嘉宾发言，引导学生将对书法艺术的"兴趣"转化为"志趣"。请老年大学的资深学员从文字的选题、书体的选择及运用、章法布局的设计意图等方面自我介绍作品的创作思路，并进行自评，重点强调书法愉悦身心及为社会服务的实践意义。

教师辅助指导，提倡书法创作所选择的文字要体现积极向上的精神风貌。奥运主题应表达出与世界人民共同追求和平、友谊、进步的愿望，抗震救灾就要突出团结奋进、顽强拼搏的民族精神，进而鼓励学生积极创作具有社会责任感、构思新颖、富于创意的作品。

环节三：习作赏评，技法提升

书法爱好者之间进行互评。以学生发言为主，近距离互相观摩、讨论，引导学生从鉴赏的角度评析作品的整体效果，并关注细节，针对笔法、结构、章法提出完善、改进的建议。

在赏评的过程中，教师要引导学生理解在不同规格的宣纸上，可以尝试多种多样的书写格式，鼓励学生将书法基础知识、基本技能活学活用到创作中来，提倡独立思考、自主探究的学习方式。

环节四：共书长卷，实践创新

西城书协主席题写卷首词，全体师生、书法爱好者们自主选题、自定格式，为书法长卷书写作品。无论是观看还是动手书写，真实体验最有利于提高学生的综合实践能力。通过合作书写书法长卷，加强了学生们的团队意识。少年儿童在情感方面需要平等、友善、关心、理解和尊重，学生乐于接受令人振奋、愉悦、有帮助、有关爱的教育，和谐氛围下的公益性社会实践活动能使学生得到激励和促进。

教师辅助讲解、帮助指导，使笔会的书写创作环节顺利进行，并使全体参加活动的人们都能感受到和谐、和睦、合作共赢的"人文奥运"理念。

环节五：点评激励，情感升华

学生与老人们互相商讨，调整长卷的作品排列顺序，然后请西城区书法家协会领导进行点评。初具规模的书法长卷，使每个人都对自己、对他人有一个评估，看

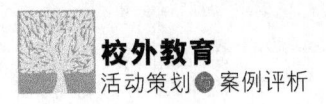

到成功与不足。而评价的激励作用将会使学生更加明确今后的努力方向，此时活动目标达成。

展示现场创作的《笔歌墨舞颂奥运》书法长卷，合影留念。书法长卷的成功，不仅要体现学生书法技能水平和综合能力的提升，更应该使学生的精神境界得到升华。

参加公益性社会实践活动，应使学生亲身体验到每个人都是这个群体中的一分子，应发挥各自不同的作用。活动中发挥书法特长，满足学生的表现欲、成就感，使学生获得更多、更全面的评价，从而促进学生向正确的方向积极发展。

活动效果测评

1. 通过长卷中学生作品测评活动的效果。
2. 现场请部分学生谈感想，测评活动的效果。
3. 要求每个学生在活动后简写一篇感想与收获。
4. 通过参加活动的老年人的反馈，评价书法组员参加社会实践活动的实效。

活动自评

"笔歌墨舞颂奥运，忘年交书法笔会"活动是以弘扬奥运精神为主题，以书法笔会为形式展开的一次公益性社会实践活动。本次活动目标明确，方案设计合理，活动过程层层递进，通过活动效果测评，不仅使全体学生受到教育和得到提高，而且也让参加活动的老年人非常高兴和感动。这是一次非常成功的公益性社会实践活动。

（一）以学生为本，重视学情分析，使活动设计具有针对性

西城区少年宫书法班学员具有用楷书创作大字作品的能力；老年书法爱好者既有书法家也有初学者，他们能够用真、草、隶、篆、行等各种书体及丰富多样的章法来创作作品。老人丰富的人生阅历和社会责任感，是不可多得的教育资源，学生在社会实践活动中将受到锻炼和启迪。"老少同乐"书法笔会形式是互动、合作学习的最佳方式。设计中强调了德育渗透，从思想、精神层面对学生进行引导和熏陶。设计中更多地考虑到以学生的直接感受、体验和书写实践作为学习书法的基本途径，以人文文化为源头，引导学生在文化的感召下，自然释放潜能，顺理成章地接受书法的技能与技巧。

（二）重视生成性，强化实践性，彰显校外公益性社会实践活动魅力

1. 利用时事资源，重视生成性

在"六一"儿童节前夕，以歌颂奥运为主题，以老少同乐书法笔会为形式，组织了这次"笔歌墨舞颂奥运，忘年交书法笔会"活动。我精心设计了活动目标，预设了活动环节。然而在笔会前几天，突然发生汶川大地震，我意识到"抗震救灾"正是一个增强学生社会责任感的极佳教育时机，并为此做好了准备。活动中"团结

奋进、共渡难关、同舟共济"等充满激情的作品感染着每个人，随着笔会的进展，原定的奥运主题，相关派生出了儿童节老少同乐主题，又因时事突发，出现了抗震救灾这个更加牵动人心的主题。我因势利导，发挥教师的指导作用，将三个主题融汇到振奋民族精神、爱我中华这个更加宏大的主题之中。由此可见，组织公益性社会实践活动，一定要预见到活动的可生成性。

2. 巧设互动环节，强化实践性

共同书写长卷的热烈场面使活动逐步升温。全体书法爱好者们自主选题、自定格式，为书法长卷书写作品。在各个活动环节预设了教师介入的时间、位置；预设了针对学生的书法史、书法技能技巧的知识增长点；也预设了结合时事的育德点。无论是观看还是动手书写，基础知识在笔会上活学活用，大胆尝试，勇于创新，真实体验提高了学生的综合实践能力。设计互动环节的目的是使每个学生都有主动参与、自我表现的机会，为学生共同完成书法创作提供舞台。少年儿童在情感方面需要平等、友善、关心、理解和尊重，学生乐于接受令人振奋、愉悦、有帮助、有关爱的教育，和谐氛围下的公益性社会实践活动能使学生获得激励，保持乐观、积极的情绪，从而促进学生愉快地学习与生活。

3. 多种评价方法的综合运用，有效促进学生的全面发展

活动评价首先采取了开放性评价方法，对学生在活动中表现出的思维、情感、体验、创造性、灵敏度等隐性的因素进行评价。个体差异性评价体现出校外教育的特色。发展性评价为每一个学生提出适合其发展的具体的有针对性的建议。在公益性书法实践活动中，激励性评价把评价过程当做是为学生提供一个自我展示的平台和机会，使他们获得不同层次、不同方面的发展。

4. 精神力量的凝聚与升华，彰显出校外社会实践活动的动人魅力

从笔会最初的个人习作到学生团队与老年团队的共同协作，产生了一种凝聚力，使个人融入了集体，使单幅书法作品汇成了鸿篇巨制；而精神力量的凝聚与升华，也彰显出校外社会实践活动的动人魅力。当所有在场的人们一起展开长卷时，恢弘的长卷令人震撼。书法长卷不仅承载着书法爱好者们心中的奥运情结，也承载着大家对四川灾区人民的深情厚谊，传达出中华儿女大爱无疆、坚强勇敢、百折不挠的民族精神，此时每个人激动的内心都充满了民族自豪感。这也是本次活动的亮点。

三、对活动不足的反思及拓展设想

通过收集反馈信息和分析我在活动中观察到的现象，发现了一些不足。老、少书法爱好者之中都有因情绪紧张，导致不能正常发挥出实际水平的情况。今后的活动设计要更充分地考虑公益性社会实践活动受众面广、个体差异大等因素，更好地消除陌生感，营造和谐的氛围。

通过反思，我考虑到长卷作品不仅是本次活动的成果，还应到周边的学校、社区进行展示，使活动得到延展，发挥更大的作用；同时，学生们也能在学校运用书

法特长表达对时事的关注。

本次活动使我更深刻地感受到公益性社会实践活动的最大特点就是要紧密结合社会时事，增强学生及参与者的社会责任感；学生们要在教师的引导下，走出课堂，在活动中获得真实体验、提高能力。公益性社会实践活动相对小组课堂教学模式而言具有不可替代的作用与魅力，值得我们认真思考和探索。

专家点评

确切地说这更像是一次书法特点很突出的主题性教育活动，围绕奥运的主题，利用笔会的形式，展示了组员书法技能技巧的综合能力。"笔歌墨舞颂奥运"的标题也很有动感、很雅气。通过"布置会场、交流、共书长卷、评价"等环节反映主题，体现书法特点。该活动"活动方案"完整，"活动目标"明确，"活动过程"各个环节清楚。

不过，"活动目标"应该进一步调整，使之更加具体准确。

发扬龙的精神，为奥运加油
——书龙拓龙2008老少同乐书法组社会实践活动

北京市崇文区天坛少年之家　刘颖

活动依据

1．2008年8月8日"同一个世界，同一个梦想"的北京奥运会即将召开。运动员在为之拼搏，全民在为之努力，凝聚的祥云火炬点燃鸟巢火焰带给我们对百年圆梦的期待。因此，这是对青少年进行德育教育的良好契机。

2．"龙"是图腾，是几千年中华民族文化积淀的产物。"龙"的内涵早已融入到了我们的生活中。我们要用"龙"的精神，为奥运加油！为中国加油！选定龙潭湖畔晚晴山间的"龙"字石林，作为社会实践活动地，充分利用地域教育资源，突出崇文区的特色。

3．公益活动要体现书法专业的特色，传授书法知识，提高书写技能。学习两年多书法的组员们、社区老年书法爱好者们有想学习拓碑方法的需求和相互间进行书技切磋交流的想法。

活动目标

1．通过组织"发扬龙的精神　为奥运加油——书龙拓龙2008老少同乐"书法公益活动，为书法班的组员、组员家长以及喜好书法的社区老人们，提供交流书法的机会。希望通过本次活动达到奉献爱心、老少亲和、老少同乐的目的。

2．掌握拓碑方法，展开一场竞赛。在社会实践活动之中寓教于乐，由字及人，追溯历史，使参与活动的每个人，感受到中华民族璀璨文化之伟力，产生无限遐想。

3．通过实践活动，培养学生的合作意识，提高学生的社会交往能力。

活动内容

1．组成临时家庭；

2．现场学做拓包；

3．龙字石林拓碑；

4．书写龙字长卷；

5．颁奖、合影。

活动重点

1. 龙字石林拓碑；
2. 书写龙字长卷。

活动难点

掌握拓碑方法——使拓碑作品线条清晰、完整。

活动方法

讲解与实践结合；在互动中突出教师是主导，学生是主体，示范与辅导结合。

活动准备

教师准备

1. 活动主题的论证，活动方案的制定；
2. 相关知识——"龙"字照片拓碑的步骤；
3. 拓碑所需要的部分工具——纸毡子、棕刷、包布、棉花、墨汁盘子；
4. 书写准备——长卷获奖证书；
5. 其他——校旗、主题、横幅、展示横幅、胶带。

学生准备

1. 知识——有关书法家的小故事；2. 拓碑的工具——细绳、喷壶、干湿毛巾、三合板、刷子。

师生共同准备

1. 四名年纪较大的组员与老师组成中心组，共同参与策划；2. 教师带中心组成员做好前期场地的勘察；3. 活动前期召开全体成员的活动准备会；4. 老师辅导组员、老人书写不同书体、不同形态的龙字；5. 组员负责教会父母书写两个不同书体的龙字。

活动对象

书法组组员；组员父母；社区老年书法爱好者。

活动规模

已经学习了两年多书法的组员18人，组员父母18人，社区书法爱好者18人，共54人。

活动时间、地点

2008年6月21日上午8:40—10:40，龙潭湖公园内万柳阁、龙字石林

活动过程

活动流程

1. 分组临时家庭（5分钟）

（1）开场白：分组临时家庭——以书法组每名组员为中心，组员的父或母，及一名社区老年书法爱好者组成一个临时家庭。这是因为老少三代是组成每个临时家庭的必备条件。

（2）设计思路：现代生活节奏快，家长们的工作繁忙，孩子们的课业负担繁重，和爷爷、奶奶见面接触的时间很少。这次书法班组织"发扬龙的精神 为奥运加油——书龙拓龙2008老少同乐"书法活动，就给"临时家庭"的每个成员提供一个轻松的、快乐的老少一起玩儿、老少一块儿乐的机会。

2. 现场学做拓包（10分钟）

老师现场教大家做拓包，各临时家庭成员为拓碑实践做准备。

3. 龙字石林拓碑（45分钟）

（1）集合提要求（1分钟）。

（2）讲解示范（9分钟）。

老师细致讲解拓碑缘由，完整演示拓碑过程。

（3）临时家庭分组体验（30分钟）。组员体验捶拓；相互间讲解书写者的小故事。

老师穿插巡视，随时鼓励表扬，解答疑问，辅导分析，指正不足。

（4）长卷展示学生拓碑的作品。

设计思路：龙字石林中汇集了从商代到现代文献中精选的230个"龙"字。石上所刻"龙"字，不仅涵盖了甲骨、金文、篆隶草行楷各种书体，更汇集了武则天、赵佶等一代帝王，王羲之、苏轼等著名书法家，岳飞、林则徐等民族英雄的字迹。在拓龙活动的实践中，由字及人，追溯历史，必将使参与活动的每个人感受到中华民族璀璨文化之伟力，产生无限遐想，实现玩中学、学中玩、乐中学、学中乐，达到在丰富多彩的活动之中寓教于乐的宗旨。

4. 书写龙字长卷（30分钟）

（1）临时家庭每个成员轮流在长卷上书写"龙"字。

（2）其余临时家庭的老少在台下交流用拓碑方式传承书法的感受。组员相互切磋用笔、用墨的技巧，探讨书法学习过程中的经验，了解相互间平时生活学习的点滴；每个参与者为百年奥运表达一句祝福。

（3）评委示范展示。

设计思路：言语的交流可以拉近人与人之间的距离，笔墨的切磋可以提高书写的技能。这是一次奉献爱心、书法交流的机会，这更是一次老少亲和、老少同乐的机会。同时，这也能体现公益活动的特点。

5. 颁奖、合影（15分钟）

通过评委的点评，肯定优点，指出不足，分别评选出"拓龙"获奖家庭，"书龙"获奖家庭。

设立单项奖：环保卫士奖，书学小博士奖，爱心奉献奖。照顾到每个学生并为每一位参与者颁发纪念品。

活动尾声

大家与20米龙字长卷作品合影，留住爱，记录精彩。

设计思路：本次活动意在提高孩子们学习书法的兴趣、感受传统文化传承的过程。让学生们在动手操作中学习知识，在奉献中享受快乐。

活动延展

2008年8月中旬，书法组员们将手持气势恢弘的20米龙字长卷，站在北京街头为参加奥运会自行车公路赛的选手和奥运会马拉松赛的运动员加油。

零八北京，为你骄傲！百年奥运，为你祝福！

活动自评

2008年6月21日在龙潭湖公园举行的"书龙拓龙2008老少同乐"活动是一次成功的书法组员社会实践活动。师生共同努力，圆满地完成了活动内容，实现了预期的目标。

参与书法公益活动的所有成员都非常高兴。可以说临时家庭中的爷爷奶奶，是被我们可爱的孩子们非常热情地"抢"回了自己的家。

随着现代生活节奏的加快，家长的工作繁忙，孩子的课业负担繁重，和爷爷、奶奶见面接触的时间都很少。书法班组织书法公益活动，不仅为这些孩子们，也为喜好书法的社区老人们提供了一次奉献爱心、书法交流的机会。而且，这还是一次老少亲和、老少同乐的机会。

拓碑是一项技能性较强的劳动。蝉翼拓也好，乌金拓也罢，刷拓时用力轻重，蘸墨多少，都需要在实践中积累经验。

在老师细致讲解拓碑缘由，完整地演示拓碑过程之后，所有家庭都动手操作起来。小到八九岁的孩子，大到七八十岁的老人，每个参与者根据自己手中纸的大小，选择合适的龙字，喷水捶拓、蘸墨、上墨，每个环节都一丝不苟。

活动中呈现出一个又一个和谐的画面。孩子与老人手牵手漫步石林山间欣赏龙字；拓印龙字老少轮番上阵，老人用纸巾轻轻拭去孩子额头的汗水，还有刚刚相识的那份陌生；长者为孩子的句句指点，透着疼爱；休息时分，幼者为老人搬上一把座椅，端上一杯清茶，促膝交谈，互相鼓励，尊老爱幼的忘年交场景暖人心脾。

在规定的30分钟内，每个家庭都成功地完成拓龙环节。虽然天气很热，但当举着自己的劳动成果时，大人和孩子们的脸上都露出了喜悦的笑容，早已忘却被汗水浸湿的衣衫。

　　书写龙字长卷内容的确定，促进了学生主观能动性的发挥，为学生提供了自主学习、获取知识的机会。通过准备书法家小故事、给家长当老师等活动形式，提高了孩子学习书法的乐趣，同时很多孩子都感知到业精于勤的道理。书法专业评委现场的书写示范，给孩子们提供了一个近距离感受字迹魅力的空间。

　　走出教室，走进大自然，丰富的活动形式，调动了学生们多种感官参与，激发了他们的学习兴趣，体现了寓教于乐的活动原则。

　　通过成立活动中心组，使年龄较大的学生有了一定的责任意识，同时也锻炼了他们的社会交往能力。

　　本次活动意在提高孩子们学习书法的兴趣、感受传统文化传承的过程；在劳动中学习知识，在劳动中体味快乐，在奉献中享受快乐。活动在一片祥和欢乐的气氛中结束了。

本次活动的遗憾

　　1. 这么大规模的现场，我一个人支撑显得有一些紧张。特别是场地空旷，缺少麦克风，个人的声音显得小。

　　2. 个别现场盯不过来。

　　书龙环节，我安排好了书写顺序，正常运转起来以后，就没有再一一盯着，而是巡视台下老少切磋的场面和指挥安排对奥运表达祝福的录像。结果，一个孩子现场书写时把象形文字的"龙"字少写了一笔，出现了错误。

　　这次活动我们选择"为奥运加油"的主题，就是给孩子们一个时代感。在活动中我们安排了"每个参与者为百年奥运表达一句祝福"活动，并组织了"为奥运加油"的延展活动。2008年8月中旬，孩子们将会手持气势恢弘的20米龙字长卷，自豪地站在街头为参加奥运会自行车公路赛的选手和奥运会马拉松赛的运动员加油——在奉献中享受快乐，又一次突出了活动的主题。

专家点评

　　这是一次书法小组社会实践活动。

　　活动以发扬龙的精神、为奥运加油为主题，实效性很强。又充分利用龙潭湖畔龙字石林的地域资源，开展拓龙书龙活动，地域性很强。

　　活动结合书法专业特点，带领书法组员和社区书法爱好者学习拓印，书写龙的长卷，弘扬中华民族文化，以龙的精神为奥运加油，体现了时代感和实效性。活动内容丰富，活动过程环节清晰。

　　活动组成"临时家庭"的形式创意新颖，使得活动的参与者从互不相识到亲如一家，增强了相互的亲和力，也便于活动的顺利开展。

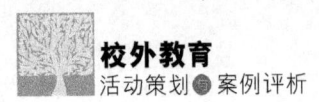

我们眼中的琉璃厂

北京市西城区青少年美术馆　田冬梅

活动依据

《美术教育纲要》指出：应当在广泛的文化情境中培养学生对祖国优秀美术传统的热爱，对世界多元文化的尊重。北京市委办公厅2006年21号文件要求教师充分发挥自身优势，坚持公益性原则，构建校内外结合的教育机制，广泛开展社会实践活动。而本次社会实践活动就是将以上两者进行有机结合。

通过实践发展学生综合运用知识技能的同时，还要培养学生对社会、对他人的责任感与服务意识，并增进学生对生活背景下的社会和文化的认识与情感，这就是本次活动的主旨。活动通过让学生亲身参加琉璃厂的实践调查、激情创作、设计展板、有效宣传等过程，从中既锻炼学生社会调查、整理资料、沟通交流、相互合作等综合实践能力，又使学生获得直接的体验与感悟，更好地促使他们完成由琉璃厂文化的感受者、表现者到宣传者的角色转换。

教师不仅要结合文件精神，还要充分利用自身优势条件进行设计，确保活动有效实施。琉璃厂就坐落在西城区青少年美术馆附近，有助于学生进行探访、创作与宣传。了解到后孙公园小学社会小组的同学们正在进行琉璃厂文化的探究，积累了相关信息与文字资料。借此活动，架起双方学生沟通的桥梁，形成优势互补，提升学生对琉璃厂的认知与情感，进而在共同宣传的活动中，让更多的人了解和喜爱琉璃厂。

活动目标

知识、技能目标

运用已学版面设计知识，结合琉璃厂名店、人文风貌、街景构建等资料，指导在校学生共同完成展板、彩页、留言簿的设计制作。

能力目标

收集整理资料，恰当选择形式与材料，带动他人制作，有效沟通交流，展开热爱琉璃厂的宣传活动。

情感目标

双方学生能够主动参与活动，建立对琉璃厂文化的认知与情感，树立对民族传统文化的传承意识。

活动对象及规模

美术组员15人，后孙公园小学社会小组学生11人，均是四至六年级学生，共26人。

活动时间、地点

2008年6月，美术馆、琉璃厂。

活动内容和方式

在收集素材的基础上，围绕主题进行展板、彩页、留言簿的设计制作，并展开琉璃厂文化的宣传活动。

活动地点	美术馆（1.5小时）	琉璃厂（1.5小时）
活动方式	沟通交流、设计制作留言簿、展开宣传	
活动内容	汇集资料，制作展板、彩页，宣传讲解，签字留言，交流信息，发放宣传彩页	

活动重点、难点

学生合作设计制作展板、彩页与留言簿，到琉璃厂街道进行百年名店、人文风貌等宣传活动。

学生结合不同的宣传形式，进行琉璃厂文化的有效宣传。

活动准备

一、实地调查

1. 分组走访琉璃厂

名店组：从不同角度了解荣宝斋、一得阁等名店的历史、文化与经营特色。

街景构建组：观察店面建筑的雕刻与绘画样式的特点。

人文风貌组：探访来往琉璃厂的人群对琉璃厂文化的认知与兴趣点。

2. 要求

（1）看、听、问、画。

（2）笔录、写生或摄影。

二、前期绘画

1. 分组创作

名店组、街景构建组、人文风貌组分别结合各自的写生与摄影作品进行主题为"情结琉璃厂"的创作。

2. 绘画要求

画面中通过细致地刻画与人物动态生动地描绘，来体现对琉璃厂的喜爱与赞美之情。

三、沟通交流

1. 联络后孙公园小学社会小组的学生。
2. 建立网络公共邮箱交流方式，确定共同设计制作与宣传的活动内容。
3. 双方学生将整理好的调查资料、信息、图片与创作作品，发布到公共邮箱中进行相互交流。

活动过程及思路

一、友情导入交流信息（15分钟）

（一）交流感受

1. 双方学生介绍、观看视频、回顾走访琉璃厂情况。

教师提问：通过分组走访，你对琉璃厂有了哪些新的认识与想法？

2. 学生畅谈自己对琉璃厂的新发现……

（二）交流经验

教师提问：怎样创作才能表现出自己对琉璃厂的喜爱与赞美之情？

名店组、街景构建组、人文风貌组学生介绍自己前期写生、创作内容（《情结琉璃厂》图）。

活动意图：激发学生对琉璃厂的情感与认知，为展板、彩页等制作与宣传活动奠定基础。

二、激情设计合作布展（1小时15分钟）

（一）引入主题

1. 教师提问：我们怎样宣传，使更多的人了解琉璃厂、喜爱琉璃厂？

师生讨论：建议用展板、彩页、留言簿与讲解相结合的形式宣传。

2. 明确主题：《我们眼中的琉璃厂》。

（二）启发设计思路

1. 明确任务

（1）分三组，组员与在校生一一结伴，选组长(美术组员担任）。

（2）每组结合不同的宣传形式，运用版面设计知识和自己的作品、图片、资料等，完成宣传作品的设计制作。

（3）美术组员帮助指导在校学生。

2. 组员讲解

（1）播放课件。

（2）版面设计知识介绍。版面内容可有图片、文字、标题等，版面结构注意摆放疏密得当、错落有致，并将主要内容突出在显著位置，要大一些；版面色彩取决于视觉效果……

3．分组讨论

讨论要点：根据选定的宣传形式，想一想选择什么材料与方法进行设计制作？画草图表现。

4．设计交流

名店组：设计制作展板，标题设计醒目，作品、图片、文字资料交错粘贴摆放，以展现名店文化特色……

人文风貌组：设计制作宣传彩页，选择方形卡纸粘贴照片形式，再配以色彩鲜艳的标题与图案，既精美又便于发放……

街景构建组：设计制作留言簿，在留言簿四周贴上琉璃厂传统建筑风格的图片，并设计好看的花纹……

（三）装饰布展

1．动手实践

要求：

（1）版面安排突出主题，选好图片、配合文字、装饰美观。

（2）图文并茂，让观者能体会到琉璃厂的古老文化。

（3）组员带动在校学生一起创作，绘画、写字、剪贴做好分工。

辅导要点：选材是否恰当；安排是否美观；粘贴是否牢固等。

2．交流评述

师生：共同分析展板、彩页中富有创意的地方与不足，提出改进意见。

3．完善创作

要求：修改与装饰版面。

辅导要点：展板、彩页、留言簿等整体版面效果的指导。

活动意图：激发学生结合本组的宣传形式和内容，自主选择材料与表现方法，引导美术组员运用所学版面知识，在有限的时间内，带动其他同学共同完成宣传展板、彩页、留言簿的设计制作。

三、热情宣传表达情感（1小时30分钟）

（一）明确宣传任务

1．以小组为单位结合不同宣传形式展开宣传活动。

2．练习使用宣传用语：介绍内容简练，语速适中，运用礼貌语言。

3．明确分工：选好展板负责人、讲解负责人、留言负责人，共同合作。

（二）填写宣传方案

名店组、人文风貌组、街景构建组分别填写（主要内容见附件1）。

（三）展开宣传活动

1．走进琉璃厂：摆放展板，整理彩页，设立留言台。

2. 提出要求：

（1）做文明宣传员。如遇特殊情况，及时与老师沟通。

（2）分组宣传。分别向观看者讲解、采访等，使更多的人了解琉璃厂。

3. 宣传实践

名店组：向观看者讲述琉璃厂荣宝斋、一得阁、汲古阁等老店的历史、文化与经营特色。

人文风貌组：边发放宣传彩页，边通过采访互动形式提升参与者对琉璃厂文化的认知与兴趣。

街景构建组：介绍古色古香的琉璃厂一条街，并请观看者留言签名。

教师辅导：指导学生与人沟通、实施方案、有效宣传、填写效果反馈。

（四）总结评述

1. 学生自评：谈参加这次活动的感受、自己的表现、收到的效果。

2. 教师总结活动过程。

3. 活动拓展：宣传展板将在各学校进行展示，制作更多的宣传彩页，把我们的活动发布到网上。

活动意图：通过宣传方案的制定，使学生能围绕主题有目的地安排宣传内容、活动分工等，保障宣传活动有实效。通过热情宣传使学生锻炼与提高传承民族文化的能力与意识，在与观看者的互动中共同受到琉璃厂文化的熏陶。

活动效果测评

活动效果从三个方面体现：

1. 通过展示看设计布展是否突出主题、图文是否配合、装饰是否美观。

2. 学生参与活动是否积极主动。（教师填写效果测评表，见附件2）

教师用观察与数据统计的方法检测学生活动的情况。

3. 活动是否达到宣传效果。（学生填写效果测评表，见附件3）

在宣传活动中，学生结合本组的宣传形式与内容及时填写效果反馈表。

附件（略）

附件1：琉璃厂宣传方案

附件2：效果测评表

附件3：（西城区青少年美术馆）安全与学生伤害事故预防措施备案表

附件4：学生宣传作品展示（学生实际制作的宣传展板、学生设计制作的宣传彩页、学生设计制作的留言簿）

活动自评

本次公益性实践活动从准备到实施有三个进程。首先，准备阶段。学生通过走访与写生，从不同角度了解琉璃厂的名店、建筑特色等，并将调查结果发布到公共邮箱中交流，这为活动的展开做好了铺垫。其次，布展阶段。双方学生在美术馆进行装饰布展，互相合作，把自己对琉璃厂文化的喜爱与赞美之情，通过对文字的提炼、资料和图片的筛选，并运用美术装饰手段充分地表达出来。最后，宣传阶段。把美术活动与文化环境相联系，让学生亲身走进琉璃厂，相互补充地将自己对琉璃厂文化的认知与情感介绍给更多的人。通过环环相扣的三个活动进程，较好地达到此次活动目标，同时也使师生收获了很多。具体如下：

一、活动促进学生角色转换

以活动为载体，拉近学生与北京传统文化的关系，促使他们完成琉璃厂文化的感受者——表现者——宣传者——传承者的角色转换。这既是本次活动的目的，也是活动的亮点。

将传统文化融入学生的公益性社会实践活动不可能一蹴而就。为了有效促进学生角色的转换，教师与学生三访琉璃厂。一访带领学生参观名店，进行初步了解。二访分组调查中学生的情感发生了变化，有的学生感慨地说："中国传统绘画原来这么有趣神奇！"有的学生自豪地说："琉璃厂的传统文化味道最浓。"三访中学生们拿起手中的笔与相机，记录下琉璃厂的风采。之后，学生们兴趣盎然地设计制作出各种宣传作品。伴随着创作的推进，他们对琉璃厂的文化变得更加津津乐道，真正由感受者转变为表现者。最后结合不同宣传方式，学生们在实地宣传中热情地为观看者介绍琉璃厂的历史、名店，用自己真诚的行动宣传琉璃厂的风采，成为琉璃厂文化的热爱者、传承者。与最初的漠不关心相比，学生对于琉璃厂文化的认知与情感发生了质的变化。

路人由衷的赞扬，更让他们感受到自己正在做着一件有意义的事情。一位马来西亚的老华侨在留言中这样写道："中华民族文化在你们心中扎根，望你们为中华古老文化的传承与发展继续努力。谢谢孩子们！"这令学生们动容。所以这次活动不仅感动了观看者，也感动了学生自身，帮助他们在潜移默化中完成了一个从最初的旁观者到热心传统文化的传承者的过渡。

二、活动促进校内外学生合作交流

公益性实践活动能否有效实施，与学生之间的合作、学生的交流能力有着密切的关系。如何引领学生参与合作交流成为我特别关注的方面。

首先，共建公共邮箱的倡议促进生生间的合作交流。组员们与在校学生通过网络架起沟通的桥梁。在以《我们眼中的琉璃厂》为主题的公共邮箱中，他们收集信息86条、图片125张、学生浏览与交流105人次，还吸引了许多老师、家长们的关注。这些无疑对学生之间有效地合作与沟通起着促进作用。而且通过相互间的交流，组员们对琉璃厂文化有了更多的了解与认识，进而促使学生们在一起制作展板、彩页时，配合得比较默契。

其次,通过宣传活动促使学生走入社会与他人交流。起先学生不知怎样与他人交流,更谈不上宣传。在教师的鼓励下,学生渐渐进入角色,主动邀请路人参观并介绍琉璃厂见闻。当听到路人们说"你们这次活动很有意义……"时,学生的信心与热情越来越高了,由略带生涩的交流,到最终变得侃侃而谈,这对他们来说是多么大的进步!其中我们共收集留言32条,主动介绍69人次,还包括外国友人28人次。活动后,一位学生高兴地说:"以前我很怕和不认识的人说话,通过这次活动让我知道和别人交流并不难,我感到与陌生人交流也是一件快乐的事。"

三、活动促进教师深入思考

这次活动使我深感自己对于社会实践活动还缺少经验,特别是在宣传细节的安排与宣传内容的深度上表现不足。尤其是在后期的宣传活动中,宣传力度还要再拓展,比如让学生在现场教路人和外国友人画国画;布展荣宝斋水印版画的作品等,这样宣传效果会更理想。

总之,本次公益性社会实践活动使我感受到校外教育改革的方向与力度,同时也让我认识到带领学生走入社会实践的重要意义。特别是知识经济时代的到来,要求学生加强同社会、同生活的联系,仅仅依靠课堂的传统教学方式是不够的。我们需要一些富有活力的、使学生服务社会、感受文化的丰富活动。而且,我们还要关注学生的真实体验,让学生在自主探索中增长知识,锻炼才干,为此我会继续努力与尝试。

专家点评

这是利用区域特色文化资源——北京琉璃厂文化街开展的社会实践活动,它以美术组员带动学校学生共同制作展板,进行有效宣传,活动设计很有创意。

方案要素齐全,前期准备工作非常充分,过程安排有序,层层递进,体现出教师主导,学生主动参与的教学理念。由于种种原因,学生对自己身边的文化资源不是十分留意,教师利用文化资源,带领学生多次走访琉璃厂,在调查、写生、担当小指导和宣传的过程中,学生的情感发生了变化,很好地实现了热爱身边文化资源、树立文化传承意识的目标。同时,制作彩页、展板、留言簿的绘制形式,也给学生提供了有效的学习方式和参与文化传承的机会。另外,反思能结合活动特点展开分析,有一定的理性思考。

老幼同携手，彩绸舞天坛
——北京市宣武少年宫舞蹈组社会实践活动

北京市宣武少年宫　施政

活动依据

1. 依据北京市委办公厅2006年21号文件中"整合校外教育资源，使广大未成年人在丰富多彩的校外活动中增长知识、开阔视野、陶冶情操、提高能力、健康成长"的要求；结合北京奥运即将召开的形势；结合中老年人晨练对舞蹈素材的需求，少年宫教师应当进行开拓型的舞蹈教育活动，给学生创造一个发现、思考、想象、实践锻炼的空间。本次活动引导学生把已学知识运用到实践，指导宣武区老教协教师学习舞彩绸的基本动作，在天坛公园共同完成彩绸集体舞《爱我中华》，鼓励学生在实践中锻炼自我、培养为他人服务的意识。

2. 结合课程改革"艺术学习与社会生活相结合"的要求，选择身边文化资源——天坛公园开展活动。因为它是奥运会会徽公布的地方，宣武区又在进行天坛文化的课题研究。本次活动带领学生在文化场所参观实践，引发学生对传统文化的崇敬，在彩绸飘动舞天坛中抒发祝福奥运的情感。

3. 结合本学期中国古典长绸舞的学习，引导学生建立"古为今用"的观念，将古典舞与群众性集体舞相结合设计本次活动，既丰富学生古典舞的表现形式，也丰富老教协舞蹈队的表演素材。

活动目标

1. 能将古典长绸舞的基本舞法传授给他人。
2. 能主动与他人合作，共同完成彩绸集体舞练习。
3. 感受天坛的宏大。
4. 初步树立为他人服务的意识。
5. 表达对北京奥运会的美好祝福。

活动时间、地点

2008年5月10日下午1:30—3:30，天坛公园。

活动对象及规模

宣武区少年宫舞蹈班学员28人。

宣武区老教协舞蹈队26人。

活动内容和方式

参观天坛、组员担任小指导，与老教师共同完成彩绸集体舞《爱我中华》。

活动重点、难点

重点：把握长绸舞要领，发挥小指导作用，共舞中抒发祝福奥运的情感。

难点：学生能教会老教师基本舞法。

活动准备

学生与老教协准备

一条彩绸、公园门票、轻便的服装。

教师准备

1．联系宣武老教协，联系天坛公园，勘察场地。

2．确定时间、人员、内容，确立活动方案。

3．配备录像人员和服务人员。

4．教师用彩绸一条和学生用红绸三条、CD机、照相机、光盘、公园门票、矿泉水、活动宣传画板、笔。

活动前的教学准备

1．组织学生搜集中国古典长绸舞资料，制作成幻灯片，配合课件自主讲解，组织交流。

2．让学生对中国古典长绸舞有初步了解，学习长绸舞组合《天歌》。

3．带领学生到天坛公园实地考察群众性娱乐活动——舞彩绸。

4．学习彩绸舞四种绸花动作"内八字花"、"外八字花"、"云手绕花"、"肩上绕花"的动作要领。

5．讲解舞动彩绸的要点，力度要适量，舞绸路线要清晰。

活动过程及思路

第一环节：集合人员参观天坛祈年殿

1．天坛公园门口集合。

2．讲述本次活动内容和目的，提示安全事项。

3．参观天坛祈年殿。通过参观让学生了解以天坛代表的中国独特文化，并知道这里是奥运会会徽公布的地方，增强学生民族自豪感。

设计意图：让学生明确本次活动的主要内容和目的，感受天坛的宏大。

第二环节：学生做指导，老少共跳彩绸舞

第一步：借助环境资源，营造活动氛围。

1. 在祈年殿外空地站好队形，三名学生表演长绸舞《天歌》，学生与老教师共同观看。

2. 教师提示：

"长绸舞"是中国特有的舞蹈。舞蹈家们创作了《飞天》、《彩虹舞》、《天女散花》等舞蹈。这些舞蹈均着力创造一种天地人和的理想，长绸能够带我们畅想蓝天。

在天坛组织活动有三个特殊意义：第一，天坛祈年殿用蓝色琉璃瓦铺顶，象征天空的辽阔高远，体现出与天接近的感觉。在这种环境下舞动彩绸，抒发天地人和的美好情感，表达我们对祖国传统文化的崇敬。第二，今天距奥运会还有90天，让我们用手中的彩绸表达对祖国的祝福，祝福北京奥运成功。第三，今天的特邀嘉宾是宣武区退休老教师们，他们又回到我们中间，但是角色转换了，学生要做小老师，让彩绸不仅在自己手中舞动，也要教会老教师们，让大家在《爱我中华》音乐声中一起跳彩绸舞。

设计意图：通过翩翩起舞，感受在天坛舞动彩绸的意境，进入学习情境。使学生对小指导角色有初步认识，共同表达祝福北京奥运的愿望。

第二步：复习动作要领，明确担任小指导角色的任务和要求。

1. 老教协教师做活动前热身准备。

2. 师生准备好五种颜色彩绸（象征奥运五环色彩，祝愿北京奥运成功）。

3. 提示：

（1）彩绸舞与群众性集体舞相结合，表现欢庆题材，要保持队形，相互距离拉大。

（2）师生共同复习"内八字花"、"外八字花"、"云手绕花"、"肩上绕花"四种舞绸动作。

4. 师生共同探讨指导老教师的方法——尊重老师、分解动作、语言提示、复杂动作耐心指导。

设计意图：引导学生复习舞绸动作要领，明确指导方法，为学生能够顺利完成指导任务，做好活动准备。

第三步：学生担任小指导，教授四种舞绸动作。

1. 组织推选四名学生在前面做领舞，分别教授四种舞绸动作。

2. 其他学生一对一在旁指导，鼓励学生针对不同服务对象，采取不同传授方式解决难点：

（1）"内八字花"——分大、小八字花练习，尽量把绸子抖开，离开自己身体。

（2）"外八字花"——手臂用力点延长到绸尖，如遇风大天气，加大力度。

（3）"云手绕花"——服务对象年龄大，可分解动作慢慢教授。

（4）"肩上绕花"——手臂动作幅度大，强调动作的连贯协调。

3．分组近距离辅导老教协教师（一对一辅导、小组辅导）。

（1）教四个八拍的舞绸动作，手脚配合协调。

（2）体态大方、语言清楚、重点讲明、示范准确、指导耐心。

（3）分解动作与完整动作相结合。

4．教师在旁提示与帮助，鼓励学生完成任务。

5．老幼携手完成彩绸集体舞——《爱我中华》。

（1）保持队形整齐，注意相互距离。

（2）动作与音乐协调一致，用彩绸表达对北京奥运会的祝福。

设计意图：锻炼学生主动、热心、耐心传授舞蹈动作的能力，增强服务他人的意识，在音乐串排中充满激情，用舞动的彩绸表达对祖国祝福的美好心愿。

第三环节：畅谈活动感受，双方书写寄语

1．教师及时鼓励与表扬。

（1）肯定学生在教授动作、语言指导方面的成绩。

（2）鼓励老教协教师认真练舞。

2．双方互评，出示宣传画板，引导双方畅谈对本次活动的感受，并总结一句话写在画板上。

3．集体合影、签名留念。

4．教师提出希望：

（1）请学生继续发挥小指导作用，将四个舞绸动作教给同学或亲友，让美丽的彩绸继续舞动在京城。

（2）老教协教师继续熟练动作，有助于锻炼颈椎、腰椎，健康身体。

设计意图：及时总结和鼓励，引导大家畅谈自己的切身感受，在抒发情感中加深双方的了解和相互关爱，有助于今后共同提高。

活动效果测评

1．通过畅谈，把自己的感受总结成一句话写在画板上，反馈学生真实的感受。

2．通过互评和老教协评议，反馈学生指导效果。

3．通过活动实践，考察学生能否用恰当语言和分解动作方法指导他人学习彩绸舞，能否主动与人沟通。

4．通过舞蹈练习和表演，检测双方人员能否相互合作，共同完成彩绸集体舞《爱我中华》。

活动自评

"彩绸舞天坛"是一次结合身边文化资源的社会实践活动，虽然学生和老人常去天坛公园，今天的活动却有了不一样的感受。本次活动把古典舞与群众性的集体舞相结合，短短一次活动即对天坛文化资源有了更深的了解，再次表达了对北京奥运的祝福，增强为他人服务的意识，这是活动的最大亮点。活动突破传统单一模仿式教学模式，设计了自主查资料——课件制作——讨论交流——实地考察——拓展学习——实践中指导共舞这样的教学流程，使学生一直处于积极的学习状态，达到了学习与实践相结合的目的。具体如下：

一、借助环境资源，激励学生在丰富感受中获得体验

人的成长不能脱离文化环境、社会的发展，教育者的责任是创造适合学生发展的条件。选择天坛祈年殿作为活动背景，使学生在自主查找资料、实地参观中感悟天坛的宏大神圣，感悟古人对天地的理解。中国古典长绸舞多表现"飞天"，借助一个"天"字，体现出一种与天接近的感觉，在这种情境下舞动彩绸，以情去支配动作，伴随着《爱我中华》的歌曲，调动学生的视觉、听觉、触觉，表达对今天幸福生活的赞美，对祖国悠久历史文化的崇敬。在这样开阔的环境中舞动彩绸，使学生舞姿舒展，舞蹈的激情被激发，成为祝福奥运的最佳场地。学生很自然地融入到舞蹈中，不仅感受了祖国悠久的历史文化，也增强了民族的自豪感。就像学生在总结中说的："长袖舞清风、神韵舞天坛。""开阔大千眼界、丰富舞蹈内涵。"

彩绸的颜色选了五种，也就是奥运五环的颜色，在距离奥运会召开还有90天的时候，用彩绸表达对祖国的祝福，祝福北京奥运成功。环境激励了我们，我们营造了喜迎奥运的氛围。本次活动特邀嘉宾是宣武区退休老教师，活动中角色的转变，促使学生在服务他人中同舞同乐。学生的表演也吸引了众多中外友人的目光，拍照的、摄像的、跟着学的，之后就购买彩绸的，影响应该是深远的，可以说活动内容丰富，使学员进行了一次内涵丰富的情感体验。

二、搭建实践平台，培养学生将已学舞蹈技能服务于他人

本次活动让学生发挥自身聪明才智，把已学知识运用到实践中，学习方式也从过去的模仿式融入了开拓性的实践锻炼。每个学生都得到了指导、实践的机会，把已学舞蹈技能热心、耐心地教授他人，看到自己的实践成果，感到自豪。学生对本次活动的总结是："以特殊的方式表达我们对舞蹈的喜爱"、"我更自信了"。整个活动提升了学生的社会实践能力，挖掘了他们的艺术潜能，激发了他们对艺术指导的兴趣。老教协教师这样总结："一代更比一代强"、"舞动的长绸让我的心年轻了"。这次活动的设计，为学生搭建了一个实践体验的平台，学生的学习不再是自己跳舞，而是带动更多的人参与。学生能力得到了充分锻炼，才是本次活动收益最大的方面。

三、不足之处

1. 本次活动参与的人员比较多，集体舞队形的变化比较少。主要是组织学生开展舞蹈学科社会实践活动经验不足，考虑问题不够周全。

2. 舞蹈中技巧的展示比较单一，体现群众参与的娱乐性特点还应加强。

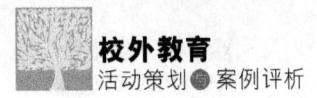

四、改进措施

1. 集体舞中间可以结合双方特点，加入一些自由发挥的形式，体现群众参与的娱乐性。

2. 为促进公益性社会活动开展，还可以多准备几条彩绸以便围观的观众参与，让学生的指导能力得到拓展。

3. 舞动长绸可以锻炼颈椎、腰椎、臂力等，舒筋活血，今后作为普及性活动内容是很好的，为让它更有实用价值，应作为今后拓展教学的内容。

专家点评

这是一次结合学生身边文化资源的社会实践活动。教师结合舞蹈专业特点，带领学生和老教协人员进入天坛公园，以学生做指导，老少齐跳彩绸舞，共同感受在天坛舞动彩绸的意义，创设迎接奥运的氛围。活动既锻炼了学生的能力，又丰富了老年人的健康生活，给学生创造一个主动学习、实践锻炼的机会，体现了活动的教育性和时代感。

教师组织这样的社会实践活动，前期准备工作十分充分，有效保证了学生与老教协人员互动交流，促进学生顺利完成小指导任务。

教学过程中，教师采取多种形式，引导学生参与指导、学会指导，很好地将学生自主与教师主导相结合，使教师在教学中起到了资源查找中引导、实践考察中启迪、动作练习中点拨等积极作用。学生的自主作用，在舞蹈展示和教授四种舞绸动作中都得到良好的体现。

活动方案要素齐全，依据合理，过程表述清晰，反思能针对活动特点进行提炼和分析。

个性文化衫,传递关爱情

北京市朝阳区青少年活动中心　王硕华

活动依据

为了引导绘画专业班学员以印制、绘制文化衫的特色方式迎接奥运会的到来,设计了本次以"个性文化衫,传递关爱情"为主题的社会实践活动,以引导学生通过活动了解奥运知识、表达对北京2008年奥运会的期盼,同时引导周围群众参与活动,共同创作,并用赠送文化衫的形式把这种情感和文化传递给他人。当更多的人把亲手印制、绘制的文化衫穿在身上去观看奥运比赛时,就是对爱国情怀、奥运精神最好的宣传与展示。"5.12"四川汶川发生了大地震,为灾区儿童送去关爱、为汶川人民加油成为活动的另一个主题。

活动目标

1. 以在文化广场绘制、印制文化衫的活动形式迎接奥运会,激发喜迎奥运的情感并向四川灾区儿童表达节日的关爱,为汶川人民加油。

2. 吸引周围群众共同创作,自主搭建用所学技能技法回馈社会的平台,促进品质、能力、专业技能的发展。

3. 通过赠与文化衫传递认知,使更多的人感悟到我们的奥运情怀与爱国情感。

活动时间、地点

2008年6月1日上午9:00—11:00。安贞华联文化广场。

活动对象

绘画专业班学员10人。这些10—12岁绘画提高班学生,是活动中心安华里分部的长训班学员,有着较好的绘画基础,对美术创作活动具有浓厚的兴趣,曾经有过绘制、印制文化衫的经历。

活动准备

（一）了解社会、技法热身

1. 了解奥运知识,欣赏奥运图片。通过上网浏览的形式了解四川地震灾情,激发学生爱国情感。

2. 教师引导学生自主探索印制文化衫的技法。要求学生独立尝试印制文化衫的全过程,并分组总结制作时需要注意的问题,探索如何达到最佳效果。教师总结印制方法,要求学生不断练习,牢记制作步骤与技法。

3. 师生展开讨论,应怎样与群众成功沟通,将印画文化衫的技术教给群众。

4. 每位学生制定"小老师教学方案",教师提出方案的具体内容要求,如教学重点、难点、方法、过程、预期效果等内容。

（二）对外联络

学生代表与安贞华联企划部取得联系,得到在广场开展活动的许可。

（三）物品准备

教师:1. 白色纯棉文化衫;2. 洗笔和调色盘用水、污水桶、垃圾袋;3. 油性笔;4. 与主题相关的展板制作。

学生:1. 丙烯色及水粉画用具;2. 白卡纸;3. 画板;4. 铅笔、橡皮;5. 剪刀、裁纸刀。

（四）人员配置

教师1人、绘画提高班学员10人、服务人员1人。

活动重点、难点

重点:学生与周围群众共同创作出一件体现主题思想的文化衫并进行展示。

难点:学生与合作的群众成功沟通,教会群众制作技法并激发他们的热情。

活动内容

学生在安贞华联文化广场绘制、印制文化衫,吸引周围群众参与活动,共同创作,并将绘制好的文化衫赠与群众。

活动过程

（一）活动导入

教师语言导入:这次社会实践活动的主题是绘制"迎接2008年北京奥运会"或"对四川地震中受灾的人们表达关爱"主题的文化衫。活动重要环节是吸引周围群众参与活动,教给他们绘制、印制文化衫的方法,激发周围群众的热情,与我们共同创作。活动结束时,用赠送文化衫的形式把朴素的爱国情感和奥运文化传递给更多的人。今天的活动有三个主要阶段:（1）巧手绘制文化衫;（2）群众参与、共同创作;（3）赠与文化衫,传递情感。

（二）巧手绘制文化衫

1. 了解社会、导入活动

教师语言导入:在活动前,我们通过看书和图片了解了一些奥运知识,还欣赏了各国奥运图标。另外,我们也通过上网看照片了解了四川地震灾情,有的同学伤心落泪了。现在你能分别谈谈对这两方面的感受吗？

学生畅谈感受。

教师语言导入：现在，请同学们选择自己感受最深的主题开始印制或绘制文化衫。希望同学们能够把对奥运会的期盼和热爱以及对四川灾区人民的鼓励和安慰用绘制文化衫的形式表现出来，老师期待着你们精彩的创意和作品。

2. 学生设计及绘制文化衫

（1）设计构思阶段：画铅笔稿及制作模具

教师鼓励学生张扬个性，大胆创意，提示学生图形设计尽量简单和突出主题。用剪刀、刻刀时要注意安全。

（2）印制或绘制阶段，用丙烯或纺织专用颜料上色

教师提醒学生在绘制过程中要把握要点，并注意保持环境卫生。

（三）群众参与、共同创作

1. 教师语言导入：我们每个人邀请一位学生家长或过往路人参与活动。每位同学要做小老师，把你掌握的绘制或印制文化衫的技能技巧教给与你合作的群众，和他们一起绘制文化衫。

2. 教师鼓励学生到周边邀请群众结成两人一组的创作小组。

3. 学生给群众讲解绘制或印制文化衫的步骤与技巧。

4. 学生指导群众尝试绘制文化衫，提示群众注意制作要点。

（四）赠与文化衫，传递情感

1. 学生代表导入

现在我们要给和同学们一起创作的群众一个惊喜，那就是把绘制好的文化衫赠与你们，希望你们能够穿上这件文化衫，帮助我们进行展示，让更多的人看到我们的作品，感悟到我们的奥运情怀和爱国情感，让我们在此时共度一个有特殊意义的"六一"儿童节。

2. 每位学生向群众赠与文化衫的同时表达自己的祝福，传递自己的情感，并请群众穿上文化衫进行展示。

（五）评价与展示

教师语言导入：同学们，老师看到了你们和周围群众用真情实感创作出来的精彩作品。首先，请你们和群众一起把创作思路介绍给大家。希望同学们大胆表达，把你们的情感和认知传递给更多的人。其次，老师要询问与你合作的群众，请他们为你的教学和我们的这次活动作一个评价。

1. 学生依次拿着合作绘制的文化衫和群众一起介绍创作思路。

2. 与学生合作的群众对学生的教学及此次绘制文化衫活动作出评价。

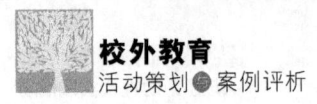

活动效果测评

1. 教师与学生交流，请学生表达在本次活动中的收获与遗憾，评述本人自主性的发挥。

2. 学生互评"小老师教学方案"，通过录像看群众对学生教学的评价。

3. 学生利用录像、照片等资料互评文化衫。

附件（略）

附件1：评价标准
附件2：活动安全预案

活动自评

一、活动效果

此次活动把社会实践与专业学习完美统一，符合学生年龄特点，并能贴近当前形势。以教师、学生、群众的现场互动为活动特色，并融合了自主学习、探究学习及合作学习等现代教育理念。教师、学生和群众共同参与，使这次活动与单纯的专业小组活动相比教育影响扩大了。文化和技能通过活动传递给了更多的人，奥运精神和爱国情怀在文化衫这个媒介上得到很好的展示。现场的家长及群众受到感染，积极参与到活动中来，与学生结成互助小组，在学生的指导下学会了绘制文化衫的技法，获取了快乐与感动。

在活动结束时，群众们给予活动很高的评价。他们认为这种社会实践活动能使学生积极了解、关注社会热点问题，用所学技法回馈社会，具有社会效应，是非常好的活动形式。另外，他们还表示，孩子们教得很好，他们在孩子们的指导下学会了绘制文化衫的方法，回家去也想自己试一试。还有的过往路人表示非常喜欢孩子们的创意，要购买文化衫，留作纪念。

绘画班学生表示，他们在活动中直接获取了课堂教学中难以获取的经验，促进了自主学习、探究、创新、合作、语言表达、人际交往等综合能力的发展，并深切体会到了用自己所学的专业知识回馈社会、获取成功的快乐。组织学生开展社会实践活动与普通的专业小组课堂教学不同，要求教师具备更强的社会交往能力和组织协调能力。不仅要协调好教师与学生之间的关系，更要协调好外部与内部的关系，并具有较强的调控与应变能力。在这次活动中，教师的社会交往能力也得到了进一步的锻炼，并提高了在比课堂更为复杂的开放环境中掌控全局的能力。

综上所述，这次社会实践活动所独具的功能是课堂教学所不能达到的。

二、活动不足

1. 教师方面

教师在活动设计方面考虑不足，在设计活动方案时没有考虑活动前激发学生活动热情问题，因此造成活动开始时学生热情不够，邀请群众参与活动时缺乏自信心与主动性，普遍表示活动一开始不好意思邀请路人参与活动和与群众交流，有些拘谨。活动后想到其实可以让学生自己设计制作一些活动展板，激发他们想参与活动的热情，就能很好地解决活动开始时学生激情没有完全激发出来的问题，使学生做好心理准备，更快地投入活动。在活动组织过程中发挥学生自主性不够，教师没有完全退居幕后，还是不放心，总想代替和控制学生活动。这说明教师还没有克服旧有的教学习惯，没有完全把活动的自主权交给学生。

2. 学生方面

学生习惯了课堂教学的环境，缺少参与社会实践活动的经验，还需在实践中锻炼主动性和与人沟通的能力，并在社会这个大课堂里建立自信心。

三、活动展望

通过本次活动我认识到，无论是校外教师还是学生都缺乏开展社会实践活动的经验，需要在工作中不断探索和尝试。今后教师要更多地引导美术专业学员关注社会，开展社会实践活动，为学生创建平台，师生不断积累经验，共同进步。教师在活动中要引导学生利用艺术手段表达情感认识，用所学技能技法回馈社会，并设法把思想道德教育融入其中，使学生得到更全面的发展。

专家点评

这是一次带领组员走向社会的实践活动，美术组的组员能够用自己的知识和技能指导路人绘制文化衫，共同祝福奥运。"活动方案"要素齐全，"活动过程"环节清楚，还制定了活动效果的评价标准，有特点。"活动自评"撰写真实。

如果作为社会实践活动，"了解社会"（比如路人对奥运的关注程度等）方面的内容还不很突出，应该从"活动目标"和"活动过程"的设计上丰富这方面的内容；在"活动准备"中，教师也应该带领和指导组员重视深入社会、了解社会的思想准备，而不仅仅是专业方面的准备。

用音乐照亮心灵

北京市海淀区青少年活动管理中心　樊华

活动依据

"关注弱势群体，传递爱的文化，关心关爱盲童，共建和谐社会。"

相关研究表明，目前我国有盲人1300万，每年新增盲人45万，即约每分钟就会出现一个盲人。他们和我们生活在同一片天空下，但他们的天空却比我们欠缺了许多。周围的人对盲人所持的态度极大地影响了盲人个性心理特征的形成和发展，特别是对盲童身心健康起着重要影响。盲童需要我们更多的关爱。

党的十七大会议明确提出了"推动社会主义文化大发展"等鲜明的科学发展观。我们举办"用音乐照亮心灵"活动，希望借此活动传递爱的文化，增加盲童与外界接触的机会，同时也让我们的学生更多地了解和关注这个群体，让更多的人关注弱势群体、关爱盲童，共建和谐社会。

活动目标

1. 通过本次活动，扩大学生的视野，加强学生与社会的接触，了解和关注盲童这个群体，关爱盲童。

2. 通过本次活动，培养学生合奏重奏能力、音乐表现能力、语言表达能力和交流沟通能力。

3. 通过本次活动，培养学生乐于助人的优良品格，树立用自己所学服务弱势群体、服务社会的意识。

活动时间、地点

2008年9月，北京市盲人学校多功能阶梯教室。

活动对象及规模

海淀区少年宫古筝兴趣小组学员20人（具备六级以上程度）和北京市盲人学校小学部40名学生。

活动内容和方式

此次活动分为三个部分：

（一）爱心捐赠

1. 小组学生合唱《爱在人间》（见附件1）。
2. 小组学生向盲校学生捐赠爱心挂历。

（二）古筝名曲赏析

1. 学生合奏《渔舟唱晚》，由一名学生代表讲解。
2. 三名学生重奏《高山流水》，由一名学生代表讲解。
3. 介绍身残志坚的张姓小朋友。

（三）交流互动

1. 双方学员分组进行交流。
2. 互动游戏"放飞梦想，放走烦恼"。

活动重点、难点

重点：本次活动中的第二部分"古筝名曲赏析"。

难点：本次活动中的第三部分"交流互动"。

活动准备

1. 确定活动内容，撰写活动方案。
2. 与北京盲人学校联系，确定场地、时间、学生参与人数。
3. 召开动员预备会，动员学生搜集废旧的挂历、台历。
4. 请学生牢记"与失明人沟通的10项提示"（见附件2）。
5. 排练合唱《爱在人间》，合奏《渔舟唱晚》，重奏《拔根芦柴花》。
6. 辅导学生代表如何赏析乐曲。
7. 联系甘家口分中心的张姓学员。
8. 制作横幅，事先察看会场，布置会场。
9. 撰写活动安全预案（见附件3）。
10. 所需用具：古筝（学生自带）、话筒、音响、背景音乐、伴奏带、彩纸、气球、线绳、签字笔。

活动过程及思路

（一）第一部分：教师介绍、爱心捐赠

教师和小组学生提前在活动会场准备好，播放古筝背景音乐，迎接盲校学生的到来。

1. 教师介绍，宣布活动开始

教师语言导入：各位同学、老师，大家好！我是海淀区少年宫的教师，今天我带着我的20名学生来到盲人学校和小朋友们欢聚在一起，我非常高兴。首先，我想考考你们，刚才大家伴随着悠扬的乐曲声进入会场，你们猜猜那是什么乐器发出的

声音呀？

盲校学生自由发言，答对予以表扬，答错不必批评。

教师语言导入：你们的听觉果然敏锐。是的，是古筝发出的声音。我的这20名学生都是在少年宫参加古筝培训的。我是一名古筝教师，今天我们就以古筝音乐作为我们之间联系的纽带，开展一次活动，活动的主题是"用爱照亮心灵"。让我们用热烈的掌声开始今天的活动。

意图：盲生听觉比较敏锐，设置小提问可增强他们的自信心和兴趣，为活动的顺利进行做好铺垫。同时，盲生的音乐感知力强，设计此次音乐主题的活动，能激发盲生的浓厚兴趣。

2. 小组学生合唱《爱在人间》

教师语言导入：首先少年宫的学生集体为大家带来一首歌《爱在人间》，这是冰心作词、谷建芬作曲，专门为失明儿童写的歌。你们同时可以认识一下他们的声音。

意图：通过献歌，拉近彼此的距离，传递爱的信息。同时可起到锻炼小组学员驾驭不同艺术形式的能力和表现力。

3. 捐赠"爱心挂历"

教师和小组学员向盲校学生捐赠"爱心挂历"。

意图：据了解，盲校的孩子们使用的书本和练习本都需要特殊纸张才能实现阅读和书写，而专门的盲文纸对硬度的要求比较高，造价比较贵。但是我们日常的一些废旧的挂历纸和台历就可以充当盲文练习本。此举其一可以为盲校学生节省费用，送去关爱；其二是对环境的保护，能源的节省；其三可以培养学生爱他人、服务他人、助人为乐的优良品格。

（二）第二部分：古筝名曲赏析

1. 古筝名曲《渔舟唱晚》赏析

小组学员集体合奏《渔舟唱晚》，之后由一名学生代表对该曲的历史背景、表现内容进行分析讲解。在讲解过程中，可边讲解边示范。赏析重点在于《渔舟唱晚》深邃高雅的乐曲意境。

2. 古筝名曲赏析《拔根芦柴花》

由四名学生重奏《拔根芦柴花》，之后由一名学生代表对该曲的历史背景、表现内容进行分析讲解。在讲解过程中，可边讲解边示范。赏析重点在于《拔根芦柴花》欢快、活泼、俏丽的乐曲情趣。

意图：通过古筝名曲的赏析，可使盲校学生了解古筝，了解民族音乐，让他们更好地理解音乐的美和所处世界的美，帮助他们建立积极乐观的人生观；培养小组学员用自己所学服务弱势群体、服务社会的意识，同时也锻炼了学生的语言表达能力、合奏重奏能力、音乐表现能力。

3. 介绍身残志坚的张姓小朋友

（1）教师讲述其成长经历：这位小朋友身患失明和小儿麻痹症，但坚持在海淀区少年宫学习琵琶，已通过八级。

意图：讲述成长经历，意在使小组学员了解盲童在生活中、学习中的诸多困难和不便，认识到他们身上所具备的坚韧的意志品质是我们应该学习的。

（2）邀请她演奏琵琶曲《寒鸦戏水》。

意图：激励盲校学生不向命运屈服的精神，同时也激励小组学员顽强刻苦、百折不挠的精神。此举是一个励志环节。

（3）请一位学生演奏古筝版《寒鸦戏水》，教师比较两版区别。

意图：可使学生了解不同乐器演奏相同曲目时的区别。

（三）第三部分：**交流互动**

1. 小组学员与盲校学生分组交流

教师把小组学员20人与盲校学生40人，分成20个互帮互助组，形成"一对二"组合。一组一琴，分组交流。小组学员可教授盲校学生古筝"刮奏"这一技巧，也可自由交流，如这次活动的感受、生活学习情况等。教师可分别到各组答疑解惑。

意图：分组交流环节可极大地调动双方学生的积极性，体现互助互爱互进的意图。小组学生与盲校学生自由交流，可使双方学生进一步深入了解，相互学习。教授"刮奏"这一技巧，由于古筝"刮奏"非常简单易学，盲生可马上领略到从自己的指尖下流淌出的古筝那像流水一样的乐音，培养盲生对古筝音乐的喜爱和增强他们的自信心。同时此举是以小组学员作为活动的主体，极大地调动了学生的主观能动性，树立了学生用自己所学服务社会的意识。

2. 互动游戏：**放飞梦想、放走烦恼**

方式：以组为单位，盲校学生跟小组学员说出他们的烦恼或梦想，小组学员记录在彩色纸条上，之后把它绑在气球上。最后学生和教师集体到操场放飞气球。此游戏的目的是释放烦恼，说出梦想。

意图：此游戏可以帮助盲童释放烦恼，说出梦想，培养他们对生活和学习的积极态度，增强自信心，树立正确的人生观。同时，可教育小组学员积极地面对人生，树立远大目标，为梦想的实现而努力每一天。

活动效果测评

活动后召开学生座谈会，畅谈活动感受。

附件（略）

附件1：《爱在人间》歌词（专为失明儿童而作）

附件2：与失明人沟通的10项提示

附件3：安全与学生伤害事故预防措施备案表

活动自评

失明对人来说,不仅是视觉功能的丧失,还严重地改变、重组了盲人的心理活动,特别是对盲童的身心健康起着重要的影响。这次公益性社会实践活动本着"关注弱势群体,传递爱的文化,关心、关爱盲童,共建和谐社会"的活动理念,依托本人古筝专业背景,设计了一次"用爱照亮心灵"活动。

此次活动我设计为三大部分:一、爱心捐献;二、古筝名曲赏析;三、交流互动。其中,第二部分"古筝名曲赏析"为活动重点,第三部分"交流互动"为活动难点。

此次活动在准备阶段,我查阅了大量关于盲人的资料。得知盲人所用的盲文纸造价比较高,许多盲人家庭对此负担得很吃力,而废旧的挂历和台历就可以充当盲文纸来用。因此,我设计召集学生搜集废旧挂历,准备在活动第一部分中搞一个爱心捐献环节。此举极大地调动了学生的活动积极性,培养了学生乐于助人的品格,树立了关爱弱势群体的意识。我认为这是此次活动的亮点之一。

亮点之二是活动第二部分中介绍身残志坚的张姓小朋友环节。早在活动之前,我就看过这个孩子弹琵琶《寒鸦戏水》。她的表演和琴声极大地触动了我。如果只听琴声,谁能想到那是出自一个残疾孩子之手。其实那次看她的演奏也是敦促我设计这次活动的初衷。设计此环节使我们的学生了解和认识到盲童这个弱势群体身上所具备的坚韧的意志品质是我们应该学习的,不仅激励盲校学生,同时也激励我们的学生。此举具有极强的教育意义,突出了活动重点。

第三部分是此次活动的难点。其中第一环节"分组交流"旨在加深盲校学生的参与程度,同时此举是以小组学员作为活动的主体,极大地调动了学生的主观能动性。在这一环节中,教师提前在活动准备阶段让学生牢记"与失明人沟通的10项提示",使学生不犯一些常识性错误。在此环节中,教师分别到各组答疑解惑这一方法突破了活动难点。活动最后一个环节——"互动游戏"是此次活动的创新点。它以游戏的形式使盲童释放压力,说出梦想,培养了双方孩子积极面对人生、树立远大目标的人生态度。

本次活动的效果测评通过活动后召开座谈会来检测。座谈会上,学生们兴奋地你一言,我一语,相互交流着活动感受。"那个张某真棒,她眼睛看不见还弹得那么好,她肯定很刻苦。""和我一组的那个盲校学生说她从没听过古筝,没想到古筝那么好听。""和我一组的那个盲校学生会吹笛子呢。""他们眼睛看不见还能学得那么好,我们更得努力了。""昨天我在街上走,发现盲道上停着辆自行车,我把它搬开了,费了好大劲儿。"学生们真诚的话语感染着我,不仅证明这是一次对学生有意义的活动,而且敦促我继续努力地多为学生开展此类活动。

此次活动也存在不足之处,那就是在第二部分"古筝名曲赏析"中,由于时间关系只介绍了三首有代表性的古筝曲。我想如果把此活动做成系列活动,学生可全方位了解古筝。另外，其实盲校学生中也藏龙卧虎，不乏一些在音乐上有特长的孩子，因此可以在活动中让他们也来展示，更充分地体现这个特殊群体孩子们身上的亮点。

专家点评

把社会实践活动的地点选在盲校，把要接触的人群定位在盲童，体现了对同龄弱势群体的关注，很有意义。"活动方案"的要素完整，"活动目标"明确，"活动过程"的各环节清楚。

活动过程中，在分组交流时还可以加大对盲童各个方面了解的比重，使组员对盲童有一个全方位的了解和理解，因为这是社会实践活动的重要意义所在。

以旧换"心"，共绘绿色家园

北京市海淀区青少年活动管理中心　康楠楠

活动依据

1. 北京市城市建设发展总体目标和理念——"绿色、科技、人文"。
2. 依据2008年4月国务院办公厅颁布的《限制生产销售使用塑料购物袋的通知》。
3. 美术教学的特点及美育与社会公德的密切联系。
4. 教育孩子从小做起、从自身做起，并宣传、影响他人，这是我们教育工作者的责任。

活动目标

1. 学生能将自己所学的美术知识、绘画技能与社会实践有机结合起来，达到学以致用的目的。
2. 学生能担当小指导，带动他人绘制环保袋，锻炼绘画创作能力。
3. 通过宣传活动，学员、学生能参与交往、合作，了解环保知识，增强环保意识。

活动时间、地点

2008年5月17日，万柳社区公园

活动对象及规模

美术小组中级班学员26人；周边学校的学生及家长约50人；过往的群众约50人。

活动内容和方式

表演、绘画创作、换购、承诺签名等活动开展社区公益性环保宣传活动，用学生所学到的知识、技能宣传环保，回报社会。

活动重点、难点

重点：收集绘画素材，创作环保购物袋上的绘画内容，用孩子的努力唤起公众的环保意识。

难点：1. 使孩子掌握在无纺布上绘画的技能和技巧。2. 教师在活动组织过程中的控制。

活动准备

思想准备：

活动准备过程是学生学习和受教育的过程。

1. 动员：教师通过与学员交流，确定活动主题及目标。
2. 收集：组织学员收集环保资料、绘画创作素材。
3. 技能训练：丙烯颜料的使用方法，色彩搭配的规则，在无纺布上绘画的技巧。

人员准备：

1. 教师：（1）活动组织负责人员：1名；（2）相关人员：艺术部、活动部、物资部、教务处教师10名。
2. 学生：中级组全体学生以及高级组部分学员。
3. 外界支持：公园所属绿化队的领导及部分员工。
4. 人员分工：（1）学生分工(见附件5)；（2）教师分工（见附件6）。

物品准备见附件4；经费预算见附件3。

活动过程及思路

活动议程

1. 下午2:00，活动正式开始。学生展示购物袋的环保秀，倾听孩子们的心声。（2—4分钟）
2. 教师讲话。（约2分钟）
3. 绘制组的学员代表结合教师的解说演示购物袋的绘制方法。（约10分钟）
4. 邀请部分学生、家长、群众共同绘制购物袋，并由教师点评部分作品。（约60分钟）
5. 绘制约30分钟后，开始购物袋换购活动。（约30分钟）
6. 换购后在白色环保旗上签名。（约15分钟）
7. 师生共同清理现场、清点换购物品。（约20分钟）
8. 教师与学生们合影留念。（10分钟）

教师宣布活动结束。

第一部分：环保秀、秀环保

为了给孩子们提供一个展示自己绘画才能的平台，本环节专门设计由少年宫美术组学员手持自己精心绘制的环保袋，身着不同造型的服装，自编自演系列环保小短剧的开场活动。用孩子自己的方式，向大家展示所掌握的绘画技能以及他们心中的环保理念，并且通过这种形式，把活动现场的气氛调动起来。

第一幕：小恐龙、奥特曼

来自侏罗纪的小恐龙和来自未来世界的奥特曼。他们穿越了几亿年的时空来到这里，他们给大家带来了环保购物新理念——漂亮的购物袋！

第二幕：小蜜蜂、七星瓢虫、向日葵

小蜜蜂与小瓢虫提着环保袋相约到花园里采蜜，他们在向日葵旁翩翩起舞。

第三幕：小鸭子、小熊与福娃贝贝、欢欢、迎迎

小伙伴们相约一起去看奥运会比赛。比赛太精彩了！我们中国队又得了一枚金牌，中国健儿真是太棒了。比赛结束了，他们没有忘记保护场馆的环境卫生，随手把喝完的饮料瓶装进环保袋中，一起带走。

第四幕：倾听我们的心声

拥有一片洁净的天空是我们每一个孩子美好的梦想。我们用手中的画笔绘出了心中绿色的家园。让我们行动起来，一起保护地球上的生态环境吧！让我们大家都来使用美丽的环保袋！

第二部分：共绘绿色家园

这是少年宫的学员与现场参加活动的学生、家长、群众，共同绘制环保袋的环节。在这个环节中，学生分为五组，每一组由一名少年宫美术组的学员担任小指导，现场在无纺布环保袋上进行绘画演示，并由他们辅导现场参与活动的孩子们绘画创作，用他们所学到的绘画知识描绘出自己心中的绿色家园。

（1）介绍丙烯颜料的特性、使用方法、注意事项。

（2）绘画步骤：先将物体的轮廓画出，再进行填色，颜色完全干了以后，可将其他颜色覆盖。

（3）色彩搭配：购物袋本身是有颜色的，选择绘制轮廓线和填涂的颜色不要与购物袋颜色相近，尽量使反差大一些。

教师结合学生的讲解分组指导，并通过现场点评，激发孩子们的兴趣，增强他们学习绘画的信心。

第三部分：以旧换"心"

关键词：以旧换"心"。

"旧"在本次活动中是指旧电池、超薄塑料袋、饮料瓶等这些对环境造成污染的物品，以及旧的环保理念。"心"是指孩子们通过本次活动树立起的把环保进行到底的决心。

在少年宫美术班学员们的组织下，请大家有序地在场地两侧换购区换购。同学们用超薄塑料袋、废旧电池、饮料瓶子或一本书籍，可以换购到学员们亲手绘制的环保袋。同时还可以得到一张环保知识的宣传单（附件7），了解使用环保袋的意义。鼓励他们从小做起，从我做起，把环保知识告诉给身边的每一个人。

第四部分：环保从我做起

环保需要从小做起、从我做起、从每个人做起。爱护我们美丽的家园是每个社会成员的责任。大家在绘有"绿色家园"的旗帜上签名，表示将环保进行到底的决心。

活动延伸

活动结束，小组学员们在教师带领下将此次活动回收到的物品送到回收站，完成环保的小小心愿，为环保事业献出自己的微薄之力。

活动效果测评

1. 问卷调查。反馈学生对亲手绘制的环保购物袋是否喜欢，是否乐于宣传环保等（见附件2）。
2. 网络反馈（见附件2）。

附件（略）

附件1：（海淀区青少年活动管理中心）安全与学生伤害事故预防措施备案表

附件2：美术中级组"以旧换'心'，共绘绿色家园"社会实践活动调查问卷

附件3：美术中级组"以旧换'心'，共绘绿色家园"社会实践活动经费预算

附件4：美术中级组"以旧换'心'，共绘绿色家园"社会实践活动物品筹备表

附件5：美术中级组"以旧换'心'，共绘绿色家园"社会实践活动人员分工（学生）

附件6："以旧换'心'，共绘绿色家园"社会实践活动教师分工表

附件7：环保小知识

附件8：活动现场平面图

附件9：美术中级组"以旧换'心'，共绘绿色家园"社会实践活动展板

活动自评

"以旧换'心'，共绘绿色家园"是我依据"北京市城市建设发展总体目标和理念——'绿色、科技、人文'"，以及2008年颁布的《国务院办公厅关于限制生产销售使用塑料购物袋的通知》设计的一次社会公益性实践活动。

从活动整体看，内容设计合理，过程有序紧凑，活动准备工作比较细致，活动重点突出。通过填写调查问卷及网络的反馈，学生、家长均认为参加本次活动有很大的收获，学到了许多环保知识，提高了环保意识，并且有相当一部分孩子喜欢上了绘画，美术组的学员更是坚定了学习的信心。

本次活动是一次比较成功的活动，达到了我所预设的知识、能力、渗透德育的三个活动目标。

一、成功之处

1. 绘画技能与宣传环保相结合

学生在绘画创作过程中，打破了以往单纯绘制美术作品的局限，把环保知识、理念融入到专业技能技巧中，将自己所掌握的美术知识、绘画技能、创作能力综合于一体，宣传环境保护的重要性，达到了预期的效果。

2. 突出了以学生为主体的理念

本次活动，美术组的学员参加到活动筹备、组织、实施的全过程，以小组合作的形式贯穿始终，体现以学生为主体的教学理念。学生们体验与人交往、与人沟通、与人合作，认识到团队间的互助协作是活动成功的关键。活动锻炼了他们团结合作的能力，增进了同学之间的感情。

二、活动亮点

1. 在"环保秀，秀环保"这个环节中，启发学生自编自演环保短剧，用生动活泼的形式宣传环保，展示绘画技能，达到了非同一般的效果。以此种形式开场，增强了现场气氛，这是活动的一大亮点。

2. "以旧换'心'"是活动的重要环节。用可回收的有害环境的废旧物品换购学生们绘制的无纺布购物袋，同时得到一张精美的环保知识宣传单，不仅使每个人都参与到环保活动中，还将环保知识普及开来，使环保理念深入人心。

三、活动不足

由于是首次举办公益性社会实践活动，没有估计到会有那么多的学生、家长、路人参加到现场绘画当中，人数远远超出了预计的每组12人，因此绘画用具略显不足，不能做到人人都参与绘画。在今后的活动组织当中，我会充分地考虑到这一点。

此次活动是我尝试开辟的一条融艺术教育、思想品德教育为一体的素质教育之路，活动尚处在探索阶段，略显稚嫩。相信通过不断地努力，会使美术实践活动开展得更加完善，让学生们更加喜爱。

专家点评

教师结合环保理念，利用社会环境资源，带领美术组学生到社区公园开展社会实践活动，为学生提供了展示美术才华、宣传环保理念的平台，是一次贴近时代、贴近美术专业特点的活动。

方案设计内容全面，准备工作非常充分，活动形式具有美术专业特点。尤其是环保秀、秀环保的环节设计，从准备阶段就给学员提供了一种服饰搭配的审美实践契机。活动开场时，学员身着不同造型服装，自编自演环保短剧，既能激发学生参与的兴趣，又能宣传学员心中的环保理念，同时也展示了自己的绘画才能，调动现场气氛，可谓一举多得。这种表演、活动贴近参与者的审美心理，调动集体参与，使美术组员得到更多的实践锻炼，也使环保宣传活动在多彩的服装秀中自然深入人心，为后面的绘制活动铺平了道路。整体过程安排有序，以"旧换'心'"环节的设计使环保理念得到进一步延伸。

活动依据比较简练，还应结合本次活动的具体情况加以充实。反思总结比较全面，还可以结合两个亮点展开一些理性分析。

我的汽车不"喝油"
——新动力汽车少儿绘画设计活动

北京市丰台区青少年活动中心　刘铁汉

活动依据

随着中国经济的快速发展,汽车成为人们日常生活中的重要构成,同时也带来大量能源消耗及空气污染。在社会上特别是在少年儿童之中大力倡导节能环保型汽车的消费理念,对建设节约型的社会具有重要的意义。

1. 将社会关注的热点引入到校外活动之中

能源、环境问题是事关人类生存与发展的全球性课题,世界范围内都面临能源短缺危机。因此,开发寻找新能源是发展的方向。而适时将社会关注的热点问题引入到校外教育内容之中,是校外教师自主开发教材、灵活务实开展活动的优势。

2. 将学员所学应用于为社会服务之中

本次活动可以引导学员们将所掌握的美术技能技法应用于宣传节能减排的公益性社会实践中去,帮助他们从小树立环保意识,并使环保理念在社会中广泛传播。在活动中促使学生们更主动地走进社会、了解社会和服务社会。

3. 协调社会资源,创设、开展社会实践活动是校外教师的基本功

广泛联系社会资源,开展丰富多彩的社会实践活动是校外教育的特色和传统,是校外教育发展的基础和优势,也是一项校外教育工作者的基本功。

本次活动的合作方是一汽奔腾4S店。奔腾系列汽车以节能、低排的新型混合动力车型为特色,代表着汽车工业发展的方向。另外,企业也希望通过在青少年中开展环保型汽车设计活动,进一步增进人们对节能减排的重视。在这个契合点上,校外美术教育和企业找到了共识,双方都希望为少年儿童的全面发展创造更多的社会实践良机,这是开展此次活动的基础。

4. 学员情况

参加本次活动的35名学员,年龄在8—12岁,多数已经在少年宫美术班学习了三年左右,并已初步掌握了美术的基本技能技法,多次参加过不同主题的美术实践活动。

活动目标

1. 学员走进社会,了解开发、使用混合动力型汽车的重要意义,增强节能环保意识。

2. 为学员搭建展示艺术才能的舞台,运用所学服务社会,以环保汽车设计为主题进行绘画创作活动,并通过他们的作品向社会传播环保理念。

活动时间、地点

2008年6月1日,北京市北方伟业一汽奔腾4S店。

活动对象及规模

校外活动美术中级组,35名学员。

活动内容和方式

活动内容:1. 以"汽车、节能、环保"为主题,现场绘画设计一款新动力环保型的汽车。2. 将优秀作品在4S店大厅进行展示,宣传环保理念。

活动方式:现场绘画,宣传介绍,长期展示。

活动重点、难点

重点:学员设计、绘制、宣传环保型汽车。

难点:学员拓展思维,想象、设计环保型汽车的动力来源。

活动准备

(一)确定活动预案,公布活动通知

1. 活动前三周,与企业代表沟通,共同策划活动预案。通过双方领导的审批,制定活动流程,落实具体的事项。

2. 活动前两周,向学员公布活动的主题、内容、时间、地点和参加人员。

3. 召开家长会,说明活动意义,取得支持。

(二)创作准备

1. 调动学员创作热情

向学员介绍环保汽车理念,宣传构建资源节约型、环境友好型社会的重要意义,激发学员参加活动的积极性。

调查学员家庭拥有车辆情况和购车愿望。

每年的6月5日是世界环境保护日。数据显示,汽车尾气是城市空气污染最突出的方面,易引起呼吸系统疾病。我国城市居民肺癌的发病率与死亡率显著高于农村。北京实行阶段性汽车单双号上路。民调显示市民对治理汽车尾气污染要求迫切。

在谈到南方雨雪冰冻灾害时,中央气象台副台长强调,"这次异常天气的形成除了和南方近期水汽过于充足有关之外,还和近年来的汽车尾气排放、工业污染、生活垃圾污染越来越严重,对资源的无度使用和浪费有关"。

"绿色奥运"在环保方面给全社会提出了高要求,本次北京奥运会上,交通工具将大量使用环保型车辆。

2. 提出创作要求——环保汽车设计

要求学员以保护生态环境，充分开发和运用可再生能源汽车，减少污染为出发点设计心中理想的环保型汽车。

3. 学员收集、查找资料，提出设计创意

帮助学员开阔思路、打破常规、设想环保型汽车的动力来源，避免雷同，找到每个学员特有的兴奋点。

4. 教师帮助学员将设计思路落实为绘画形式语汇，有针对性地进行辅导（帮助学员突破难点）

学员正处于美术学习中的转型期，在绘画语言上易出现技术障碍，教师需适时提供绘画技能技法的支持，帮助他们克服构图、造型等方面的困难，协助其完成主要设计意图。

5. 一汽奔腾4S店备好画具、画材及奖品等

4S店购买、落实活动的画材和证书、奖品，教师考虑活动的时间、场地特点，选用方便、快捷的刮画纸及工具。

（三）公布活动具体安排及要求

1. 时间：2008年6月1日上午9:30—11:30。

2. 活动地点：一汽奔腾4S店（丰益桥西200米）。

3. 参加人员：少年宫美术班学员35名，由家长陪同自行前往，9：15集合到位。

（四）明确工作人员岗位和职责

少年宫方面工作人员（共4人）：

1. 活动总指挥1名。

2. 现场指挥1名。

辅助教师1名（协助辅导学员创作，安排学员位置、画具发放等事宜）。

3. 摄影、摄像1名。

一汽奔腾4S店工作人员（若干）：

1. 主持人：由一汽奔腾4S店聘请。

2. 后勤保障：北方伟业一汽奔腾4S店工作人员若干（协助安排学员位置，发放画具、水和奖品等事宜）。

（五）联系媒体宣传机构

由北方伟业一汽奔腾4S店邀请、落实。

活动过程及思路

1. 2008年6月1日上午9:30，活动在奔腾4S店广场开始，一汽集团销售总经理及社会各界人员、家长、学员150人左右参加。

2. 学员参观、了解混合新动力车型的特点，由4S店工作人员向学员讲解奔腾系

列混合新动力车型在低速行驶时由电能提供动力、降低汽油消耗、减少空气污染的构造、工作原理，使学员们进一步了解开发、使用绿色环保汽车的社会意义。（使学员进一步明确活动的意义）

3. 10:00学员落座指定位置，由主持人宣布"奔腾杯"少儿绘画活动开始。教师明确提出创作要求，以"汽车、节能、环保"为主题，以可再生能源为动力，以减少污染为出发点，设计一款环保型汽车。（使学员明确活动主题、任务）

4. 学员依据活动主题进行现场绘画创作，教师循环辅导，学员完成作品。(协助学员解决难点）

5. 10:40，现场绘画结束，主持人请学员介绍自己的设计理念。（完成活动重点）

6. 由4S店代表和教师组成的评委会对作品现场点评，从创意、造型和作品效果等方面进行评选，评选出最佳创意奖3名、最佳表现奖5名、优秀奖若干名，由一汽奔腾和少年宫领导为学员们颁发证书和奖品，使每个参与的学员都得到鼓励和指导。（帮助学员及时总结、反思）

7. 将学员现场创作的优秀作品悬挂在一汽奔腾4S店大厅墙壁的画框中，展示，扩大受众面，宣传环保汽车的理念。（拓展活动的社会效益）

8. 11:30，现场活动结束，家长与学员离开。

活动效果测评

1. 访谈学员，了解他们对开发、使用节能环保型汽车社会意义的认识及对完成环保型汽车的设计创作过程的感想。

2. 与现场受众交流、沟通，了解他们的感受。

3. 通过新闻媒体报道、宣传，扩大活动的社会意义。

4. 听取一汽奔腾4S店反馈，了解活动对企业发展的作用。

附件（略）

附件：（北京市丰台区青少年活动中心）安全与学生伤害事故预防措施备案表

活动自评

一、学员参与热情高

通过各种媒体的报道，结合自身的生活经历，学员们已经深刻感受到现实生活中汽车对空气的严重污染、对能源的过度消耗，以及对人类生活、生存环境造成的巨大影响。在得知此次活动安排后，从前期准备到现场活动的各个阶段，学员们都表现得积极踊跃，有着强烈参加活动的愿望。在听4S店工作人员介绍新型汽车特点和参观时，学生都观察仔细，注意力集中。在设计创作中学生也积极拓展思路，表现出许多创新的想法，想象、设计了各具特色的环保小主意，多数作品构图完整、形象明确、富有创意，使活动的重点目标得以实现。

二、教育意义深远

通过开展环保主题的社会实践活动，切实地将环保知识、环保理念植根于学员心中，增强了他们关注日常生活方方面面的环保意识，有助于帮助他们进一步建立起社会责任感。

将学生的优秀作品在4S店大厅进行展示、长期宣传，有助于将环保知识、环保理念在社会上广泛传播，会促进人们改变旧有的汽车消费观念。

三、现场受众印象深

通过与活动现场观众的交流，了解到参加活动的人对学员作品中表现出来的环保意识普遍感受强烈，也使他们受到了教育。他们普遍认为在少年儿童中开展环保主题活动，对少年儿童从小树立正确的环保价值观具有重要的意义。只有全社会都重视环保问题，人们生活的环境才会得以彻底改善。活动现场有两位小朋友受到感染，也提出要参加活动，我们也为他们发放了材料、工具，使他们也高兴地参与到活动之中。

四、新闻媒体报道传播广

媒体评价："通过举办以'汽车、节能、环保'为主题的少儿绘画活动，为少年儿童提供了一个展示自我、展示才华的平台，在展示少年儿童对绘画艺术热爱的同时，也使绿色的'种子'在孩子们心里扎根发芽、茁壮成长，强化了环境保护的理念，孩子们对我国汽车工业及环保事业的未来进行了描绘，将会创造出人类与自然和谐相处的美好未来。"进行活动报道的新闻媒体包括CCTV9、www.fawcar.com、www.bitauto.com、www.webcars.com等。

五、公益活动提升企业文化

活动后，北方伟业一汽奔腾4S店领导说："此次活动充实了我们企业的文化，原来我们就是卖车、修车，通过参与组织这次以'汽车、节能、环保'为主题的少儿绘画活动，把孩子们设计的节能环保汽车绘画作品在大厅进行展示，使很多来参观和买车的人感到很新鲜，也展示了企业的社会责任感，提高了企业的知名度。"

六、需改进、提高之处

1. 活动现场时间紧、人员多，使部分学员感到紧张。设计、绘制的作品还有许多需要完善之处。我们要继续为学员增加和创设参加活动的机会，使学员的现场适应和发挥能力不断提高。

2. 部分学员想象力不足，设计思路窄，教师应该加强培养学员在平时生活中积累创作素材的习惯和方法。辅导时，通过更有效的方法帮助学员拓宽创作思路。

3. 绘画语言方面，部分学员构图偏小，作品的视觉冲击力不够。

在创作形式上还要进一步鼓励学员大胆创新，不断尝试新的技能技法。

专家点评

　　此活动将活动地点安排在汽车4S店，把环保、汽车、绘画结合在一起，构思新颖，符合青少年的特点。活动经过"听介绍、参观、讲解自己的设计理念"等环节实现了"了解社会"的目的，又通过绘画、展示等环节实现了"服务社会"的目的。"活动方案"要素全面，"活动目标"明确，"活动过程"的各环节清晰。

　　活动自评应多从活动的设计和组织方面进行总结经验和找出不足，仅仅说明活动效果是不够的。另外，新闻媒体的报道一般不能作为"活动效果的检测方法"。

手拉手，心连心
——"普特"儿童艺术交流活动

北京市丰台区青少年活动中心　张菁

活动依据

1. 校外教育是崇高的公益性事业

校外教育公益性之一就体现在它能面向广大青少年学生，不仅是在校学生也包括不在校青少年，既包括正常健康青少年学生，也包括残疾青少年学生。因此，关心、关注社会弱势群体的教育就成为每位校外教育工作者的崇高责任。

2. 开展社会实践活动是校外实施教育的重要载体之一

学生走出活动室参与到社会生活各方面，一方面以自己所掌握的知识与技能服务于社会，加强实践锻炼，使公众受益；另一方面，了解社会，体验社会，丰富自己，以达到为社会服务和锻炼自己的双重目的。

3. 从生动丰富的现实教育生活中确定公益性社会实践活动的选题

我辅导的美术小组中曾先后来过三名智障儿童，他们虽然没有正常孩子反应快，但他们对美术的热爱与表现的欲望是强烈与执著的。看到智障的孩子和正常的孩子一样能够一起参加我们的专业小组培训活动，能够享受到校外艺术教育的快乐，感受艺术的魅力，能够在活动中和老师同学亲密地融合在一起，这让我有了一个大胆的想法——把少年宫学员带到他们中间去，组织一次"普特"交流活动。我希望让更多智障的孩子享受到艺术的熏陶，给更多的智障孩子提供与健康孩子接触和交流的机会。我希望通过这样的活动能让博爱的种子在孩子心中萌发，让智障孩子与健康孩子手拉手，共同感受美术带给他们的快乐。

活动目标

1. 通过本次活动，让智障儿童分享校外艺术培训活动的乐趣，搭建一个"普特"儿童联谊的平台。

2. 使学员进一步掌握对称剪纸、染色剪纸技巧，并发挥剪纸的实用性、装饰性特点，为"普特"儿童艺术交流实践活动添彩。

3. 使学员近距离感受智障儿童因生理缺陷导致的种种不便，在交流协作活动中促进"普特"儿童情感交流。活动旨在引导学员关注智障儿童这一弱势群体，树立

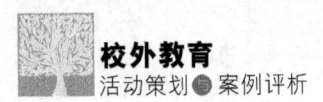

关爱、不歧视智障儿童的良好道德情操,让博爱的种子在孩子们心中萌发。

4. 让智障儿童与健康儿童一样享受到校外活动给他们带来的快乐和进步。

活动时间、地点

2008年5月12日,下午2:00—3:30,北京市丰台区方庄培智学校。

活动对象及规模

少年宫美术组及方庄培智学校学生,40人。

活动内容和方式

活动内容:(1)赠送礼物——装饰挂盘。(2)才艺表演。(3)互动——"普特"儿童协作拼贴图案。(4)同唱《感恩的心》。

活动方式:表演、制作

活动重点、难点

重点:让智障儿童与少年宫学员手拉手,使活动成为"普特"儿童艺术展示与交流的平台。

难点:美术专业特点在现场展示及互动中的应用。

活动准备

辅导教师准备

1. 辅导教师与培智学校领导、教师见面沟通,了解智障儿童美术学习方法、接受程度,探讨"普特"儿童艺术交流实践活动的可行性,为活动内容、方案的确定提供保障。2. 辅导教师向学员、家长发出活动倡议,与学员商讨交流活动内容。3. 辅导教师与家长沟通,做好学员与智障儿童联谊的心理准备。

辅导教师与学员共同准备

1. 辅导教师指导学员运用染色剪纸技法制作装饰挂盘,准备将挂盘作为交流活动的礼物送给智障儿童。

2. 辅导教师指导学员复习几种对称剪纸的折剪方法,创作新颖的折剪图案,为交流活动现场表演做准备。

3. 辅导教师与学员共同设计剪纸活动现场互动环节中使用的拼贴材料,使用彩色卡纸,简单的几何形,便于拼贴。

4. 辅导教师与学员共练手语节目《感恩的心》,并安排小主持人及串联词。

活动过程

活动前,少年宫学员送上少年宫为这次活动准备的有爱心图案的文化衫,并帮助培智学生穿好。(通过穿文化衫的协作活动,让孩子们走近培智学生,观察发现他们的困难,伸出自己的友爱之手)

A、B主持人共同宣布活动开始。

（一）介绍领导

方庄培智学校的张校长、蔡主任

丰台少年宫的刁书记、程主任

领导祝辞：(略)

（二）赠送礼物

主持人A语言导入：我们少年宫美术组学员，早就听老师说要和培智学校的同学在一起搞活动，特别高兴，这是我们美术组同学用老师教的染色剪纸的方法精心制作的挂盘，我们要把它作为礼物赠送给培智的同学们。（面向培智学生）你们喜欢吗？

主持人B语言导入：同学们来吧，把我们的礼物送上来，也送上我们的祝福：愿你们天天进步，健康快乐每一天！

活动开始即赠送礼物是为了引起培智学生的兴趣，活跃现场气氛，让孩子们再次近距离地接触。

（三）"普特"儿童才艺表演

1. 培智学生才艺展示

老师带领少年宫学员在看培智学员才艺展示中与他们的节目互动，如小声跟着哼唱、给他们打节奏、热烈鼓掌，等等。（互动是对培智学生表演的称赞与鼓励）

2. 少年宫学员才艺展示

重点展示项目——剪纸表演

美术组学员运用多种对称剪纸方法，一张红纸一把剪刀，短短几分钟，剪出一幅幅精美图案，并将剪纸赠送给培智学生。为培智学生做剪纸表演既发挥了美术班学员的专长，锻炼了学员临场发挥的能力，又因剪纸有很强的可观性，让培智学生领略了剪纸的魅力。

（四）互动环节

拼贴图案(美术组学员与培智学生互助完成)

少年宫美术组学员与培智学生结成对子，将老师分发的几何形卡片组成图案再贴在衬纸上。"普特"儿童共同商量摆放图案，少年宫学员协助培智学生拼贴好图案。这是本次活动中"普特"儿童长时间地接触与互动，在摆放图案、粘贴图案环节，让少年宫学员通过辅助培智学生完成作品，了解培智学生的智力发展水平，体会他们学习生活的不易，感悟家长、老师、社会对他们的关爱。

（五）结束曲：共唱《感恩的心》（手语表演）

主持人A语言导入：今天我们真是太高兴了，我们能有今天的才艺，都是父母、老师辛勤地培育，让我们手拉起手共唱一首感恩的心。（"普特"儿童手拉手围成圈与老师一起共同表演《感恩的心》）

主持人B语言导入：伴着动人的旋律，我们的活动也要结束了，但我们的交流活动还会延续，期待下一次我们再相聚！

（六）活动反馈总结阶段

1. 辅导教师与学员畅谈这次活动体会。
2. 学员与家长交流活动见闻与感想，学生可用文字记录下来。
3. 征求家长对本次活动的感受和意见。
4. 辅导教师与培智学校领导、老师沟通，了解培智领导和老师对本次交流活动的反响和智障儿童的表现。

活动效果测评

1. 辅导教师听取参加本次活动的少年宫领导对活动的点评。
2. 辅导教师与学员和家长交流本次活动的感想体会，收集学员及家长的活动反馈。
3. 辅导教师与培智学校领导老师沟通，了解培智师生对本次活动的反应，听取建议，为今后的活动积累经验。

活动自评

一、活动体现了校外教育的公益性原则

本次活动面向社会中的弱势群体之一——智障儿童，为他们提供与健康孩子接触和交流的机会，让他们在活动中和老师同学亲密地融合，享受到校外艺术教育的快乐，感受艺术的魅力，增加"普特"教育的交流和了解。

二、活动体现了专业特色，是一次突出专业性的实践活动

从准备礼物到现场表演及互动环节的拼贴图案，均展示了学员美术专业活动的成果，是一次很好的教学实践活动。学员运用自己掌握的知识和技能，怀着一颗关爱之心，在家长的支持下，在辅导老师的组织与指导下，积极投入到活动的每个环节中，活动热情高涨。

三、活动环节紧扣，时间分配合理，"普特"儿童互动，气氛活跃

在90分钟的活动中，通过有效的组织，创造氛围，调动情绪，"普特"儿童间通过话语交流，手把手地操作，共同收获了创作的喜悦。做活动前老师们心中的顾虑完全打消了。孩子们的心是那么容易贴近。一次小小的艺术交流活动升华为爱心的传递，这在孩子们一生中都会留下难忘的记忆。

四、活动目标得以实现

本次活动证明了开展专业小组社会实践活动的重要性和必要性，推进了小组公益性活动改革，培养了小组社会实践活动意识。活动建构了"普特"儿童交流的平台，让少年宫学员近距离地了解智障儿童，理解他们，关爱他们。并让正常的孩子们体会到父母、老师、社会、国家对他们的成长所付出的辛劳与投入，进而培养孩

子们的感恩意识，希望孩子从小有一颗感恩的心。

五、活动准备充分

考虑到现场展示及互动的联谊形式以及智障儿童的心理特点，我们没有把绘画安排在活动实施中，而是从智障儿童实际出发，采用便于互动的拼贴图案，实践证明它成了"普特"儿童互动的一个很好的载体。

六、家长、学校、"特儿"的反应

活动后"普特"儿童家长对这次活动一致赞赏支持。少年宫学员家长认为这是一次融专业实践与思想教育为一体的活动，很有必要。"特儿"家长讲述"特儿"在参与活动后的兴奋与回忆，盼望多创造"普特"儿童交流的机会。培智学校的领导也希望我们的交流活动能延续下去，让更多智障儿童享受到来自少年宫师生的这份关爱。

七、活动中的不足

1. 互动环节的拼贴图案内容智障儿童有些不适应，还应降低难度。

2. 少年宫孩子有点放不开，这一方面由于他们第一次接触智障儿童，另一方面美术组学员很少有这种现场表演展示的机会，如果多创造交流的机会，孩子们的关系就更亲密了。

3. 互动的形式还可以更多样，不必局限于美术活动，特别是肢体活动的游戏更易于为培智的孩子接受。

专家点评

活动创意不错，选择智障儿童作为社会实践活动要深入的人群，体现了对弱势群体的关注。"活动目标"中涉及了"了解社会"和"服务社会"的两个基本要素，把握住了社会实践活动的实质，但还可以作些调整，使目标更加具体明确。"活动准备"比较充分，"活动过程"各环节清楚。

"了解社会"是社会实践活动的重要内容，此活动的设计中对智障儿童的了解还不是很充分，与智障儿童的接触还欠深入。

我是社区文明宣传员
——北京市丰台区劳动技术教育中心美术组文明提示牌制作活动

北京市丰台区劳动技术教育中心　焦书祥

活动依据

（一）社区是未成年人生活的主要场所之一，现在的青少年每年有大量的时间生活、学习在社区，社区环境的优劣对他们的健康成长产生重要作用。因此，社区是服务、凝聚、教育广大未成年人，促进未成年人全面发展的实践大课堂，也是加强思想道德建设、推进素质教育、建设社会主义精神文明的重要阵地。发展社区教育是未成年人全面健康成长的需要。

（二）文明不是抽象的概念，文明建设不能只停留在口头上，它存在于我们的身边，与我们的生活息息相关。良好的社区文明建设不仅能为居民营造和谐的生活环境，而且对完善青少年的人格，提高他们的素质大有益处。

（三）蒲黄榆第三社区与丰台区劳技中心是青少年科普活动和青少年精神文明建设共建单位，社区的文明建设与劳技中心的发展密切相关。开展社区实践活动是劳技中心学员接触社会、了解社会的有效途径，同时也是学员用自己所学知识和技能为社会服务的有效载体。

活动目标

（一）进入社区活动，学员能进一步了解社区文明礼仪知识。

（二）学员能带动他人绘制文明提示牌，锻炼语言表达和动手实践能力。

（三）学员走进社区、接近群众，增强为社会服务的意识。

（四）学员和社区居民能主动合作，共同提高文明素养。

活动时间、地点

2008年10月10日，丰台区东铁匠营街道蒲黄榆第三社区居委会。

活动对象及规模

活动对象：中心领导、社区干部、社区居民、劳技中心美术组学员。

活动规模：学员20人、铁一中学生4人、中心领导1人、居民8人、社区干部6

人、共建单位领导1人。

活动内容及方式

活动内容：制作、放置文明提示牌，增强为社会服务的意识。
活动方式：师生与居民共同设计、制作。

活动重点、难点

重点：文明提示牌的设计制作。
难点：版面设计和润色提示语。

活动准备

（一）教师准备

1．方案设计的准备。

（1）教师与社区领导联系，共同商定活动的方式、内容、日期等。

（2）师生参观社区，与社区的领导、居民交流社区内存在的不文明现象和需要安装"文明提示牌"的地方，然后师生探讨活动方案，制定安全预案等。

（3）教师与学员家长沟通，取得家长的支持。

2．材料的准备。

（1）制作文明提示牌所需的材料（海绵纸、双面胶、美术刀等）。

（2）录制视频课件。

3．人员的准备。摄像2人；负责安全教师1人；司机1人。

（二）学生准备

1．学员自愿结合成小组，在教师指导下，通过网络、报纸杂志等收集文明提示牌资料并设计"文明提示牌"，可以是"原创的"，也可以是"拿来主义"（适当引用）。统一格式，内容针对不文明现象。每人准备文明提示牌效果草图3幅。2．学员将收集来的文明提示牌资料做成幻灯片。3．学员与家长交流文明提示牌的设计和制作方案。4．可自备一些制作材料（易拉罐、矿泉水瓶等）。5．做好与社区居民沟通的准备。

（三）场地准备

场地布置由社区居委会负责。

活动过程及设计意图

活动步骤	教师活动	学生、居民活动	设计意图
第一步：播放文明提示牌制作方法的视频	播放视频。组织学员、居民观看，了解社区文明礼仪知识。	观看视频。学习海绵纸、双面胶、美术刀等工具如何使用；学习如何制作文明提示牌。	创设学员与居民共同学习情境，为学员与居民合作完成制作文明提示牌做好铺垫。

续表

活动步骤	教师活动	学生、居民活动	设计意图
第二步：做牌 1．确定题材	教师巡视，与学员、居民共同交流、探讨。	学员与社区居民共同交流探讨，确定文明提示内容。	学员与居民交流、选择有利于双方发挥水平的题材。
2．确定文明提示语	教师巡视，与学员、居民共同交流、探讨。	交流、探讨、润色，确定文明提示的词语。	使学员、居民认识到文明提示语该由"严禁"走向"言敬"。
3．绘制设计图	提示学员图文结合，注意版面的整体构图效果。 确定主题。 根据主题，确定设计温和、简洁的文明提示语和表达主题内容的插图。 设计提示牌小样。 版面设计要求文字安排得当，插图搭配合理，做到整体布局、主次分明、条理清楚，使版面美观大方、生动活泼、图文并茂，达到好的宣传效果。 教师巡视，与学员、居民交流探讨。	学员结合自己准备的文明提示牌资料讲解设计要求。 提示语：（文字）要配合主题内容或版面总体需要安排，多在版面上方，也可以竖排在版面左边或中间。 插图：根据版面主题需要来安排。配图要紧密结合主题思想，图形可大可小。 空隙：注意提示语和插图之间留出一定空间；要留出"天、地"和左、右空隙。 色彩搭配：可采用邻近色搭配、对比色搭配等形式。 学员发挥小老师的指导作用，与合作者交流、探讨，初步绘制文明提示牌设计草图。	在设计、交流、探讨中，碰撞出智慧火花，呈现奇思妙想。
4．制作	实施版面设计，制作文明提示牌。 注意的问题： 在实施过程中要不断地修改、完善设计，使作品尽可能达到完美。 教师巡视，与学员、居民交流，并提出改进建议。	结合设计草图，学生指导居民完成文字的书写。 文字书写步骤： 根据字数和需要确定字体、大小，先画好字格。 分析每个字的结构、笔画，合理安排布局。 轻轻勾出字的单线结构。 加粗的各个笔画。 修改整理局部。 学员带动居民进行商议、描绘，再用彩笔精心绘制文明提示牌的配图。 插图的绘制步骤：整体描绘→局部刻画→整体调整完成。	搭建学员与居民合作学习、相互学习的平台。

续表

活动步骤	教师活动	学生、居民活动	设计意图
第三步：赠牌	主持赠牌仪式。	分组到社区传达室、楼道等处放置文明提示牌。	让制作成果为社区的文明建设服务。
第四步：活动拓展	教师引导、讲解。小结活动情况，鼓励学员的表现。引导学员进一步用自己的行动感染、影响身边的人，参与社区的文明建设。	思考教师提出的问题。	明确认识文明提示牌的作用，思考以自己的文明行动，影响更多的人，做社区文明的宣传员。

活动效果测评

（一）活动后现场测评

受测人群：参加活动的学员、居民。

学生测评表

评价内容	评价结果
1. 你与居民的交流顺畅吗？	顺畅（ ） 不顺畅（ ） 一般（ ）
2. 你认为版面设计效果如何？	美观大方（ ） 一般（ ） 需要改进（ ）
3. 你是否从居民身上学到了一些劳动经验？	学到了（ ） 没学到（ ） 说不清楚（ ）
4. 在活动过程中，你是否注意了自身的言行文明？	注意了（ ） 没注意（ ） 说不清楚（ ）

居民测评表

评价内容	评价结果
1. 您对学生在下社区活动中的表现满意吗？	满意（ ） 不满意（ ） 不好评价（ ）
2. 您认为学生下社区活动是否要经常化？	要（ ） 不要（ ） 不好说（ ）
3. 您认为学生下社区活动会促进社区文明建设工作的发展吗？	会（ ） 不知道（ ） 不会（ ）

（二）电话交流

教师与学员家长电话交流，就活动后学员在文明礼仪方面的变化进行信息沟通。

（三）活动一个月后问卷调查

组织学员深入社区对居民进行调查，调查居民对文明提示牌的反响。

受测人群：社区居民。

测评表

评价内容	评价结果
1. 您看到文明提示牌了吗？	看到了（ ） 没看到（ ） 没注意（ ）
2. 文明提示牌给社区生活带来变化了吗？	不文明的现象少了（ ） 不文明的现象多了（ ） 没变化（ ）

附件(略）

附件：北京市丰台区劳动技术教育中心安全与学生伤害事故预防措施备案表

活动自评

（一）对本次活动的基本评价

本着以公益性、思想性、趣味性为指导思想，本次活动中学员用所学知识为社会服务。在人们每天生活的社区力求引起社区居民的共鸣，贴近社区居民生活。

活动整体准备充分、设计要素齐全、环节清楚，学生在活动中参与性强，体现出校外教育特点和新课程理念。活动内容适合对象实际，并以发展学生兴趣为主线。活动过程中师生互动、学员与居民合作学习，学员的实践兴趣浓厚，制作欲望强，产生一种使命感。教师充分注意到了学员的学习状态，并以饱满的热情、积极的心态鼓励学生投入到设计制作全过程，形成了愉快和谐的活动氛围，让学员体验到制作文明提示牌所带来的快乐，合作学习所带来的成功。本次活动较好地实现了活动目标。

（二）活动的特点和亮点

1. 自主学习、资源共享

通过学员将自己收集文明提示牌的资料与大家分享，培养了学生的团队意识和合作精神。学生们在绘制中主动介绍提示语、插图和文字书写的绘制要求，在讨论和绘制中积极出主意、想办法，他们的表现得到了社区居民的交口称赞。

2. 合作学习、搭建平台

以任务驱动方式，创设学员与居民及社区干部共同完成任务的情境。通过师生互动、教师与居民互动、学员与居民互动，构建了学员、教师、居民间的合作学习、相互交流、共同进步的平台。学生像早晨的太阳，朝气蓬勃，充满活力。他们对社会公益活动非常积极、乐于参与，他们愿意用所学的知识为社会服务。社区实践恰好为学生们提供了激发潜能、施展才华的舞台。青少年在参与社区文明建设中，更多地接触了社会、了解了社会、认识了自我。这样的活动使学员的能力得到均衡发展。

3. 满足学生需求，寻找教育结合点

依据学生运用所学知识为社会服务的愿望，我以学员的愿望为出发点，以社区文明宣传为内容，以文明提示牌制作为途径，实施了本次活动。通过与社区沟通、交流，我从劳技中心自身的资源优势和特色出发，探索校外教育与社区教育的有效衔接，充分发挥校外教育机构和社区在青少年教育方面的优势，寻找校外教育机构与社区教育的结合点，使学生受到的教育更直接、更生动。

4. 角色转换，在实践中锻炼

社会实践活动为学员开辟了新的学习视角。在活动中，学员具有学生和小老师的双重角色。在展示自身知识和技能的同时，他还要指导社区的居民。同时他们还要考虑居民的年龄、文化等因素，与居民进行耐心的沟通交流，善于吸收居民的经验和知识，共同完成制作任务。在整个活动过程中，学员既是知识的传授者，又是知识的学习者，既是文明礼仪的宣传者，又是文明礼仪的学习者。

（三）不足与改进

部分学员在与居民的交流中有些拘谨。在今后活动中要多给学生提供社会实践的机会，让学生们大胆地走出去，多给他们提供体验、提升的契机，教育引导他们在实践中学习、在学习中体验、在体验中成长。

专家点评

教师带领学生到社区开展文明提示牌的绘制活动，具有较好的社会实践意义。方案要素全面，过程表述简洁明确，体现了公益性社会实践活动的特点。

此项活动注重引导学生在实践中合作，在活动中实践，锻炼学生运用美术技能与人交往、开展合作的能力。在制作文明提示牌——赠送提示牌——置放提示牌的过程中，以分组形式促进学生主动交流，引导学生发挥主导作用，给学生创设合作、指导的机会，使学生的美术才华有了用武之地。在绘制过程中，让学生自己主动设计标牌形式，互相启发文明用语，利用合作的力量，使文明提示牌绘制在集体智慧中顺利完成，达到双方互相促进的目的。

走进"北京胡同",传承北京传统文化
——北京市丰台区声乐组社会实践活动

北京市丰台区少年宫　张蕾

活动依据

北京的胡同已有800多年的历史,它记载了历史的变迁、时代的风貌,烙下了人们各种社会生活的印记。胡同是北京历史文化发展演变的重要舞台,他是北京的标记、北京的文化、北京的骄傲。

然而,少年宫声乐组学员对北京胡同知之甚少,他们虽然会演唱《北京胡同》,却缺乏对胡同文化的亲历和理解。因此,带领少年宫学员学唱胡同、走进胡同、宣传胡同、传承北京传统文化十分必要。一方面使学员运用自己的知识和技能为社会服务,从中体验到成长和成熟,加快青少年社会化成长步伐,提高他们亲和社会、服务社会的能力;另一方面也为丰富胡同居民的文化生活,创建和谐社区,建设学习型社会贡献力量。

史家胡同具有北京胡同的典型特征。这里是爱国主义的教育基地,还曾是荣毅仁等国家领导人的故居,为纪念明朝著名抗清将领史可法的祠堂也修建在这里。把学员带进史家胡同开展此次公益性社会实践活动,对加强兴趣小组的基础建设具有特殊的作用和意义。

活动目标

(一)学员和社区青少年了解北京胡同的由来及胡同的文化特征。

(二)学员以声乐表演、讲述问答、教唱歌曲等形式宣传北京民俗文化。

(三)培养学生与社会接触交往的能力和服务于社会的能力,丰富社区居民文化生活。

活动时间、地点

2008年10月5日,北京市史家胡同社区。

活动对象及规模

本组学员9名,年龄9—15岁,学习声乐3—5年,全部通过中国音乐学院声乐7—

9级，具有一定的演唱能力与表演水平。

社区中外青少年11名，社区居民及主任2人。

活动内容及方式

（一）活动内容

1. 学员来到具有悠久历史的史家胡同，在社区将自己从互联网上获取的有关北京传统建筑、手工艺、饮食文化等方面的知识讲述给社区青少年。

2. 在社区演唱《北京胡同》、《故乡是北京》，与社区居民共同感受老北京的传统文化。

3. 教唱《北京胡同》中的几句。以讲述和问答的形式给居民介绍与胡同有关的小知识，并发放有关胡同知识的小贴士。

（二）活动方式

图示讲解、示范演唱、知识问答、合作表演。

活动重点、难点

重点：学员以声乐演唱、讲述问答、教唱歌曲等形式介绍宣传北京民俗文化。

难点：通过有效地互动，调动社区居民与学生们学唱的积极性，加深他们对北京传统文化的了解。

活动准备

（一）教师准备

1. 与史家社区居委会等相关部门取得联系，了解当地居民的分布特征，制定可行的活动方案和安全预案。

2. 制订详细的活动时间表，便于少年宫及家长了解活动具体安排。

（二）学生准备

1. 完成学习演唱歌曲《北京胡同》。

2. 从互联网上获取有关北京传统建筑、手工艺、饮食文化等方面的相关知识和信息，制作活动当天的图片展板。

3. 准备活动中发放给社区居民的"胡同知识"的小贴士、歌曲曲谱若干份。

活动过程

（一）参观游览史家胡同

教师活动：组织学生有序参观，发挥引导作用，向学生提示参观的重点内容。

学员活动：根据老师的提示认真参观，自己探究胡同的文化内涵。

设计思路：让学生对胡同有身临其境的感性认识，增强对歌曲《北京胡同》内涵的理解，探究传统文化。

（二）歌唱《北京胡同》，讲述北京传统文化

学员活动：（1）将自己从互联网上获取的有关北京传统建筑、手工艺、饮食文化等方面的知识介绍给社区青少年。（2）演唱《北京胡同》、《故乡是北京》，与社区居民青少年共同感受老北京的传统文化。

教师活动：与学生一起演唱《故乡是北京》。

设计思路：让学生把对北京胡同参观的感受融入到《北京胡同》的演唱中，使社区青少年通过介绍和演唱更加热爱胡同、了解胡同，引发对北京传统文化的浓厚兴趣。

（三）教唱歌曲《北京胡同》，文化知识问答

学员活动：（1）以学员教唱方式进行互动，学员教居民学唱《北京胡同》的一部分。（2）对所介绍的文化知识进行问答互动。

教师活动：充分调动学员与社区居民的学习热情和互动积极性。

设计思路：（1）让学员利用自己学到的声乐知识和技能通过教唱、表演服务社区居民，并从中体会到实践的乐趣。（2）社区青少年通过学唱、回答问题，加深对北京传统文化的了解。

（四）合作演唱《北京胡同》

学员活动：与社区居民、中外青少年齐声共唱《北京胡同》。

教师活动：以观众的身份为大家的演唱助威。

设计思路：让学员在合作演唱中体会到本次活动的成功，让社区居民、青少年的文化生活得到活跃和丰富，增强他们对于声乐演唱的兴趣和对北京传统文化的切身感受。

活动效果测评

效果测评采用多元化的评价方法，请参加此次活动的社区中外青少年、社区居民、居委会主任以及少年宫学员现场发表对开展本次活动的感受和评价。

附件（略）

附件1：丰台区少年宫安全与学生伤害事故预防措施备案表
附件2：活动经费预算说明

活动自评

本次活动的依据具体可行，活动设计思路明确，活动准备较充分，活动过程步骤有序，能显现出公益性社会实践活动的特点。在活动中，学员运用自己了解到的传统文化知识和所掌握的演唱技能，热情地为社区居民服务，发挥了"小老师"的主导作用，体验到"走进胡同"的乐趣。作为活动服务对象的居民，在活动中积极参与，主动学习，形成多元互动，这说明本次活动基本达到预期目标。

本次活动的效果测评采用多元化评价的方法。活动后，从参加本次活动的社区居民、居委会主任以及少年宫学员现场发表的对感受和评价内容分析来看，社区领导、居民和青少年对活动的内容和形式表现出浓厚的参与兴趣。社区居委会主任说："少年宫学员深入到社区，给我们带来了优美的、京腔京味的歌声，使我们感受到了北京传统文化经久不衰的力量。我们的居民和少年宫的孩子共同演唱《北京胡同》，给我们带来了惊喜，孩子们表现了很高的热情，丰富了社区的娱乐生活，学到了北京传统文化知识，加深了彼此之间的友谊和交流，是非常有意义的一次活动。"

本次活动的特点

1．教师在整个活动中突出"导"的作用。不越俎代庖，把活动的自主权真正交给学生，采用互动问答、合作表演的方式，让学员和社区居民在"唱胡同、知胡同、说胡同"过程中，共同传承北京传统文化。

2．本次活动定位明确。在活动中充分发挥社区青少年的主体作用和少年宫师生在活动中的主导作用，通过多元互动的实践形式，创设了一个人人参与、互帮互学、热情饱满的活动氛围。

3．在活动效果测评的方式上，采用现场多元化的评价方法，让活动的参与者共同进行评价。它真实地、及时地反映了活动的效果和活动的不足，便于我们对下次活动进行调整和改进。

活动不足及分析

1．个别学员在与社区居民接触中有些怯懦。究其原因除了与学员性格有关外，还与他们缺少与社会的接触和他人的沟通有关。今后应多组织学生走进社会、了解社会，提高他们对社会的亲和力和交往能力。

2．本次服务的对象主要是社区居民，包括在京学习的外国小朋友。我们的学员在介绍北京传统文化时，发现他们对其了解得还不够多，甚至对现在居住的史家胡同的名字来历都还不清楚。这些都说明，在青少年中开展传统文化教育的必要性和迫切性。

专家点评

这是一次很有特点的社会实践活动，教师将组员的社会实践与传统文化传播相结合，组织学员通过网络与实地考察两个途径完成"了解社会"的目的，又通过"教唱"、"介绍"等环节完成"服务社会"的目的，同时还实现了传统文化的传播。"活动方案"要素完整，"活动依据"层次清晰，"活动目标"明确，"活动准备"全面，"活动过程"环节清楚。

"活动过程"中的"参观游览"环节还显得简单，应该进行适当丰富。

民族音乐爱心之旅
——北京市石景山区青少年活动中心琵琶组学员赴社会福利院慰问活动

北京市石景山区青少年活动中心　李勇

活动依据

（一）依据中央"两办"4号文件精神，要组织青少年积极参与社会实践活动。青少年活动场所要充分发挥普及推广、兴趣培养、体验实践的功能。

（二）开展公益性社会实践活动是学生成长的需要。一方面要引导学生用所学专业知识和技能服务社会、服务他人，从中体验助人的快乐；另一方面，随着老龄社会的到来，老年人需要更多人的关心和关爱。

（三）琵琶活动小组学员已经过四年刻苦学习，在专业知识和技能方面已达到较高的水平，迫切需要在社会实践中得以检验、巩固和提高。

活动目标

（一）学员在教师的指导下完成此次活动的各项准备工作。

（二）在活动时，学员能够向老人讲解清楚演奏曲目的创作背景、特点。

（三）在演出时，学员能够充满感情地为老人演出，给老人带去快乐。

（四）学员能够珍惜这次活动，积极主动地参与到每个环节中去，体验为老人服务的乐趣。

活动时间、地点

2008年9月20日，北京市石景山区社会福利院。

活动对象及规模

石景山区青少年活动中心琵琶小组9—14岁的学员9人，及社会福利院老人近百人。

活动内容和方式

活动内容：慰问联欢，为老人服务演出。

活动方式：与老人联欢、交谈互动的方式。

活动重点、难点

重点：用音乐给老人送去快乐，用行动给老人送去关心与温暖。

难点：琵琶活动小组的学员主动与老人交流互动。

活动准备

（一）教师准备

1．提交活动请示报告，制定活动方案和安全预案。2．提前联系好社会福利院的有关负责人，筹划协调此次活动的相关事宜。3．召开琵琶活动小组学员准备会，讲清活动要求及意义，共同研讨联欢节目及活动程序安排，指导学员编写演出报幕词。4．对活动组长和节目主持人进行活动培训。5．落实演出场地，准备音响。6．联系车辆。

（二）学员准备

1．推选活动组长和节目主持人。2．准备好演出节目。3．查找演奏乐曲的相关资料，通过对乐曲的理解，写出一篇乐曲介绍。4．通过各种渠道收集有关社会福利院的信息及资料，准备好与老人交流互动的内容。5．准备演出时所用乐器等。6．准备为老人服务时所用的清洁工具。

活动过程及思路

（一）集体乘车去社会福利院

由活动组长负责点名、报数，提出要求；检查乐器等所需用品。

教师组织学生乘车，提示安全要求，鼓励学生主动用音乐给老人送去快乐，用行动给老人送去关心与温暖。

设计意图：培养学员遵守纪律的习惯，锻炼活动组长的组织能力，使学生明确活动任务。

（二）参观社会福利院，了解老人生活情况，与老人交流

学员在福利院负责人的引导下，参观老人的居住、娱乐场所。边参观边交流。

设计意图：了解老人的生活情况，增强尊老、敬老的意识，加强对老人的关爱。锻炼学员与人交往的能力，激发演出的热情。

（三）学员与老人一起互动联欢

1.活动组长介绍琵琶小组情况及简要的琵琶知识

设计意图：让老人了解学员学习情况，向老人普及琵琶知识。

2.学员与老人互动演出

演奏前学员分别作简要的自我介绍，学员代表讲解乐曲的创作背景与特点；老人演出结束后，学员代表送上小礼物。

演奏后学员到老人中间介绍琵琶的结构、演示简单弹奏方法，指导老人动手弹

一弹，并为老人唱歌进行伴奏。

设计意图：使老人了解乐曲的背景与内容，活跃现场气氛，树立学员自信心，锻炼学员的舞台表演能力和指导能力，给老人带来愉悦、送去温暖。

3. 学员与老人合影留念

设计意图：给老人与学员留下美好回忆，激发学员关爱老人的情怀，建立与福利院的长期联系。

4. 学员到房间为行动不便的老人演出

设计意图：让学员把关爱送给每一位老人，让每一位老人都体验到快乐。

（四）活动组长组织学员为老人打扫房间

在组长的带领下，分组为老人整理物品、擦玻璃、清洁地面。

思路：培养学员主动关爱他人、服务他人的意识，体验劳动带来的快乐。

（五）学员、老师分别填写学生活动情况评价表

思路：了解活动效果。

学员请老人填写活动效果测评表

思路：检验演出效果，了解老人心声。

（六）活动小结

1. 组长组织学员交流，谈活动体会。
2. 教师总结，布置作业。

写一篇活动感受作文、日记或给福利院的老人写一封信。

思路：引导学生养成事后及时反思的习惯，培养关爱他人的品格。

附件（略）

附件1：家长信

附件2：活动效果测评表（表一）（社会福利院老人填写）

附件3：学员活动情况评价表（表二）

活动自评

2008年9月20日，我带领琵琶活动小组的9名学员来到了石景山区社会福利院，与老人们联欢互动，学员们非常高兴，积极参与。为了能更好地慰问爷爷奶奶，去之前每一名学员都认真准备，查找资料、练习曲目、准备服装。当学员们将一个个优美抒情的旋律演奏出来时，老人们被感动了，不时报以热烈的掌声。老人们也表演了诙谐生动的节目，场上场下的互动更让人感动。师玮学员平时不爱说话，胆子很小，但在活动中，她主动、热情，不仅自己的演奏特长得到了展示，增强了自信，而且也锻炼了自己的胆量。

演出之余学员们主动来到老人们的住所，为老人整理房间，打扫卫生，并在行

动不便的老人床前为他们演奏了美妙的乐曲。当得知90岁高龄的徐爷爷是黄埔军校学员时，学员们都怀着崇敬的心情与老人攀谈起来。冯洋学员看到护理人员给躺在床上的老人喂饭，主动接过去为老人服务。一个个动人的场面感染着参加活动的每一个成员。

活动结束了，当时的场面还不时地在我脑海里呈现。这是我第一次带小组学员与社会福利院的老人们开展这样的活动，每一个学员这么投入地表演，认真地为爷爷奶奶服务，分析产生这种教学效果的原因，我体会比较深的有两点。

1. 专业活动的内容形式对学生有较强烈的吸引力，他们主动参与的积极性非常高

原来琵琶小组的学习活动基本是以教室为主阵地，参加演出实践活动的机会不多，学习活动感到很枯燥。这次到福利院去慰问爷爷奶奶，学员们的感觉和热情是从来没有过的。由于热情高、有新鲜感，所以在活动准备中，他们查找有关乐曲的资料，并用通俗易懂的语言来表述，平常在家抓紧时间练琴，最后为老人们呈现一台出色的节目。在参与活动的整个过程中，学员们的演奏水平得到了很好的发挥，他们的自主性得到充分的体现。

2. 亲身感受社会尊老、敬老的传统美德，学员们在体验中得到了快乐

当尊老、敬老只是一句口号在孩子们耳边响起的时候，他们也许就是听听而已，内心不会掀起波澜。然而，当学员们来到敬老院时，当他们看到近百位爷爷奶奶幸福地生活时，当他们的演出给老人带来快乐时，他们才感受到了尊老、敬老的真正意义。

活动回来后，学员们有的通过日记、作文、书信等形式抒发自己的感情，有的通过绘画描绘老年人的幸福时光，还有的通过摄影作品向人们展示社会福利院中老人们的生活。

我体会到教育的实效性是在实践中体现出来的，是在学生们亲身感受的快乐中反映出来的。通过策划组织这次活动，更坚定了我积极开展教学与实践相结合的信念。

专家点评

带领琵琶组学员走进社会福利院，看似一次演出联欢，但又比一般的演出多出了学生自主实践、服务老人的环节，使学生真诚地送上关爱和温暖，得到更多的信息和锻炼。学生在实践中亲身体验、感悟老人的需要，在童心的关爱、美妙的琴声中，学员为老人带来更多的快乐。

活动方案设计思路清晰，体现出学生参与社会实践的完整过程。尤其是演奏前学员讲解乐曲的创作背景与特点；演奏后学员到老人中间去指导，为老人唱歌伴奏；进而到房间为行动不便的老人演出，让学员把关爱送到每一位老人的床边。这些对学员锻炼综合能力都是很好的机会，也使每个环节都充满了教育内涵，使学生在参观中、互动中、服务中，内心里得到深刻的体验。

古香古韵西峰寺
——北京市门头沟区少年宫美术组素描初级班社会实践活动

北京市门头沟区少年宫　贺红梅

活动依据

（一）艺术来源于生活，来源于自然，艺术活动不能只局限于四堵墙围成的物理空间，而应该把目光投向精彩纷呈的生活世界。所以，美术专业学习必须走出画室，走进自然——师法先人，师法造化。

（二）积极开发与利用门头沟区地域美术文化资源。西峰寺是门头沟的风景游览胜地，它环境优雅，历史文化悠久深厚，是开展美术社会实践活动的佳境。

（三）学生在美术专业学习中，需要在文化背景中开展研究性的学习，在资料收集与实践考察的基础上发现和创造，从而激发学生热爱家乡文化与艺术的情感。而且，只有让艺术与情感有机结合，才能彰显艺术的生命力。

活动目标

（一）通过对西峰寺自然、人文景观的观察了解，认识寺庙建筑的艺术特色及文化背景，提高学生和游人的审美感受力，引导学生发现美、感受美，用自己学习的美术技能展示美、表现美。

（二）培养学生的观察能力及熟练运用美术工具和美术技能描绘物象和表达情感的能力，学生能大胆自由地进行美术创造活动。

（三）通过对西峰寺的了解与绘画展示，激发学生和游人对门头沟的热爱。引导学生树立服务意识及树立文化与环境保护意识。

活动内容

让学生围绕西峰寺的景色、历史文化、建筑特色、古代植被等内容展开综合探索活动，游览西峰寺；描绘西峰寺，展示艺术作品中的西峰寺，宣传西峰寺。

活动形式

组织美术组学生从西峰寺的特点、民俗风情、建筑特色、文化底蕴、绘画指导等方面进行考察游览，并利用手中的画笔描绘西峰寺，宣传西峰寺。

活动规模

社会实践活动，师生20多人，游客数目若干。

活动地点

门头沟区西峰寺，区级文物保护单位。

活动准备

（一）方案准备

1．确定活动主题
2．制定活动方案

（二）物质准备

1．教师准备：（1）教师搜集整理的西峰寺图文资料。（2）优秀的写生作品若干幅。（3）展板的制作与设计。（4）画板、画笔、画夹等写生用具。

2．学生准备：（1）学生搜集整理的西峰寺图文资料。(2)画板、画笔、画夹等写生用具。

（三）技术准备

1．诚邀西峰寺主任和有关老师加盟活动进行专题讲解。
2．摄像、摄影器材及人员。

（四）组织准备

成立活动工作小组，落实人员分工。

组织责任人：1名；辅导教师：2名；司机：1名；医护：2名学员家长；安全：两名学员家长。

（五）场地勘察与环境布置

西峰寺分前院、中院、上院三处古院落，在后院安排三块展板，用作风景速写的讲解，在中院安排五块展板，用来展示学生作品。

（六）安全预案

1．明确乘车路线，安排舒适安全的乘车环境。2．对学生活动前和活动中时刻进行安全教育。3．邀请从事医护职业的家长参与活动，以防意外发生。

活动过程

（一）游览西峰寺

1．感受西峰寺

教师语言导入：在这烈日炎炎的夏日，我们来到了悠然雅静、清爽宜人的西峰寺。西峰寺是区级文物保护单位，这里四面环山，南与戒台寺相望，西与潭柘寺相邻。西峰寺始建于唐代，是一座千年古刹，2003年国土资源部对西峰寺投资进行了大规模的维修，使这座深山古寺焕发了青春。今天，我们就走进西峰寺，了解西峰寺，表现西峰寺。

（1）用鼻闻：深深呼吸这里的空气，你有何感受？（领略西峰寺的新鲜空气，放松身心）

（2）用耳听：西峰寺有动听的歌声，静静地听，你听到了什么？（感受徐徐的清风、阵阵的林涛和声声的鸟鸣）

（3）用眼看：西峰寺的美景更是令人陶醉，你看到了什么？给你什么感觉？（初步感受西峰寺幽雅的环境、茂盛的植被和随处可见的古迹）

充分调动学生和游人的眼、耳、鼻等感官，发现感受西峰寺，观其貌、嗅其味、闻其声，从而产生鲜活的感受、真切的体验、活跃的思维和高涨的情绪。

2. 游览西峰小景

（1）导入八景

西峰寺的一草一木、一砖一瓦都让我们感受到了它的古香古韵却又是生机勃勃，而西峰寺的八处独特的景观更是别有洞天。用提问的方式引出八景。

*天王宝殿 *古藤缠柏 *如来宝殿 *千年古树

*残碑古韵 *地宫涌莲 *南山卧佛 *北浦刻字

（2）讲解八景

同学们做了充分的预习，是有备而来。所以，今天就请几位同学担当讲解员为同学们和游人一一介绍这些景点。另外，我们还邀请西峰寺吴主任、少年宫的书法孙老师从历史、典故、文化、艺术等的层面来为我们的讲解作必要的补充。

（3）游览八景

每处景点都先由学生声情并茂地进行讲解，后由吴主任、孙老师进行讲解补充，老师、学生、游客在游览中互动交流，在了解西峰寺的同时激发热爱之情，酝酿创作的激情。

（二）学习风景速写

结合三块展板和实地景色以及相关作品进行讲解，开展提问、作品分析、实地取景练习等教学活动。

1. 构图取景：（1）取景；（2）取舍；（3）透视。
2. 表现形式：（1）线条；（2）线面；（3）淡彩。
3. 树的表现方法。
4. 教师边讲边示范。

（三）学生创作实践

选取你喜欢的景色进行大胆的艺术表现，表达出对家乡的热爱。

1. 选景：和景色有一定的距离，选取一种角度表现出透视效果。
2. 写生：注意线条质量（轻重、粗细、虚实、疏密）；大胆作画，自由表现。

（四）展示作品

1. 欣赏作品

我们不仅了解了西峰寺，还利用手中的画笔画出了美丽的西峰寺，让我们来欣赏作品。

2. 评论作品

师生从作品的构图、线条运用、整体效果等方面对学员的作品进行评论。评论以鼓励肯定为主。

3. 活动拓展

（1）宣传西峰寺

教师语言导入："我们从西峰寺收获了历史与文化，收获了美景与知识，我们给西峰寺留下我们的作品宣传西峰寺，带走我们的真情去宣传西峰寺，通过我们创作的作品，让更多的人了解西峰寺、热爱西峰寺。"

（2）宣传家乡美

教师语言导入："老师这里还有一块展板，展示的是我区其他地方的风景名胜、文物古迹。你了解它们吗？作为一名美术爱好者你怎样来宣传我们的家乡？"

教师语言导入："在我们门头沟区，还有许许多多像西峰寺一样以及比西峰寺更加闻名遐迩的风景名胜、历史遗迹，希望从今天起，每个同学都树立一个理想，那就是：凝聚我们的热情，拿起我们的画笔，一个个地走进它们、表现它们、宣传它们，从而让更多的人了解并热爱我们风景秀美、文化深厚、历史悠久的家乡——门头沟。"

（五）赠送作品

学生留下自己的作品和"诗情画意门头沟"的展板，在西峰寺进行宣传，用我们的行动表达自己对西峰寺和家乡的热爱之情。

活动效果测评

（一）请学生、游人和家长谈谈对本次活动的体会和收获

（二）请同学填写调查表

1. 参加此次活动后，你的心情是怎样的？
2. 通过这次活动，你的收获有哪些？
3. 在平时的生活中，你会坚持练风景速写吗？为什么？
4. 对此次活动的建议和意见有哪些？

活动自评

实施本次活动，我认为在以下几方面做得较为满意。

其一，同学、家长和游客认为此次活动很有意义，普及了西峰寺的历史文化，普及了风景速写知识和技法，他们的心情是愉悦的，情绪是真挚饱满的，热爱家乡之情是由心底而发的。孩子们还表示：会坚持风景速写的练习，因为亲近自然才会

产生灵感与激情，才会提升自己的绘画技能，才能利用美术特长宣传美丽的家乡。学员、家长、游人强烈地希望能经常组织类似活动，陶冶情操，增长技能。

其二，活动前做了大量细致严密的准备工作，因此能够做到活动目标明确、活动过程严谨有序、活动效果良好。

其三，活动过程严谨，安排了走进西峰寺、了解西峰寺、表现西峰寺、宣传西峰寺四部分。从游览、传授技法、创作表现、作业展示到内容拓展——严密组织，严谨安排，步步为营，循序渐进。

其四，注意调动学生和家长及游客的多种感官参与，用眼观察、用耳倾听、用手触摸——全面感受，铭刻印象。

其五，关注学科本位。毕竟这是一次美术学科的素描班活动，因此我对活动中要解决的知识、技能等问题丝毫未敢怠慢，严格进行美术知识和技法的教学——风景速写的概念教学、取景技巧的培训、透视知识的复习与衔接、线条的组织要点以及教师的动手示范一应俱全，一丝不苟。

其六，以精练的语言、饱满的热情自然渗透德育于美术教育之中。说渗透是因为这不是牵强附会，没有简单说教，而是使学生的心灵如淋沾衣欲湿之杏花细雨、如沐吹面不寒之杨柳春风，于无声处得到浸润，使学生、家长和游客在活动中自然地感悟西峰寺博大精深的历史文化内涵，自然地生成热爱家乡门头沟的自豪感，自然地树立积极宣传、保护家乡文化遗产的态度，产生了良好的社会效益。

其七，面对悠悠青山、参天古木去师法造化。朝圣巍巍古建、精彩石刻以师法先人，这是美术学习的意义所在；更重要的是，我想借此活动培养学生一种走进古迹、走进自然熏陶自己、陶冶自己、提升自己的审美意识，为实现其人格修养的可持续发展、全面提升其人格魅力提供一种帮助——我觉得这点更为重要，因为他们将来可以不从事美术事业，但他们都需要高质量的、优雅的生活。

因此，我觉得这次活动达到了预期的目标，取得了很好的效果。

本次活动存在以下不足：

应结合风景速写知识的讲解，教师多画一些西峰寺的范画让同学们欣赏，以开阔学生的作画思路，丰富学生的绘画语言，这样可进一步提升学生的绘画质量。

专家点评

这是一次美术专业的社会实践活动。

活动很有地域特色，充分利用西峰寺地域资源开展活动，有着得天独厚的自然环境优势。通过了解西峰寺、游览西峰寺、用学到的专业知识与技能描绘西峰寺、用自己的美术作品来宣传西峰寺等一系列活动，达到了实践育人的目的。

活动方案设计要素齐全，准备工作充分，活动过程环节清晰，为学生提供了多种形式参与实践的机会。

感恩的心
——北京市房山区少年宫声乐中级组学员慰问敬老院演出活动

北京市房山区少年宫　刘克华

活动依据

（一）中国是文明礼仪之邦，有着悠久的文明史，提倡孝道、尊老敬老是中华民族传统的美德。"老吾老以及人之老"讲的是要尊敬自己的长辈，同时也要像尊敬自己的长辈一样尊敬他人的长辈。尊老敬老教育是影响学生良好品质、健康人格形成的重要因素。

（二）声乐专业自身的表演性与实践性的特点。

（三）学生在声乐艺术学习过程中需要参加艺术实践活动和社会实践活动，在实践活动中体验社会，用自己学到的专业技能服务于社会。

活动背景

"我来自偶然，像一颗尘土，有谁看出我的脆弱。我来自何方？我情归何处？谁在下一刻呼唤我？感恩的心，感谢有你……花开花落我一样会珍惜。"一首《感恩的心》让无数人为之动容流泪！

"百善孝为先"，孝心是中华民族的传统美德，为人父母都希望自己的孩子能够有孝心，懂得感恩。然而现在的孩子一般都是独生子女，娇生惯养，衣食无忧。很多孩子过生日讲排场，但是很少有孩子知道父母的生日，他们不知道关心长辈，更体会不到长辈的辛劳。他们长期生活在被人关心呵护的氛围当中，却很少为这些来自方方面面的关心所触动，而是理所当然地去享受，更不用说去关心别人、心存感恩了！对此现象，我们教育工作者更有着不可推卸的责任和义务，我们要贯彻校外教育活动育人的宗旨，以丰富多彩的活动对青少年进行生动有效的教育。

活动目标

（一）通过公益性演出这种社会实践活动方式，培养学员实践性主体探究的能力，体验合作式学习的乐趣。

（二）为学员提供一个与社会接触、为社会服务的舞台，让学员的歌唱表演技能在活动中得到锻炼和提高。

（三）进行尊老、爱老、敬老的情感渗透和教育，体验感恩之心，体会用自己的一技之长为他人带去欢乐的喜悦之情；让学生感受到孝敬老人是一种美德，给他人带来快乐是自己真正的幸福。

活动内容

（一）参加活动的全体老师和学生为敬老院老人送一件自己制作的对老年人日常生活有帮助的小礼物。

（二）表演一台以学生演唱为主要形式，以歌颂长辈、弘扬爱心为主要内容的文艺节目。

活动形式

文艺演出。

活动重点

学生歌唱表演技能在公共场合下的有效展示。

活动难点

让学员把尊老敬老的感情融入到歌曲中、拓展到日常生活里。

活动对象分析

（一）参与学员分析

本次活动参与的学员主要是声乐中级组学生26人，其中男生1人，女生25人，最小的6岁，最大的14岁。有17人声乐学习经历在一年以上，他们具备一定的声乐演唱技巧，能够很好地驾驭歌曲，充分诠释歌曲内容，表达歌曲的情感，能够以声传情、以情感人，这些学生以独唱和二重唱为主。9人学习声乐的时间不到一年，在演唱技巧的把握上还不是很成熟，但是参与活动的积极性很高，这些学生主要以表演小合唱为主。

（二）受众对象分析

敬老院老人共132人，年龄在43—97岁。这些人员主要由三部分构成：近30人为农村五保户和孤寡老人；20多人是属于子女没有时间照看在敬老院寄养；另外80多人属于病、残和自费养老的人员。总体看这些人都是身体欠佳、缺少亲人的呵护，渴望与人交流、受到关注。

活动时间、地点

2008年5月18日下午2:30—4:00。房山城关敬老院。

活动准备

（一）学生准备

1. 选择自己喜爱并适合本次演出主题的歌曲。
2. 利用课余时间动手制作送给老人的小礼物。
3. 通过各种渠道了解敬老院、母亲节、父亲节及尊老敬老的相关知识，并搜集相关的文字、图片、音响等资料。

（二）教师准备

1. 确定活动主题，设计活动方案。
2. 去敬老院联系场地落实相关事宜。
3. 录制伴奏。
4. 准备活动用具。

（1）演出服

小合唱：绿色连衣裙6套；藏族服装4套；粉色套裙5套。

独唱：白色纱裙2件；黄色套裙1件；花布套裙2套；红色套裤1件。

（2）其他器材

音响：音箱1个；卡座1个；录音机1个；话筒2个；话筒支架2个。

化妆品：相应的化妆品。

塑料小凳子26个；地毯1块；接线板1个；条幅1个。

5. 人员安排

演出主持人：两名；舞台监督：两名；照相：1名；摄像：1名；音响：1名

活动过程

活动过程分为慰问演出前排练过程和慰问演出过程两个阶段。

（一）慰问演出前排练环节

1. 教师与学员交流活动设想与预案，师生共同完善活动方案
2. 学员展示搜集到的资料与制作的礼物

（1）文字材料的讲述。（2）图片资料的展示。（3）音响资料的聆听。（4）制作礼物的展示。

3. 确定演出曲目和演出形式

根据学生实际情况和"感恩的心"这一活动主题，排练出一台以歌唱为主要形式的文艺节目。曲目主要是由学生自己选择，教师把关。其主要原则是：人人参与，人人都有展示锻炼的机会。让学习时间短、表演能力相对弱一些的同学参与集体节目的演出，主要曲目有《我是山里小歌手》、《听妈妈讲那过去的事情》、《妈妈格桑拉》、《感恩的心》。让歌唱技巧相对成熟、表演欲望强的学生准备个人节目，主要曲目有《谢谢妈妈》、《我爱妈妈的眼睛》、《祖国最亲妈妈最

好》、《绿荫》、《拾稻穗的小姑娘》等。

4. 节目排练与辅导

（1）声音技巧：根据所选曲目的演唱，需要进行连音、跳音以及声音强弱控制的演唱练习。

（2）学习新曲目：《谢谢妈妈》、《妈妈格桑拉》、《我爱妈妈的眼睛》等。

（3）歌曲复习：《听妈妈讲那过去的事情》、《小桥流水》、《祖国最亲妈妈最好》、《绿荫》等。

（4）设计排练歌曲表演动作，进行情感处理。

（二）慰问演出过程环节

1. 演出前准备

（1）化妆：学员到少年宫化妆，化好妆换演出服。按节目分组化妆。

（2）集合：学员到少年宫院里集合，老师提要求，带26名学生从单位坐车前往敬老院。

（3）布置会场：挂横幅进行音响调试，摆放好观看座位。

（4）接老人入场：布置好场地后，学员在敬老院工作人员的帮助下去老人的寝室把老人接到会场。

2. 演出活动过程

（1）教师语言导言。

"敬爱的老年朋友，亲爱的同学们，大家好！5月的第二个周日是母亲节，6月的第二个周日是父亲节，以这两个节日为契机，我们少年宫声乐组的同学精心准备了这台文艺节目，献给我们敬老院的老人们。希望我们的演出能给你们带来欢乐，在此也感谢你们为我们提供了这样一个展示和锻炼的机会。下面让我们用热烈的掌声有请敬老院领导讲话。"

（2）敬老院领导讲话。

（3）文艺演出开始，主持人上场。

两名主持人开场词：

许：亲爱的爷爷奶奶

莘：叔叔阿姨

合：你们好！

许：带着火一样的热情

莘：带着浓浓的感恩

合：我们在此与你们相聚。

许：今天，我们为你们带来了一些自编自演的小节目，节目可能还有些稚嫩。

莘：但那是用我们的真情编织而成的，希望你们喜欢。

合：少年宫声乐组学员慰问敬老院老人文艺演出现在开始！

许：首先请听配乐诗朗诵《母爱》，朗诵者陈博凡。

"十月怀胎是您生育了我……"以一首充满真情的诗朗诵《母爱》拉开本次演出的序幕，第一组6个节目分别以独唱、诗朗诵、小合唱的形式呈献给大家。《母爱》、《祖国最亲妈妈最好》、《听妈妈讲那过去的事情》要表达出对妈妈对祖国的深情。《小白船》、《三峡的孩子爱三峡》、《我是山里小歌手》要表达出愉悦轻松优美的意境。

前6个节目结束，主持人引领第一组表心愿的8个同学上场，表达出他们对老人最美好的祝福。

第二组节目也有6个。《鸭妈妈和鸡阿姨》、《拨浪鼓》、《拾稻穗的小姑娘》要唱出孩子的童真，把热爱劳动、珍惜劳动果实的小姑娘的可爱形象表现到位；《谢谢妈妈》用形象、质朴的语言表达了孩子对妈妈的爱；《小桥流水》充满江南水乡的色彩，演唱要清新；《妈妈格桑拉》是一首藏族风格的歌曲，对妈妈的爱表达得要深沉。

第二组送祝福表心愿的8个同学上场，分别表达自己的祝福。

第三组文艺节目是4个独唱，《绿荫》、《小水滴》、《彩桥架到台湾岛》三首轻松活泼的歌曲引出充满深情的《我爱妈妈的眼睛》，把演出推向高潮。最后10个表心愿的同学上场表达祝福。

（4）敬献礼物。

全体学员排好队形，随着《感恩的心》乐曲响起，同唱《感恩的心》并加手语表演，在《感恩的心》间奏时，学员将制作好的礼物献给在场老人。

3. 活动结束

（1）两名主持人上场，结束语导入。

许：歌声还在耳畔回荡，舞姿还在脑海徘徊。

莘：还想在这一刻停留，而时间却催促我们起程！

许：愿以此为起点架起我们之间友谊的桥梁！

莘：感谢敬老院为我们提供了一个与老人交流的平台！

许：感谢爷爷奶奶对我们的支持和鼓励！

合：祝爷爷奶奶身体健康，开心快乐到永远！

（2）活动小结。

教师对演出效果及学生表现予以点评，提出要求和希望。

（3）收拾会场。

学员帮助敬老院工作人员把老人送回寝室，然后坐车返回少年宫。

活动效果测评

（一）参加演出学员自评、互评。

（二）参加活动的领导、老师对活动评价。

（三）敬老院观看节目的领导及老人反馈意见。

（四）家长评价。

（五）辅导教师评价（见附件2）

附件（略）

附件1：安全预案

附件2：评价表

附件3：节目单

活动自评

"感恩的心"这一活动设计，主旨是针对现代社会独生子女缺少关爱他人、心存感恩这一现象，结合市级活动的要求以及声乐专业实践的特点，以及声乐组学员的实际情况而开展的一次公益性社会实践活动。

本次活动的特点是以情为主线，以敬老爱老教育为契机，以文艺演出的形式来实施的一次公益性演出活动。活动准备阶段主要是通过对各种素材的搜集增加学员对活动的感性认识，然后通过制作礼物、排演节目把内心的感情抒发出来，感染他人也教育自己，最后以文艺演出的形式来展示，让他们真正体会到关爱他人与学会感恩的重要。本次活动学生积极参与，活动始终洋溢着欢快的气氛，在轻松和快乐中达到了预期的目标。本次活动的成功之处有以下两点：

第一，本次活动学员角色由"学"到"演"的转变，使他们的歌唱技巧、表演能力、情感表现、心理素质、与人接触的能力都有了大幅度提高。当《我爱妈妈的眼睛》那动情的歌声响起，《母爱》那真挚感人的诗句在耳畔回荡时，台下的观众和台上的演员都流出了激动的泪水。

第二，本次活动设计合理，节奏紧凑，始终调动学生热情参与，主动学习；相互配合的积极性与主动性表现得比较充分，活动完整，效果明显。

第三，本次活动亮点有以下两个方面，即两个"挖掘"：

1. 以敬老爱老、关爱他人的教育为核心。引导、组织学生将敬老爱老资料的搜集、给老人制作礼物与演唱一支歌有机结合起来，让学生在活动中受到潜移默化的教育，让他们亲身感受关爱他人、尊老爱老的价值和意义，是对音乐教育潜能的成功挖掘。

2. 充分倡导学员主体探究与合作式学习。整个活动都是以学员为主体，调动他们的积极性、主动性，为学员搭建主体探究与合作学习的平台。节目的选择、礼物的制作、心愿的表达、节目主持、舞台监督等都是学员自己讨论制定完成的。在这一过程中，学生潜能得到最大限度的挖掘，综合能力得到提高。

第四，活动不足之处主要有以下几点：

1．节目太多，演出时间长。

2．音响调试不到位，演出效果受到影响。

3．环节衔接不够紧密。

4．造成以上不足的原因：

（1）只考虑让更多学员有展示锻炼的机会而没有考虑受众对象年龄较大、身体健康状况不好的实际情况。

（2）没有找专业的音响调试人员，主要是把事情看得简单化了，造成音响欠佳。要想成功地搞好一台演出，需要多方面地密切配合。

（3）由于没有考虑到家长参与的因素，造成了来去路上占用了过多的时间，使得环节之间有些松散。

通过这次活动，希望能让学生学会尊老敬老、明白关心的可贵、懂得感恩的重要。如果孩子们对来自别人的关心从不自觉转为自觉，从接受别人关心的同时也学会关心他人，心存感恩之情，活动的目标也就达到了。

细雨无声，落叶无痕。当音乐教育化作甘泉，滋润了孩子们心灵的时候，我是多么欣慰！我继续走我的路。

专家点评

校外教育的大目标是育人。无论是艺术、科技、体育等各个项目的活动都必须贯彻"活动育人"的总体目标。

房山区少年宫老师设计的"感恩的心——声乐中级组学员慰问敬老院老人演出社会实践活动"，以敬老爱老感恩之情为主线，以到敬老院慰问演出的形式，结合声乐学习特点开展学员关爱老人、服务他人的思想品德教育比较成功。

活动方案设计要素齐全、细致全面。特别是在活动过程中设计了"慰问演出前排练环节"，是活动方案设计的亮点。这个环节突出了活动的综合性，增强了活动的教育性。一举三得：其一，在排练过程中深化对学员的主题教育；其二，巩固和提高学员声乐学习的技能技巧；其三，加强了师生之间和生生之间的互动合作交流。

琴声传爱心，老少同欢乐
——北京市燕山少年宫二胡组公益性社会实践活动

北京市燕山少年宫　李小娜

活动依据

21世纪是人口老龄化的时代。中国是世界上老年人口最多的国家，许多家庭的人口结构都是4:2:1，所以形成了几代人围着一个孩子转的现象。这些孩子从小娇生惯养，过着衣来伸手、饭来张口的生活，因而容易造成孩子自私、任性、以自我为中心的品行。本次实践活动本着"尊老、敬老"的精神，号召同学们演奏琴艺，主动与老人沟通，建立关爱与善待老人的意识。

民乐二胡组学生是小学二年级至四年级的学员，学琴3年，能够弹奏不少乐曲。为了引导学生将平时所学向老人进行表演展示，通过慰问、表演、交流，让学生对老年人的生活多一份了解、多一份关爱，学会孝敬老人，培养学生的主动参与、敢于沟通交往的能力，开展实践活动。确定表演曲目后，想到乐器种类比较单一，需要丰富演出形式，还要穿插齐奏类型，同时，二胡组学生除了会演奏二胡以外，大部分还会跳舞、唱歌、绘画，所以除了器乐演奏，还将引导学生发挥自己的其他特长为老人服务。

我将活动策划为五个递进的阶段进行：

1. 给学生分发自制的"亲情调查表"，让孩子们了解老人，并知道如何为老人送上温暖。

2. 让学生自己商讨，确定慰问演出的节目内容、赠送礼物的类型以及交流的话题。

3. 让学生参与慰问节目的排练，包括表演的人数、摆台的造型、慰问的主持词全都带动学生来参与设计。只为增强孩子们的责任心，事先让学生在家中教教自己的爷爷、奶奶或姥姥、姥爷，提前对老人的学习能力、动手能力以及理解能力都有心理准备和初步的了解。

4. 制作小礼物。全部要求学生亲手制作或创作完成，真诚表达自己的一份心意。

5. 学生为老人献上文艺表演：演奏、演唱《最美不过夕阳红》和《孝亲敬老歌》等，并向老人赠送礼物，献上美好的祝福。通过到敬老院慰问实践活动，调动学生主动参与、体验与老人沟通、结合专业献爱心的实践过程。

活动目标

（一）学生能以自己的琴声，活泼的节目表演，给老人们带来欢乐和问候。

（二）学生能主动与老人沟通，带动老人共同唱歌，为老人伴奏，不仅锻炼服务能力，而且为敬老院的老人带去活力和欢乐。

（三）学生能主动合作表演，学会关心、学会奉献，建立关爱与善待老人的意识。

活动时间、地点

2008年10月18日。燕山敬老院。

活动对象及规模

参加人员：少年宫二胡组学员10名，燕山敬老院领导2名、老年人约20名。

活动内容

少年宫二组班学员到敬老院慰问演出，学生在表演、交流中对老年人送上关爱，为老人生活增添欢乐。

活动重点、难点

重点：学生结合二胡演奏，指导老人学拉二胡，带动老人共同唱歌，为敬老院的老人带去活力和欢乐。

难点：指导老人执琴、拉琴的弓、指法，带动老人唱歌，使老人感到快乐。

活动准备

（一）到敬老院进行联系，勘察场地。（二）带动学生自制《亲情调查表》（见附件1），让学生了解老人，更好地参与实践服务。（三）师生共同商讨，确定慰问演出的节目内容，进行节目排练。针对指导老人执琴、拉琴的弓、指法等进行演练。（四）让学生参与制定慰问的主持词，增强学生的责任心；协商赠送礼物的类型以及交流的话题。（五）制作小礼物。要求学生亲手制作，真诚表达自己的一份心意。（六）组织学生排练演奏《最美不过夕阳红》、《孝亲敬老歌》等，对学唱的歌曲进行演练，事先让学生在家中教自己的爷爷、奶奶，提前对老人的学习能力、动手能力和理解能力有初步的了解。（七）学员自己准备器乐、小贴画若干。（八）随行少年宫服务人员3名，准备主题标语、录音机等。

活动过程

（一）集合队伍出发前往

1. 参加活动的学生于2008年10月18日早7:45在少年宫二胡教室换演出服和化妆。
2. 8:45准时拿好自己的乐器到少年宫办公楼前集合出发前往敬老院。
3. 教师提示活动要求和安全注意事项。

（二）真诚致辞表达爱心

1．教师语言导入（附件2）（播放背景音乐）。

人的一生总要经历少年、青年、壮年和老年……我和燕山少年宫的学员向老年朋友致以亲切慰问，祝愿老年朋友们身体健康，晚年幸福。

2．学生代表献词。

尊敬的爷爷奶奶：你们勤勤恳恳在各自岗位上奉献了一生，应当受到全社会的尊敬。为了发扬敬老、养老、爱老、助老的良好社会风尚，为了能让爷爷奶奶欢度晚年，我们精心准备了几个节目，希望能给爷爷奶奶带来欢乐。下面就请欣赏我们的节目。

意图：在师生富有感情的致辞中，创设敬老、爱老的氛围，以孩子稚嫩的话语，拉近与老人交流的距离。

（三）文艺表演，老少互动

1．学生表演二胡齐奏《最美不过夕阳红》。学生代表介绍：二胡是我国传统的民族乐器，它以时而委婉、时而热烈的音色，打动着人们的心灵。今天我们就把自己所学的乐曲献给爷爷奶奶，让琴声丰富你们的晚年生活。

2．学生表演二胡齐奏《常回家看看》，学生带动老人跟随音乐一起打节拍。学生的主持词将引导大家认识到：老人需要儿女常回家看看，享受亲情，感受团圆。

3．互动环节："我教爷爷奶奶拉二胡"。学生请四位爷爷奶奶一起做游戏，游戏的内容是《我教爷爷奶奶拉二胡》。游戏规则是邀请四位老人到舞台中央，分成四组，由两名学员负责手把手教爷爷奶奶拉二胡。把所学的二胡初级知识教给老人，指导老人执琴、拉琴的弓、指法（基本能正确执琴、执弓，拉响琴声即可）。对认真学习的老人和耐心负责的学生颁发小奖品。

意图：锻炼学生与老人沟通，认真指导老人动手拉响二胡的能力。同时，锻炼学生的语言表达能力、示范能力、耐心、细心传授二胡知识的能力，增强服务意识。

4．教师和学生带领部分老人做运动。学生为互动舞蹈《健康歌》进行二胡伴奏。舞蹈动作本着简单易学的原则，请老人互动时能随音乐打节拍、做动作，不会出现老人学不会或做动作时受到伤害的问题。

意图：学生近距离与老人接触，带动老人跟随音乐一起手舞足蹈，产生快乐。

5．表演小合唱《孝亲敬老歌》，带动老人跟随音乐一起打节拍，学生进行二胡伴奏。

意图：共同感受中华孝道传千古，尊老敬老是美德，同时，也让老人感受到儿孙绕膝的天伦之乐。

（四）赠送礼物表达心意

学生向老人赠送自己准备的小礼物，送上一句祝福的话语，并与老人近距离交流。与老人合影留念。

教师语言导入，进行小结：孝敬老人是中华民族的传统美德，作为新一代的少先队员，应该在今后的生活中孝敬老人、关注老人。教师肯定二胡组同学的表现，希望今后还要以自己的琴声和心意给老人带来欢乐。希望把这份真切的体验，转化为一颗颗品德高尚的种子，扎根在每一名学员的心中。最后共同祝愿爷爷奶奶身体健康、晚年幸福、笑口常开、福寿延年！

活动效果测评

（一）考察学员能否清楚地向老人介绍二胡初步知识，指导老人拉响琴声。

（二）学生能否主动地参与敬老院演出活动并有感情地演奏乐曲。

（三）学生能否主动与老人沟通，带动老人唱歌，与老人交流，锻炼服务能力。

（四）回来进行座谈，考察学生是否建立关爱与善待老人的意识。

（五）设计一份"孝敬方案"，请学生联系自己家庭情况，把为父母和老人做的事项列在卡上，并在家长的配合下让学生亲自做一做。效果测评期限为一个月。

孝敬方案

孝敬方式	完成情况
1. 每周末跟家长看望爷爷奶奶	
2. 每周给外地姥姥、姥爷打电话	
3. 每次去奶奶家帮助打扫屋子	
4. 每天吃完饭，主动帮忙收拾碗筷	
5. 每天早上起床后自己叠被子	
6. 每天写完作业后自己收拾书包和书桌	
7. 每天自己主动练习二胡	
8. 外出要和父母打招呼	
9. 家人给自己买东西时要说"谢谢"	
10. 每天在晚饭后给父母送上自己洗的水果	
11. 自己的袜子、内衣裤自己洗	
12. 每周陪爷爷下围棋	

附件（略）

附件1：亲情调查表

附件2：（1）少年宫代表致辞；（2）学生代表献词

附件3：文艺表演主持词

附件4：（燕山少年宫）安全与学生伤害事故预防措施备案表

活动自评

这是一次比较成功的社会实践活动。学生走出教室、跨出少年宫大门，以独立自主的小主人姿态，走进老人的现实生活世界。在本次活动过程中，学生运用所学的二胡琴艺为老人送去欢乐，获得很多真实的感受。他们学会了勇敢自信，学会了团结合作,学会了沟通交流,也增进了对老人的认识,感受到孝敬老人是中华民族的传统美德。

(一)引导学生自主参与

实践活动需要教师引导学生主动参与。因为学生是自己生活、学习和发展的主人。本次活动设计有意识地为学生创设多种自主参与的契机,例如给学生分发"亲情调查表",让他们了解自己的爷爷奶奶在自己成长过程中做了什么事情,你又为老人做过什么力所能及的事情?通过这个小小的"家庭小调查",使原本不关心他人的孩子们有了一个学会关心他人的良好开端。

在第一步的基础之上,教师与学生共同商讨,确定演出节目、赠送礼物的类型以及交流的话题。这一步极大地锻炼了孩子们的组织能力,因为在确定表演曲目之后,还要想到乐器种类比较单一,需要尽可能地丰富演出形式。学生们自告奋勇地表示自己还会一些诸如跳舞、唱歌之类的特长,致使活动内容在学生的主动参与中得到丰富,10名学生组成一台节目的表演,让学生们感到自豪。

慰问节目的排练中,指导老人的弓、指法;慰问节目的主持词全都交给学生来设计。这样不仅极大地增强了学生的责任心,提高了积极性,还锻炼了学生合作沟通能力、语言表达能力、写作能力等。当学生们在敬老院演出时,孩子们的二胡演奏很自如;互动游戏时认真指导老人,互相配合充满亲情,拉响琴声的老人笑得很开心。4名会跳舞的二胡组学员表演《健康歌》,动手带着老人手舞足蹈,引来台下的阵阵掌声。学生的主动参与、耐心和爱心、歌声和琴声,为老人们送去儿孙满堂般的快乐。

在这次活动结束后,学生表示:要练好琴曲,为更多的老人演奏,使本次活动的影响得到扩展。家长们反映:孩子"更加关心身边的老人了""对手工制作也感兴趣了""变得爱动脑筋了""自觉学琴的气氛更浓了"。这次活动留给我很多思考,它带给我更多的是对教育理念的思考。我深深体会到:小组教学活动不再是一成不变地在教室里进行,也不仅限于学习二胡演奏技巧,学生更需要向社会展示自己的才艺,并通过展示自己的才艺,获得成功的体验与自信,同时也能够收获到教室里无法学习到的知识和能力。

(二)敬老教育贯穿始终

本次活动的主要目的是引导学生主动表演琴艺,学会关爱与善待老人,所以在活动之前分发了"亲情调查表",让学生明白此次活动的意图。通过这个"家庭小调查",使原本不关心他人的孩子有了一个学会关心他人的良好开端。活动后期的《孝敬方案》测评,使敬老教育继续延续。要求学生开展孝敬行动,使很多孩子每天记住早上起床要自己叠被子;每天写完作业后自己收拾书包和书桌;每天自己主动练习二胡琴曲;主动帮助家长收拾碗筷等。鞭策学生每周跟家长一起去看望爷爷奶奶,每周给外地姥姥、姥爷打电话等要求,有效地使孩子建立亲情和孝敬意识。这种活动之后的孝敬情感体验，在学生今后更长的日子里能持之以恒地展开，在心中留下种子，达到帮助学生获得丰富情感体验、形成积极生活态度、养成良好行为习惯的目的。"亲情调查表"和"孝敬方案"的首尾呼应，为此次活动增添不少亮点。

（三）活动不足与思考

当然，这次综合实践活动由于经验不足，也暴露了一些问题。我和学生为此次慰问做了大量的前期工作，每位学员也都提高了一些能力，但是在排练的过程中，大部分孩子感到很茫然。如：在确定表演曲目后，我把乐谱分发给学生，由他们自己制定弓、指法，这时候就暴露出孩子对二胡演奏技巧运用能力的不足，制定出来的弓、指法不是很合理。这就体现出我在平时的二胡教学中大包大揽的教学作风。如果要改正这个不足，需要我在二胡教学中逐渐渗透、讲解和放手让孩子们去探索。

另外，我感觉表演一开始老人们的情绪没能调动起来，与我事前的沟通不足有关。如果在节目开始之前再多一些热场的内容，在老人们被孩子的笑容所感染以后再开始表演，效果可能会更好一些；或者提前向敬老院的组织者提供节目单，请院方协助安排人员参与调动情绪，效果可能不错。总之，我和孩子们都是蓝天下的小树，需要经过风雨不断地洗礼和锻炼，才能够茁壮成长！

专家点评

教师带领二胡组学生到敬老院开展社会实践活动，使学生改变了平时习惯的角色，以表演者、交流者、小指导的身份，到敬老院慰问演出，突出了公益性实践活动特点。

活动能针对独生子女面临的普遍问题确定依据，制定目标，设计思路比较清晰。活动内容选择比较合理，既适合学生演奏，又符合敬老美德的教育主题。方案制定的"亲情调查表"和"孝敬方案"也是活动很好的组成部分，对培养学生敬老、爱老品德十分有益，而且使活动具有延展性。此项活动在专业内容选择和教育意义上结合得比较好。

舞动风车e起来
——北京市通州区青少年活动中心舞蹈组社会实践活动

北京市通州区青少年活动中心　张宗霞

活动依据

（一）以学生需求为根本

一次游戏。舞蹈兴趣小组活动休息时，学生们自发玩儿起了传递风车的"接力"游戏。

一件礼物。学生游戏所持的风车是中国民间玩具大师"风车大王"梁俊（以下称梁爷爷）送给我的礼物，是纯手工制作的。

一项提议。学生提议：老师是否能带我们见见梁爷爷？我想：风车具有2000多年的历史，是北京市非物质文化保护项目，是具有地域特色的文化。传统文化是可持续发展的源泉，是民族的内核，对学生进行运河文化传统教育很有必要。由此，激发了我组织学生制作风车、编创"风车舞"特色实践活动的灵感。

（二）以专业特色为依托

一次有趣的舞蹈社会实践活动。制作风车、编创"风车舞"特色实践活动，不仅能为舞蹈组学生提供一个实践展示的平台，也能给校内外学生提供更多的交流空间，也是我多年来一直坚持本地域特色民间舞蹈教学系列教育活动的丰富与延伸。

一个题目。"舞动风车e起来"活动名称来源于学生。他们说："舞动"具有动感，具有舞蹈项目特色；风车，说明活动的对象；e是英文"享受……快乐"的第一个字母，"e"也是中文"一起参与"的第一个字音。

（三）以政策依据为基础

一个启发。这项活动符合中央关于充分发挥校外教育活动的核心作用，贴近和服务广大未成年人，满足学生了解社会、服务社会需求的文件精神。它启发我无论开展什么活动，都应以中央精神为指导，要贴近学生实际，满足学生需求。

一个目的。制作风车、编创"风车舞"社会实践活动，符合中央关于发挥校外教育面向全体学生的教育服务功能和开展具有地区特点的公益活动的文件精神。参与活动的中心舞蹈组学生和西集小学学生，年龄都在12岁左右。舞蹈组学生有较高的舞蹈创编和实践能力；西集小学学生则掌握风车制作技艺，他们的有机结合成为本次活动的特色与亮点。

活动目标

（一）知识技能

1．舞蹈组学生进行第一舞段展示。西集小学的学生感受"风车舞蹈"的主要特征和了解具有我区地域特色的音乐特点。

2．学生掌握风车的简单制作方法，4人合作完成风车的制作。

3．舞蹈组学生同西集小学学生共同参与"舞动风车游戏"舞蹈创编活动的体验。通过体验，西集小学学生在游戏中掌握一定的舞蹈专业技能。

（二）能力培养

1．西集小学学生运用掌握的"扛风车"、"举风车"、"转风车"动作，进行"舞动风车"动作的编创。

2．舞蹈组学生尝试编排"舞动风车"双人舞。

（三）情感态度与价值观

1．学生进行"舞动风车游戏"舞蹈的展示，感受"舞"在游戏中的乐趣。

2．学生能说出风车的来历、用处，激发学生了解本地区非物质文化的愿望。

3．愿意积极主动地与他人沟通交流，关注同伴的行为。在"舞动风车e起来"活动中享受快乐，增进学生的友谊，增加对运河文化的喜爱。舞蹈组学生树立传播舞蹈技能、知识的责任心，增强社会责任感。西集小学学生的认识传播"风车文化"的意义，增加传播运河文化的热情、责任感和意识。

活动时间、地点

2008年8月23日（周六）上午9:00—11:00，通州西集武辛庄。

活动对象及规模

活动中心舞蹈组16名学生；风车文化传承校西集小学16名学生，特邀3名学生小记者，共计35名。

活动内容

在西集开展社会实践活动，利用参观、提问、讨论、亲自动手制作的形式了解风车这一北京民间文化保护项目。以舞动风车为主题，组织专场演出。发挥舞蹈特色，为学生搭建合作展示的平台。

活动重点、难点

活动重点：1．在互动体验中，西集小学学生掌握"扛风车"、"举风车"、"转风车"动作。2．舞蹈组学生编创"舞动风车"核心段落。

活动难点：运用互动和游戏的形式，舞蹈小组学生学会简单的风车制作技巧；西集小学学生克服羞怯心理，投入到舞蹈中。

活动准备

学生个体活动准备

1．学生通过网络查询、看书、向家人询问等方式多方查阅资料，了解有关风车的知识。2．准备向梁爷爷提问的问题。3．学生用废旧物制作精美贺卡。4．准备食品等必需品。

集体活动准备

1．参观风车传人风车展览；听讲座。2．观看非物质文化项目申报时的原始图片、报纸和VCD资料。3．参观"风车大王"的工作间。

教师活动准备

1．编写活动方案。研究、整理"风车文化"的资料；征求意见，完善方案。2．联系参观"风车大王"的工作间，全方位了解风车知识。3．与校领导、老师沟通，交流校内外学生情况。4．布置场地、音响、场地安全设置、准备药品。5．做活动安全预案。6．做经费预算。

活动过程

（一）引入部分

1．请负责非物质文化保护的相关领导讲话。激发学生了解、关注、参与风车文化传承的热情。2．请梁爷爷给学生讲解风车知识。3．学生提问，主动了解感兴趣的风车知识，引出本次活动的主题，激发学生参与活动的兴趣。

（二）主体部分

感受、体验风车的制作部分。

1．梁爷爷讲制作风车的步骤、方法和注意事项。西集小学的学生"一帮一"辅导舞蹈组学生，合作制作风车。2．学生分组制作风车。学生体验自己动手和与人合作获得成功的自信。3．小组展示自己制作的风车，请梁爷爷讲评。

"舞动的风车"舞蹈创编部分。

1．舞蹈组学生展示快板段落，用舞蹈表达快乐的感受。

2．舞蹈组学生分成4组，用游戏的形式教西集小学学生"扛风车"、"举风车"、"转风车"等基本动作。教师认真观察，进行有针对性的指导。

3．舞蹈组学生和西集小学学生两人一组合作完成两个八拍"舞动风车"柔板段落的编排。教师引导学生总结舞蹈编创和合作学习等方面的方法。

4．运用已掌握的知识，进行即兴创编舞段，最后摆成各种造型。发挥学生的创造性思维，培养学生的创新意识。

舞蹈创编展示部分。

1．采用分组和集体展示的形式，交流展示自己创编的舞蹈。请学生评委打分。

2．采用自评和互评、师评的方式评价创编活动过程和展示效果。从知、情、行等方面体验风车文化，享受活动带来的快乐。学生通过制风车、编风车舞的活动，互动交流、互帮互助，以收获愉悦、开阔视野、增长知识，满足学生了解社会、服务社会的需求。

（三）尾声部分

1．小组总结，集体讨论后派学生代表谈感受。2．活动中心老师做活动全面总结，并提出活动后拓展延伸效果的希望。3．梁爷爷发言。4．舞蹈班学生将贺卡送给梁爷爷和西集小学学生。5．参与活动的所有人员合影留念。了解与传播"风车文化"是此次活动的拓展与延伸，它不仅激发学生对非物质文化的兴趣，而且树立了学生传承运河文化的责任。

活动效果测评

（一）采用表格评价的方式对在此次活动中对舞蹈创编、工艺制作方面知识和技能的掌握情况、能力锻炼，活动中的情感投入、专注态度等方面的学生表现进行评价。

（二）师生互评交流会。师生写活动随想，办专题回顾展。

（三）老师总结活动设计的合理性、科学性和实效性。

活动自评

"舞动风车e起来"公益性社会实践活动，加深了我对校外舞蹈小组活动的思考，丰富了实践经验，取得了较好的教育教学效果。

在知识技能方面，西集小学的学生通过看舞蹈感受到"风车舞蹈"的主要特征，并了解了具有地域特色音乐的特点；舞蹈组学生同西集小学学生共同参与"风车游戏"，不仅在游戏中掌握一定的专业技能，还获得了快乐舞蹈的体验。

舞蹈组学生近距离接触到"风车"文化，不仅学会风车的简单制作方法，还对这项非物质文化保护项目产生了感情。在能力培养方面，西集小学学生运用掌握的"扛风车"、"举风车"、"转风车"动作，顺利完成了"舞风车"动作的编创设想。

舞蹈组学生掌握了编双人舞的方法。在情感态度与价值观方面也完成了目标。学生进行"风车游戏"，舞蹈的展示，体会到舞在游戏中的乐趣；对地区非物质文化保护知识的渗透，激发学生更多了解的愿望；学生积极主动地与他人沟通交流，掌握了与人积极交往与合作的方法。

在活动中增进了友谊，增加了对"风车文化"的喜爱。舞蹈专业的学生建立起传播舞蹈技能的责任心、社会责任感。西集小学的学生更加认识到传播"风车文化"的意义，提高了传播运河"风车文化"的热情、责任感和意识。

活动的首要特点：首先"新"，有新意。此活动与运河"风车文化"的传承相结合，具有时代的气息，有地域特色，学生感到亲切。

其次是"深",有深度。这是一次学生提议的活动,满足了学生的需求。一方面,学生用自己掌握的知识服务他人;另一方面,他们了解了社会,丰富了自己的生活体验,达到了为社会服务和锻炼自己的双重目的。不仅解决了学生舞蹈表现力的实际问题,还在互帮互学中做到了尊重、平等和共融。这有助于提高综合素质,发展个性。

最后是"活"。从选材、搜集资料到动手实践,生动活泼、形式多样,不拘一格。可以说这个活动是融兴趣性、知识性、思想性于一体的,使校外舞蹈兴趣小组活动更具有时代性、针对性、实效性。

在难点的突破上,我力求创设良好的氛围,激发学生参与游戏的兴趣,采用"一帮一"的方式,不仅顺利完成了风车的制作,同样也使学生能轻松地进行舞蹈学习,激发了学生参与、尝试、体验的兴趣,这是本次活动的亮点。

活动的不足之处也是有的。活动中,舞蹈小组学生主体作用发挥得不够充分,我将在今后的活动中尝试引导学生分环节去承担组织者的身份,进一步提高他们的综合素质。在活动中涉及了专业知识、技能的传授以及非物质文化保护的渗透,但信息量还不够充分,今后要利用网络优势,增加交流量。在活动过程中强调学生间、师生间的互动,但交流的时间不够充裕,今后要细化时间,有效利用时间。

我将以此次活动为契机,吸引更多的学生加入到舞蹈小组活动之中,积极参与舞蹈普及和非物质文化传承的活动。我将创造更多的机会,开展专业社会实践活动,带领更多的学生走进学校和社区,在实践中不断探索校内外教育相结合的有效途径,使青少年学生在学习舞蹈的同时,注重非智力因素的培养,使他们成为有责任感的社会主义的一代新人。

专家点评

这是一次舞蹈组的社会实践活动。

教师组织舞蹈兴趣小组的组员到学校内为学生传授舞蹈技能技巧的交流实践活动。结合舞蹈专业特点,与学校学生共同合作,听风车工艺专家讲传统工艺风车的知识,学风车工艺制作,创编以风车舞动为主题的舞蹈。

活动设计要素全面,活动主题有创意,活动依据充分,活动内容丰富,活动过程清晰。

此项活动有两个特点:其一是把舞蹈和工艺结合起来,以"风车"为载体,让舞蹈组员了解传统工艺,让工艺传统学校学生了解舞蹈技能,引发互动兴趣。其二是把校内外学生活动结合起来,各自发挥优势,形成互补、互动,相互交流。

看农家院，吃农家饭
——北京市怀柔区学生活动管理中心美术组社会实践活动

北京市怀柔区学生活动管理中心　王海伶

活动依据

（一）理论依据

《中共中央国务院关于进一步加强和改进未成年人思想道德建设的若干意见》第十五条强调：未成年人思想道德建设是教育与实践相结合的过程。要按照实践育人的要求，以体验教育为基本途径，组织开展形式新颖的道德实践活动，使未成年人在自觉参与中道德境界得到升华。

（二）学生需求

到2008年已是中国改革开放30年，30年来中国取得了令人瞩目的辉煌成就，中国农村发生了翻天覆地的变化，怀柔区在新农村建设方面也取得了可喜的成绩。当前，由于孩子们学习压力很大，他们经常在学校和少年宫之间忙碌，缺乏参与社会实践和走进社会的机会，对农村的了解甚少，社会服务意识有待提高。作为校外美术教师，不但要注重传授知识，更要有责任、有义务为孩子们创造机会、搭建平台，让孩子们更多地参与社会实践，在实践中巩固专业知识，锻炼实践能力，锤炼道德品质，提高社会服务意识。

活动目标

（一）学员了解青石岭村改革开放30年的巨大变化，能够叙述出青石岭村经济发展的事例。

（二）每位学员完成两幅青石岭村写生作品，并选择部分写生作品赠与青石岭村。

（三）学员能够主动参加实践，运用美术知识、技能指导青石岭村小朋友作画，表达热爱家乡的情感。

活动内容和方式

通过参观、吃农家饭、写生和作品赠送等活动，使学员了解农村变化，感受新农村建设成果。

活动对象及规模

美术组员60名，邀请当地60名小朋友和家长一起参与活动。

活动时间、地点

2008年7月28日8:30—18:30，怀柔区琉璃庙镇青石岭村。

活动重点、难点

重点：组员主动指导青石岭村的小朋友作画。

难点：组员有序地向小观众介绍写生作品。

活动准备

（一）通过调研和考察，确定活动地点和活动内容

（二）宣传与组织工作

1. 宣传：横幅及信息报送。
2. 组织：（1）策划活动，撰写《活动方案》。（2）发放《家长通知书》。（3）做好报名工作。（4）小讲解员的选定，讲解中国画知识的准备与训练。

（三）作品赠送、活动环境布置

麦克风、横幅、音乐、照相机、摄像机、音响设备等。

（四）召开工作人员会，明确分工

安全管理：1名

财务管理：1名

车辆管理：1名

摄像、照相、信息：1名

参观讲解员：1名

（五）画具准备

（六）车辆准备

（七）经费预算

活动过程

（一）出发动员

介绍此次活动的目的、意义，明确活动任务，鼓励组员体验农村生活，感受农村变化，用自己所学专长帮助当地小朋友绘画进步。

教师进行安全教育。

（二）参观实践

实践活动分四部分进行。

第一部分：实地参观

由村书记做讲解员，以参观游览的方式，让组员了解青石岭村30年来发生的巨

大变化。

1．参观图片展。村书记通过历史图片向组员介绍30年来青石岭村在经济发展、基础设施建设、环境综合整治、农民生活和村民文化技能培训等方面取得的可喜成绩，使组员了解改革开放30年青石岭村的变化。

2．参观农家院。讲解员先后带领组员参观老农家院和新农家院，向组员介绍农家院的建筑风格、材料特点、装修模式和接待游客规模等，使组员了解青石岭村新、老农家院的不同特色和怀柔农村不同时期的经济发展变化情况。

3．参观文化中心。讲解员通过带领组员参观青石岭文化中心，介绍文化中心的建设情况和使用情况，使组员体验到青石岭村浓厚的文化氛围。

参观结束后，组员围绕参观内容采访现场6位老人。组员通过老人叙述青石岭村经济发展的事例，感受怀柔农村建设成果，进而锻炼组员接触社会的能力和语言沟通能力。

第二部分：吃农家饭

教师将组员分成两组，分别在老农家院和新农家院品尝农家饭，并邀请村书记和6位老人与组员共进午餐。组员们通过与爷爷奶奶在餐桌上的交流，了解青石岭村30年饮食结构的变化，体验青石岭村农民甜蜜的生活。

第三部分：绘画写生

第一幅是肖像写生。组长将组员分为6组，选出村里6名小朋友做模特，每组选出一幅肖像写生作品赠与小模特；第二幅是山水画写生。组员邀请村里小朋友和大家一起作画，并主动运用美术知识、技能指导青石岭村小朋友作画，表达热爱家乡的情感。最后，组员采取自评与互评的方式评选出40幅优秀写生作品，准备赠与青石岭村。

第四部分：作品赠送

1．教师向组员提出"学会感恩、服务社会"的倡议。

教育组员要感恩党和政府给我们创造了幸福的生活，感恩青石岭村人民跟我们共同分享美好的学习时光，同学们要积极发挥自身专长，以实际行动回报社会、回报青石岭村人民。

2．学员担任小讲解员，向现场观众介绍自己的作品，讲解中国画的相关知识。

推选6名小讲解员介绍自己的作品，主要介绍作品的名称、笔墨技法、描绘的内容和表达的意义等，让现场观众了解中国画，学会欣赏中国画的方法。这个环节是此次活动的高潮，是组员利用自己的专业知识为社会服务的重点体现，既能增强组员的社会服务意识，又能向山区小朋友传播中国画知识，引起现场小观众的共鸣。

3．作品赠送仪式(配乐)。

两名组长代表全体组员向村书记赠送作品，服务于青石岭村文化中心广场建设。

4．活动结束，合影留念，组员与工作人员一起收拾场地。

（三）乘车返回

全体组员在车前集合，教师进行活动总结，肯定组员们的表现。

活动效果测评

（一）返回途中，围绕"收获"讨论，请学员叙述青石岭村经济发展的事例。

（二）召开交流会，评议学员运用美术知识、技能写生情况，抒发活动感受。

（三）举办"看农家院，吃农家饭"美术社会实践活动展览。

（四）追踪采访青石岭村书记，反馈农村小朋友参与活动的感受。

活动自评

此活动以发挥学员运用绘画知识和技能服务社会为主要目的，重点设计了参观、吃农家饭、写生和作品赠送等四个环节，学员在活动中积极主动，与农村小朋友建立了友情，达到了预期设定的目标。亮点如下：

（一）活动具有鲜明的时代感

2008年是中国改革开放30周年，全国上下都在以不同的方式积极开展纪念活动，鼓舞民心，振奋精神，凝聚力量。鉴于此，我以新农村建设为题材组织开展了"看农家院，吃农家饭"美术组社会实践活动，让学员了解怀柔农村改革开放30年发生的巨大变化，感受农村建设成果，引导学员努力学习，珍惜生活，关注社会，服务社会。

（二）活动发挥了学员的主体作用

学员是活动的主体，学员只有通过亲身体验、思考和实践，才能将知识转化为能力。为了有效发挥学员的主体作用，整个活动都为其提供了主动参与活动的平台。例如组员采访农村老人、主动邀请农村小朋友参与活动、主动指导小朋友作画、主动进行作品讲解等，处处体现他们是活动的主人。靳富月同学在体会文章中写道：活动虽然结束了，但是我将把我的所想、所感、所悟传递给身边的同学，努力学习，增长绘画本领，帮助农村的小伙伴把家乡描绘得更加美好。正是在丰富的实践过程中重视学员自主参与活动、把学员放在平等的位置上，才有效促进了学员主动体验、主动指导、主动感悟。

（三）创新活动模式，拉近城乡小朋友之间的距离

以前组织的实践活动对象只局限于本组学员，活动在公众性和广度上存在一定的欠缺，使活动没有得到很好的延伸。经过多年的探索和总结，活动模式不断创新。本次活动特意邀请了60名农村小朋友和家长一起参与活动，既提高了学员参与活动的主动性，又拉近了城乡小朋友之间的距离，促进了城乡文化的交流。

跟踪调查了解，青石岭村的小朋友通过参与这次活动，社会服务意识也得到了明显增强，部分小朋友还对绘画产生了浓厚的兴趣，他们渴望美术学员每年暑假到

青石岭村举行写生活动，和组员们一起学习和交流。在组员交流会上，我把信息传递给所有组员，组员们都纷纷表示，在举办活动展览结束后，把装裱好的作品送给青石岭村的小伙伴。现在，青石岭村已经成为我们美术实践活动基地。

通过实践，组员的美术专业学习目标更加明确，对怀柔区情、民情有了一定的了解，对服务社会有了更深刻的认识。在活动中也发现了需要改进的不足之处，组员的自信心还需要进一步增强。

在评选优秀写生作品过程中，由于个别组员自荐能力不强，发言不够积极踊跃，致使自己的作品没有被选赠，情绪有些低落。今后，我将继续总结经验，加强活动研究，改进工作方法，借助评议、赏析等方式锻炼学员的语言表达能力，增强学员的自信心，提高学员的综合实践能力。

专家点评

活动结合美术学科特点，带领学生到改革巨变的怀柔农村，而且邀请60名农村小朋友和家长一起参与活动，使组员在接受教育的同时，也带动起当地儿童学习绘画的愿望，使美术活动具有一定的影响力。

选题能够利用地域资源，引导本组学生走向广阔农村进行参观写生，品尝农家饭，写生赠画，与平时生活有了不一样的独特视角。循序渐进的活动过程，带动学生主动参与，有效启迪学生感受新农村的变化。让学生写生、指导绘画，调动了学生运用已学画技为山区小朋友服务的热情，使学生在观察、体验的丰富活动中，开阔了视野、锻炼了能力。

活动依据合理，目标贴近学生，过程表述清楚，形式也很丰富。自评能结合亮点，针对活动选题，在发挥组员主体作用方面进行反思，写的实在，内容具体，体现了公益性社会实践活动的理念。

走进桃乡展才艺，音乐连着我和你
——电子琴组公益性社会实践活动

北京市平谷区青少年活动中心　艾贺荣

活动依据

（一）本次活动主要是依据中办发〔2006〕4号和京办发〔2006〕21号文件的指示精神，结合校外教育的特点而开展的。

1. 校外教育是通过"活动"对受教育者实施教育的，活动是校外教育的生命线，其核心特征是"自主参与"、"做"、"体验"和"实践"。

2. 校外教育具有开放性，校外教育在办学制度、活动内容、活动形式、组织方法等方面都具有开放性。

（二）本次活动的小组成员6人，他们是小学三至六年级的学生，学习电子琴2—5年，掌握了一定的音乐理论知识和电子琴弹奏技巧。这些学员除了室内学习和参加考级外，没有参加过公益性社会实践活动。此次活动的地点选在全国闻名的桃乡——华山镇，以便让学生深入社会，了解桃乡的情况。活动服务的对象是华山小学四年级的14名学生，他们热爱音乐艺术，喜欢唱歌和跳舞，是自愿报名参加此次活动的。他们没有接触过乐器，想了解电子琴的知识，更盼望看到同龄人面对面地演奏，梦想自己也能弹奏喜欢的歌曲。

为减轻学员的紧张情绪，同时丰富表演形式，此次活动选择了独奏、齐奏、合奏等不同的表演方式。为了营造热烈、欢快、和谐的文化氛围，缩小城乡学生的距离，表演中除了运用幻灯片和教师讲解的方法帮助山区学生理解乐曲内容外，还精心选择了几首由儿童喜闻乐见的儿歌改编的电子琴曲，采取学员表演、山区学生跟着互动的方式，激发山区学生了解电子琴的愿望。学员和山区孩子互动环节，将学生分成6组，每组1个学员和2—3名山区学生交流沟通，从而锻炼学员的合作能力、表达能力和综合实践能力。为了加深学员对社会的了解，此活动设计了集体汇报环节，老师带领大家共同分享交流成果，将活动推向高潮。

（三）本次活动的理念

1. 发挥教师的主导作用，突出学生的主体地位

在本次活动中，教师是组织者、引导者，全程驾驭着活动的方向和进程。而参

加实践活动的主体是学生，学生是参与者、体验者、实践者。因为学员首次参加这样的活动，他们会感到新奇、激动和紧张，教师要为他们创造一切条件，做好一切准备工作，保证活动的顺利进行。

2. 让每一位学生都体会到成功的快乐

活动中，教师要鼓励学员战胜自我，相信自己。本次活动，要让每一个学生都有收获，最后达到"我奉献我快乐"和"我学习我快乐"的活动效果。

活动目标

（一）能力目标

小组学员展示表演能力，主动与服务对象交流、合作，提高观察能力、表达能力和创新能力。

（二）知识与技能目标

通过本次活动，学员走出教室、走向社会，了解山区学生的业余生活情况；知道华山镇为何被誉为全国闻名的桃乡；学员初步适应这种公益性社会实践活动方式，知道如何将自己的知识与技能贡献给社会，使公众受益。

（三）德育目标

通过本次活动，学生能增强热爱家乡的情感，为"我是平谷人"而感到自豪，为"我为桃乡小朋友服务"而感到快乐。

活动对象及规模

电子琴小组学员、华山中心小学学生，20人。

活动时间、地点

2008年5月10日，平谷区华山镇中心小学。

活动内容和方式

学员进行电子琴才艺表演（节目单见附件2）。与山区学生互动交流。

活动重点、难点

活动重点：学员表演，学员与山区学生互动交流。
活动难点：学员向山区学生传授电子琴基本知识。

活动准备

（一）对小组学员进行以下两方面培训
1. 表演训练；2. 学习介绍电子琴知识；
（二）安排山区教师搜集桃乡的知识资料（见附表4）
（三）制定安全预案（见附表1）
（四）开预备会，确定教师分工（见附表5）

（五）活动经费预算（见附表3）
（六）活动场所布置

活动过程

活动阶段	活动时间	师生互动	
		教师活动	学生活动
活动导入	2分钟	明确本次活动的主题及内容。	听老师讲话，了解本次活动内容，观察认识新伙伴，以一种愉悦的心情参与到活动中。
了解桃乡	5分钟	1. 教师提问：为什么华山镇被誉为全国闻名的"桃乡"？ 2. 请桃乡的教师介绍桃乡基本情况。 教师总结：我们的桃乡很美，作为平谷人，我们为此感到骄傲和自豪！	学员及山区学生思考问题，回答问题。 学生认真聆听，从中感受到家乡的可爱。
才艺展示	35分钟	1. 分组：将学生分成6组，每组1个学员同2-3名山区学生互动。 2. 教师提要求：注意安全，小心脚下的电源插座和电线。 教师：巡回视察，解决学员遇到的难题。	1. 学员当小老师，向山区小朋友介绍电子琴知识。 电子琴包括三大部分：音色、节奏、和弦。音色就是能模仿多种乐器的声音，如钢琴、小提琴等，还有人声、风雨声等；节奏部分有进行曲、舞曲等多种风格，可以锻炼我们的节奏感；和弦部分可以形成不同的音乐色彩。 (1) 学员讲解：在讲述过程中，根据情况用自己的语言向小伙伴介绍以上知识。锻炼学员的表达能力、观察能力和创新能力。 (2) 山区学生：认识了解电子琴，亲手触摸电子琴，向学员咨询提问。 (3) 集体交流：各组展示交流成果。 2. 学员当小记者，向山区学生了解生活情况。 (1) 分组交流。 (2) 集体汇报，共同分享交流成果。

续表

活动阶段	活动时间	师生互动	
		教师活动	学生活动
效果检测	5分钟	教师：通过才艺展示、互动交流，每个学生都有各自不同的收获和感想，下面请同学们将这些收获与感受写在卡片上。教师发卡片。	1.学员和山区学生写活动收获与感受。2.全体交流、展示。
活动小结	1分钟	教师总结：通过本次活动，锻炼学员表演能力，增强学员对桃乡的了解与热爱，激发山区学生对音乐的兴趣，增进学员和桃乡学生的友谊。今后，我们将多开展这样的社会实践活动，让音乐成为联结城乡学生的桥梁和纽带，让音乐伴随我们共同学习、共同进步、茁壮成长！	学生互送礼物、道别。

附件（略）

附件1：平谷青少年活动中心安全与学生伤害事故预防措施备案

附件2：表演曲目

附件3：活动经费预算

附件4："天下大桃第一镇"介绍

附件5：教师分工表

活动自评

（一）较好地达成了活动目标

本次活动准备充分，方案设计要素齐全，环节清楚，实施顺利，充分体现了公益性社会实践活动和校外活动的特点。活动内容适合活动对象的实际，活动过程的设计与实施体现了科学性、整体性和艺术性的有效结合。小组学员在才艺表演、传授知识、了解山区学生情况三个环节中扮演了三种不同的角色，即小演员、小老师、小记者。三个环节环环相连，步步递进：表演是为了将自己的知识和技能贡献给社会，服务于他人；传授更进一步达成了这一目标，同时拉近了城乡学生间的距离，为下一个环节深入社会、了解社会做了很好的铺垫。总之，每个环节都为学生活动服务，为活动目标服务，从而激发了学员参与活动的积极性与主动性，从始至终学生都以饱满的热情、积极的状态投入到活动中，使目标得以顺利实现。

（二）体现了以教师为主导、以学生为主体的教育理念

本次活动设计安排上充分体现了以教师为主导、以学生为主体的教育理念。活动

中，教师是组织者、引导者，始终以学生为中心，一切为学生着想、一切为学生服务，充分注意学生的活动状态，有效驾驭活动的全过程。如：在学员表演节目的过程中，教师采用多媒体、讲故事等多种形式帮助山区学生理解学员所演奏的乐曲，同时用鼓励和赞扬的语言激励学员战胜自我；在分组活动时，教师深入到各个小组，做有针对性的指导，为学员达成目标服务。活动整个过程，教师面向全体学生，给每个学生创造充分展示的机会，教师鼓励学生大胆发言并给予积极的肯定，使学生体验到了成功的快乐。

学生是活动的参与者、实践者，是活动的主体，活动过程从始至终突出学生活动的特点。本次活动作为公益性社会实践活动，其核心内容是要求学员将自己的知识和技能贡献给社会，为山区学生服务。为达到这一目标，设计了三个环节，即才艺表演、传授知识、交流互动。通过才艺表演，给学生以展示自我的机会；通过向山区小朋友传授电子琴小知识，给学生以展示表达能力、创新能力的机会；通过向山区小朋友了解生活情况，给学生以展示与人交流、合作能力的机会。

（三）活动亮点

大桃作为平谷的特产不仅让平谷人引以为荣，而且让平谷享誉国内外。让学员走进"天下大桃第一镇"，将自己的才艺献给山区学生，并通过交流互动，了解桃乡、了解山区小朋友的生活、了解大桃的相关知识，不仅极大地调动了学生参与社会实践活动的积极性，拉近了城乡学生的距离，而且极大地激发了学生爱桃乡、爱平谷，才情共振的效果。

（四）不足之处

1. 在此次活动中教师虽然教态自然亲切、精神饱满，但语言还欠精练确切，这与平时缺少"实战演习"不无关系。因此，教师要加强学习，多开展类似活动，不断提高语言表达能力。

2. 学员缺乏表演经验。如在乐曲表演前和表演后对于大家的掌声有些不知所措，这与平时组织类似活动少有关系。今后教师要加强对学员相关方面的训练，不断提高学员的表演能力。

专家点评

这是一次利用平谷桃乡的环境资源，结合山区学生需求，带领学生到山区学校开展电子琴联谊互动的社会实践活动。

教师结合电子琴专业特点，设计循序渐进的环节，对锻炼学员实践能力有很好的促进作用。在促进学生认知中，教师将表演曲目制成幻灯片，以图文并茂的形式介绍，让双方学生对表演内容有所了解。学员表演时带动山区学生共同参与欣赏，增强了学生伴舞、伴奏的热情。互动交流中，学员在各组中担任小指导，锻炼了学员的表达能力、指导能力。整体活动目标明确，过程清晰，既锻炼了学员，又丰富了山区学生的文艺生活，达到了参与实践、快乐合作的目的。

绿色环保袋，"袋袋"传农家
——北京市延庆县青少年活动中心美术组社会实践活动

北京市延庆县青少年活动中心 吴慧杰

活动依据

（一）目前，世界各国在治理白色污染上已经有很多举措，北京郊区虽然空气较好、景色迷人，但近些年各种塑料包装袋已泛滥成灾，给农田耕种与牲畜的饮食卫生带来严重危害。恰逢国务院最近颁布"限塑令"，又喜逢北京2008奥运盛会召开之际，我们美术组学员有责任向家乡父老以直观的美术社会实践活动形式，宣传"限塑令"的意义，呼吁身边群众改变落后的生活方式，限制并有偿使用塑料包装袋，为建设绿色生态家园献计献策。

（二）策划以"绿色环保袋，'袋袋'传农家"为主题的美术实践活动，请学员指导他人在纸袋、布袋上设计图案，进而宣传环保意义，锻炼学员把学过的美术技能运用到社会生活中，为家乡生态文明做出自己的努力。结合学员刚学完团花剪纸和线描画的内容，设计描绘绿色环保袋，开展赠送农家客人的活动，这将会锻炼学员的社会实践能力。

（三）采用"定向宣传→导学互动→创作交流→反馈信息→情感升华→活动小结"的活动过程。运用儿童帮、带群众参与剪纸喷绘的自由选择方式进行活动，以达到以人为本、尊重儿童兴趣的现代教育理念。

活动目标

（一）学员通过绘制与赠送环保袋的学习方式，向山区群众宣传"限塑令"内容，共同认识环保的意义。

（二）学员能教会农家院群众运用线描与剪纸喷绘方式绘制图案，在交流中体会美化环保袋的乐趣。

（三）学员能主动运用已学过的美术知识、技能参与活动，提升热爱家乡的情感，带动农村群众关注并实施环保的措施。

活动对象及规模

儿童画提高班学员11人。农家院的工作人员以及前来做客的游客约20人。

活动时间、地点

2008年6月29日，北京延庆柳沟农家院。

活动内容及方式

学生运用儿童画以及剪纸喷绘法，到农家院与群众共同设计美化纸袋、布袋，参与宣传"限塑令"活动。

活动重点、难点

重点：学员带动群众参与纸袋、布袋的美化设计，宣传国务院"限塑令"及环保知识。

难点：学生带动群众参与美术绘制，将纸袋、布袋设计得新颖别致。

活动准备

（一）教师准备

1．调查延庆县农村百姓生活中塑料袋包装造成的白色污染状况，网上调查国务院颁布的"限塑令"内容以及含义。2．拟定活动主题和活动方案、安全预案。3．带领美术组学员于6月28日上午9:30到柳沟农家院进行实地考察，确定五号院为活动地点，协商活动的大致程序及场景布置、音乐背景等相关事宜。

（二）学员准备

1．准备纸袋以及布袋、漆笔、喷漆、剪刀、旧报纸等绘画工具。2．准备一些适宜喷绘的剪纸图案和自己喜爱的环保设计画稿。3．学员自制的手举式活动标题"绿色环保'袋袋'传农家"。4．每位学员练习邀请群众参与绘制环保袋的礼貌用语。5．学员准备"我是布袋和纸袋"的拟人式演讲稿。

活动过程及思路

（一）活动前期

1．全体工作人员与美术学员于6月29日上午8:30带齐学具到青少年活动中心集合，提示学生注意安全事项。2．上午9：00乘车前往柳沟五号院，路上提示学生练习礼貌用语。3．美术组"绿色环保'袋袋'传农家"活动10：00正式开始。

（二）活动过程

1．学生主持人语言导入，宣布活动内容

大家好！最近国务院颁布了"限塑令"，谁能知道"限塑令"的基本内容？今天，我们希望结合环保袋的绘制与赠送活动，向大家宣传环保的重大意义。延庆青少年活动中心的美术学员来到享有京郊民俗金牌荣誉的闫大姐家，带来了环保包装袋，让我们邀请叔叔、阿姨们共同来美化环保袋，并将饱含环保意识的作品赠送给大家，请同学们主动邀请院中的游人与工作人员参与绘制。通过这次活动，提倡大家在生活中多使用环保布袋和菜篮，为建设我们的绿色生态延庆献上一份小小的爱心。

（教师在宣布的同时，请每位学员邀请院中的工作人员和农家院中的群众结对互动，达到共同参与的目的）

2. 学员带动农家院的群众共同绘制环保袋图案

请学员示范绘制，带领农家院的群众共同交流、协商，确定设计主题与表现方法等，大人与孩子们共同美化环保袋。

教师提示学生注意：

①正确使用剪刀、刻刀，注意安全。

②按顺序操作（画稿、绘制或剪形、定位、喷绘、保洁）。

③要求认真、仔细、专心，看谁制作的环保袋又干净又漂亮！

（播放深情的大提琴背景音乐，营造温馨的合作活动氛围，学员与群众自愿选择用漆笔线描或剪纸喷绘的方法，体现以人为本、尊重个性的原则。）

3. 学员与群众展示自主设计的环保袋

学员与群众展示以团花剪纸喷绘形式、线描美化形式表现的环保袋。学员代表逐一介绍作品的设计思路，使用的用具和方法，同时宣传"限塑令"的内容，抒发对建设环保家园的美好祝愿，群众也借此了解农家院环保食品、生态文明的情况。

（学员结合自己已学的美术知识开展实践，锻炼指导他人装饰绘制环保袋的能力，在介绍设计思路中进一步体会环保的意义。）

4. 学生代表以拟人手法演讲"限塑令"内容

学员以"我是布袋和纸袋"的拟人手法演讲，表达目前家乡白色污染严重，亟待改变生活方式中污染环境的现象，表达从我做起、加强环保的心意，提倡使用环保袋，同时形象地宣传"限塑令"。

5. 群众代表发言（请农家院女主人闫大姐谈她对此次活动的认识，同时闫大姐也向孩子们赠送阿姨们亲手刺绣的漂亮精制的鞋垫。）

（学生以拟人手法演讲，有利于农家院的群众听得懂、有趣味！请农家院女主人谈自己的认识，促进双方共同认识环保的意义。）

6. 学员向农家院的群众赠送环保袋

请学员到院中的厨房、餐厅、客房向农民群众捐赠刚刚美化好的环保袋，并送上一句祝福的话语。请参与装饰设计活动的阿姨自己保留作品。

（赠送环保袋的过程，增强学员与乡亲们的感情。）

7. 集体交流环保感悟并合影留念

学生参与集体留影，个人找伙伴留影，记录快乐的一天，留下美好的瞬间，双方预定下次活动的时间和内容。

（三）活动结尾

1. 组织学员收拾学具、打扫场地，做到卫生、整齐，剩余学具运回车内。2. 中午

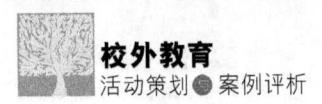

11:30集体用餐,品尝香浓的豆腐宴。3.中午12:30集体乘车返回活动中心,教师小结活动情况,由家长接走学员。

活动效果测评

(一)学生与群众自评绘制效果:环保袋图案位置、设色与表现是否美观、整洁等。

(二)教师评价学员指导他人绘制和互动情况。

(三)考查学生是否主动、礼貌交流,向山区群众宣传"限塑令"。

(四)听取群众反馈信息:是否学会用线描与剪纸喷绘方式绘制图案,是否对环保意义有一定的理解。

附件(略)

附件:安全与学生伤害事故预防措施备案表

活动自评

活动通过绘制环保袋,宣传国务院最近颁布的"限塑令",增强了学员与农家院群众的环保意识,使他们懂得建设社会主义新农村的具体内涵,环境保护可以从使用环保袋的小事做起。参加活动的群众通过学员指导也学会了布袋和纸袋的设计,同时也增加了农家院的艺术氛围。从群众的反馈可以看出,他们受到了环保教育,产生较好的互动,活动气氛热烈,达到甚至超出了我们的预期目标。

(一)活动设计适应学生接受能力

本次活动设计按照"提出宣传主题—分析、解决问题"这一辩证认识过程进行。教学模式运用了"定向宣传→导学互动→创作交流→反馈信息→情感升华→活动小结"的"协同美术"教学活动模式。学员运用儿童画以及剪纸喷绘法表现活动主题并与农民群众热情交流互动,包括活动前的调查,活动中的交流、展示、自我评价和实践,符合当前儿童与农民现实生活的需求。

此次活动,学员不仅教会农家院群众运用画笔与剪纸喷绘方式绘制图案,而且锻炼了学员主动指导能力,把自己学会的美术设计知识与家乡实际生活相结合,加强了美术学习的实用性与环境保护的实效性。在学员与群众的环保布袋和纸袋设计的作品中,看到了他们急切呼唤社会用环保袋来抵制白色污染的愿望,同时也看到了他们积极参与活动的热情。学生喜欢多变的事物,线描与剪纸喷绘活动符合儿童这种心理特征。在散发着泥土芳香的农家院,群众热情参与的叮当作响的剪纸喷绘活动,师生、群众互动设计与厨房烹饪情景相映成趣,大家的创作激情随笔而发,教师以支持者的角色在一旁加以点拨,调动学生、群众主动绘画,充分说明活动设计适应学生和群众的接受能力。

我认为教师注意结合学生能力组织活动,从多角度去挖掘绿色环保的意义与方法，充分体现了以学员为主体、以教师为主导、"社会教育化、教育社会化"的现代教育理念。

（二）活动方式提升学生参与兴趣

在温情的农家院进行公益活动，更容易激发儿童参与设计环保袋的兴趣。运用带动身边群众参与剪纸喷绘的方式，给学员自由选择的机会，符合尊重个人兴趣的现代教育理念。以儿童第一人称的拟人手法演讲："再见了，塑料袋"，能够形象生动地向群众宣传"限塑令"内容。用评论、展示、赠送环保袋的方法，培养学生参与活动和体验成功的乐趣。群众发言表示：今后少用塑料袋，决心从使用环保袋与菜篮做起，为生态文明县带头，从身边小事做起。群众的话语让孩子们感到自己的宣传得到了响应，体味到家乡人民的亲切和温暖。

农家院女主人发言之后，她真诚地向学员回赠礼物，赠送村里阿姨们绣的漂亮鞋垫给学员，表达了长辈对下一代的深情寄托，也促进了学员的情感升华。孩子们激动不已，纷纷表示要努力学习、有所作为的时候，活动达到了高潮。本次活动大大调动了儿童与农家院的群众共同参与美术创作、宣传"限塑令"的热情，做到了美术中的设计知识与解决新农村环境保护问题的联系，是社会实践活动内容的一次新尝试，让孩子在快乐中参与，内心建立起关注环保、热爱家乡的意识。

（三）活动不足与改进措施

此次活动整体进程安排有序，学员们十分高兴地参与，但是忽略了活动休息时的安全叮嘱，个别调皮的孩子由于过分激动，出现嬉戏打闹的现象，这是我们开展社会实践活动经验不足所致。虽然对乘车、学习、宣传、绘制、赠送等环节进行了精心安排，但是对学生休息时的安全指导不够到位。今后，在制定安全预案时要关注得更加全面，争取在今后的公益性实践活动中做到活动重细节，安全有保障。

专家点评

这是一次带领学生参观农家院，向群众宣传环保，绘制环保袋的社会实践活动。教师结合美术特点和环境，让学生将绘画知识带到实践中去运用，指导他人绘制环保袋，是一次公益性社会实践活动，也使环保主题与美术知识结合得比较贴切。

教师把活动设在一个特定的农家院中，并且带学生经历一些前期调查、熟悉环境的过程，使学生感到社会实践环境并不陌生，有利于学生主动参与。结合学生已学的线描、剪纸喷绘等绘制环保袋经验，在农民群众的热情参与中，放手让学生担当小指导，为锻炼学员能力搭建了实践平台。绘画与环保袋结合，促进了学生以画笔宣传环保，感受绘画所学在现实生活中的应用价值，让学生直接感受美术学习的实用性和实效性。

翰墨传友谊
——北京市少年宫学员与加拿大艾伯塔省高级教育官员访华团书法联谊活动

北京市学生活动管理中心　周洪娟

活动依据

（一）社会背景：2008年全世界的目光都聚焦在北京，第29届奥林匹克运动会在这里成功举行；国际友人来到中国，来到北京，更是想感知中国、了解中国。"民族的就是世界的"。书法艺术作为中华民族传统文化的重要组成部分，作为重要的文化传播载体，成为重要的文化交流手段，能够促进与世界人民的友好交流。

（二）学情分析：书法组学员年龄不一，都能独立书写一些软笔书法作品，比较喜爱自己独立地书写作品，对整理资料、沟通交流、指导他人书写方面还缺乏锻炼机会。

北京市少年宫利用自身首都校外教育机构的优势，与首都师范大学国际文化学院合作，在2008年奥运前夕，组织书法班学员与加拿大艾伯塔省高级教育交流团的官员进行书法交流联谊活动。我设计带学生同外国友人开展一次社会实践锻炼，结合书法交流展示活动，引导学生懂礼仪、会交流，指导他人书写汉字，展现中国少年儿童的精神风貌，让外国友人初步感受中国书法的魅力。

活动目标

（一）学生在书法联谊活动中能够主动交流、展示自我，担当书法交流小使者。

（二）学生能在指导外国友人学写毛笔字中加深对书法运笔的理解，感受书法学习的难点，与外国友人合作完成一幅毛笔字的书写。

（三）国际友人能愉快地结识中国小朋友，增进友谊，初步感受中国书法的表现形式，体验汉字书写特点，初步感知中国少年儿童的精神风貌。

活动准备

（一）与首都师范大学国际文化学院相关部门联系场地、制定活动相关议程。

（二）准备赠送的礼品：北京市少年宫宫徽；纪念礼物（要求礼物是孩子们自己

最想送的，最能代表中国的，希望反映出孩子的个性和想法）。

（三）对学生进行前期指导：

1. 对要书写的内容和形式进行建议和指导，主要是内容和形式的选择。书写内容要求有寓意，形式要求新颖多样(例如书写载体有扇子、灯罩、卡纸等），目的是让学生充分展示自我、展示中国书法特点。

2. 对教写汉字的内容和方法进行指导，学生之间进行手把手教学汉字的执笔、运笔练习。

3. 对学生进行礼仪培训(包括简单地问好和答谢，握手、目光等）。练习用英语自主对话交流的基本用语。

（四）要求教师和学生通过各种形式查阅有关加拿大简况资料，提前对接触对象有所了解。

（五）准备两首背景音乐("北京欢迎你"——具有奥运时代感、适用于欢迎国际友人。古筝音乐——学生进行书法展示时，能让国际友人欣赏中国的音乐，感知中国文化的魅力，同时，舒缓的琴声能让书写者心旷神怡）。

活动对象及规模

活动对象是书法组学员，年龄为6—18岁，共22人。

加拿大艾伯塔省教育官员访华团成员，共22人。

活动内容

学生与加拿大友人进行联谊活动，通过现场书写，介绍书法寓意，教写汉字，结合中国书法传递友谊，展示中国少年儿童的精神风貌。

活动重点、难点

重点：学生现场书写并介绍书法寓意，教写汉字，结合中国书法传递友谊。

难点：学生教学汉字的执笔、运笔。

活动过程

（一）简介情况，礼貌沟通

1. 介绍北京市少年宫的基本情况——北京市少年宫是校外教育机构，是为青少年提供丰富多彩校外教育活动的艺术殿堂。

设计思路：让外国友人、校长及教学行政人员了解少年宫的教育职能及作用。

2. 介绍中国学生学习书法的意义和作用。在计算机应用极为普及的情况下，中国学生学习书法既是传承和延续中华文明和传统书法艺术，更是重在培养学生的情操、磨炼意志品质，同时练就一手好字，提升学生的自信心。

3. 介绍参加交流活动学生的基本情况。学生中最小的孩子6岁，最大的18岁；学习时间最短半学期，最长8年。学习年龄和学习时间参差不齐，充分体现校外教育

满足学生不同需求的特点。

4. 介绍参加活动的外国友人情况。加拿大艾伯塔省高级教育官员访华团成员，由校长、教学行政人员和优秀教师组成。

5. 学生向外国友人赠送礼物。

（1）佩戴宫徽。第一份礼物代表北京市少年宫，希望朋友加入我们的队伍。

（2）佩戴红领巾。第二份礼物代表北京市少先队员的精神风貌。

（3）赠送纪念品。第三份礼物是学生们的心意，赠送具有中国特色的小礼物。

设计思路：留给外国友人在奥运期间访华的惊喜，还有此次中国之行的与众不同，并且给予学生初次自我介绍、大胆与人沟通的契机。

（二）介绍书法，展示才艺

1. 介绍书法表现形式和汉字寓意(背景是民族音乐古筝曲)

学生进行展示介绍(姓名、学校、年龄、书写内容及为什么展示此项内容)。

介绍扇面。汉字寓意：写"炎"字——是因为我们中国人都是炎黄子孙。

介绍斗方。汉字寓意：业精于勤——勤奋努力才能成就事业。

介绍横幅。汉字寓意：心如水是希望我们和加拿大人民的友谊像水一样源远流长。

介绍对联的汉字寓意。友天下士，读古今书——与天下有道德、有本领的人交朋友，读很多书增长知识、开阔眼界。

设计思路：锻炼学生语言表达能力和应变能力，使外国友人初步感受中国书法的表现形式，了解汉字书法寓意，初步感知中国少年儿童的精神风貌。

2. 学生进行书法才艺展示

在古筝音乐背景下，学生以不同的表现形式，在不同载体上书写展示内容。

设计思路：锻炼学生现场书写创作的能力，增强自信心。

（三）教写汉字，耐心指导

1. 学生教写汉字

学生一对一、手把手教给外国大朋友一个中国汉字，讲解书写这个中国字的要领与意义，说明书写时要平心静气、正确执笔、抑扬顿挫、认真耐心。

教师有针对性地辅助，促进学生成功地教写汉字执笔、运笔。

2. 学生带动外国友人完成一个中国汉字的书写

设计思路：让外国大朋友初步感受和体验中国书法艺术的魅力，同时加深学生对书法运笔的理解，锻炼学生的沟通指导能力。

（四）互相观摩，友好交流

1. 学生主动与外国友人用英语自主地对话交流，向其他人介绍汉字内容、寓意，并进行合影留念。

2. 教师进行小结，以学生书写的"福"字，向在场所有人员表示美好祝福。在《北京欢迎你》热情洋溢的歌曲声中结束活动。

设计思路：使学生进一步感受中国书法成为重要文化交流手段的意义，使外国友人感知中国汉字的祝福寓意，感受中国少年儿童的精神风貌。

活动效果测评

（一）考察学生能否在书法联谊中主动交流、礼貌待人。

（二）学生能否发挥书写技能，在众人面前大胆展示自我，当场书写较好作品。

（三）学生能否耐心指导外国友人学写毛笔字，共同完成一幅毛笔汉字的书写。

（四）国际友人能否愉快地与学生合作，感知中国少年儿童的精神风貌。

活动自评

此次活动受到学生、家长、外国友人及协助单位的一致好评。学生在活动中敢于用语言去交流，用自己所学的书法技能去展示、去指导，锻炼了表达能力、交往能力和实践能力，应该是一次比较成功的社会实践活动。作为策划和组织实施此次活动的教师，我认为活动的成功之处体现在以下几方面。

第一，通过书法交流，为学生提供自主参与的平台

本次活动不是教给学生掌握多少知识，而是锻炼学生自主参与、自主交流和实践的能力。例如让学生自主准备赠送的礼品，选择自己最想送的、最能代表中国的小礼物，调动学生认真思考；自查、自练交流的语言，为学生主动与人沟通、展现个性和想法奠定了基础。师生通过各种形式查阅有关加拿大简况资料，提前对接触对象有所了解，使学生有了主动交流的话题。请学生自主选择最拿手的书写内容和形式，明确书写内容和寓意，在活动中主动介绍和书写展示，学生们主动、自如、友好的表现，令外国友人赞叹不已。

中国驻加拿大艾伯塔省中国汉语言文化顾问兼翻译方欣欣女士表示，此次活动很成功，希望今后加强合作，将"翰墨传友谊"做成系列活动。可见，活动不是教师导、学生演，而是通过前期的准备和现场展示，调动学生自主参与的兴趣。校外教育作为学校教育的补充与延伸，是实现学生全面发展不可缺少的重要组成部分。校外教育不仅是简单的技能培训和技法传授，更是一个广阔的舞台、亮丽的空间，它应该通过教学内容的趣味性和活动形式的多样性吸引学生，锻炼学生，突出校外教育活动性、实践性特点。

第二，通过角色转换，让学生们做了一回"小老师"

过去开展书法教学活动，学生总是处在学习者的角色，他们习惯于听从教师的指导，手把手教他人书写的机会很少。这次指导外国友人学写汉字，对他们是一种挑战，也是一种激励。从主动准备书写内容、练习指导方法，到实际行动起来，小手把着大手书写中国的汉字，使学生实现了一次从书法学习者、表现者到小指导的角色转换，也加深了学生对书法执笔、运笔的认识。在练习指导和实际体验中，学

生更加深入地理解了书法学习的方法、学习书法的难点以及解决办法，达到了教学相长的目的。

外国友人通过结识小朋友，观看学生的展示，在学生手把手地教写中国毛笔字中，初步感受到中国书法艺术的魅力，感受到校外教育中的学生能力，他们对学生的表现赞不绝口。

家长们反映："这次活动使孩子特别兴奋，一是孩子自觉地准备资料，还要教我学写书法，而且敢于和外国人讲话，增强了孩子的自信心。这次活动提高了孩子的语言表达能力、交往能力和实践能力。"

这次实践活动带给学生全新的感受，通过接触外国友人，进一步了解了书法、体验了指导者的角色，使学生具有了使命感，担当起书法文化的传承者，成为中国书法交流的小使者。

第三，让外国友人了解了中国书法

通过多种形式的交流，外国友人接触了北京的儿童，了解了北京的校外书法教学成果，感受了中国少年儿童的精神面貌和生活学习状态。另外，由于我们的学生是他们此次来中国见到的唯一的一批孩子，给他们带来了很大的惊喜。

第四，活动不足与思考

虽然本次活动取得成功，收到了预期的效果，但也留下一些遗憾与不足：

1．活动准备有些仓促。受外国友人来京时间和具体活动的限制，活动策划与设计还有些简单。尽管时间有限，但还应该在较短的时间内融入尽可能多的内容。

2．没有考虑到场地和环境的限制。由于事前没有对交流场地做更好的了解，致使活动期间现场的组织控制需要花费很大精力，如果配备麦克风，声音和场景效果会更好。

3．教书与育人密不可分，传授技艺与提高学生的综合素质要紧密结合。学书法、写书法看似写字，实则为人。综合素质、自身修养以及经历阅历得不到提高与丰富，也不会写出好的作品。在这次活动中，从学生现场介绍和现场展示的状态来看，我觉得应该在教书法的同时，还要提高学生的语言表达能力、想象力，丰富孩子们的课外知识，多创造机会增加他们的阅历，提高学生的综合素质。

4．教师应该加强学习，广泛涉猎，提高自身综合素质。当今社会是一个知识爆炸、交流频繁、信息飞速发展的社会，作为担负"传道、授业、解惑"的教师，不能死死抱着自己所教授的知识不放，更应该拓宽知识面，以发展的观点看待书法教学。要不断丰富和完善教学内容，同时还要多学、多听、多看、多了解，即使是作为书法专业的教师，也应该拥有现代信息技术和外语等各方面的知识与技能。这一点在"翰墨传友谊"活动中，我作为少年宫的书法教师感受很深刻。

专家点评

这是一次带领学生与外国友人进行书法联谊的活动，对书法组学生更是一次社会实践的良好契机。因为每个学生都代表中国儿童，他们在活动交流中，要求懂得礼仪、敢于交流、展示书法、指导他人书写，是一种很全面的社会实践锻炼。

为了给学生创造一个主动参与、敢于实践的空间，教师巧妙地选择交流内容和形式，引导学生自备礼品、自查资料、自练语言，使学生有备而去。在活动中，学生敢于交流和指导，展现出中国儿童的书法才艺和精神风貌。方案设计有创意、有特点，内容、形式、活动丰富多样，体现了实践中锻炼、实践中育人。

小棋手访围棋名家
——北京市朝阳区青少年活动中心围棋组学生社会实践活动

北京市朝阳区青少年活动中心 韩文利

活动依据

（一）中央及国务院两办文件指出："积极创造条件，丰富学生的文娱、体育科技活动"是校外教育发展的方向。

（二）学生的实际状况：目前，该小组为棋校围棋代表队1队，共有学生14人，其中三段12人。分布的年级为一年级2人，二年级10人，其他年级2人，是代表中心参加各种竞赛的小组。

进入棋队以后，孩子们不仅要进一步提高专业技能技巧，更要将所学围棋知识通过自身的理解和运用，形成自己的认识，自主构建围棋知识结构。带学生拜访名家，了解名家的围棋之路，学习他们对围棋的认识、理解和对围棋执著的追求精神，尤其是分享名家对围棋的感悟，这些内容将促进孩子综合水平的快速提升。

（三）结合该组教学计划中安排的"学生擂台赛"、"三棋比赛"、"采访名家"等实践活动，设计了本次综合性实践活动。

活动内容

（一）收集整理采访问题，拟定采访提纲。

（二）到名家家里(或单位)采访。

（三）资料整理及提炼，实现成果共享。

活动目标

（一）学生准备好采访提纲，能够自己梳理出学习围棋疑惑的主要问题，并能在采访过程中，与专家积极主动、大胆地进行交流。

（二）采访结束后能够"讲评"自己对围棋重新认识的一至两点心得。

（三）能够将自己参加活动的收获与未参加采访的同学共享，服务更多的同学。

活动时间、地点

2008年7月，北京棋院和朝阳区青少年活动中心。

活动对象及规模

棋校围棋代表队14名队员。

活动重点、难点

重点：采访围棋名家谭炎午老师的过程中，学生采访问题的提出与交流。

难点：采访时学生克服紧张情绪，与名家拉近距离，主动、大胆地与名家进行交流。

活动准备

（一）教师准备

与学生一起分析存在的问题，拟定采访提纲；预约采访时间、车辆、棋具、多媒体等。

（二）学生准备

查阅围棋名家谭炎午老师的资料，收集和整理采访问题，撰写采访提纲。

活动过程

（一）准备活动阶段（细致深入的准备是完成本次实践活动的基础）

阶段任务：指导学生撰写采访提纲，理清采访问题，为采访顺利进行做好准备。

1. 以游戏（石头、剪子、布）的方式分成两个小组，并由组员选出组长
2. 引导学生确定采访对象——谭炎午老师
（1）你所了解的北京围棋职业高手有哪些？说明自己是如何知道的。
（2）现在最厉害的有哪几位？他们的教练是谁？
（3）查找谭老师的相关资料（成长经历、辉煌战绩、品格塑造等）。
3. 指导学生酝酿、收集采访问题
（1）个人急切想向名家请教的问题。
（2）未能参加采访的同学想知道的问题。
（3）相互交流中，因思想碰撞产生的问题。
4. 教师帮助学生拟定采访提纲
（1）采访提纲的基本格式介绍。包括采访时间、采访地点、采访对象、采访目标、采访内容、采访记录、采访小结等。
（2）撰写采访提纲要注意的问题。要求问题具体、简明。
（3）确定采访问题。

第一步：由组长负责，带领大家整理小组学员的采访问题；

第二步：集体商定整个活动的采访内容，明确采访最终方案；

第三步：确定个人采访问题。

5. 采访前的其他准备

（1）采访卡片制作。

（2）采访记录方式准备。

（3）我与名家合影时摄影或摄像的初步学习。

（4）模拟采访。（锻炼学生与人交流的技能）

（二）采访篇

阶段任务：完成采访任务，整理好采访记录。

1. 提问顺序确定。在两个组长的协调中，安排学生提问的顺序，培养孩子的协作意识，并在沟通中形成团队精神。

2. 记录采访内容的方式。学生在提问、聆听名家的讲解，以及和名家深入沟通中运用录音、笔录等方式留下更多资料，为自主性学习、形成自己对围棋的认识和理解做好铺垫。

3. 采访资料整理。在整理资料的过程中，请学生考虑自己理解的围棋与专家的意见有何异同，为什么会是这样，原因如何等，进一步促进自主性学习习惯的培养。

4. 我与名家合影。此部分由学生之间相互完成，促进学生学习数码相机等教学辅助手段的应用。

5. 资料查询过程中发现谭老7月31日生日后，同学们决定送给谭老一个生日蛋糕，部分同学还送了自己制作的生日贺卡，祝谭老生日快乐！（一个小环节拉近了学生和谭老的距离，为采访中活跃氛围做好铺垫）

6. 采访冷场预案设定（为防止在采访过程中出现冷场现象，教师要准备好对学生的提示，并准备好3个备用问题）。

（三）采访后的共享篇

阶段任务：展示采访收获，回答未参加采访同学的问题，将采访的成果与更多同学分享。

1. 参加采访的学生进行交流

由各组组长（组长要有交流计划）负责，将组员的相片、日记、PPT、小海报等带有学生体会心得的资料进行交流。

2. 成果分享的内容

将采访后名家解释的现象、回答的问题以及自己的感悟分享给没有参加活动的同学。

（1）"名家妙手之我谈"专题——以感悟名家行棋的思路为主。

（2）"我眼中的围棋名家"作文。

（3）小海报展示。

（4）影像资料专题：PPT展示、照片等。

3．成果分享的形式

（1）邀请未参加采访活动的同学观看海报、PPT等资料。

（2）回答未参加采访活动同学的问题。

（3）向未参加活动的同学及家长介绍自己的感悟。

活动效果测评

（一）过程检测

1．每次活动学生的参与程度：准时、认真。

2．学生制订的采访计划：提出问题的数量、质量及采访提纲撰写的认真程度。

3．采访时的踊跃程度：是否积极举手提问，提问过程中能否有追问。

（二）结果检测

1．展示时学生的表现：学生展示的方式是否多样。

2．与未参加活动孩子的互动：回答未参加活动学生的问题能否解答清楚。

3．家长座谈会意见反馈：在与家长沟通过程中，家长对活动的评价如何。

附件（略）

附件1：学生参与社会实践活动情况评价表

附件2：关于"小棋手看围棋名家"采访活动当天的安全预案

活动自评

第一，以学生为主体是取得活动实效性的根本

本次活动是一次成功的社会实践活动。从活动目标达成度上看，大多数学生基本上达到要求，主要表现在：学生在拜访名家前，理清了问题，准备好了采访提纲；在拜访过程中，消除了紧张情绪，能与名家主动大胆地进行交流、拜访后能够有所收获，"讲评"自己的一至两点心得，特别是孩子们能够将自己参加活动的收获与更多的同学共享，使活动本身服务了更多的同学。

我认为活动成功的原因主要有以下三个方面：

1．现代教育理念的指导促成活动圆满完成。从学生参与活动过程的自主学习、合作学习到活动效果检测的多元化，尤其是整个活动自始至终凸显了以教师为主导、以学生为主体的教育理念，是活动能够成功完成的关键。

2．客观分析学生的现状，了解学生的实际需求是活动良好开始的基础；基于学生实际年龄较小(平均年龄8岁半）的现状，将孩子们进行分组，推选组织能力较强的同学任组长，带领大家一起实现活动目标。由始至终孩子们都在相互探讨、互相帮助的过程中一步步完成活动阶段目标，实现了生活中的从"布局"到"中盘"再到"官子"的"行棋"次序。

3．活动前的精心准备是开展活动的基础，而处理好活动过程中新生成问题则

体现了教师在教学中的能力和水平。在这次活动中，我对一些临时出现的问题的解决，也是促成本次活动圆满完成的重要因素。

第二，抓住稍纵即逝的时机，为孩子成长获得突破

值得关注的是8岁的恩宏远，他本身是个胆小的学生，棋校组织的许多活动他主动性都不强。这一次，他"捅破"了心理上畏惧的那层窗户纸，有了质的突破。

从采访当天出发时"躲"在队伍后面，到走进棋院小眉头紧锁的紧张，再到进入采访地点，他始终在犹豫，是"藏"在后面，还是"冲"到前排？徘徊不定的时候，我给了他一个提示"前边吧！"他在前排拘谨地坐了下来。老师简短的开场白后同学们送了谭老一个生日蛋糕，在共同祝贺谭老生日快乐后，他的紧张缓和了许多。提问开始后，他的小手始终"悬"着，经过了激烈的思想斗争，他的眼神再次与我相遇后，他"举起"手，向谭老提出问题（第二个）……他提出了"您是怎样喜欢上围棋的？您是怎样看待输赢的？"

三分钟不到的时间里，他突破了自己，略显僵硬的小脸上有了体验成就的喜悦。获得满意的答复后，他礼貌地答谢了老师，比较自然地坐回了座位。

这样一个小实例说明，学生的成长进步都是从一点一滴做起的。作为教师就应该注意抓住这一点一滴，解决他们的"小问题"，促进他们成长。教师在教学中既要提高他们的专业知识，更要关注他们健全的品格发展。倘若我不设计这样的活动，没有从思想上认识社会实践给孩子带来的积极影响，也许我就没有这样的感悟。

专家点评

本活动方案突出体现了以下四个特点：

1. 内容和形式的选择不是随意的，而是根据学员学习的实际需要确定的，是安排在教学计划之中的社会实践活动。这说明教师将专业培训内容不局限在围棋知识和技能的训练上，综合能力培养问题也成为教师关注的内容。

2. 教师在设计方案时，将准备工作也视为活动的一个组成部分是非常重要的，因为学生的准备也是学习，是能力的培养过程，这一点不容忽视。

3. 整个活动过程设计体现了学生主体自主参与，教师的指导和帮助作用比较到位。

4. 活动效果测评的设计注重了过程和结果，与活动目标相吻合，反映了活动方案整体性和一致性。

另外，自评中的两点认识体现出教师发自内心的感受，因为它是对活动实景教与学的行为分析。

爱在"太阳村"
——北京市少年宫武术提高班夏日爱心行动

北京市学生活动管理中心　张力慧

活动依据

（一）少年宫小组教师要用心为学员创造社会实践的机会

少年宫武术兴趣小组的教育教学应该充分体现校外教育的活动性、实践性特点，努力创造条件，使学员在社会实践活动中展示自我、保持兴趣、体验成功，同时检验教与学的水平。

（二）武术组学员有了解弱势群体儿童生活的必要性和奉献爱心的条件

目前，少年宫武术队的学员生活条件舒适，训练刻苦精神不够，要求自己不够严格，有了解和学习家庭条件困难的同龄孩子乐观、坚强的生活态度的必要性。学员通过三年的学习，他们已经掌握了武术的基本动作、一些套路和器械的表演，有利用自己的所学奉献爱心的条件。

（三）生活在北京市"太阳村"的特殊儿童是一个需要全社会关注的群体

北京市"太阳村"救助研究中心(简称"太阳村")是经国家有关部门正式注册的机构，主要承担着为服刑人员无人抚养的未成年子女进行特殊教育、心理辅导、权益保护以及行业工作人员的职业培训服务。太阳村所服务的孩子们是一个长期被忽视、有一定心理问题的弱势群体，也是一个无辜的、需要全社会关注的群体。关注他们并力所能及地奉献爱心，是我们师生的一份社会责任。

基于以上考虑，我策划和组织了北京市少年宫武术提高班学员的夏日爱心行动。

活动目标

（一）培养爱心

通过教师的引导、教育和学员的参观、交流活动，使武术小组学员了解在"太阳村"生活的具有特殊家庭背景的同龄人的生活，引导他们对社会弱势群体的关注，培养爱心。

（二）奉献爱心

通过认真地训练、精彩地表演以及与太阳村武术队的技艺交流，引导组员以武术为载体向"太阳村"的孩子们奉献爱心，同时达到检验学员的学习效果、提高集

体协作意识的目的。

（三）传递爱心

通过与"太阳村"的孩子一起进行才艺表演、一起参与奥运知识问答和赠送礼物活动，与"太阳村"的孩子交朋友，使学员学会关爱他人，用力所能及的方式传递爱心。

活动内容

少年宫武术提高班学员在"太阳村"中进行参观和武术表演，与"太阳村"的小伙伴共同开展才艺展示、组织奥运知识问答和切磋技艺的社会实践活动。

活动时间、地点

2008年8月13日，北京市太阳村特殊儿童救助研究中心。

活动对象及规模

武术提高班12名学生，年龄10—13岁，学习武术时间为3年。"太阳村"武术队队员30人，其他孩子20人。

活动重点、难点

重点：做好武术表演，奉献爱心。

难点：关注弱势群体，培养爱心。

活动准备

（一）教师准备

1．研究拟定活动方案，确定活动内容及形式，制定活动实施细则，制定经费预算。2．联系"太阳村"负责人，确定活动方案。3．安排学员排练时间，指导武术节目的排练。4．准备演出器械、演出服、音乐。5．联系好活动车辆。6．做好安全预案。

（二）学员准备

1．进行认真刻苦的训练。2．准备送给"太阳村"学生的礼物。3．上网查找有关奥运知识的竞赛题。

活动过程

（一）参观"太阳村"

活动内容：参观太阳村的接待室、小礼堂、办公室、男生宿舍、女生宿舍、幼儿教室、食堂等设施。

设计思路：近距离接触"太阳村"的学生，唤起对他们的爱心。

教师印发学生介绍情况，讲解活动目标，引导学员注意观察，与自己的日常生活条件作比较。思考与"太阳村"的学生相比，自己应该珍惜什么？学习什么？

（二）奉献精彩表演

活动内容：武术表演、才艺表演。

设计思路：增加社会实践机会，奉献爱心。

1. 武术表演

学生换表演服、准备演出器械、试表演场地。

教师提醒学生整理好衣服，整理好器械按顺序摆好，准备好光盘，叮嘱学生做好准备活动，反复试好场地，保证安全；提示学员要动作到位，通过精彩的表演奉献爱心。

表演内容：（1）中国功夫（集体表演）配乐（"太阳村"武术队）；（2）中国人（6人集体拳）配乐（以下均为少年宫武术班表演）；（3）长拳三路（个人）；（4）功夫扇（6人集体）配乐；（5）三节棍(2人)配乐；（6）太极拳（3人）配乐；（7）九节鞭（4人）配乐；（8）刀(6人)配乐；（9）对练（2人）；（10）长拳2路（个人）；（11）旗子（3人）配乐。

教师充分调动学员的表演欲望。提醒学员提前准备下一个节目，每个节目上场前强调动作规范、有力，面貌精神，互相配合；与音乐节奏协调一致；有器械的节目注意安全；大家要给每一个上场的学员加油鼓劲，使他们充满自信。

2. 才艺表演

（1）歌曲：《大海啊，故乡》；（2）诗朗诵：《七子之歌》；（3）街舞；（4）相声：《富贵梦》

教师：启发情感，怀着对"太阳村"儿童的关爱，用情表演。

（三）竞猜奥运知识

活动内容：学员利用自己设计的20道题，开展奥运知识问答活动，答对即获纪念品一份。

设计思路：让"太阳村"的学生感受奥运气氛，感到自己与其他儿童一样能够为北京奥运添光彩。

教师引导学生关注奥运，让学生感受奥运氛围；不断活跃现场气氛，鼓励孩子们快速思考、多多回答。

（四）共同切磋训练

活动内容：少年宫武术班与"太阳村"武术队一起训练，少年宫武术班的学生帮助"太阳村"武术队队员学习"腾空"的动作。

设计目的：提高"太阳村"武术队队员的基本功，奉献爱心。

教师要求学生耐心教授，不歧视"太阳村"的孩子，要提高为小伙伴服务的意识，用自己所学的技能回馈社会、奉献爱心。

（五）快乐传递爱心

活动内容：向"太阳村"的学生赠送礼物；与"太阳村"的孩子共进午餐；与"太阳村"的老师和武术队的队员合影留念；"太阳村"的领导向少年宫武术班学

员颁发"爱心"证书。

设计思路：让"太阳村"的学生感受到少年宫武术班学员的爱心，让少年宫武术班学员同时感受"太阳村"儿童对爱心活动的欢迎和尊重。

活动效果测评

测评内容：了解、检测活动目标的达成情况。

测评方法：1. 活动后对"太阳村"孩子进行采访。2. 活动后对少年宫学生进行采访。3. 对"太阳村"领导进行采访。4. 召开少年宫学员的座谈会。

活动自评

本次活动是一次专业社会实践活动。反思整个活动过程，我感到此次活动目标明确，内容适当，形式多样，在培养爱心、奉献爱心、传递爱心的三个环节中充分体现了活动的主题"爱在太阳村"。

（一）活动的每一个环节都收获了学员成长的果实，闪现出"爱"的光芒

1. 培养爱心环节

教师通过教育动员、带领小学员们参观和交流，使他们了解了"太阳村"里孩子们的生活，促进了对弱势群体的关爱。

学生参加活动的积极性很高，家长尤其配合。在活动准备期间，当了解了"太阳村"孩子的特殊情况后，每个学生都精心准备了奥运礼品和赠品，他们说：没想到身边就有这么多需要帮助的小朋友，希望能尽自己的努力给他们最大的帮助。在加课排练的过程中，没有一个学员缺席。周泽同学去上海旅游回来的当天连家都没回就直接来到少年宫，他说："不能让集体项目因为我一个人的缺席而影响表演质量，我非常希望参加这次爱心活动，以前从来没有这样的机会。"在参观活动中，学员们在对比中感受到了自己家庭的幸福和生活条件的优越，对"太阳村"的小伙伴们多了一份同情和关注，奉献爱心的愿望更加强烈了。

2. 奉献爱心环节

（1）认真准备武术表演。在武术表演准备的过程中，学生在高温下独立布置演出场地，累得满头大汗，衣服也被汗水浸湿了，但大家的自觉性都很高，重活争着、抢着干，尽快地把地毯铺到位，没有一人抱怨。学生表现出不怕苦、不怕累、吃苦耐劳的精神，同时也享受了劳动的快乐。

（2）倾情奉献武术节目。从拳术到器械再到对练，武术节目的运动强度很大，学生们尽管又热又累，但是他们由紧张到自信，努力展示了最好表演效果。技能训练和能力的运用都体现了学生积极参与、团结协作、不怕辛苦的良好品质，表演不但检验了学生们的学习效果，而且使学生们以最好的态度奉献了爱心。

（3）耐心友好切磋技艺。在一起训练击步腾空飞脚的基本功时，我们的小教员们教得认真，"太阳村"的孩子们学得也认真。孩子们通过切磋技艺建立了很好的感情

基础，不仅能够相互叫出名字，而且在练习间隙能够快乐地坐在一起聊天了。合练结束时，一首奥运会主题曲《我和你》轻轻地响起，"太阳村"的孩子弹奏钢琴，少年宫的孩子伴唱，他们童真的表露让所有的老师都特别感动，充满了爱的氛围。"太阳村"的孩子们眼中没有丝毫的悲伤，他们表现得乐观、自信和坚强。

3．传递爱心环节

学员们通过为"太阳村"的小伙伴们赠送礼物传递了爱心，在学习关注社会、关爱弱势群体中提高了力所能及地为他人提供帮助的意识。每个学生都精心准备了捐赠物品：用零花钱买的礼物、看过的图书、心爱的玩具、捐赠的衣服，教师还带去了"太阳村"武术队特别需要的运动服和表演服，师生特别高兴。每份物品都把少年宫学生的关爱传递给了"太阳村"的孩子。

学生们收获很大，有的说："这是我的第一次演出，我特别紧张，是老师的鼓励和小朋友热烈的掌声给了我自信。"有的说："我端正了学习态度，以后我要严格要求自己。"还有的说："我最喜欢教他们动作，帮助别人我是快乐的。"我欣喜地看着他们正一点点地进步，情感得到丰富，社会认知能力逐步地提高。

（二）在组织活动中也反思到了一些不足

1．在活动的组织过程中，一些环节考虑得不够细致周到。与"太阳村"的沟通工作不够到位，如现场表演的音乐播放、秩序维持等效果不够理想。

2．活动捐赠物品的参与面较窄。"太阳村"的孩子较多，参加活动捐赠的学生数量有限，应该提前有个活动倡议，让所有的武术班学生都参加，一定能够给"太阳村"小朋友带来更多的帮助。

（三）今后活动的展望

通过这次活动，我们和"太阳村"建立了良好的合作关系，我们会定期把交流互访活动进行下去。

一次活动不可能完全解决学员知识、技能和情感教育的问题，我会在今后的教育教学中尽可能地发挥少年宫教育的优势，为孩子们提供实践和学习的机会，摆脱教室的束缚，提高兴趣、开拓眼界、丰富阅历。

专家点评

此项社会实践活动选择了一个特殊群体，且有着共同的学习武术兴趣，创意很好。活动目标明确，活动环节清楚。通过参观、介绍、交流、共同用餐等环节基本实现了"了解社会"的目的，又通过切磋、联谊等活动实现了"服务社会"的目的，社会实践活动组织成功。

"活动准备"中还应突出教师对"太阳村"的考察，仅仅"联系负责人"还不够，实地考察的过程就是选择教育因素的过程，这对于实现"了解社会"的目的和设计活动环节十分重要。

北京奥运我先行，学好外语迎来宾
——北京市顺义区少年宫剑桥英语小组社会实践活动

北京市顺义区少年宫　刘贺

活动依据

（一）为迎接第29届北京奥运会召开，引导学生了解奥运知识、感受奥运文化，为奥运喝彩；并通过活动培养学生文明礼仪行为，激发热爱祖国情感，提高社会实践活动能力，而设计此次活动。

（二）依据中央4号文件和北京市21号文件精神，积极开展公益性社会实践活动，满足广大青少年日益多样化的校外活动需求，将学生学到的知识运用到社会实践中，走进社区，让孩子们在社会实践中受到教育，健康成长。

（三）本次活动的理念是：参加实践，学会交往，展现自我，服务社会。

通过现场模拟奥运会开幕仪式、开展一些英语互动游戏和奥运知识小竞赛，让学生了解有关奥林匹克的知识，培养主人翁意识及热爱祖国的情感，用所学英语知识服务广大群众。学生通过活动，学会交往，展现自己，成功地感受到帮助他人的快乐。

活动目标

（一）知识目标：学生和社区居民能够认识一些来自五大洲参赛国家的英文缩写和国旗，了解与奥运会相关的小知识及比赛项目；在与社区居民的互动中，巩固和提升专业知识。

（二）能力目标：用所学专业知识服务社区居民；融入社会，学会与他人交往。

（三）情感目标：感受奥运气氛，提升民族自豪感。

活动时间、地点

活动时间：2008年8月3日上午，顺义区石园北区社区广场。

活动对象及规模

少年宫剑桥英语小组学生30人和社区居民约40人。

活动准备

（一）学生准备

事先让学生搜集一些来自五大洲国家的英文缩写及相应国家的国旗，并教会学生用正确的语音语调说出来。

（二）教师准备

1．确定活动主题，制订活动方案，联系活动场地。2．准备《运动员进行曲》磁带；中国国旗、外国国旗若干；奥运会知识竞赛题和小礼物。3．教师带领学生到社区走访居民，了解社区居民的英语水平。4．主持词和诗歌等文本材料。5．制定活动安全预案。

活动重点、难点

重点：让社区居民了解各国的国旗、英文缩写和奥运相关小知识。

难点：学会主动与他人交流。

活动内容和方式

与社区居民一起学习五大洲参赛国家的英语名称、英文缩写和国旗，在互动交流中学习、展示。

活动过程

第一环节：营造氛围、激发情趣

1. 环节准备活动

（1）将学生分成九个小组，每组三人，每组代表一个参赛国家，组成运动员入场式的方阵，其中一人站在前面手持国旗，另外两个人并列站在后面，分别高举该国家的英语名称和英文缩写。

（2）挑选两名学生和教师共同主持本次活动。

2. 现场活动

（1）主持人和教师宣读主持词（见附件1）。

合：大家下午好！

师：同学们，你们还记得2001年7月13日那个令人难忘的不眠之夜吗？当国际奥委会主席萨马兰奇宣布"2008，北京"时，北京沸腾了！中国沸腾了！

……

（2）播放《运动员进行曲》，学生手持九个国家的国旗、国家的英语名称和英文缩写现场模拟奥运会运动员入场。

（3）入场式结束，学生站成一横排，举起国旗依次用英语介绍国家和国籍。(I'm from China, China CHN 中国）

本环节的活动意图是通过现场模拟奥运会运动员入场式,营造奥运会气氛,激发社区居民参与活动的热情,点燃在场居民学习英语和参与奥运的激情。

第二环节:"小手牵大手,迎接奥运会"

环节准备活动:将学生分成七组,每组四人。

1. 教师宣读主持词并说明本环节的活动目标和方式

师:2008年北京奥运会是全球瞩目、海内外中华儿女期盼已久的体育盛会和文化庆典。全社会都在动员自己的力量,组织丰富多彩的迎奥运活动,这不仅展现我们的热情,更是引导大家关注奥运、关注和谐的很好方式。在奥运会来临之际,为了丰富我们的文化生活,使奥运精神、奥运理念深入人心,让我们用自己的方式——小手牵大手、迎接奥运会,为奥运会的到来作出自己的贡献,一起迎接"新北京,新奥运"的到来!

2. 学生与社区居民自愿结成互助组

学会与他人交往是本次活动的难点,因此,首先鼓励学生树立自信心,然后让学生非常有礼貌地邀请在场的社区居民来参加我们的活动。(例如:"您好,阿姨,请您来参加我们的活动。"要求每组邀请到两位居民来参加活动。)

3. 学生与社区居民互助学习

这个环节是本次活动的重点,要求学生以一名"小教师"的角色出现在居民面前,教会社区居民认读四个国家名称和缩写,识别这些国家的国旗,并学会一句简单的奥运英语。由于这些社区居民的英语基础不同,学得有快有慢,因此,要求学生耐心、细致地将单词分解开,按发音的音节一步一步地去教,直到他们都能较熟练地掌握为止。这个过程不但是学生将所学知识应用的过程,也是将知识巩固和提升的过程。

4. 互动展示

每组选一名参加活动的居民上来展示,介绍自己学到的国家的国旗、英语名称和缩写,再说一句奥运英语,例如:Welcome to Shun Yi, What can I do for you? ……

要求这些社区居民能正确地、大声地说出所学国家的英语名称和缩写,以及一句简单的奥运英语。通过社区居民的成功展示,增强学生的成功感和自信心。

第三环节:奥运知识小竞赛

环节准备活动:主持人到位,安排发放礼物人员。

1. 主持人宣读主持词,渲染氛围

女:在2008年这个特殊的年度,中国人迎来了一场由我们自己主办的奥运会,这是中国人民梦寐以求的,这是中国走向世界的象征,这是中国这个古老的东方巨龙腾飞的时刻——

男:我们是新时代的少先队员,祖国需要我们,希望我们有超人的胆识、健康的体魄、丰富的知识。

女：在老师们的精心指导下，今天，我们要用自己的智慧，参加奥运知识竞赛。

2. 竞赛答题（见附件2）

教师宣布竞赛规则：

（1）必答题：要求每个互助组用英语回答出一道指定题目。

（2）抢答题：主持人宣布题目说"开始"之后，方可举手抢答。

（3）回答方式：以社区居民为主，回答正确的得到一个小礼物。

（4）得到礼物最多者为胜。

3. 教师公布比赛结果

4. 颁奖

第四环节：诗朗诵，祝福奥运

选出10名学生手持国旗，两人一组，进行配乐诗朗诵《我多想》（见附件4），来祝福我们的奥运，祝福我们的北京。

结束语

1. 教师和主持人共同致结束词。

女：奥运会，五湖四海来相会。（播放"One World，One Dream"）

男：北京的2008，是中华欢庆的世界。

女：北京的街，灯火连接。

男：顺义的夜，欢声笑语不歇。

女：校园的歌，此起彼伏不绝。

合：让我们一起来高呼2008奥运会的主题口号：同一个世界，同一个梦想（One World，One Dream）。

2. 学生与社区居民共同欢呼：One World，One Dream。

3. 教师宣布活动结束。

活动效果测评

（一）通过访问参与活动的社区居民，了解对本次活动的评价。

（二）通过采访参与活动的学生家长，了解参与活动的感受及活动效果。

（三）通过召开活动总结交流会，了解学生参加活动后的感想。

活动自评

本次活动在精心准备、细致策划下成功地完成了。回顾本次活动，学生和家长的热情很高，得到了他们的大力支持。在活动中，学生的收获很多，同时也使在场的社区居民受益匪浅。学生们学会了如何与他人交往，如何与他人合作，如何帮助他人。他们在活动中互学互助、团结协作，使学生学到的外语知识得以运用和展示。在场的居民通过学生模拟奥运会入场式的展示、互助组的学习和奥运知识小竞赛，了解和学习到一些来自五大洲参赛国家的英语名称和英文缩写，认识了这些国家的国旗，学会了一句奥运英语，学生在教授的过程中巩固和提升了专业知识，增强了自信。

在活动中，我充分发挥教师的主导作用去组织活动，使得活动中的各个环节得以顺畅地进行，完成总体目标任务。

本次活动的成功之处

第一，在营造氛围、激发情趣环节中，学生现场模拟奥运会运动员入场时的样子非常神气，伴随着《运动员进行曲》的响起，学生们三人一组举着国旗、英语名称和英文缩写迈着整齐的步伐进入场地。这时全体学生共同参与，他们的学习热情和在场居民的参与热情一下子被调动起来，让所有的人仿佛置身于奥运赛场之中。

第二，在第二个环节中突出体现了本次活动的重点。

重点是让学生和居民了解和学习到一些来自五大洲参赛国国家的英语名称和英文缩写，认识这些国家的国旗。在这个环节中，学生们积极主动地去教参加活动的居民。由于他们的英语基础不同，学生以一名小老师的角色出现在他们面前，耐心、细心、精心地去指导，不放弃、不嫌弃每一个人，直到他们学会为止。活动安排推进了学生主动与他人交流，学会鼓足勇气、主动热情，邀请居民积极地与他们合作，互相帮助，这点学生们完成得很成功。

不足之处

1. 学生们参与社会实践活动较少，有的学生心里紧张，面对摄像机语无伦次，把国家名称说反了。2. 学生主持经验少，在主持的时候，有时给镜头一个背影。

在今后的教学中，我将更加注重学生能力的发展，让学生学以致用把学到的知识应用于现实当中，多开展一些提高学生社会实践能力的活动。

附件（略）

附件1：安全与学生伤害事故预防措施备案表

附件2：第一环节主持词

附件3：奥运知识小竞赛

附件4：诗朗诵，祝福奥运——《我多想》

专家点评

这是一个英语兴趣小组的社会实践活动。

活动设计贴近时代需求，有很强的实效性。结合英语活动特点，带领学生与社区居民共同营造迎接奥运的氛围，采取模拟奥运会开幕式的活动形式，提升了活动品位，奥运知识和游戏活动，使英语的运用富有情境特色。

活动方案设计科学，活动目标清晰，活动过程表述清楚、具体。活动中安排学生与居民自愿结组、互动互学是亮点，体现社会实践活动的服务性。

同在蓝天下，人鸟共家园
——北京市石景山区青少年活动中心美术组赴伴月园公园爱鸟宣传活动

北京市校外教育研究室　田昕

活动依据

（一）依据中央"两办"4号文件精神，青少年活动场所要充分发挥体验实践的功能，要组织青少年积极参与社会实践活动。

（二）美术兴趣小组学员经过几年的刻苦学习，在专业知识技能方面已达到较高水平，迫切需要在社会实践中得以检验、巩固和提高自己。

（三）鸟类是宝贵的自然资源，与人类生活密切相关，是维持生态平衡不可缺少的一部分。爱护环境、保护生态平衡是人类共同的责任，培养学员从小树立环境保护意识是教师的职责。

活动目标

（一）知识目标

学员通过上网、查阅书籍以及参观自然博物馆，聆听解说员讲解，了解有关鸟类与人类关系的相关知识。

（二）能力目标

学员在教师的指导下，通过构思、设计、创作、展示等活动环节，能够独立完成一幅创作作品，提高自主学习和与人交流的能力。

（三）情感目标

学员通过作品创作与展示交流，更加珍爱鸟类，并激发游人热爱生活、热爱大自然、保护鸟类的责任感意识。

活动时间、地点

2010年7月4日，石景山区伴月园公园。

活动对象及规模

美术兴趣小组9—10岁的学员15人及伴月园公园内游人若干。

活动内容和方式

（一）学员查阅资料，参观自然博物馆了解鸟类与人类生活的相关知识。

（二）学员向游人发放调查问卷并创作绘画作品。

（三）学员展示绘画作品并解说作品创意，与现场游人互动交流。

活动重点、难点

重点：学员用自己的绘画作品向游人展示，宣传爱护鸟类的重要意义。

难点：学员将绘画作品的寓意准确地传递给现场游人。

活动准备

（一）教师准备

1. 落实车辆，联系参观自然博物馆的相关事宜。
2. 制定活动方案及安全预案。
3. 准备活动所需防暑降温物品和急救药品。
4. 确定参观博物馆及公园内活动时间，安排两名随行教师。
5. 准备活动所需宣传横幅。
6. 指导学员设计调查问卷。
7. 指导学员统计问卷的正确率。

（二）学生准备

1. 学员上网、查阅书籍，搜集有关鸟类与人类关系的相关资料。
2. 学员在教师指导下，积极研讨，共同设计调查问卷。
3. 学员将收集到的图片、文字资料与问卷整理、筛选、构思。
4. 学员将设计创作思路与教师交流。
5. 学员提前绘成8开铅笔稿，填好颜色。
6. 学员写出作品所表达寓意的文字说明。

活动过程及思路

第一部分

（一）乘车前往北京自然博物馆参观

1. 班长点名，清点人数，检查所带物品，集体乘车。

设计思路：培养学员遵守纪律的好习惯以及锻炼班长的组织能力。

2. 学员聆听讲解员介绍鸟类知识并做好记录。

设计思路：培养学员善于动脑和积极思考的习惯，锻炼学员与他人交流、合作的能力。

3. 学员与讲解员交流互动。

设计思路：针对学员上网和查阅书籍了解到的关于鸟类的知识以及与人类的关

系，带着问题让学员与讲解员进行互动，锻炼学员的语言表达能力，拓宽知识面，开阔视野。

（二）发放并回收整理调查问卷

思路：通过问卷调查，了解游人对鸟类知识以及鸟类与人类关系方面的熟知情况，及时对问卷进行统计分析，促进学员积极参与，提高学员与人的交往能力。

第二部分

（一）教师在教室为学员讲解活动安排并提出活动要求

设计思路：对学生进行爱护公共设施及安全教育，保证活动顺利开展。

（二）由教师带领进入活动场地——伴月园公园

1. 教师与学员悬挂活动横幅。每个学员找到自己的相应位置，由班长宣布活动开始，学员将8开小稿放大绘制到半开画纸上并填好颜色。（约40分钟）

设计思路：通过学员的绘制过程，检验他们构图、造型、色彩搭配的能力。

2. 绘制完毕后将作品展示给现场观众，逐一说明自己作品所要表达的寓意。（约20分钟）

设计思路：锻炼学员能够将作品寓意通过语言准确地传递给游人，提高语言表达能力。

3. 由班长对现场观众进行采访。（约5分钟）

思路：检验学员自主学习、与人交流的能力。

4. 每个学员将作品文字明示于作品下方，展示给现场观众，并与观众交流。（约30分钟）

设计思路：调动学员的积极性，增强自信心，提高学员与人的合作意识。

5. 活动结束。

活动效果测评

（一）现场采访游人。

（二）优秀作品展评。

（三）学员上交一篇心得体会。

附件（略）

附件1：（石景山区青少年活动中心）安全与学生伤害事故预防措施备案表

附件2：爱鸟宣传活动方案提纲

附件3：鸟类普及知识问卷调查

活动自评

这次活动过后，感触颇多，收获颇多。

参加活动的学员来自不同学校，共同的兴趣爱好把他们聚集在一起，从前大家只是每周一个多小时聚在一起画画，仅此而已。但通过这次活动，我感到他们的关系更加亲密无间，互助友爱、共同进步的精神令我感动。在驱车前往自然博物馆进行社会调查的路上，有两名学员晕车，其他孩子都把靠前较舒适的位置让给他们；路上孩子们轮流讲笑话来分散他们的注意力，车厢里一片欢声笑语。在参观过程中，体弱的学员一直受到其他学员的照顾，有的帮助背书包，有的拿出自己带的零食与之分享，增进了学员间的感情。

令我感到意外又惊喜的是，他们面对讲解员有那么多的问题！望着一双双渴望知识的眼睛，看着他们认认真真做的笔记和绘画草稿，我的眼睛湿润了，我没想到作为一名美术专业教师，除了传授他们一技之长外，还能带给他们更多的知识与快乐。在惊喜孩子们对知识的渴望之余，从他们所提的问题中，我也感受到他们知识的匮乏与知识面的狭窄。这一点使我意识到，在以后的专业教学中，应尽可能多地渗透一些课外知识来拓宽视野。

创作是在社会调查与收集了大量资料后进行的，活动当天是北京最热的季节，我担心孩子们要在这么炎热的环境里完成活动会吃不消，为此带了饮用水、人丹、精油等防暑必备品。他们似乎看出了我的忧虑，一边安慰我说："老师，我们不热，没事！"一边帮我悬挂横幅，发纸，挤颜色，做准备工作。望着一张张淌着汗水的笑脸，我的眼睛再一次湿润了！

在孩子们整理好的问卷中，我看到人们对鸟类的认识，与我们生活关系的了解程度比我们想象的还要少！在面临温室效应、空气污染、能源紧缺等诸多问题的情况下，我们有义务唤起人们的环境保护意识，从小做起，从我做起。在这次活动过程中，孩子们的积极参与、家长们的大力支持，为我们的活动提供了各方面便利。

活动结束后我与家长们交流时，他们反映孩子们这样的锻炼机会很少，希望我们能够多组织一些类似的活动，不仅能让孩子增长见识，开阔视野，还能锻炼他们吃苦耐劳的意志品质，这使我增强了信心。从孩子们的心得体会中我感到他们喜欢这样的活动，绘画作业质量与创作能力都有所提高，而且对绘画更感兴趣了，还纷纷跑来问我："老师，我们什么时候还能参加这样的活动？"平时少言寡语的孩子也爱发问了，还时常与其他同学交流创作心得。

的确，这样的社会实践活动我们以前太少关注，也很少组织，像这种既能提高孩子们专业技能，又能让他们了解更多知识，并把所学带到社会，传递给更多人的公益活动，在我们的工作中应大力推广。

素质教育不应只是一句空话，一名合格的教育者应以育人为先，所以在今后的美术教学中，我将定期带学生出去开展这样的社会实践活动，不只局限在教室里，而是使他们能够了解社会，并把所学知识回报社会，服务社会。

专家点评

同在蓝天下，人鸟共家园——美术兴趣小组赴伴月园公园爱鸟宣传活动，注重学生多样化的实践学习方式，强调学生对实际活动过程的亲历体验，通过探究、调查、参观、操作、宣讲等综合实践活动，以主题的形式对活动资源进行整合，有效地培养和发展学生解决问题的能力，探究精神和综合实践能力。

学生通过参观，了解有关鸟类与人类关系的知识；通过作品创作与展示交流，将自己珍爱鸟类、保护大自然的情感和心得与人交流分享。活动的实施体现了个人、社会、自然的内在整合，体现了科学、艺术、德育的整合，促进了学生多方面的情感态度和价值观的发展，培养了学生综合实践能力。

炫动的拨浪鼓，炫亮的歌声
——北京市通州区少年宫声乐提高班社会实践活动

北京市通州区青少年活动中心　曹雅玉

活动依据

（一）以政策依据为基础

根据中央的精神，发挥校外教育面向全体学生的教育服务功能，组织符合地区特点的公益活动。参与学生包括声乐班学生和社区的孩子们。声乐班学生年龄为9—12岁，有较高演唱功底和实践能力；社区的孩子们掌握拨浪鼓制作技艺。这次制作拨浪鼓、学唱《拨浪鼓》这一特殊的实践活动形式，让两部分孩子相识、相知、相互学习，达到了解、传承中国传统文化的目的。

（二）以学生需求为根本

少年宫声乐班学员对拨浪鼓知之甚少。他们虽然会演唱歌曲《拨浪鼓》，但是缺乏对拨浪鼓文化的亲历和理解，即使以前玩过拨浪鼓的居民特别是青少年也对拨浪鼓所蕴涵的传统文化了解得不多，因此，我带领少年宫学员学唱拨浪鼓、了解拨浪鼓、宣传拨浪鼓知识、传承中国传统文化。

（三）以专业特色为依托

一次有趣的声乐社会实践活动，为声乐组学生提供一个实践展示的平台，又给校外儿童提供更多的交流空间，可以说这是一次以学生为主的活动。

活动目标

（一）通过参观京城百工坊活动，声乐班学员充分了解百工坊里各式各样的传统手工艺品，并且向著名的工艺大师学习制作工艺品，使他们在快乐中学到知识。

（二）学员和社区青少年了解拨浪鼓的由来及拨浪鼓的文化特征。

（三）学员以声乐表演、讲述问答、制作拨浪鼓、教唱歌曲等形式宣传中国传统文化。

（四）培养学生与社会接触交往的能力和服务于社会的能力，丰富社区居民的文化生活。

活动对象及规模

通州区北苑社区的孩子共36人。

本宫声乐组高级班9人。

活动内容和方式

活动内容："炫动的拨浪鼓，炫亮的歌声"——慰问北苑社区，传承拨浪鼓文化，倡导低碳生活。

活动方式：现场调查、图示讲解、示范演唱、知识问答、合作表演、现场采访。

活动准备

（一）教师活动

1. 联系参观京城百工坊，全方位了解百工坊里面的手工艺。
2. 与北苑社区居委会等相关部门取得联系，了解当地居民的分布特征，制定可行的活动方案和安全预案。
3. 制订详细的活动时间表，便于中心及家长了解活动具体安排。
4. 编写活动方案。研究、整理"拨浪鼓文化"的资料，征求意见，完善方案。
5. 教师带领学生排练歌曲《拨浪鼓》。
6. 布置场地、音响、场地安全设置、准备药品。
7. 准备活动过程中制作拨浪鼓的剪刀、牛皮纸等必需材料。
8. 做经费预算。

（二）学生活动

1. 完成学习演唱歌曲《拨浪鼓》。
2. 学生通过网络查询、看书、向家人询问等方式多方查阅资料，了解有关拨浪鼓的知识。
3. 学生创编有关"拨浪鼓"的舞蹈、绘画等才艺。
4. 准备活动中发放给社区居民的歌曲曲谱若干份。
5. 声乐组学生到京城百工坊参观、学习，并写观后感。

活动过程及思路

（一）开始部分（引入）

教师活动：向社区居民问好，宣布活动开始后，让北苑社区的孩子们欣赏一段非常好看的动画。

设计思路：引出本次活动的主题，激发学生参与活动的兴趣。

教师活动：对社区的孩子进行现场调查——知道拨浪鼓的人数、了解拨浪鼓的人数和玩过拨浪鼓的人数。

学员活动：对社区的孩子进行现场统计。

设计思路：对社区的孩子进行现场调查，了解其知晓情况，为接下来的活动奠定基础。

（二）了解部分

教师活动：引导声乐班学员进入了解拨浪鼓的环节，组织社区孩子认真学习。

学员活动：

1. 欣赏由声乐班学员创作的、自己心目中的拨浪鼓。

2. 由声乐班学员介绍拨浪鼓的历史及其相关知识。

3. 知识问答，主动了解感兴趣的拨浪鼓知识。

（三）感受、体验部分

教师活动：引导声乐班学员进入教做拨浪鼓的环节，组织声乐班学员教社区的孩子制作拨浪鼓。

学员活动：

1. 声乐班学员讲解制作拨浪鼓的步骤、方法和注意事项。

2. 声乐班学员和社区的孩子分组制作拨浪鼓，从中体验自己动手和与人合作获得成功的自信。

3. 小组展示自己制作的拨浪鼓。

设计思路：从知、情、意、行等方面体验拨浪鼓文化，享受活动带来的快乐。学生全身心地投入到了解拨浪鼓、制作拨浪鼓的过程中，在活动中互帮互助，收获愉悦，满足孩子了解社会、服务社会的需求。

（四）演唱《拨浪鼓》

教师活动：引导声乐班学员进入演唱歌曲《拨浪鼓》的环节，组织社区孩子欣赏由两种不同形式演唱的歌曲。

学员活动：

1. 声乐组的一名学生演唱《拨浪鼓》。

2. 声乐组学生以小合唱的形式展示拨浪鼓，用歌声表达快乐的感受。

设计思路：让学生把对参观京城百工坊的感受融入到《拨浪鼓》演唱中，使社区孩子通过介绍和演唱更加热爱拨浪鼓、了解拨浪鼓，引发对中国传统文化的浓厚兴趣。

（五）教唱歌曲《拨浪鼓》

学员活动：以学员教唱方式进行互动，学员教社区的孩子学唱《拨浪鼓》的曲谱和歌词1—6乐句。

教师活动：充分调动学员与社区居民的学习热情和互动积极性。

设计思路：

1. 让学员利用自己学到的声乐知识和技能通过教唱、表演服务社区孩子，并从中体会到实践的乐趣。

2. 社区的孩子通过学唱，加深对北京传统文化的了解。

（六）合作演唱《拨浪鼓》

学员活动：与社区孩子齐声共唱《拨浪鼓》。

教师活动：以观众的身份为大家的演唱助威。

设计思路：让学员在合作演唱中体会到本次活动的成功，让社区居民的文化生活得到活跃和丰富，增强对声乐演唱的兴趣和对中国传统文化的理解。

（七）结束部分

1. 小组讨论后社区和声乐班学员各派一位代表谈感受。
2. 活动中心老师作全面总结，并提出希望。
3. 声乐班学员将贺卡送给北苑社区的孩子们。
4. 参与活动的所有人员合影留念。

设计思路：激发学生对非物质文化的兴趣，树立传播的责任。

活动效果测评

（一）采用表格评价的方式对学生此次活动涉及的知识和技能掌握情况、能力培养、活动中的情感投入、专注态度等方面评价学生的表现。

（二）声乐班学员进行现场采访，了解学习情况。

（三）师生写活动随想。办专题回顾展，将材料存入学生成长记录袋。

（四）师生互评交流会。老师总结活动设计的合理性、科学性和实效性。

活动自评

本次活动设计思路明确，准备较充分，活动过程有序，能显示出社会实践活动的特点。在活动中学员运用自己了解到的传统文化知识和掌握的演唱技能，热情地为北苑社区居民和青少年服务，发挥了"小老师"的主导作用，体验到"传递拨浪鼓文化"的快乐。作为活动服务对象的居民和青少年，在活动中积极参与、主动学习，形成多元互动，这说明本次活动目标基本达到。

社区领导和居民青少年对本次公益性实践活动持欢迎和支持的态度，他们对活动的内容和形式表现出浓厚的参与兴趣。社区居委会的主任说："少年宫学员深入到社区，给我们带来了优美动听的歌声，使我们感受到了中国传统文化及经久不衰的力量。我们的居民和少年宫的孩子共同演唱《拨浪鼓》，给他们带来了惊喜，孩子们表现了很高的热情，丰富了社区的娱乐生活，使我们学到了中国传统文化知识，加深了彼此之间的友谊和交流，是非常有意义的一次活动。"

本次活动的特点如下

1. 教师在整个活动中突出"导"的作用，不越俎代庖，把活动的自主权真正交给学生，采用互动问答、合作表演的方式，让学员和社区青少年唱拨浪鼓、知拨浪

鼓、说拨浪鼓，共同传承中国传统文化。

2. 本次活动定位明确。在活动中充分发挥社区青少年的主体作用和少年宫师生在活动中的主导作用，通过多元互动的实践形式，创设了一个人人参与、互帮互学、热情饱满的活动氛围。

3. 在活动效果测评的方式上，我们采用现场多元化的评价方法，让活动的参与者共同进行评价。它真实、及时地反映了活动的效果和活动的不足，便于我们对下次活动进行调整和改进。

活动不足及分析、改进

1. 个别学员在活动中表现出参与性不强，在与社区居民和青少年接触中有些怯懦。究其原因除了与学员性格有关外，还与他们缺少与社会的接触和他人的沟通有关。今后应多组织学生走进社会、了解社会，提高他们对社会的亲和力和交往能力。

2. 在教唱歌曲《拨浪鼓》方面，有个别学员不太清楚如何更好地把知识传递给北苑社区的孩子。在今后的活动中，应加强学生之间的沟通、交流、互助，使他们做到相互之间互相学习。教师应引导学生在学会知识的同时，还能用自己的语言表达出来，真正做到会唱、会说、会写、会做。

专家点评

"炫动的拨浪鼓，炫亮的歌声"社会实践活动方案定位准确，依据充分，目标明确，符合要求。活动过程中教师通过让声乐班的孩子们了解、感受和体验拨浪鼓，充分调动学生积极性；活动中互动环节更是凸显了声乐班孩子的主体作用，让学员在活动的同时，收获喜悦，满足了孩子们服务社会的需求。教师准备工作充分，能突出教师的引导作用，达到了较好的教育效果。活动方案文字撰写可进一步简练，突出重点环节。

顺义，我可爱的家乡
——北京市顺义区少年宫声乐组社会实践活动

北京市顺义少年宫　高英梓

活动依据

校外教育规程要求校外单位开展公益性社会实践活动，将学生学习到的知识，运用到社会实践中，做到学有所用、服务社会，既是学生成长的需要，也是校外教育的特质。

随着现代化建设的深入发展，顺义区已经进入了推进新农村建设的快车道，2010年将有30个村庄进入拆迁规划，不久的将来，顺义区将形成具有地域特色的新农村，校外教育的作用将得到进一步发挥。

在声乐教学中，有很多歌曲的内容与现实社会发展是紧密相连的，可以使学生更好地理解和表现歌曲的意境，了解社会和周围的生活变化，我区的现代化发展成果也自然地成了他们了解社会的最好资源。

活动内容

走进新农村，了解新农村。

活动目标

（一）了解新农村的发展变化。

（二）学生能准确完整地完成演唱节目。

（三）学生能在活动中表现出浓厚的兴趣；能用自豪和快乐的心情参与演唱。

活动时间、地点

2010年7月23日，顺义区南彩镇河北村。

活动形式

参观和慰问演出。

活动重点、难点

重点：1.关注新农村发展变化特色；2.小组学员节目的准备与表演。

难点：活动的组织与学生情绪发展变化的把握。

活动对象及规模

声乐班学员和河北村舞蹈队村民共40人。

活动准备

（一）教师进行活动说明和动员。

（二）教师和学生一起选歌曲。

（三）学生学唱歌曲，并且进行排练。

（四）选择演出服装。

（五）音响准备。

（六）去顺义区南彩镇河北村联系场地，同村领导交流活动计划，取得村领导的支持。让村民学唱歌曲《顺义，我可爱的家乡》。

（七）学生进行主持词的创编，教师训练主持人。

（八）安全预案。

活动过程

（一）走进农村，感受新变化，了解新发展

1. 村领导介绍发展变化

由村领导具体介绍本村的过去和现在的变化。

2. 参观

带领学生参观新建后的幸福大街和文体大院，在参观的过程中，学生向村领导提问：新农村的新旧对比、文体大院的活动情况和参与人员的结构等。

本环节由村领导进行介绍和学生参观两个步骤组成，因此村里的领导是活动的主导，学生是活动主体。为了取得实效，教师在活动前同村领导进行认真具体的交流，建议村领导在介绍过程中，通过具体的事例和数字进行讲解，这样便于学生理解和记忆。教师在活动前还要向学生提出具体要求：要求学生记住发展变化的特点（为活动后的总结交流做准备）。教师要做好组织工作，同时还要认真做好记录。

3. 阶段检测

在村领导讲解和学生参观后，教师对学生进行提问：

（1）你记住了本村发展的哪些具体变化？

（2）你听了村领导介绍后有什么感受？

通过教师的引导，学生能体会出新农村的村民不仅物质生活富裕，还在追求精神生活的享受。

（二）服务新农村，歌唱新生活，赞美我家乡

本次活动设计的第二个环节是为村民表演节目。不仅是学生表演，还会邀请本村的村民一起演唱。意在通过和村民共同表演，让学生感受新生活给村民带来的快

乐。本环节学生是活动的主体，而教师则变成了活动的主导。

为了保证节目表演的顺利进行，教师的组织工作体现在四个方面：

1. 主持人；
2. 音响效果；
3. 节目的衔接；
4. 演出结尾的组织。

以上四点是本环节能否顺利进行的关键因素。作为教师本人，重点关注主持人的表现和节目的衔接。节目的衔接由学生负责，教师作具体的指导。具体的做法是：前三个节目候场。演出开始后，由学生催场。结尾演唱村民的参与很关键，因为《顺义，我可爱的家乡》是一首歌颂自己家乡的歌曲，演唱过程中村民会产生共鸣。教师要积极地进行组织，促成村民和学生的演唱融合在一起，激发情绪，使演出达到高潮。

问题预设：通过第一环节活动后，学生的情绪可能会激动，这样在演出中，可能会出现问题，教师要在演出过程中不断提醒学生。

1. 精力集中；
2. 团结协作；
3. 注意演唱质量。

活动效果测评

（一）演出结束后，对村民进行采访，了解村民对演出活动的感受。

（二）学生谈感受并写一篇日记。

（三）村民访谈。

活动自评

此次活动，通过听（介绍）、看（参观）、演（演唱）的活动环节，使学生对农村的变化有了直观了解，并且感受到这种变化突出的是一个"新"字——是中国小康社会农村发展的方向：既有优美宜居的环境，又有丰富多彩的文化生活。

通过听和看的环节，学生的情绪得到了升华。他们带着兴奋的心情进行演唱，唱出他们的自豪和快乐，唱出他们的幸福与向往。这种演唱是学生美好情感的释放，也是学生对参与新农村建设群众的赞扬和服务。

本次活动完成了具体内容和任务，实现了预设的活动目标。学生通过活动，加深了对社会的了解和对家乡的热爱之情，既拉近了与村民的距离，同时也锻炼和培养了学生的能力。

本次活动的亮点是主题设计适当，将本地区社会的现代化发展同校外教育的需要相结合。活动内容既有学生深切的感受，又有专业能力的实践。整个活动气氛热

烈，取得了预想的效果，为丰富学生的实践经历搭建了适当的平台。

活动前周密的方案设计和充分的准备工作，保证了本次活动的成功。活动环节连接紧凑，录制过程顺利，总体效果良好。例如：准备过程中，在节目的安排上让几名提高班的同学演唱歌曲《隐形的翅膀》，由于学生学习声乐的时间比较长，保证了演出的效果。在节目的排练上，我和学生简单地编排了歌曲的动作，然后学生分组练习，每个组选一名负责人，他们再进行修改；通过反复地排练，锻炼了学生的创造力和组织能力，学员们出色地完成了任务。

在活动过程中，老师的组织起到了关键的作用。为了使演出能顺利进行，提高班的学生帮助老师组织每个节目上下场和拿话筒，主动承担起了舞台工作人员的任务。通过活动，学生不仅提高了演唱水平，其他方面的能力也得到了提高。

这次活动给学生们留下了深刻的印象。他们在日记中写道：河北村真好，环境好，奶奶们也好，奶奶还给我们演出了节目，还陪我们演唱了《顺义，我可爱的家乡》，我觉得这是我最幸福的下午。通过学生的日记，可以看出本次活动取得了很好的效果。

不足之处

在活动的最后，学生谈对此次活动的感受，村民也发表了感想，由于组织工作不细致，秩序有一些乱，应该组织村民按一定的顺序来说。

活动选择的时间不太合适，下午两点时天气还太热，在活动的开始，本应在河北村门口由村领导作总体介绍的环节改为边走边说，另外观众比预想的也要少。如果把时间改在上午，我想效果会更好。

通过这次活动，不仅锻炼了教师的社交和组织能力，也使自己对今后教学活动的开展有了新的思考。

本次活动的不足，使自己认识到今后再组织学生社会实践活动时，要综合考虑有关的活动要素，从方案设计到节目准备，从场地到活动时间，从活动程序到组织方法，从学生排练到家长动员，从对方领导到活动群众等，都要进行周密的准备。

专家点评

《顺义，我可爱的家乡》社会实践活动方案定位准确，有政策依据。符合要求。

活动过程通过听、看、演三个环节，使学生进一步感受到了家乡的"新"变化，从而更加热爱自己的家乡。声乐班的孩子在参加活动的同时将学到的声乐知识用于服务社会，锻炼培养了学生的实践能力。活动方案还需进一步规范，准备工作不必在活动过程中再次出现。重点要突出在学生服务社会方面有哪些更好的教育效果，在活动创新方面有待加强。

同庆端午，敬老演出
——北京市燕山少年宫舞蹈组社会实践活动

北京市燕山少年宫　康怡

活动依据

一天我走在去单位的路上，看见一位老人带着一个很可爱的小孩，孩子漂亮的面容使得我不由得一直看他，可是这小孩一张口却使我很吃惊："哎呀！我跟你说话你听到没有啊？我说我累啦，你过来背着我走。"老人无奈地说："宝贝啊，奶奶背不动你啦，自己走吧，啊，乖！""我不，我不，我不……"老人最终摇摇头背起了小孩。

尊老爱幼是我们先辈传承下来的一笔宝贵的精神财富，老人们都能做到爱幼，可尊老呢？现在的社会家家都是一个孩子，含在嘴里怕化了，捧在手心怕摔了，从小娇生惯养，过着衣来伸手、饭来张口的生活，因而容易造成孩子自私、任性、以自我为中心的品行。大家都知道隔辈儿亲，就是说爷爷奶奶、姥姥姥爷对于孙子孙女的特殊情感。这种疼爱远远超乎你的想象，这份爱是无私的、是真诚的，但它在无形当中慢慢对孩子的成长带来困扰。经过这一幕，我就有了让孩子们去福利院慰问孤寡老人的想法。想让孩子们看看那些没有亲人陪伴、生活不能自理，加上内心孤独与寂寞的老人是怎样生活的。希望他们能珍惜现在的幸福，也希望通过慰问活动，使学生从中感悟些什么，哪怕只是一点点，所以，我向领导申请慰问敬老院的想法。

舞蹈班学员大部分是幼儿园学员，还有4个四年级学员，学习舞蹈一年，基本没有表演经验。为了培养学生尊老、敬老的意识，本次活动通过慰问、表演、交流，让学生对老年人的生活多一份了解、多一份关爱，学会孝敬老人，培养学生的主动参与、敢于沟通交往的能力，引导学生发挥自己的特长为老人服务。

活动目标

（一）用学生自己所学的舞蹈为敬老院的爷爷奶奶们献上节日的祝福，送去欢笑。

（二）通过活动让学员将学过的知识应用到社会实践中去。

活动对象及规模

燕山少年宫舞蹈学员16名，燕山敬老院领导2名、老年人约40名。

活动内容和方式

在端午节来临之际,燕山少年宫舞蹈班的学员前往燕山敬老院慰问演出,通过学生的舞蹈表演,为爷爷奶奶们献上节日的祝福,并送去自己亲手做的小礼物。

活动重点、难点

重点:通过慰问演出和爱心交流,为敬老院的老人带来欢乐。

难点:因为大部分的学生年龄较小(五六岁),所以在与老人交流沟通上会存在难度。

活动准备

(一)提前与敬老院的领导联系好活动事宜。

(二)亲自去敬老院勘察表演场地,与院长作进一步的沟通。提前一天挂横幅。

(三)安排好活动相关的负责人员,做好安全预案。

(四)活动前利用两周课的时间对学生进行爱心教育,了解敬老院这个群体,为爷爷奶奶按摩的互动环节需要提前以角色互换的形式反复训练,并要求学生回家为自己家的老人实践一下。教师制定节目单,并利用业余时间和小主持人排练报幕词。

(五)制作小礼物。要求学生亲手制作并在礼物背面署名,表达自己的一份心意。

活动过程及思路

(一)到达地点,活动准备

1. 参加活动学员6月13日上午9:00在燕山敬老院门口集合。
2. 9:10化妆、换衣服。
3. 9:40为敬老院观看节目的老人分发准备的水果。
4. 音响调音、试光盘。
5. 教师提示活动要求和安全注意事项。

(二)文艺表演,老少互动

1. 敬老院贾院长致辞,少年宫师生献报幕词

(报幕单请见附件)

2. 表演节目

(1)《动物大乐园》、《鸡走步》

表演者:李子墨、赵爱桐等

(2)《东北秧歌》

表演者:冯欣洁、万芳等

(3)《劳动最光荣》、《小花猫》

表演者:韩慧彤、张源等

（4）《洗手绢》、《蛙跳步》

表演者：肖月、韩家和、张一涵等

（5）与爷爷奶奶歌舞互动

（6）《小燕子》

表演者：冯欣洁、万芳、梁雪琦等

（7）《美丽的纱巾》、《上学歌》

表演者：刘玉溪、马铃等

（8）集体舞《我是爷爷奶奶的乖宝宝》同时为爷爷奶奶捏肩捶背，展开互动。

表演者：全体舞蹈班学员

3. 学生给老人们分发自己亲手制作的小礼物

4. 教师进行小结

相聚的时光总是快乐而短暂的，今天的演出对每个小朋友来说都是一次难忘的经历。爷爷奶奶们温暖慈祥的笑容是对小朋友们表演的肯定，更会成为他们今后学习舞蹈的动力。希望明年端午我们还有机会来敬老院演出，为爷爷奶奶们献上更精彩的节目。敬老是中华民族的传统美德，它滋生了情感也丰润了生活，我们一定要把这份爱心永远地传递下去。

5. 与老人合影留念

活动效果测评

（一）学员回来后观看活动录像。

（二）大点的学生写日记或写感想。

（三）学员演出时的情况。

（四）学员参与活动的积极性、主动性。

（五）学员与老人互动情况。

附件（略）

附件：燕山少年宫安全与学生伤害事故预防措施备案表

活动自评

这次活动结束后，小班家长们反映：孩子们更加关心身边的老人了，经常会一边唱着《为爷爷奶奶捏肩捶腿》的儿歌一边为老人按摩。五年级的小主持给我看了她写的一篇感想。通过这篇感想，我们能真切地体会到这次活动让孩子们懂得了人与人之间的关爱是多么的重要，并且通过自己所学的舞蹈给老人们带来温暖、带去快乐，对生活、生命等都有了新的认识。

活动亮点与不足

我觉得这次实践活动就是让我们这些一线教师走出教室服务社会，这样的活动不但可以提高学生的实践能力，对我们教师本身也是一个很好的锻炼。为了这次活动，我做了大量的前期准备和具体工作。

1. 从选择服务对象到精心设计活动方式、活动方案及活动过程。为了把活动搞得丰富多彩，我要努力把每一个细节都考虑到。比如在与敬老院沟通方面：多大年龄段的孩子最受老人喜欢？互动时老人适合什么样的互动方式？老人能接受多长时间的节目？有多少老人能来参加等一系列事项都需要考虑到。

2. 学生活动前的准备是最重要的部分，首先我要为年龄较小的学生讲解敬老院是怎样的一个群体，激发他们的爱心，并把演出的每一个舞蹈都认真地编排。互动的环节是本次活动的亮点和难点（为爷爷奶奶按摩），因为年龄较小的孩子在一个陌生的环境和陌生的面孔接触一定会紧张和拘谨。为了解决这一问题，我找到一首《给爷爷奶奶捏肩捶背》的儿歌，并编排了一个小舞蹈，在前期以模拟和角色互换的方式反复训练，确保活动拉近学生和老人彼此之间的情感距离。

3. 活动的最后我利用为爷爷奶奶按摩的互动环节把气氛推向高潮，互动中老人拉着学生的手愉快地聊天，有的笑呵呵地说着"谢谢好孩子"。在散场的时候有位老爷爷热泪盈眶地拉着我的手连声说："谢谢你啊老师，孩子们很可爱，希望你们常来啊！"虽然我们只是表演了一些舞蹈节目，但是给老人们送去的却是快乐和温暖。

4. 在活动过程中要尽可能地考虑到每一个环节，比如每一个节目的音乐，每一个舞蹈的服装，报幕词和活动时可能出现的安全问题。

5. 由于我和学生们参加社会实践活动很少，经验不足，所以会出现一些问题。例如孩子们对老人不了解，除了老师教的之外不知还应该做些什么，所以互动时的气氛不够积极。由于活动很受欢迎，到场参加活动的老人比计划的多了一倍，所以在互动环节上有些老人就会照顾不到。

总结：正所谓"失败是成功之母"，我要把每次的失败当做前进的动力，为今后开辟更宽阔的舞蹈教育道路。

专家点评

该社会实践活动方案的优点是：

1. 活动切入角度真实可信，说明指导教师注意观察生活。

2. 活动中利用端午节的机会，安排学生给老人赠送自己亲手制作的小礼品，增加了学生和老人之间的亲情；同时也说明活动的准备工作充分。

3. 学生们到敬老院已经不仅仅是给老人们演演节目、跳跳舞蹈，最感人和有意义的是学生们给老人们捏肩捶背。活动结束时互相拥抱的环节，延续了尊老爱幼的传统美德，体现了真诚的爱心，使活动的教育意义更为深刻。

4. 自评对活动的亮点写得较好，表达得比较准确，细节考虑得比较周到。

不足之处有：1. 活动的重点写得不具体。2. 在语法和文字措辞方面要注意准确性。

参观小提琴制作坊
——北京市门头沟区少年宫小提琴组社会实践活动

北京市门头沟区少年宫　李波

活动依据

（一）《课外校外教育学》中提出：课外校外教育活动内容是广泛的，与之相适应的组织形式也是多种多样的，主要采用适合儿童、青少年特点的小组活动以及调查、参观、访问等形式。

（二）《课外校外教育学》还提出：课外校外教育要把辩证唯物主义认识论的实践第一的观点引入活动过程。有些知识和技能学生主要不是靠辅导教师教，而是靠自己动手动脑实践，在实践中获得的；而有些知识和技能则是要创造条件让学生在实践中运用这些知识和技能的。在课外校外活动中，学生是在实践中学习，又在学习中实践，这样知识才能记得牢，技巧不会忘，这非常有利于培养他们的实践能力。

（三）我国现代化建设所需要的人才是"有理想、有道德、有文化、有纪律"的德、智、体、美全面发展，具有创新精神和实践能力的复合型人才。这是我国实施素质教育的目的所在，学生需要这种综合能力的实践锻炼。

活动目标

（一）通过活动全体学生能够了解琴师们的工作环境以及如何制作小提琴的过程，能够简单地概述制作的流程。

（二）学生通过自己实际动手学习制作过程，体会制作的难度与辛苦，能够感受到每一把制作好的小提琴都蕴涵了制琴师们的情感与辛劳。

（三）为了表示对琴师们的感谢和敬意，学生们为琴师们表演节目。

活动对象及规模

在少年宫学习小提琴的学员，共15人，年龄为5—11岁。

活动内容和方式

（一）学习参观小提琴制作过程，了解琴师们的工作状态。

（二）亲手学习如何制作小提琴。

（三）学生用表演节目的形式来感谢制琴师们的辛勤劳动。

活动重点、难点

重点：参观小提琴制作，与琴师沟通交流并动手学习制作过程。

难点：学习和制作，并从中能够体会提琴师们的辛劳。

活动准备

（一）提前进行踩点工作，与制琴作坊领导进行沟通。

（二）联系学生召开会议，通知参观事项。

（三）安排学生预习演出节目。

（四）研究策划活动方案。

（五）做好活动预算经费。

（六）安排时间、车辆、人员及照相、摄像。

活动过程及思路

（一）2010年6月早上从少年宫集合，乘车到达平谷东高村华东提琴手工作坊进行参观，提示同学们注意参观过程中的安全问题。

1. 不要在车厢内大声喧哗。

2. 不能将果皮等垃圾丢弃在车上，更不能将垃圾废物从车窗扔出去。

3. 禁止将头或手臂伸出窗外。

4. 爱护车内的一切设施。

5. 如有晕车的同学，请将呕吐物吐在自备的塑料袋内，下车时带出车外扔在垃圾箱内。

（二）参观过程。

1. 到达目的地后，排队进入参观场地，首先由解说员给同学们介绍小提琴的来源及历史，同学们列队仔细聆听。

2. 正式开始参观制作小提琴的每个流程，由解说员把每一个制作过程详细地介绍给同学们，同学们仔细观察琴师们的技能。

3. 学生亲自体验，实际操作制琴过程中的其中几项，并与制琴师们进行交流。

4. 为了感谢制琴师们的辛劳，同学们为他们表演了精彩的节目。

5. 参观结束后，同学们集体感谢解说员及作坊领导，集体乘车安全返回。

6. 在驱车返回的路上，同学们之间相互沟通，说出自己的体会，回家后每人写一份心得。

活动效果测评

观察、交流、动手制作、说体会、写心得。

附件（略）

附件：活动安全与学生伤害事故预防措施备案表。

活动自评

（一）对活动的总体进行概述

本次实践活动融知识、技能、情感等为一体，具有主题鲜明、内容丰富生动、形式开放、情感因素突出、感染力强的特点，不仅使孩子们增长了知识，扩大了视野，激发了他们接触新事物、了解新事物的兴趣，丰富了他们的知识，同时也锻炼了他们的音乐技能，使他们服务社会、快乐他人、快乐自己。

活动目标符合学生发展的需要，从组织到实施，从筹备到完善，每一个环节都紧紧相扣。活动形式受到了孩子们的喜爱，活动过程受到各界的支持，活动内容受到积极的鼓励和赞扬，活动整体效果受到大家的一致好评。

学生们在过程中聆听、观察、交流、动手操作时，表现出积极的参与热情，感受制琴师们的工作状态，体会制琴师们制作小提琴是多么的不易。参观结束后用自己的技能演出给制琴师们带来快乐，以此表达对制琴师们的敬意，并且通过写心得的方式，更加体现出同学们对这次活动的喜爱。本次活动从设计到组织及活动目标均已实现。

（二）对本次活动成功之处的分析

在参观过程中，让学生们亲自动手操作制作小提琴的几个过程，在动手中大家积极踊跃地投入其中，制琴师们也非常耐心地给孩子们讲解在制琴的环节中如何使用工具、如何打磨、力量的轻重、方法的运用。学生们在聆听的同时模仿制琴师们的动作，非常认真、非常仔细地动手去做，从参与的积极性与踊跃的程度上，都表现出同学们很感兴趣，很认真。平时他们如有参观活动也只是听听看看，从来没接触过这种类型的活动，也没有体会过这种形式，对自己学习的小提琴来说也只是简单地知道小提琴是用木头做的，对制琴师们是如何把一把漂亮精致的小提琴制作出来是闻所未闻，对琴师们的工作过程是什么样的更是见所未见。

孩子们在参观完制琴过程后，又亲自动手实践，从中了解制琴师们制作小提琴工作的过程，更加体会到了制琴师们的辛勤与不易。为此，同学们用演出对制琴师们的辛劳付出表达一种敬意。

本次活动还有一个意外的亮点就是（活动设计中没有这项），在参观到制琴过程的最后一个环节——给提琴上漆，架子上有已经做好的提琴，解说员给大家介绍完这个环节后突然问道：有没有同学想拿这新制作好的小提琴试试呀？大家当时都愣了一下，这是本次活动没有想到的。看到这是个很难得的机会，我就立即鼓励大家，同学们如果想试试，大胆地去做吧！史天依同学非常踊跃地说：我来试试。他拿起制作好的非常漂亮的小提琴，给大家演奏了一个乐曲片段，音色非常好听，其他同学都用羡慕的眼神看着他用新琴演奏，大家都高兴地鼓掌，气氛非常好。这也是参观过程中出现的一个小高潮，同时这也是个意外的收获，本次活动所要实现的目标及成功的亮点均已实现。

（三）对存在的问题与不足的反思

1. 在动手制作环节中，一些年龄小、胆小的同学有点放不开，不敢去尝试动手制作，教师只是一味地观察他们的状态，希望他们自己去积极体会。大胆的同学都体会了制作方法，胆小的孩子只是在看，同时还有些犹豫，并没有主动去做，当时教师应该鼓励那些孩子积极勇敢地去实践，我想效果一定会更好，这方面欠缺考虑。

2. 在设计活动时，对活动过程中有可能出现的一些突发问题欠缺考虑。如在孩子们给制琴师们表演节目时，最后一个上场表演的是二重奏，可是当开始演奏时，其中一个学生的琴突然坏了，没有办法只好取消这个节目。这多少会影响这次活动的气氛，同时也影响到了孩子的情绪。应该在活动之前检查学生的琴，做到准备充分、万无一失，避免出现这种情况。

专家点评

组织学生参观小提琴工作坊社会实践活动与小组特点十分贴切，实践活动的设计思路清晰、目的明确，活动准备工作充分，活动过程安排得有序。

学员在老师的指导下，通过与工人师傅的交流及亲身体验感受琴的制作过程，对于学员深入了解提琴零部件与发音的关系、进一步认识提琴与人即制作工人和拉琴人的关系，很有帮助。

如能进一步帮助学员深刻认识提琴、把握提琴，进而提升科学拉琴的素养和帮助学员知道华东提琴手工坊生产的提琴虽然产量高，但艺术价值低，大都只能作为初学者使用的学习琴，与意大利等欧洲国家生产的提琴相比有较大的差距的现实，从而激发学员提升专业素养的决心，树立起服务国家、为国争光的观念，就更好了。

音乐连着我和你
——北京市昌平区少年宫声乐组"让音乐走进社区"社会实践活动

北京市昌平区少年宫 刘桂艳

活动依据

在音乐教学活动中要增强学员的合作意识和创新意识，本次活动遵循以合作促创新、以竞争求发展的原则。根据学员活泼好动、乐于表现等特点以及社区居民实际生活的需要，组织本次社会实践活动。此次活动本着贴近生活、贴近实际、贴近学生的原则，结合本专业特点，走进社区，进行社会实践活动，为丰富社区群众业余文化生活作出自己的贡献。

活动目标

（一）知识与技能目标：正确区别2/4拍与3/4拍的节奏型，根据其特点配以相应的音乐。

（二）过程与方法目标：通过学生演练结合、相互交流的方式，促进其对乐曲的理解和弹奏的熟练程度。

（三）情感态度与价值观目标：通过合作学习，使学员能够大胆地主持和表演，激发学生的表演欲望，增强其竞争意识，并建立学员之间的和谐关系。

活动内容及形式

采访及调查问卷；介绍电子琴；小组学员演奏电子琴曲目及讲解；教师总结；为居民伴奏合唱歌曲。

以学员的主持贯穿活动始终，以小组学员表演及讲解为主要内容，教师不断指导为辅助，从不同角度锻炼学生多方面的能力。

活动时间和地点

2008年8月28日，昌平区新新公寓社区。

活动重点

通过2/4与3/4拍节奏特点的对比，使学员将其熟练运用到电子琴的乐曲当中，进而提高学生的演奏水平。

活动对象及规模

少年宫声乐组学员17人。

活动准备

（一）活动场地、活动设备、参加活动学生的落实。

（二）以调查问卷的形式了解社区居民喜爱的音乐。

（三）教师指导学员演奏曲目。

（四）培训主持人，使他们掌握主持方法并能引导社区居民积极参加。

（五）教师准备方案：制作课件。

活动过程

主持人致辞并宣布活动开始，采访社区居民。

采访社区居民喜欢的音乐素材，将其运用到音乐活动当中（了解社会）。锻炼学员的胆量。

音乐调查问卷（希望您能根据自己的实际情况作出选择）

年龄：　　　性别：　　　职业：

1. 您喜欢音乐吗？（　）

   A．喜欢　B．不喜欢

2. 您经常听音乐吗？（　）

   A．经常　B．有时　C．偶尔　D．极少

3. 您喜欢听欢快的音乐还是忧伤的音乐？（　）

   A．欢快的　B．忧伤的

4. 您认为音乐与人的情绪有关系吗？（　）

   A．关系密切　B．有点关系　C．毫无关系　D．不清楚

5. 您喜欢什么乐器？（请注明）

活动一：演奏《卡门序曲》、《阿里山的姑娘》，介绍电子琴（以音色、节奏为主）

选择两首熟悉的乐曲由两组学员分别演奏，通过合作，使学员之间建立和谐的关系，感受与他人合作的乐趣，感受为别人演奏带来的快乐，从而激发他们的表演欲望，提高学习兴趣。

一位学员用演示文稿介绍电子琴，一位学员做辅助（演示不同音色和节奏）。

活动二：演奏《可爱的蓝精灵》、《雪绒花》，介绍2/4拍与3/4拍节奏特点

《可爱的蓝精灵》是齐奏，通过表演展示，提高对乐曲的理解和演奏熟练度。

《雪绒花》特意设计了与小提琴合奏，通过活动，使学员知道电子琴不仅可以单独演奏，还可以与其他乐器合奏，从而提高学习兴趣。

节奏是音乐的骨干，只有深入地了解各节奏特点，才能更好地理解音乐、表现

音乐。

选择两首熟悉而节奏截然不同的乐曲,通过学员对2/4拍与3/4拍节奏型对比与讲解,使学员对两种节奏型的知识记忆更深。

活动三:互动环节(猜节奏和选节奏)

学员展示《孤独的牧羊人》(居民猜是2/4拍还是3/4拍)。

居民为《小白船》选择节奏。

这个环节可能会出现选择的节奏不统一,这时教师要做简单指导,可以锻炼主持人随机应变的能力。

学员伴奏合唱《歌声与微笑》。

整个互动环节的设计是想通过学员之间、学员与居民之间的合作与交流,提高学员对所弹奏音乐的喜爱,增强自信心,营造活跃气氛,使学员加深对2/4拍与3/4拍的节奏特点的记忆,根据其特点配以相应的音乐。

活动四:现场采访(居民,学员谈感受)及教师总结

了解活动结果,给予表扬和鼓励,从而激发学生的表演欲望,提高学习兴趣,增强自信心。

活动效果测评

展示、评价、采访、教师总结。

活动自评

(一)活动概述

本学期为了提高学员的社会实践能力,让学员真正地走进社区,开展了"音乐连着我和你"社会实践活动,通过学员演奏乐曲、社区居民猜乐曲节奏、学生初步讲解相关知识等活动,使学员将所学的知识在实践中得到运用和展示,从而激发学生的学习热情,提高学生自信心。这次活动也是对组员能力、技能技巧和临场演奏水平的一个检验,不仅给学生一个展示的平台,还能丰富社区文化生活,增进与社区居民之间的感情,为创建和谐社会贡献出自己的一份力量。

(二)活动反思

1. 教师

通过这次活动,使我对社会实践活动的目的和意义有了更深一步的了解,规划和组织整个活动的能力有了很大的提高。我觉得教师在整个实践活动中的组织能力、引导学生如何进行表演的能力、观察能力都很重要,在本次活动中深有体会。

2. 学生

通过这次活动,学生的学习兴趣有了很大的提高,并且得到了很好的锻炼,虽然录像时小主持人的表现不是很完美,但是大家都付出了百分之百的努力和真心。所以在今

后的小组活动中，要注意加强对学生语言表达、心理素质和创新意识的培养。

通过本次活动，提高了学生的表演能力、语言表达能力、与社区居民互动的能力，使学生体会到学有所用，同时感受到给社区居民带来欢乐的成就感。

3. 社区居民

通过这次活动，社区居民也有很大的收获。这次的活动内容非常贴近社区居民的生活，居民对音乐有着浓厚的兴趣，大家都希望能多搞一些像这样的活动，既有娱乐性，又能学到知识。在以后的小组活动中，我会进行大胆的尝试，多走进社区，开展既有表演展示又有相关音乐知识讲解的教学活动，多给社区居民带来欢乐。

（三）活动亮点

1. 本次活动以学员主持的形式贯穿始终，充分发挥了学员的主体作用，激发了学员的积极性和学习的主动性。学生在整个活动中很多方面的能力得到了培养，开阔了学生的视野，提高了学生的音乐表演素养。

2. 本次活动是以表演展示与知识竞猜相结合的方式，让学员将所学知识和能力在实践活动中得到运用和展示，这也是对学员技能技巧、临场表演能力的一次检验，在整个活动中学生的自信心得到了很好的培养。

3. 这次活动不仅给学员一个展示的平台，还能丰富社区文化生活，使社区居民了解音乐、喜爱音乐，并增进与社区居民之间的沟通，为创建和谐社会贡献出自己的一份力量。

（四）活动中的不足

在活动中，学员在演奏的表现力方面缺少一些激情，个别学员在表演过程中还是有些紧张。针对这样的情况，我会在今后的教学工作中，注重对学员表演能力的培养，多给学员欣赏一些名家表演的视频，同时多给学员提供展示的机会，使学员的音乐表现力得到提高。

专家点评

该实践活动思路清晰，活动定位准确，活动目标基本明确。全体学员参与了实践活动的准备工作，增强了学生的责任感和参与意识。实践活动过程严谨，互动性强，在普及乐器常识活动的同时，拉近了学员与社区居民的关系，使全体学员认识到了自己的价值，有利于学员正确价值观的确立和树立长期服务社区居民的责任意识。在讲解基本音乐常识和为居民伴奏过程中，提高了学员电子琴水平。

这是一次社会实践活动，不涉及"竞争"，也并非只是要建立"学员之间的和谐关系"，需要教师对该活动所确定的情感态度价值观目标"使学员能够大胆地主持和表演，激发学生的表演欲望，增强其竞争意识，并建立学员之间的和谐关系"，再做进一步斟酌。

我们如何面对地震
——北京市东城区青少年科技馆机器人组社会实践活动

东城区青少年科技馆　刘睿

活动依据

（一）四川省汶川大地震发生后，中央各部委多次召开会议，出台一系列文件政策和措施。

（二）随着时间进入了21世纪，地球进入了一个地壳运动频发期，面对自然灾害，人的力量显得如此渺小，"5·12"汶川地震，"4·14"玉树地震，使我们思考面对地震如何才是有效的安全行为，如何在地震中获得生存。

（三）以学生发展为出发点，引导他们在社会实践活动中，利用自己所学，结合社会最前沿的机器人技术，为人们传播面对地震如何保护自己的知识，提高学生的安全意识。

活动时间、地点

2010年6月12日下午16:00—18:00，东城区青少年科技馆大门外。

活动对象及规模

机器人组组员15人，为小学四年级至高中一年级的学生，都具有一定的机器人技术知识、动手能力，并进行了相关的培训。

活动目标

（一）组员通过本次社会实践活动，能对地震相关知识进行讲解，并能掌握人形机器人编程技巧。

（二）组员能独立完成有创意的机器人表演方案的设计，并通过制作和设计地震模拟场景，组员分别掌握对机械制图的绘制技巧和机器人动作设计及调试。

（三）组员通过本次活动提高独立解决问题能力(对剧本及情景剧的设计编写和演练展示)，增强自身安全意识。

活动重点、难点

重点：让组员了解应对地震的相关知识，用所学知识对机器人进行汇编编程。

难点：组员通过制作机器人场景，掌握采用电脑辅助机械制图绘制方法。

活动内容和方式

由前期准备、活动过程两部分组成，其中活动过程部分是面向社会，由根据地震发生时的三种不同情况编排的机器人情景演示剧组成。

活动准备

（一）组织准备

分别通过网络搜索、书籍查阅等方式了解正确的应对地震措施。

设计调查问卷，了解人们对地震的认识和对地震应对措施的看法，确定选题及表现方法。（调查问卷见附件1，本次共对50人进行问卷调查，其中有100%的人对地震的第一反应是错误或不当的，有92%的人对机器人的认识存在误区和不理解）

针对所查找资料和调查的结果进行具体表演内容讨论,确定剧本，排演机器人情景短剧。

根据讨论结果进行人员的具体分工(例如：道具制作、编剧、场景制作、机器人控制、机器人修改、现场主持人、相关材料准备等)。

教师在这个环节引导学生进行资料准备,并针对活动进行安全、设备及工具的使用方法及注意事项教育。

（二）知识技能准备

1. 组员归纳出面对突发地震我们应如何正确躲避,以及地震的相关知识。

2. 师生共同设计活动方案。研究活动过程中可能遇到的几种不同情况，并制定相应预案。整个过程在教师指导下由组员设计完成并制定安全预案（见附件2）。

3. 制作演示文稿。查找相关资料，经过讨论和整理，分别制作出"地震逃生"、"地震中的生命"、"地震搜救"等演示文稿。

（三）模拟地震场景制作及相关准备

1. 模拟地震场景制作及相关美工

组员在这个环节将从机械设计入手，先采用手绘草图，然后利用电脑进行机械制图并实地前往工厂进行加工，最终回到科技馆进行组装及相关美工。通过制作使得学生掌握采用Soilwork2010制图软件制作技巧，同时因为模拟场景涉及地震效果需提前进行电脑模拟，以确保数据科学和工厂加工准确。教师在活动中先教以平面草图作为机械制图基础知识讲解，再采用立体几何多视图概念引导组员理解空间概念，最后组员通过物理及机械运动原理在电脑上进行模拟及数据测量（软件介绍及学生学习过程详见附件3）。

2. 机器人程序编写（机器人介绍及优化程序见附件4）

教师引导学生尽量多地采用宏代换和变量逻辑运算优化程序。

3. 机器人情景剧排练

（四）设备及经费安排

1. 设备设施准备：两套电脑设备、音箱、展板，机器人及地震模拟场景。
2. 经费预算：场景制作费用300元、礼品50元、装饰50元。

活动过程

（一）活动引入

1. 地震来袭（幻灯片展示）

通过《地震来袭》幻灯片的演示，让组员能很直观地认识地震带来的破坏力，为现场营造气氛，同时引发组员对地震的重视。

2. 讲解机器人基础知识（视频演示）

通过机器人搜救视频的播放，针对上一个幻灯片演示更进一步引导学员，利用自己所学的机器人技术来帮助人们应对地震所带来的伤害。

（二）实践活动

通过机器人操控和知识问答，同时配合制作的展板和爱心名片调动气氛，同时利用《机器人模拟地震演示仪》进行机器人情景剧的表演，检验组员学习机器人程序控制的几个对应知识点的灵活掌握情况。根据组员所需要掌握的知识点以及对应地震发生时几种情况的时间顺序，活动过程分为以下三个小机器人情景演示剧。

本环节中教师穿插进行人员组织和进行现场指导。

1. 对机器人双足运动的行走控制（参见附件6，剧本一：《发生地震往哪里逃》）

在控制方面要求组员结合程序，及时调整机器人步伐频率和步幅大小，并将控制技巧教给现场观众，使观众利用机器人在发生地震时进行避难的选择，并通过地震模拟场景进行演示和判断。

备注：机器人动作详细解释及程序见附件4。

2. 机器人的匍匐动作控制（参见附件6，剧本二：《地震来时，你躲在哪里》）

当需要机器人进行人性化避难时，机器人的多个关节都需要进行活动和搭配，来完成机器人卧倒、匍匐，乃至自动站立的高难动作。

组员调整地震模拟场景，让现场观众利用机器人在家居环境下进行选择。

3. 机器人现场搜救（参见附件6，剧本三：《求生存》）

组员通过机器人寻迹搜救来进行机器人技术的演示和地震中求生存的知识讲解。

（三）活动总结与反思

1. 活动结束后在教师引领下，组员反思活动，分析改进意见及不足之处。
2. 推广正确面对地震的方法，在活动过程中发放相关爱心徽章，向社会宣扬为玉树人民祈祷，为玉树人民尽力（备注：由于以组员为主体，所以不接受捐款及衣物，但将正确的捐赠方式打印成名片进行现场发送，并同时对路人免费发放"心系玉树"爱心贴和科技馆的宣传资料），并在活动后开通科技馆机器人小组博客及自己网页，增加为社会服务的力度。

3. 表现优秀的组员，发放纪念品。

4. 组织组员前往国家地震台网，进行参观和交流。

活动效果测评

（一）本活动属于组员的一次社会实践活动，对参与的观众将采用组员现场进行谈话方式，以确保观众能了解机器人前沿技术和通过观看机器人情景剧了解正确的应对地震方法。针对活动，组员自我设计《活动效果检测问卷》。（问题见附件7）。

（二）以面向参与活动路人的《活动效果检测问卷》为依据，增加组员自信和成就感的同时，开展针对组员知识层面和情感层面的两方面检测与反馈并进行交流。对组员进行反馈：

1. 通过机器人模拟场景的制作，你对机械制图的手绘和电脑模拟分别有什么感觉，能各说出优缺点吗？同时列举相应的技巧。

2. 针对机器人的舵机角度控制你能有什么更优化的办法吗？

3. 你在操控机器人进行表演的时候自己有什么收获？

4. 在活动过程中遇到了哪些困难？当时如何解决的？现在能有更好的解决方法吗？

5. 通过与现场观众的互动，你有什么感受吗？从中学习到了什么？

附件（略）

附件1：我们如何面对地震调查表

附件2：东城区青少年科技馆安全与学生伤害事故预防措施备案表

附件3：《Soilwork2010制图软件》简介及组员三步学习

附件4：双足机器人动作说明及对应程序

附件5：活动实施流程图

附件6：剧本《发生地震往哪里逃》、《地震时，你躲在哪里》、《求生存》

附件7：活动效果检测问卷

活动自评

（一）活动概述

本次活动，通过准备阶段，组员发现人们面对地震应对措施有很多误区，组员们决定利用所学机器人技术将地震场景进行模拟再现，并通过宣传和讲解，把正确的应对方法告诉大家。

（二）活动过程基本达到预先设计的目的，效果较好

1. 活动形式与内容的巧妙结合，收到了很好的效果

利用先进机器人技术，将地震场景真实再现于人们眼中。组员自己编排机器人情景剧、制作机器人地震模拟场景、集体讨论等，创造性展示出了有自己个性特点的思路、形式、方法。在整体活动中组员制订工作计划、工作进度表，按照进度及时调整制作思路并针对活动出现的问题进行分阶段的总结，争先恐后地为活动服务。组员们在活动中能够将自己学习的知识和技能，通过制作实物进行贯穿，学以致用，收到了良好的效果。

2. 活动过程中组员主动参与意识高，达到了理想的效果

活动内容设计、机器人演示、讲解等由组员自己讨论决定，其中机器人地震模拟演示道具更是由学生来设计完成的，大多数学生都能在活动中找到自己乐于努力的事情。有的同学展现了自己的能力，变得更有自信；有的同学因激发了兴趣，从不自觉到自觉去专注做好某一件事，从而抑制了思想上、行为上的一些缺点，使自身的优点得到了发展；同时，组员更加深入接触、融入社会，面对陌生的路人进行一次次沟通和讲解，对每个组员都起到了更真实的锻炼，收效显著。

活动共进行了2个小时，15名组员全部进行了现场的展示，到场的群众共计70多人次。针对组员进行了活动后总结以及组员的活动反馈座谈，达到预先设计的目的，组员掌握相关知识，经过锻炼能自信应对更多的社会实践活动。在活动结束后还针对现场群众进行了效果检测问卷，有90%的人通过模拟的机器人情景演示纠正了面对地震时不当的观点，有90%的人加深了对机器人技术的了解，愿意更加信任机器人来为人服务。

活动中重点的知识理解、技能掌握和能力提高采用了层层递进提高的方式，使得组员每进行一步都在为下一步奠定基础，"所学即为所用"。如地震知识采用了三个剧本按照地震发生时间先后进行排列，而采用电脑模拟绘图检测也分为三步进行铺垫（可参见附件3），在组员能力方面也是采用教师引导，从策划到准备、从幕后到台前。

（三）创新点

1. 将机器人与情景舞台剧相结合，把不善于表现、普及的前沿学科——机器人技术与大众喜闻乐见的情景相结合。

机器人是一个综合多个学科的领域，正因为这样，它神秘的背后不被多数人所了解。情景舞台剧诞生已经几百年了，将科技与艺术进行了有效的结合，在科技中增加了艺术元素，同时也是科技普及的一种新的创新形式。

科技和艺术的结合将科学的严谨、艺术的广泛、科学的神秘和艺术的多彩进行了有效的结合，在利用艺术的广度造势之下，更利用了科学的深度为艺术增添新的内涵。

2. 用现有的机器人技术，结合智能控制技术和机械制造技术，使得学习变得生动而具体，让学者能真正地将所想变成所做，成为所用，最后形成一个连贯的知识链条。

（四）不足

1. 组员对活动场面控制的能力不强、经验不足。
2. 语言表述等方面有待提高。

主要原因及改进方向：

因参加社会实践活动比较少，活动前期准备、培训不是很充分，不够细致。活动后我进行了反思，发现学生因年龄、知识水平等方面的原因，在活动过程中有时把握时间不是很好，场面控制、机器人应急操作等方面还需要进行更细致的培养、训练。前期准备就是社会实践的开始，应在方方面面做好铺垫，达到一定细致化程度。另外，组员平时锻炼的机会少。

3. 在今后的教学活动中，需进一步研究探讨解决以下问题：

（1）多创设些让组员进行社会实践活动的机会。

机器人技术更新快，已不断被应用到更多的领域。今后应让组员参与更多的社会实践活动，以培养学生应变能力和综合控制能力。

（2）加强组员的行为训练。

让学生更充分地参与活动，来获得他们个人体验，然后在教师的指导下，共同交流，分享个人体验，从而达到提升自我的目的，使组员语言表达、驾驭活动的能力都得到进一步的提高。

专家点评

活动定位符合要求（属于社会实践活动），活动基本要素齐全，活动目标具体、可测，活动过程环节清晰。教师对方案作了精心地准备与安排，引导学生面对自然灾害灵活应对。注重活动中评价与反思，行文较规范。

不足之处：方案中设计的机器人动作（类型）较少；对机器人模拟教学与实际体验教学的结合应考虑再细些，应增加活动时间，提高可操作性。

碰撞特殊艺术，实践"我的梦"
——北京市海淀区青少年活动管理中心扬琴、打击乐兴趣小组学生走进中国残疾人艺术团社会实践活动

北京市海淀区青少年活动管理中心　钱玮

活动依据

（一）国家教育政策精神要求

中办发8号文件《中共中央国务院关于进一步加强和改进未成年人思想道德建设的若干意见》（2004年）和《北京市校外教育机构工作规程》（2008年）中均指出：社会实践就是让学生走出教室，进入社会实际情境中参与亲历各种社会生活和领域，了解社会，认识社会，积累经验，丰富人生阅历，进而增强社会实践能力和社会责任感。校外教育，更有责任开展各种社会实践活动，培养学生适应社会、个人发展需要的综合素质。

（二）教育资源的可贵价值

中国残疾人艺术团承载着残疾人的梦想，以特殊方式塑造艺术，以特殊艺术愉悦身心，以真善美的情怀净化心灵，以顽强的意志激励人生，以真挚的情感传递友爱。"我的梦"，是中国残疾人艺术团奉献给世人非同寻常的主题表演艺术。这种集真善美与残疾于一体的表演，带给人们独特的艺术享受与心灵启迪。艺术团足迹遍及世界各地，所到之处，无不引起轰动；所见之人，无不感慨万千，动情于心灵的撞击，震撼于生命的伟力，被国际社会誉为"人类特殊艺术的火炬，全球残疾人的形象大使"。

以艺术为沟通点，开发宝贵资源，获得交流学习实践机会。

（三）学生成长发展的需要

现在的学生大都是独生子女，在生活中不会关心别人，在学习中吃不了苦，均缺乏不懈的毅力和坚韧的品质。通过走进中国残疾人艺术团使学生融合于社会，亲身感受、碰撞特殊艺术，获得全面教育。

兴趣小组中高级组学生对于音乐表演、艺术理解和与人交往有一定的成熟程度。希望通过这次活动，激励他们生活和学习的意志，牢固建立关怀生命，关爱他人和社会，关注弱势群体的思想品质，进而完善自我，快速成长。

活动目标

（一）通过观摩、考察，组员感受特殊艺术给人的震撼，能够概述残疾人艺术团团员的生活、排练及演出状况。

（二）通过交流和表演，学生展现自我、学以致用，给残疾人艺术团团员带来快乐和关怀，拉近彼此间的距离。

（三）通过互动体验，学会一句手语："爱是我们共同的语言"，使学生明白生命价值平等的道理，增强社会责任意识，树立较高的艺术乃至人生理想追求。

活动时间、地点

2010年6月25日上午，中国残疾人艺术团排练厅。

活动对象及规模

海淀区青少年活动管理中心扬琴、打击乐兴趣小组学生共20人。

活动内容和方式

参观、考察中国残疾人艺术团，并与艺术团团员进行交流，亲身碰撞特殊艺术，实践"我的梦"。

活动准备

（一）设计活动方案。

（二）与中国残疾人艺术团联系，确定时间、活动内容、双方演出节目。

（三）制定安全预案（见附件2）、申请经费预算（见附件3）、物品准备（见附件4）、活动人员分工（见附件5）。

（四）精心选定、排练需要表演的扬琴和打击乐节目。

（五）召开学生预备会。

1. 搜集有关中国残疾人和有关中国残疾人艺术团的资料。
2. 请学生牢记"与残疾人沟通的提示"（见附件1）。
3. 分成4组讨论：活动交流时向残疾人艺术团团员提出的问题。
4. 准备适合残疾人接受的礼物。

（六）活动流程设计

1. 8:30出发。
2. 9:30活动正式开始，中国残疾人艺术团指导教师介绍艺术团情况。（约5分钟）
3. 中国残疾人艺术团的团员表演节目。（约30分钟）
4. 残疾人艺术团指导教师介绍团员们特殊的排练过程和感人事迹。（约5分钟）
5. 观摩残疾人艺术团团员的排练。（约10分钟）
6. 扬琴、打击乐兴趣小组学生表演节目。（约20分钟）

7. 兴趣小组学生与残疾人艺术团团员进行交流、互动。(约18分钟）
8. 合影留念，活动结束。(约2分钟）

活动过程及思路

总体设计思路
本次活动是以递进的思路进行设计：感受——了解——实践——升华

第一部分： 感受——观看演出，心灵得到震撼

学生活动：
1. 中国残疾人艺术团指导教师介绍艺术团情况。
2. 集体认真观看残疾人艺术团团员的精彩表演，给予衷心的赞扬和掌声。

中国残疾人艺术团表演节目见附件6。

教师活动：
协调各方面工作，宣布活动的展开，引导学生有组织地观看节目。

设计思路：
学生身临其境，对残疾人和特殊艺术有直观的认识，了解到视力残疾人在黑暗中体味光明；聋哑残疾人在无声中感悟音律；肢体残疾人在残缺中寻求完美。

对残疾人艺术团团员的精彩表演给予衷心的称赞，心灵得到震撼，更想探究他们身上的精神源泉。

第二部分： 了解——聆听、了解，感受残疾人的精神品质

学生活动：
1. 听残疾人艺术团指导教师介绍团员特殊的生活、训练情况。
2. 观摩残疾人艺术团团员的排练。
3. 思考自己想与残疾人艺术团团员交流的问题。

教师活动：
带领学生倾听、观摩，启发学生对于所见所闻进行思考。

设计思路：
使学生带着问题深入了解残疾人艺术团团员在生活和训练中的感人事迹和对艺术的追求，切身感受到他们坚忍不拔和永不言弃的精神。

第三部分： 实践——通过表演，贴近心与心的沟通

学生活动：
扬琴和打击乐兴趣小组学生分别表演以下四首乐曲。
1. 架子鼓独奏：《夺宝奇兵》
2. 扬琴重奏：《映山红》
3. 扬琴与二胡：《赛马》
4. 架子鼓齐奏：《我爱北京天安门》

教师活动：

教师介绍小组学生情况，组织学生进行表演。

设计思路：

选用四首励志乐曲，学生通过不同演奏形式进行表演，利用自己的专业知识和技能，为残疾人艺术团团员表演，使团员们感到快乐，并以艺术为桥梁拉近与残疾人的距离。

第四部分：升华——心手相连，我们心中充满爱

学生活动：

1. 分成四组与残疾人艺术团团员进行面对面的交流。
2. 与残疾人艺术团团员互动学习一句手语，共同表达心声：爱是我们共同的语言。
3. 两方互赠礼物。为残疾人艺术团团员系上象征爱心和健康的绿丝带。
4. 合影留念。

教师活动：

将学生进行分组，引导学生交流、有序地交换爱心赠与，带领学生学习手语，组织合影。

设计思路：

建立与残疾人艺术团团员相互信任的关系，锻炼学生能够与人交谈，通过交流谈话加深自己的了解。用爱的行动表达爱的语言，传递爱的信息。学生们对残疾人的理解与爱心的表达，既使学生感受到本次活动的成功和参与的快乐，又使他们升华对于残疾人的感情。

活动效果测评

采取多元化效果评测方法：

（一）活动结束后，采访中国残疾人艺术团团员。

（二）每位组员写一篇日记，记录过程和感受。

（三）向家长了解组员参加活动后的反应。

附件（略）

附件1：与残疾人沟通的十项提示

附件2：海淀区青少年活动管理中心安全与学生伤害事故预防措施备案表

附件3：扬琴、打击乐实践活动经费预算

附件4：扬琴、打击乐实践活动物品准备

附件5：扬琴、打击乐实践活动人员分工表

附件6：与海淀少年宫交流活动节目单

活动自评

（一）活动概述

本次活动是一次富有特点的社会实践活动。残疾人是社会中的弱势群体，而中国残疾人艺术团的团员们所展现出的却是令人震撼的精神力量。我以艺术为沟通点，促成了活动的开展，使学生深刻了解中国残疾人艺术团团员的生活、排练、演出的方式和过程，真实感受到团员们以特殊方式塑造艺术、以特殊艺术愉悦身心、以真善美的情怀净化心灵、以顽强的意志激励人生、以真挚的情感传递友爱。扬琴、打击乐兴趣小组的学生们均认为通过本次活动有很大收获。

按照活动方案的设计，活动实施了四部分内容：感受——观看演出，心灵得到震撼；了解——聆听、了解，感受残疾人的精神品质；实践——通过表演，贴近心与心的沟通；升华——心手相连，我们心中充满爱。综观整个活动，依据切实可行，前期准备充分，活动思路明确，内容设计合理，活动过程有序紧凑，效果测评采用多元化的手段，是一次成功的活动，达到了预期活动目标。

（二）成功之处

1. 教师起到主导作用

我作为活动的倡导者、策划者、设计者、指导者和组织者，以努力营造和谐的师生关系为前提，启发学生思考，引导学生实践，把自主权真正交给学生。

2. 突出以学生为本的理念

扬琴组的学生贯穿于此次活动的全程，通过了解、学习、感知和体验，全身心地投入到活动的思想和过程中。以专业为媒介，真正了解社会、服务社会。

3. 合理地安排活动过程

设计感受——了解——实践——升华四部分递进展开活动。活动开始，安排学生首先观看中国残疾人艺术团的演出，以真实的场景触动学生，引起共鸣、引发思考。在了解残疾人特殊的生活、排练经历中，逐步加深对于残疾人的认识和感情，也希望用自己的专业和残疾人进行交流。最后环节，大家心手相连，把活动推向高潮。

（三）活动亮点

活动中第四部分"心手相连，我们心中充满爱"，是活动的亮点。学生与残疾人艺术团团员进行面对面的交流，学习手语：爱是我们共同的语言。双方交换精心准备的礼物，学生们为残疾人艺术团团员系上象征爱心和健康的绿丝带。

锻炼学生与人交往的能力，真正架起心与心沟通的桥梁，加深了他们对于特殊艺术的了解。双方用爱的行动表达爱的语言，传递爱的信息，使学生感受到本次活动的成功和参与的快乐，更使他们升华了对于残疾人的感情。他们真正理解了生命价值是同样可贵和平等的。

（四）活动需关注的方面

这次活动实施对学生和我的促进都是非常明显的，但作为一名年轻教师，更应

找到自己的不足，并思考改进的措施。

首先，由于活动时间正值学期末，一些学生没有得到参与锻炼的机会。其次，在学生表演时，由于经验不足，出现紧张的情绪。今后我会多给学生们创造实践锻炼的机会，多为他们搭建实践交流的平台，让学生更加全面地进步。

在今后的工作中，我有信心组织学生开展更多、更好的社会实践活动，使学生在丰富多彩的活动中了解社会、服务社会、锻炼自我，努力达到德艺双馨。

专家点评

该活动在设计思路上采取"逐层递进、螺旋上升"的做法，符合活动的特征和学生的认知特点以及学生的接受能力，体现了教师"以学生为本"的教育理念。以特殊艺术和特殊方式为切入点，使学生感受到了参与的快乐，并加深了对生命的理解和认识。

活动过程严谨，组织有序且环环相扣。学生与残疾人艺术团的团员们用自己的语言、自己的情感、自己的方式共同创造了一个良好的活动氛围，体现出教师对这次社会实践活动主旨的深刻理解和把握。附件中的"与残疾人沟通的十项提示"，反映了教师工作思路的细密和周到。

不足在于培养学生对残疾人整个群体的关爱，不可能通过一次活动而完成。如何让活动继续去传递爱、奉献爱、播洒爱？如何将可以做到的事情具体化？如何将这种理解和爱心迁移到平时的生活中去？在活动设计中，教师应作更多的思考。

迷人的妫水河
——北京市延庆县师生摄影作品展社会实践活动

延庆县青少年活动中心　王海斌

活动依据

（一）2007年胡锦涛总书记在"十七大"报告中提出了实现全面建设小康社会奋斗目标的新要求,其中提出要"建设生态文明"。这是我们党首次把"生态文明"这一理念写进党的行动纲领。可见，"倡导绿色生活 共建生态文明"已成为新时期的发展要求。延庆县早在1996年就开始了国家级生态示范县创建工作，并于2000年被命名为全国第一批国家级生态示范区。创建国家级生态示范区工作，有力地推动了全县经济、社会和环境的协调发展。2009年6月延庆县被确定为全国生态文明建设试点县，生态建设目标提升到一个新高度。

（二）落实《北京市校外教育机构工作规程》公益性、实践性原则，结合本地特点组织本次活动。

（三）人类与自然环境的和谐相处有利于今后发展。水是所有生命生存所需的最基本物质之一，要想保护地球上的生命，最主要的一点是先保护好水资源，我们的生命之水。近几年延庆县的生态文明建设可谓成功，延庆人民的母亲河——妫水河得到了很好的保护，妫水河两岸风光秀美，景色迷人，人民生活幸福安康。本次活动主旨是用摄影图片的方式，向人们展示妫水河的美丽之处，引导人们发自内心地保护自己赖以生存的生活环境。

活动内容和方式

本次活动是摄影社会实践活动，充分利用家乡独特的地理资源，并以此为活动主题，以家乡的母亲河——妫水河为题材，表现它在不同的季节、不同的气候下的迷人景致。本小组为摄影初级组7名小学六年级学员，学习摄影一年，学习了相机的基本操作方法及曝光、构图、用光等基础知识，有一定的实际操作能力和创作基础。

活动环节

1. 教师宣布活动开始。

2. 学员朗诵赞美妫水河的诗《妫水情》。
3. 学员介绍自己的摄影作品。
4. 通过现场提问、看图回答等形式向观众普及妫水河的相关知识。
5. 发放"迷人的妫水河"宣传单。
6. 观众谈感受及如何保护母亲河。
7. 教师总结。

评价设计

1. 向学员发放调查问卷,学员自评。(测评表见活动方案)
2. 观察学员在整个活动过程中的表现,检测。(测评表见活动方案)

活动目标

(一)知识目标

通过欣赏活动,使学员及观众进一步了解妫水河的历史、现状、源头、桥梁等相关知识。

(二)能力目标

通过社会实践活动,引导学员能够运用手中的相机,去表现家乡的妫水河,创作出美丽的作品,提高相机操作能力和培养合作能力。通过现场展览活动,培养学员的表达能力、沟通能力、合作能力等综合能力。

(三)情感目标

激发学员及观众热爱家乡、热爱妫水河、保护水资源的情感。

活动重点、难点

重点:宣传妫水河的相关知识、展示妫水河的美丽图片。

难点:如何使学员积极主动地与观众沟通交流及如何激发观众的共鸣,达到热爱家乡、保护妫水河的目的。

活动方式

互动式活动方式、合作式活动方式。

活动准备

(一)学员及教师关于妫水河的摄影作品及文字内容。

(二)环境布置,利用延庆最大的广场"妫川广场",进行设计——布展摄影作品、挂条幅。

(三)迷人的妫水河宣传单。

活动过程

（一）教师宣布开始

同学们，前一段时间我们一直围绕着家乡的母亲河——妫水河学习了很多知识，拍摄了很多照片，今天我们在妫川广场进行《迷人的妫水河——师生摄影作品展社会实践活动》，希望大家积极表现！好！开始吧！

（二）学员有感情集体朗诵《妫水情》（2分钟）

观众感受：

1. 了解家乡妫水河的相关知识。

2. 体会妫水河的迷人之处。朗诵诗，导入活动主题。活动内容贴近学员及观众生活，容易激发兴趣。

（三）学员介绍自己的摄影作品（8分钟）

1. 孟凡：《妫水河雪后》、《妫水夜唱》

2. 房子美：《妫水之夜》、《妫水独秀》

3. 王佳玉：《妫水河晨雾》

4. 张亦寒：《妫水河西大桥》

5. 秦欣然：《妫水河宝塔》

6. 何舟扬：《妫水坚强》

观众观看、聆听：

感受：从中了解妫水河的各种不同的美。

学员介绍思路、拍摄想法、构图用光等。

（四）通过现场提问采访观众，普及妫水河的相关知识（4分钟）

1. 提问：

①妫水河的源头在哪里？

②妫水河的长度是多少？

③妫水河流向哪里？

④妫水河有什么变化？

2. 看图回答：根据图片回答是妫水河的什么位置：

（回答对的给小礼品）观众边看展览边回答学员提出的问题，了解妫水河的相关知识：黄龙潭、18公里、自东向西流入官厅水库、变得更美了。

3. 抢答问题：

源头、西湖、西大桥等以现场采访、游戏问答形式了解家乡妫水河的迷人，激发学员学习兴趣，培养沟通交流能力，体现学员与观众互动原则。

4. 阶段效果测评

检测普通观众对妫水河的了解情况。

（五）发放"迷人的妫水河"宣传单（6分钟）

1. 通过宣传单的发放，让观众对妫水河产生更多的兴趣。

2. 观众谈感受（1分钟）

如何保护母亲河？观众谈感受。

通过谈保护母亲河的意义，检测教育情况。

3. 教师总结（30分钟）

今天我们通过组织这次"迷人的妫水河"师生摄影作品展社会实践活动，大家学习了很多知识，锻炼了各种能力，希望大家共同来保护母亲河，珍惜水资源，使我们的环境、我们的家乡变得更加美好！

观众观看、聆听，明确了本次活动的意义。

活动效果测评

（一）教师向学员发放调查问卷，学员自我评价

姓名		班级		摄影C	在适当的位置打√，1分最低，5分最高				
					5	4	3	2	1
知识	经过学习，我对家乡的妫水河及保护水资源有了更多的了解。								
能力	我运用各种拍摄方法表现形式创作出表现妫水河的作品。								
	我的作品具有独特的创意。								
	与观众的沟通交流能力有所提高。								
情感	经过此次活动，我觉得家乡妫水河很美，我很喜欢她，希望今后能够以更新的视角构图去表现。								
	我对本次活动很感兴趣，体会到了成功的喜悦。								
合计									

（二）教师对学员的评价表

姓名		班级		摄影C	在适当的位置打√，1分最低，5分最高				
					5	4	3	2	1
知识	通过本次活动学员对妫水河有了新的了解。								
能力	看学员作品表现技能技巧。								
	在构图用光上有新的创意。								
	学员能否用语言表述自己的作品。								
	学员能否积极和观众沟通交流。								
情感	从学员拍摄的状态看学员对家乡妫水河的热爱。								
	学员是否积极参与创作、展示等活动。								
	学员的兴趣如何。								
合计									

（三）向观众发放调查问卷对活动进行评价

分类	选项	在适当的位置打√，1分最低，5分最高				
		5	4	3	2	1
知识	通过看展览和与学员交流，对咱们家乡的妫水河有了更多的了解。					
情感	经过此次活动，觉得家乡妫水河很美，很喜欢她，希望以后自己也能为保护母亲河多做些事。					
	对本次活动很感兴趣，很高兴。					

附件（略）

附件1：学员创作资料

附件2：教师创作资料

活动自评

（一）社会实践性活动理性分析

1. 活动内容。本活动之前我们利用很长时间进行摄影拍摄，是充分利用家乡的地理资源为创作内容，以家乡最美的河流妫水河进行创作活动，表现出不同季节、不同时间下美丽的瞬间。本次活动中展示的作品全是老师与学员亲自拍摄的作品。

2. 活动方式。利用参观展览等形式宣传妫水河的美，激发学员及观众热爱家乡妫水河的情感。

（二）教学目标的实现

经过活动效果测评看到：学员进一步了解了家乡，激发了热爱妫水河的情感，渗透了思想教育。在整个活动之前，我们对妫水河的了解、学习、拍摄，锻炼了大家的学习能力、拍摄能力。通过学员对观众的采访提问、游戏抢答、发放宣传单等活动，培养了学员的沟通交流能力、语言表达能力等。通过这次活动，使得观众们更加了解了妫水河的美，对保护我们赖以生存的水资源产生了重要意义。

（三）学员积极参与

大多数学员自始至终积极主动地参与活动，大胆地进行艺术创作，在拍摄过程中的构图、用光等不拘一格，使个性得到显现。

（四）存在不足、原因及改进措施

从活动测评结果看，活动存在一些问题。1. 安排每次外出拍摄的时间，基本上都是早晨或傍晚，对学员家长的安排有一定的困难。2. 对天气、光线的提前估计存在很多变数，经常是大早上激情澎湃地赶到，结果天气光线不好扫兴而归，失败时候多。3. 活动当天学员紧张、胆小，与观众的沟通不是很好。4. 室外嘈杂，声音不好。

本次社会实践活动在模式上、实际操作环节上，我存在很多困惑。首先是时间

上，现在我们周末两天全是教学，半天就两个不同的班，所以很难再找时间去实践。其次是经费，但凡组织活动，没有固定经费的保证是进行不了长久的。最后是管理上，一个老师带领几名到几十名学员去社会实践，如何管理，出了问题怎么解决，尤其是安全问题。当然这些只是探讨，我相信经过大家的努力会得到解决的！

专家点评

"迷人的妫水河"师生摄影作品展览社会实践活动能充分利用家乡地理资源，以摄影的方式了解、拍摄家乡最美的河流——妫水河，并以展览、宣讲的形式宣传保护我们赖以生存的水资源的重要意义，是一次成功的活动。

设计和实施社会实践活动的针对性之一就是要变革学生在教育情境乃至在一般的生活情境中的学习方式和生活方式。通过活动，为学生打开一个开放的空间，由学生自主地、创造性地展开学习活动。在本案的实践活动中，教师引导学生去体验丰富多彩的妫水河之美，进行个性化的摄影创作，形成爱家乡的情感和保护大自然的责任心，并在公众场合与人交流互动，这既是一次学生自己进行的一种综合性的学习活动，也是一次探究发现、社会参与的发展性教学活动。

教师如能在社会参与环节，将展览、交流互动环节设计得更为具体可行，可能取得的社会效益会更好一些。

幼携老，民族舞蹈展英姿
——北京市西城区新街口少年宫舞蹈组社会实践活动

北京市西城区新街口少年宫 苏华

活动依据

（一）让舞蹈组学员进行社会实践活动，并用自己所长服务社会和了解社会，所以带领学员走出少年宫，走进社区，为老年朋友奉献一场关于民族舞蹈赏析的演出活动。以各民族舞蹈组合并由学生代表进行讲解介绍，弘扬我们的民族舞蹈艺术，并通过教授社区老人简单的舞蹈动作，一起共舞互动，锻炼学员的沟通教授能力。学员通过互动去关爱身边的老人，让老人掌握一些对民族舞蹈的认知，丰富老年人的晚年生活，也让每位学员都能体验到成功的快乐！

（二）《关于适应新形势进一步加强和改进中小学德育工作的意见》文件指出：充分贯彻加强社会实践活动，把组织学员参加社会实践等校外教育活动作为加强德育工作的重要途径。

（三）依据学员的年龄特点，通过活动中演出、教授、讲解，以增强学员的舞台表演能力，发挥学员主观能动性，使学员能够丰富实践演出经验。少年宫为他们搭建一个良好的平台，利用所学技能通过实践来服务社会，还通过教授社区老人舞蹈知识来关爱老人，用爱来回报社会。

作为教师，不仅应具备专业教学经验，还应具备服务社会的实践能力。举办本次活动，也是教师通过另一种途径来使学员所学知识得到应用。

活动内容

舞蹈组学员走进社区进行舞蹈演出实践活动，传播民族舞蹈知识。

活动目标

（一）知识目标：通过活动使学员巩固掌握民族舞蹈组合，加深对各民族舞蹈的了解，使学员在活动中有所收获，让学员的舞蹈技能得到提高。

（二）能力目标：通过活动使学员增强实践演出经验，由学员向社区老人讲解和教授舞蹈知识，以增强学员的沟通和教授能力，培养学员服务社会的观念，尽自己的能力去回报社会。

（三）情感目标：通过携手社区老人互动共舞，激发学员敬老爱老的意识，培养学员用实际行动来关爱身边老人的情感，使学员在活动中有所收获，不断成长。

活动组织形式

舞蹈表演，舞蹈知识讲解，舞蹈教授、共同参与。

活动时间、地点

2010年5月29日，上午9:00—10:30，新街口社区学校操场。

活动对象及规模

新街口少年宫舞蹈组学员55人，社区老人60余人。

活动准备

（一）教师准备

1. 提前与社区联系接洽，得到他们的大力支持，安排演出时间、场地等环节，提前请学员了解身边的老年人对民族舞蹈的认识和民族舞蹈的受欢迎程度，为良好地完成演出任务做好铺垫工作。

2.. 编排各民族舞蹈组合，教授学员表演，并辅导学员做好讲解准备工作，为圆满完成本次活动打好基础。

3. 准备舞蹈演出服装、道具和场地的布置。

（二）学员准备

学员们需要提前对老年人进行简单的了解，并练习要表演的民族舞蹈组合，亲手制作爱心礼物，熟练主持和教授的内容。

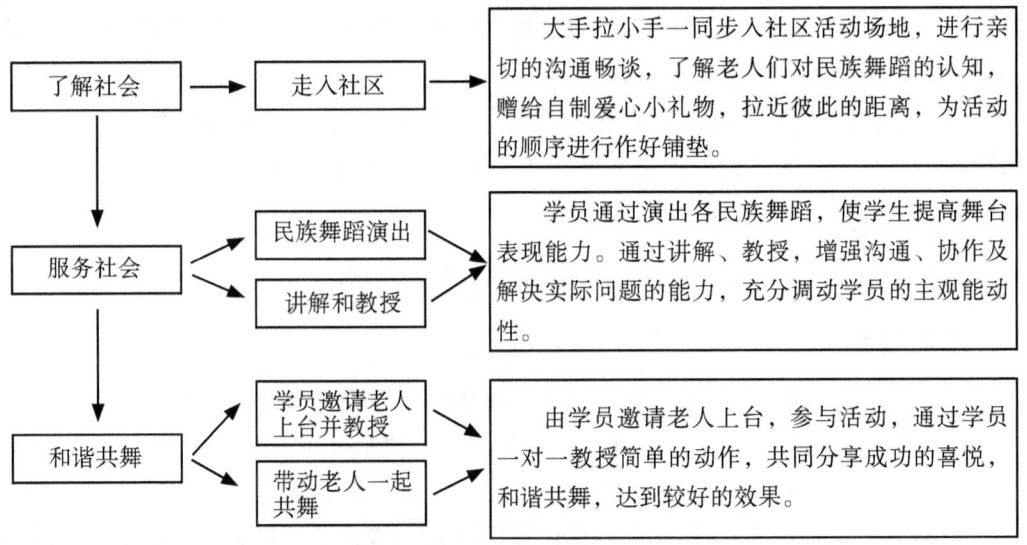

活动设计思路

使每位学员在实践中学习成长，尽己所能为社会服务，体验成功的喜悦！

活动重点、难点

重点：学员们的舞蹈实践演出，用自己的专长向社区老人传播民族舞蹈知识。

难点：学员在社会实践活动中如何更好地传授舞蹈知识和锻炼自己的语言表达能力。

活动过程

活动时间	活动环节	教师活动	舞蹈组员活动	社区居民活动	阶段目标与测评
40分钟	了解社会	提前与社区联系接洽，设计环节，主持座谈活动。	轻声步入社区活动场地，热情与老人们拥抱，建立良好的关系，一对一与老人拉手进教室座谈，并将自己亲手做好的小礼物送给老人做纪念，加深彼此感情。	在社区活动场地等候学员的到来，并拉手把学员领入教室，共同参与座谈，在教师的带领下做些问卷，加深了解。	此环节是本次活动的一个重要环节，让学员深入到老人中彼此沟通了解，加深情感交流，了解老人们对舞蹈的认知，达到真正了解社会的目的。
10分钟	开场活动	带领学员进入各个班级候场，进行化妆更换演出服等准备，并做好场内外调度工作。	进入提前分配好的各个班级，进行候场准备，换服装，进行准备活动热身，为完成良好的演出做好心理准备。	有序地步入会场，按次序各就各位，准备观看演出。	看各个环节是否流畅，准备工作是否到位。学员们是否做好演出前的准备，调整好心理状态。
40分钟	精彩时刻	做好场内外调度，保证节目顺利进行，并督促小主持人上下场。	用良好的精神面貌充分完成好各个节目的演出、讲解、示范工作，并做到有序地上下场。	拥有良好的观众素质，热情地观看学员们的演出。	演员是否完美演出，小主持人是否为老人们讲解清楚各个舞种的特点，让老人做到一定的了解和认知。
25分钟	互动环节	督促好主持人和小演员的舞台调度，做到场内外的良好配合。	邀请台下老人上台，充分调动主观能动性，一对一细心讲解教授简单的蒙古舞蹈动作，手把手教授老人。	热情配合学员们的邀请，上台参与互动，学习蒙古舞动作，在学生的教授和带动下大胆跳出自己的风采。	通过学员讲解、教授，增强沟通、协作及解决实际问题的能力，能够积极地与老年人交流，在活动中有所收获，不断成长。

续表

活动时间	活动环节	教师活动	舞蹈组员活动	社区居民活动	阶段目标与测评
10分钟	欢乐共舞	亲自上台带动学生和老人们一起共舞。	带动身边的老人配合音乐一起快乐共舞,并用自己的语言鼓励老人们尽情跳舞。	在学员的带动下,尽情释放激情,与学生们一起和谐快乐共舞。	老人们是否在学员的讲解和带领下配合音乐和谐共舞。
5分钟	活动结束	安排学员、老人站好队形合影留念。	配合好教师指挥站好队形,合影留念,并填调查表。	一起与学员朋友们合影留念,结束后填写调查表。	组织好调查表的填写和整理。

活动效果测评

(一)欢乐共舞环节,邀请老年人一起上台与学员共舞。

(二)演出结束后,对老年人进行问卷,并由学员代表对老年人进行采访。

了解社会问卷:

问题	100%	60%	40%
对我们这次活动您的欢迎程度			
对民族舞蹈的了解程度			
对民族舞蹈的喜爱程度			

社区老人问卷:

问题	非常喜欢	比较喜欢	还可以	一般
对本次活动整体效果您的满意程度如何?				
对小演员的演出和讲解能接受吗?				
通过活动您对民族舞蹈了解多少?可以具体写下意见。				
与小演员的沟通互动您觉得愉悦吗?				
如果再开展实践活动,您觉得需要哪方面的改进?可具体写。				

学员问卷:

问题	回答	意见
对自己在本次活动中的演出和讲解满意吗?		
教授老奶奶舞蹈过程中是否遇到困难?		
下次再举行实践活动你希望是用什么样的内容和形式能更好地发挥你的特长?		

附件(略)

附件:北京市西城区新街口少年宫安全与学生伤害事故预防措施备案表

活动自评

本次"幼携老,民族舞蹈展英姿"舞蹈组社会实践活动,在精心策划和有序实施中顺利完成，是一次成功的实践活动。少年宫学员利用舞蹈专长为社区老人普及民族舞蹈知识，不仅提高了学员的实践演出经验，而且弘扬了民族舞蹈文化，并通过学员手把手教授老人舞蹈动作，加深彼此的了解，以实际行动关爱老人，尽己所能服务于社会。

本次活动依照活动目标，较好地实施了活动的各个环节。活动中每个环节都衔接紧凑、灵活，同时也符合学员的需求。学员能通过演出、教授来增强自己的表现能力和沟通能力。通过本次活动，我感受到了学员们主人翁意识的充分展现和实践能力的锻炼，学员们释放着自己的热情和活力，在活动中享受着舞蹈带给他们的愉悦。

本次活动的点睛之处，就在于能把学员的演出实践和讲解能力良好配合，不仅能够增强学员的舞蹈技艺，还能利用学员所长教授老人，传扬民族舞蹈文化。学员让老人们自然融入到民族舞蹈的世界里，老幼携手互动，用激情共舞来体验民族舞蹈的魅力，用很好的方式普及了民族舞蹈，使学员和老人都能够体验到成功的快乐。

由于开展社会实践活动比较少，所以本次活动存在很多的问题和不足，我认真地总结如下：

1. 作为校外舞蹈教师，钻研的总是如何教好学员，跳好舞蹈，缺少走出去的经验，更缺少服务社会的意识，所以在整个实践活动环节上还有待加强。应多创造实践演出的机会，多为社会群体服务，平时多了解社会需求，这样才能更好地为实施社会实践活动打下坚实的基础。对于实施的途径、方法还需要更深入地研究，这样才能更好地为社会服务。

2. 由于学员也很少参加社会实践活动，在活动中略显拘谨和生疏。怎样更好地调动学员的积极性和实施对象的情绪，这需要再精准地设计活动环节，让他们能够更自然地融入到活动中来，当然也需要更多地为学员创造实践机会，学员才能够游刃有余地进行活动。

专家点评

该社会实践活动方案的优点

1. 活动的准备工作较为充分。如：动员学生事先制作小礼品等。

2. 活动的组织形式清晰，层次分明。

3. 参加活动的人数众多，学生和老人多达100余人。

4. 我国是一个多民族国家，向老年人介绍少数民族舞蹈的特点，给老年人普及少数民族舞蹈的知识，是一个很好的创意。

5. 向老年人介绍少数民族舞蹈律动的特点，一对一地教授舞蹈，老少同台共舞，这种形式不仅传播了民族舞蹈的知识，而且具有亲情感。

走进军营
——北京市朝阳区青少年活动中心跆拳道高级班社会实践活动

北京市朝阳区青少年活动中心 王雪艳

活动依据

（一）法律法规

依据中办发〔2006〕4号文件《关于进一步加强和改进未成年人校外活动场所建设和管理工作的意见》第12条之规定：城区和县（市）的青少年宫、少年宫、儿童活动中心等，要充分发挥普及推广、兴趣培养、体验实践的功能。要针对未成年人的身心特点，精心设计和广泛开展经常性、大众化、参与面广、实践性强的校外活动；要结合学校的课程设置，组织开展生动活泼、怡情益智的文体、科技等兴趣小组和社团活动，使广大未成年人在形式多样的校外活动中，培养兴趣爱好，发挥发展特长，得到锻炼和提高。

（二）学员的需要

通过问卷调查的形式，了解学员的需求。发放问卷14份，回收14份。通过调查显示，100%的学员选择部队作为本次实践活动的地点，93%的人想走进军营，了解武警战士的工作、学习及生活情况。

（三）家长的需要

通过与家长的座谈，了解家长对独生子女的担忧：在家"衣来伸手、饭来张口"，出门"家长大包小包，子女两手空空"，上跆拳道课家长帮助换衣服、收拾护具，自理能力差、生活没有秩序感。家长很想让孩子去部队看看，看看军人们是怎样训练的，学习军人长期坚持、持之以恒的优良作风。

（四）服务对象的需要

此次社会实践的地点是武警九支队二十中队，他们担负韩国使馆的勤务，平时为了更好地完成工作，会学一点韩语，看一些介绍韩国的书籍。通过与战士的座谈，发现他们对韩国有一定的了解，都知道跆拳道，也比较想亲身感受跆拳道。跆拳道提高班的学员有这个能力满足他们的需求。

（五）实施的条件

本次活动得到了来自军营、参与活动的家长和活动中心的全力支持。参与活动学员认真、积极地参与排练，活动学员家长担任全程拍摄及后勤保障任务。

活动目标

1. 知识与技能：学员能够巩固腿法击破、实战技巧等基本技能，更熟练地掌握基本动作；掌握与他人交流的基本技巧。

2. 过程与方法：学员能够说出自己或其他学生在基本腿法及实战中技术动作运用中的优点和不足。

3. 情感态度与价值观：感受武警官兵持之以恒、一丝不苟的严谨作风，激发学员主动、积极地投入到艰苦的日常训练中。

活动内容和方式

（一）参观洗漱室、内务（20分钟）

（二）为武警官兵表演（15分钟）

（三）与武警官兵交流互动（30分钟）

（四）共进午餐（20分钟）

活动重点、难点

重点：让学员感受到武警官兵持之以恒、一丝不苟的严谨作风。

难点：克服学员的紧张心理，与武警战士进行交流。

活动时间、地点

2010年8月2日上午9:00—12:00，北京市武警九支队二十中队。

活动对象及规模

跆拳道高级班专业小组14名学员。

学情分析：参加活动的学员都是跆拳道提高班的学员，练习跆拳道有2年多，处于比赛出成绩的时期，平时训练不能间断，但是在平时训练时总有一些学员因为这样那样的原因不能参加训练。在这两年多的时间里，除了每年参加2次北京市级比赛之外，再也没有别的途径进行实践。参加跆拳道专业小组活动的大部分学员都是独生子女，从小娇生惯养、自理能力差，一切都是父母代办，每次活动前更换道服有80%都是在家长的帮助下完成的，活动中压腿怕疼、素质练习怕累，急需改变他们目前的练习态度及训练中的这些不良作风。

活动准备

（一）教师准备

1. 撰写调查问卷并发放、回收、统计，了解学生的需求。

在设计本次活动之前，针对学员设计调查问卷，从问卷的调查结果可以了解学员想不想去参加社会实践活动，想去哪儿参加实践活动以及参加活动的形式、内容等。

2. 与家长座谈，了解家长的需要。

与家长座谈，了解孩子在家的表现，以及家长的愿望。

3. 与武警部队联络。

与二十中队的队长及指导员进行联系，确定活动时间、形式等。

4. 与武警官兵座谈，了解他们的需求。

5. 基于以上信息的了解，准备设计本次活动方案。

6. 制定参加本次实践活动要注意的安全事项及处理办法。

7. 拟定参与活动的学员。

8. 节目单的准备与打印。

针对活动内容及形式，对学员进行了问卷调查，调查结果显示了他们的真实意愿，并根据他们的意愿制定节目单，由于节目表演形式及内容是学员们自己选择的，所以他们更积极主动地参与到排练中来。

9. 分析学员技术特点，分配具体表演任务。

10. 通知所有参加活动的学员排练时间、地点，演出时间、地点等。

11. 召开活动预备会，落实活动事宜具体到个人。

12. 引导学生写出交流提纲，培训与他人交流的基本技巧。

本次活动的难点是学员克服紧张心理与武警官兵进行交流。学员是第一次走进军营与武警官兵近距离交流，难免会紧张开不了口。在准备环节对学生进行交流内容及交流技巧的培训，消除一些紧张心理。

13. 辅导学员如何教授基本腿法。

辅导学员教授过程与方法：（1）完整示范技术动作；（2）分解示范动作并讲解动作要领；（3）讲解练习方法；（4）分解练习；（5）完整练习。

14. 道具准备：护具、击破用木板。

（二）学员准备

1. 在教师的指导下进行练习。

2. 准备与武警战士交流的提纲。

通过媒体初步了解部队生活，设计与武警战士的交流提纲，每人准备三个最想与武警战士交流的问题，参加活动的学员互相提问、互相完善交流提纲，最后确定一个交流提纲。

3. 在教师的指导下练习交流技巧。

4. 准备与武警官兵互动的内容。

5. 主持人准备串词，练习串词。

活动过程

活动环节	设计意图	教师活动	学员活动
参观武警战士内务	本环节是此次活动的重点。通过参观武警官兵的内务，学习他们持之以恒、一丝不苟的严谨生活作风。	在参观前给学生提出问题，使学生带着问题进行参观。 （1）他们的内务为什么要求那么严格呀？ （2）你们的父母对你有这样的要求吗？ 1. 带领学生参观。 2. 询问学员叠"豆腐块"的感受。 3. 请学员回答参观前留的问题。	1.认真听老师提的问题。 2.边参观边思考问题。 3.观看武警战士叠"豆腐块"。 4.亲身体验叠"豆腐块"。 5.谈叠"豆腐块"的感受。 6.回答老师留的问题。
热身活动	为了解决此次活动的难点而设计的环节，与武警官兵一起做"贴人"游戏，进行热身活动，同时拉近学员与他们的距离，减轻陌生感，缓解学员的紧张心理。	1.邀请武警官兵与学员一起做热身游戏。 2.监督学员安全问题，防止学员在奔跑中跌倒受伤。	1.陆鸿宇讲解"贴人"游戏方法。 2.与武警官兵一起做游戏、热身。 3.对交流对象有所了解，克服紧张心理。 4.柔韧性练习。
跆拳道专业学员表演	学生能够说出自己或其他学生在基本腿法及实战中技术动作运用的优点和不足。根据学员的年龄、技术特点分配表演任务。	1.提示学员上台表演要注意精气神，注意安全。 2.提示学员注意观看同伴的表演、注意观察同伴的优缺点。 3.询问学员是平时练得好还是上台表演好。询问学员为什么平时（或上台表演）练得好。 4.询问学员同伴表演的优缺点。	1.根据老师的分配及安排进行表演。 ①旋风踢击破（王修远、秦瑞） ②下劈击破（陆鸿宇、彭泳铭） ③组合击破表演（王修远、秦瑞） ④实战表演（秦瑞+冯子隆，杜翀+彭泳铭） 2.注意观看同伴的表演并说出优缺点。 3.回答老师的提问。 4.询问武警战士学员表演的优缺点。

续表

活动环节	设计意图	教师活动	学员活动
互动交流	跆拳道专业学员在教授官兵技术动作时，能把动作要领讲解清楚，对跆拳道技术掌握起到巩固作用、注意动作要领的学习。 跟武警官兵学习的过程中，学习他们严格要求自己、反复练习直至掌握的刻苦练习精神。感悟到在今后练习跆拳道中，要刻苦练习，严格要求自己，没有付出，跆拳道是学不好的。 通过互动环节，进一步拉近学员与他们的距离，更好地与武警官兵进行交流，掌握与他人交流的基本技巧。	提示学员在教武警战士动作时注意观察他们的学习过程。 （1）询问学员武警战士动作为什么能整齐划一。 （2）询问学员以后应该怎样练习跆拳道。 引导学生与武警官兵进行交流。	1. 教武警官兵单个动作（旋风踢、下劈、横踢）。 2. 观察武警战士严格要求自己刻苦练习的过程。 3. 跟武警战士学习正步走。 4. 集体展示正步走。 5. 回答老师的提问。 6. 按照事先准备好的提纲与武警官兵进行交流，更深入地了解武警官兵的训练、学习及生活情况。
合影留念、共进午餐	进一步与官兵交流，体验部队生活。	提要求：不要浪费，在进餐时注意纪律。 与学生、武警官兵共进午餐。 合影留念，结束本次活动。	遵守就餐秩序。 与武警官兵一起就餐。 合影留念。

活动效果测评

一、活动过程检测

在每个活动环节开始前，教师提要求及问题，使学员带着问题参与每个环节。在每个环节结束时，教师都让学员回答预留问题，引导学员说出自己的感受。

二、活动效果监测

1. 学员：活动结束后与学生座谈，每位学员谈自己的感受及今后应该怎么做，每位学员写一篇500字的感受，题目拟定《军营一日我的感受》。
2. 武警官兵：部队领导对活动效果进行点评。
3. 家长：活动后回访，请参与活动的学员家长谈谈学员参加活动前后的变化。
4. 教师：对整个活动进行反思。

安全预案

1. 学员由家长带到活动地点，注意交通安全。
2. 活动前检查场地，要适宜跆拳道表演，防止在表演过程中出现伤害事故。

3. 活动前学生充分热身，防止运动损伤的发生，教师随身携带急救包，活动现场安排一名军医。

4. 在活动过程中如出现紧急情况，走疏散通道，快速撤离。

5. 天气较为炎热，学员多喝水，避免中暑。

6. 返程时活动中心派车，统一带回活动中心。

7. 返程途中，不要在车上打闹，防止摔伤。

附件（略）

附件1：调查问卷

附件2：节目单

附件3：与他人交流的基本技巧培训提纲

活动自评

这次活动达到了预期目标，武警官兵、学员、家长都很满意，也给予了高度评价。更重要的是，通过这次活动使我真正体会到，在活动中营造一种愉快、和谐的活动氛围，对于学员和教师来说都是一种美好的享受。

在参观内务的体验环节，我个人觉得非常成功。学员对"豆腐块"兴趣非常高，观察仔细，认真动手实践，在实践的过程中学员个个汗流浃背，觉得武警叔叔不容易。这时我及时引导学员认识到武警叔叔每天都这样叠"豆腐块"，长期坚持、持之以恒地保持高标准；在学生叠完以后主动问武警叔叔需要多长时间完成，得到答案后，他们很佩服武警叔叔，感受到成绩是需要平时长期刻苦地练习，明白了武警叔叔的内务可以体现一个人的标准及对生活、工作的态度。

在设计交流环节时，我担心学员会出现心理紧张，从而出现冷场的尴尬场面，但结果出乎意料，交流很热烈，以至于交流时间结束时，学员和战士还意犹未尽。这个环节的成功与活动前的充分准备是分不开的。在活动准备期间，首先让学员列出最想与武警叔叔交流的三个内容，根据交流的基本技巧进行专门的培训，培训后针对交流提纲拉家常和同伴反复练习，在活动过程中安排学员与武警官兵一起做游戏的环节，消除了彼此的陌生感，使得在交流环节学员能轻松自如地与武警战士进行交流。

本次活动还有不尽如人意的地方，学员表演没有达到预期效果，教师面对摄像机紧张，造成对每个环节的把握不够精准，表达不清晰。以后要多策划、实施社会实践活动来锻炼、消除面对摄像机紧张的心理状态。

专家点评

这是一次符合活动定位要求的实践活动。专业技术教育与思想教育兼容，互动性强是本次活动的两大特点。方案要素齐全，整体安排内容适当，准备细致，环节

清楚。

活动确定的目标具体，针对性强，基本符合活动参与者的情况。对活动效果的检测采取了有效的方法，方法是可行的。

整个活动的安排是严谨、具体、务实的，这种时间、内容、地点、任务——明确、落到实处的安排是好的，有利于落实活动设计的目标。但从另一方面来看，这种细致具体的安排方案很难体现学员的主体性、自主性和活动的开放性，约束了学员在更大程度上的主动发展。为此，在活动的严谨与宽松、具体与灵活、整体与个体关系的处理上有待进一步研究。

小组教师的群众性普及活动

走进机器人世界
——北京市石景山区青少年活动中心科普二日营活动

北京市石景山区青少年活动中心　刘爽

活动依据

1. 贯彻落实《全民科学素质行动计划纲要》，开展课外科技活动，增强未成年人对科学技术的兴趣和爱好，引导未成年人增强创新意识和实践能力。

2. 开展青少年科技活动，是青少年对科学探究和体验的主要方式，是提高青少年科技素质的重要手段。

3. 机器人在日常生活中应用越来越广泛，引起了学生对机器人的浓厚兴趣。

活动目标

1. 能识别简易机器人的基本构造、说出各类传感器(如声音、光敏、红外、温度、触摸）的功能，讲解机器人的功能用途。

2. 能够根据图解独立拼装机器人，会运用流程图编制简单的控制程序，并能操作、调试机器人。

3. 能够积极做好赛前准备工作，按照竞赛规则参加比赛。

4. 能够在活动中体验互相帮助、合作学习、共同完成活动项目的快乐。

活动内容

1. 机器人知识培训
2. 机器人拼装调试

3. 机器人竞赛
4. 看科幻电影《机器人瓦力》
5. 开展训练
6. 总结颁奖

活动时间、地点

2008年9月20、21日，怀柔生存岛。

活动对象及规模

中小学生68人，教师12人。

活动重点、难点

重点：根据图解独立完成机器人的拼装。
难点：机器人调试。

活动准备

教师准备

1．与赞助公司洽谈具体事宜；2．制定活动方案和安全预案（附件1）；3．向上级递交活动申请报告（附件2）；4．下发活动安排、学生健康登记表、家长信（附件3、附件4、附件5）；5．联系活动场地；6．联系机器人专业培训人员，确定培训内容（附件6）和测试题目；7．召开带队教师座谈会。

学生准备

1．了解机器人竞赛基本规则；2．生活必需品。

活动过程与思路

第一阶段

1．机器人知识培训（60分钟）

内容：简单机器人的工作原理、基本操作方法、看图拼装、编程、调试等。

组织：对学生提出培训要求。如：记录各类传感器的功能，了解机器人的各种功能和工作原理。

设计思路：根据学生的年龄特点和知识接受能力，有针对性地进行机器人基础知识的辅导，使学生了解机器人的基本原理，掌握操作方法、拼装、编程、调试及比赛规程，为比赛活动充分做好技术准备和思想准备，保证活动的顺畅有序进行。

2．机器人拼装调试（150分钟）

内容：小学组看图拼装重力车、皮筋动力车、滑坡车。
中学组看图拼装越野车、寻迹车及编程调试。
组织：教师分组发放机器人材料。学生根据图解自行组装，可相互交流、相互帮助；根据实例，进行简单编程。

教师适时指导学生拼装与调试，及时解答学生的疑难问题。

设计思路：通过看图拼装机器人，使学生能够自主学习、主动探究、积极思考、相互帮助、积极配合、密切合作，依靠集体的智慧完成拼装、调试，做好赛前准备工作。

3. 科普报告（120分钟）

内容：介绍机器人在工业、航天等相关领域的应用。

设计思路：通过科普报告，使学生进一步了解机器人在社会生活、科学技术、工业生产等领域中的广泛应用，培养学生学科学、爱科学的兴趣。

第二阶段

（一）机器人竞赛

1. 笔试（30分钟）

各组别学生在规定时间内按要求完成机器人理论知识测试。

设计思路：使学生进一步掌握、巩固机器人的相关知识，为完成机器人竞赛奠定理论基础。

2. 实际操作（150分钟）

小学组：拼装重力车、皮筋动力车、滑坡车。

初中组：拼装越野车、寻迹车及编程调试。

比赛中，三名队员分别负责的项目进行逐级触发（联动），完成指定任务，获得最终成绩。

设计思路：通过赛前准备、调试操作机器人、竞赛等活动，提高学生动手动脑的实践能力，使学生熟练掌握机器人操作要领，拼装、调试程序，培养学生的活动参与意识、合作意识。

（二）拓展活动

内容：叶画制作、攀岩、驾驶吉普车等活动。

设计思路：为了丰富学生在二日营活动中的业余生活，调整因比赛带来的紧张气氛，利用现有的场地设备资源，为学生安排适当的娱乐活动，缓解机器人学习培训、竞赛等活动带来的压力。通过此项活动，使学生的团结协作、克服困难、不畏艰险、勇于攀登的精神进一步得到锻炼。

（三）总结颁奖

学生自荐表演与颁奖交替进行。

设计思路：通过联欢活动，学生相互进行交流，分享成功的喜悦，进一步体验集体活动的快乐，帮助活动中受到挫折的学生树立战胜困难的自信心。

活动效果测评

1. 填写学生活动情况测评表。

学生活动情况测评表

序号	姓名	主动参与	合作交流	笔试成绩	竞赛成绩	综合评价

2. 让学生撰写《机器人畅想》日记。

附件（略）

附件1：安全预案

附件2：申请书

附件3：日程安排

附件4：学生健康情况登记表

附件5：家长信

附件6：竞赛项目概述

活动自评

通过"走进机器人世界"科普二日营的群众性科普教育实践活动，极大地调动了我区部分少年儿童学习了解机器人的构造原理，参与机器人活动的兴趣，推动了我区机器人活动的深入开展，为今后继续深入开展综合性的机器人科普教育实践活动奠定了基础。

一、完成了既定的活动目标

组织学生报名时，学生只是感觉机器人这项活动很新鲜，而且是未知的神秘世界，他们带着好奇心和对机器人的探究而来。通过两天的知识培训、实践操作、机器人竞赛等活动，学生初步了解到了机器人在实际生活中的用途和现代社会发展中的作用，感受到未来的世界无论是在人类发展，还是在科技、航天等各个领域，机器人都会发挥重要作用。通过机器人的拼装、操作、编程以及竞赛活动，学生们掌握了机器人的简单操作程序和基本的操作要领。当学生在集体的智慧下完成本次活动的任务时，成功的喜悦溢于言表，他们不仅学到了知识，也体验了快乐。

二、在活动组织方式上进行了有益的尝试

机器人项目专业性强、投资较大。外出开展群众性科技普及活动，特别是开展综合性的机器人科普教育实践活动，从组织形式到科技内涵，从活动方式到活动过程，对机器人教师个人而言都有较大的难度。我设计这次"走进机器人世界"群众性普及活动之初，得知"智慧天下"机器人有限公司正在寻找合作伙伴的信息，于是我多次与该公司联系，并与他们就开展机器人科普活动的内容、形式等作了积极

的探讨，最终得到了他们的全力支持与帮助，为活动的顺利开展奠定了基础。本次机器人群众性活动，在活动组织方式上进行了有益的尝试，为我中心与专业公司联手打造群众性、实践性、公益性科技教育活动提供了可借鉴的案例。

三、一举多得、收获丰硕

本次活动以学生对机器人体验、操作为主导，同时开展了知识培训、科普讲座、竞赛等活动。在活动中，同学们热情高、参与积极，能够主动研究探讨机器人的操作技术原理，从理论知识到实践能力等方面均有了一定的收获。活动结束后，有些学生深有体会地谈到："我的动手能力有了提高，我更爱参加实践活动了"；"我思考问题的方式多了，在面对问题时我更有信心了"；等等。通过这些我看到了学生在活动中的成长。

这次机器人群众性普及活动，随队的校内教师中有些人是不懂机器人的，对他们而言这也是一次培训活动。他们从不懂机器人到了解机器人，还想回校后开展机器人活动，从思想上发生了积极的转变，我想这将有助于推动我区机器人课外活动的开展。

作为一名校外科技指导教师，本次活动的成功举办也让我在思想上发生了转变。在测试活动之初，我还有许多的顾虑，但通过开展活动，看到学生们积极主动地参与，看到校内教师观念的转变，既感到欣慰也有很大的触动，促使我用积极的态度来思考问题。我想，只有在关注学生兴趣爱好的基础上开展科普活动，才会使活动更有意义，才能受到学生的欢迎。

专家点评

本活动方案是围绕机器人而设计的系列二日营活动，参与的学生68人。这样无论是在内容上，还是形式上，都比设计一次小组活动有难度，而从该方案的设计上看，比较好地解决了这个问题。首先，明确而具体的活动目标成为活动过程设计的依据；其次围绕机器人的知识、拼装操作、科普报告、竞赛和评比展示等内容与形式的选择及步骤安排有序；最后，穿插进去的拓展训练活动，也为本次活动起到了适当放松、丰富内容的作用。

此外，从方案设计的活动过程来看，每一步的设计都比较能体现教师引导学生主动学习达到目标要求的思路。

需要完善的是，效果测评所用的测评表，缺乏评比要素和具体操作方法介绍。

走进数字娱乐产业基地
——中学生动漫创意产业普及活动

北京市石景山区青少年活动中心　匡振然

活动依据

1. 2006年北京市石景山区被定位为"首都文化娱乐休闲区",即CRD,重点发展文化、创意等数字娱乐产业。作为石景山区的中学生,应该了解相关内容并力所能及地参与其中。

2. 动漫是创意产业中的一部分,也是中学生喜欢并关注的内容。但很多中学生热衷于日本等国外动漫画,而对国内动漫产业现状及发展前景缺乏了解。

3. 国内动漫市场人才缺乏,普及活动使学生明白企业对人才的评定标准,鼓励学生将所学信息技术积极应用到社会实践活动中。

4. 目前我国动漫产业中存在许多消费不和谐现象,如购买盗版光盘、盗版的玩具、文具等,动漫创意产业需要知识产权的保护才能健康发展。

活动目标

1. 通过活动使中学生了解动漫创意产业和国内动漫产业现状,体验国产动漫水准,了解动漫制作的简单流程。

2. 鼓励中学生采用适当的工具和方式积极获取动漫产业信息,对相关信息进行加工整理,进一步激发学生了解动漫创意产业的兴趣。

3. 使中学生切实感受动漫创意产业需要知识产权的保护才能健康发展,引导学生宣传并购买正版动漫产品。

活动时间、地点

2008年7月,中国虚拟经济区。

活动对象及规模

初、高中学生30人。

活动内容和方式

1. 组织学生参观数字娱乐产业基地,听专业技术人员讲解。

2. 观看市场尚未发行的大型国产动漫片，体验国产动漫水准。

3. 学生与专业技术人员座谈，互动交流。

活动重点、难点

重点：了解动漫创意产业和国内动漫产业现状，知道动漫等创意产业为石景山区经济建设的发展所作贡献及其巨大的发展潜力。

难点：科学的调查过程和调查结果的整理归纳。

活动准备

教师准备

1. 联系"数字娱乐产业基地"，实地考察，和专业人员沟通活动主题和内容，确定活动方案。

2. 网络查询资料，初步了解动漫产业相关内容。

3. 组织活动对象。活动前动员及对学生进行分组、分工，布置任务。

（1）将学生分为三组：走访组、问卷组、实地调查组。

要求：每组都要上网搜索查询动漫产业相关资料，并布置各组需重点完成的任务。

提示：各组要完成任务需要选择哪些信息技术工具和方式呈现信息。

走访组：采访身边同学所关心的动漫方面的相关问题，为问卷组提供相关资料。负责调查问卷的发放、收集、统计、汇总、汇报等工作。

信息技术工具：搜索引擎、Excel电子表格

问卷组：根据各组汇总及网上搜索的相关资料、设计调查问卷。

信息技术工具：搜索引擎、Word文档

实地调查组：上网了解"数字娱乐产业基地"情况、联系方式，老师带部分学生实地考察，设计活动方案。

信息技术工具：搜索引擎、Word、Flash动画制作等

（2）引导学生在QQ中建立班级群。

（3）教师建立动漫主题博客，引导安排活动任务。

（4）建立公共邮箱，做好调查问卷和效果测评的收发工作。

思路：引导学生知道完成任务要进行有计划的合理分工，能选择并使用合适的信息技术工具完成调查阶段的任务。

（5）制定效果测评方法：活动结束后，每位学生写出体会与收获。

4. 联系石景山区电视台摄像人员。

5. 制定安全与学生伤害事故预防措施。

6. 打印下发家长通知书，告知家长。

学生准备

各组在教师引导下完成任务。

学生由自荐和推选方式选出三个组的组长。学生根据个人特长，自荐参加某个小组。

第一周：

1. 各组座谈，提交计划。

各组由组长组织负责，经过座谈讨论方式，进行具体分工，制定完成任务规划，并提交计划。

组长建立QQ群，组员建立QQ号。

思路：引导学生有分工、有合作、有步骤、有计划地设计完成任务。

第二周：

2. 各组通过网络提交准备情况。

走访组：（1）走访学生，了解他们所关心的动漫方面的问题，在QQ群组中讨论，组长负责收集汇总资料，为问卷组提供素材。（2）发放填写调查问卷。

问卷组：（1）收集资料，用Word设计调查问卷，放到公共邮箱。（2）用Excel电子表格统计并汇总调查问卷情况。

实地调查组：（1）实地考察，和技术人员沟通活动内容。（2）设计活动方案。

思路：引导学生能根据任务要求，选择合适的信息技术进行有效的采集和加工制作，根据调查结果从不同角度分类汇总，整理访谈提纲，体验用信息技术解决生活中的实际问题。

活动过程及思路

参观活动：90分钟

1. 参观"数字娱乐产业基地"，听专业技术人员讲解（30分钟）

设计思路：学生通过参观、看展板、听专业技术人员讲解，使他们了解动漫创意产业和国内动漫产业现状，知道动漫等创意产业为石景山区经济建设的发展所作贡献及其巨大的发展潜力。

参观电脑制作工作室

设计思路：由专业技术人员讲解，使学生了解动漫制作的简单流程。

2. 体验国产动漫片（20分钟）

（1）观看《石景山科技园区规划》纪录片。

思路：石景山区定位为"首都文化娱乐休闲区"，即CRD，重点发展文化、创意等数字娱乐产业。作为石景山区的学生，应该知道石景山区未来发展方向及其规划。

（2）观看国产大型动漫连续剧《三国演义》第一集剪辑。

设计思路：长期以来，很多青少年热衷于看日本等国外的动漫画，通过参观前的调查问卷也可以看出85%以上的学生选择喜欢看日本动漫，60%以上的学生认为中国动漫故事简单，存在低估观众理解力、缺乏创意、技术过于单调等问题。学生通过看《三国演义》剪辑，给学生极大震撼，改变了他们对中国动漫的一些看法，如中国的动漫技术绝不低于他国；可涉及的题材也很广泛等，由此学生们会产生很多疑问……

3. 学生与专业技术人员互动交流（40分钟）

学生在参观、体验的基础上和专业技术人员进行交流探讨，解决学生比较关心的问题和他们感到疑惑的问题。探讨问题举例：

（1）动漫的制作流程。

分四部分：策划——美工——电脑技术制作——营销。

（2）动漫制作需要什么样的人才。

人才缺乏制约动漫发展，动漫产业需要的人才标准。

（3）动漫制作成本及如何保证成本回收。

设计思路：鼓励学生交流，发表个人见解。知道动漫创意产业的精髓之处在于"创意"，切实感受动漫创意产业需要知识产权的保护才能健康发展。同时使学生明白企业对人才的评定标准，即在学习中要注重实践，提高动手能力，多参加社会实践活动。

活动效果测评

1. 写出了解了哪些动漫产业方面的相关内容的体会和收获，并为中国动漫产业献计献策。

2. 评选：主要测查学生在活动中为本组所作贡献。

根据学生自评、组员间互评、组间互评和教师评定对学生进行综合评价。

设计思路：参观体验后，鼓励学生用所学信息技术为国产动漫做宣传，在让学生谈认识和感受的基础上，写出体会和收获，制作电脑作品并利用网络环境为中国动漫产业献计献策，自觉支持并购买正版动漫作品。

活动自评

石景山区以"北京数字娱乐产业示范基地"为代表的文化创意产业取得了巨大成就，成为替代首钢的支柱产业。2008年"数字娱乐产业基地"被评为"北京市重点对外参观工作先进单位"。这种资源优势及其所处科技前沿领域的位置促使我组织并策划了本次活动。

通过活动前期的考察，我了解到创意产业涵盖内容很多。动漫是创意产业中的一部分，也是中学生喜欢并关注的内容，所以我在策划本次活动时以动漫创意产业为切入点。活动内容对学生来说有浓厚的兴趣。同学们通过参观、体验、互动交流和问卷调查四个环节，对国内动漫产业现状及其发展前景有了一定了解，知道动漫等创意产业为石景山区经济建设的发展所作贡献及其巨大的发展潜力，切实体验了

国产动漫水准，知道动漫制作的简单流程。通过活动也提高了学生对知识产权的保护意识，收到较好的活动效果。

总结方案设计亮点如下：

一、给每个学生展示才能的机会

"教师是活动的引导者，学生是活动的主人"是贯穿于整个活动过程的教育理念。凡是学生自己有能力做到的，都让他们自己去完成。教师只是以大朋友的身份给予指导、引导和帮助，充分挖掘学生潜能。他们根据活动任务进行访问、网上查询资料，设计调查问卷，统计汇总结果，实地联系考察，设计活动方案，参观考察交流，写小调查报告，制作宣传作品等，学生在活动中尝试、体验各种解决问题的方法，体现了学生自主参与、实践的过程。

二、信息技术的综合应用

在活动中引导并鼓励学生将所学信息技术积极应用到社会实践活动中。

网络平台（QQ、Blog）——表达与交流的工具

查询资料（搜索引擎）——获取信息，提供资源环境

作品展示（PowerPoint、Flash）——展示与宣传的工具

设计统计调查问卷和方案（Word、Excel）——加工处理信息

活动促进学生利用信息和信息技术有计划、合理地解决问题，通过问题分析确定信息需求，选择合适的信息技术进行有效的信息采集，采用适当的工具和方式呈现信息、发表观点、交流思想、开展合作。

这次活动先后组织了两次。对比分析，深感前期准备工作很重要，而前期准备是否充分也直接影响到参观活动的效果。

第一次：教师策划活动，直接组织学生参观基地。

学生被动接受，准备不足，活动未能达到预期效果。

第二次：整个活动分三个阶段进行。前期准备阶段是活动的难点部分，也是影响参观效果的关键环节。引导学生用两周时间分两个阶段进行准备，做到有计划、有步骤、有分工、有合作，准备充分，有备而来。学生准备好访谈提纲，从不同角度分类汇总，调动了学生主动探索的积极性。明显地，第二次活动较为成功。

这次专业群众性普及活动为学生提供了了解并参与动漫创意产业的机会和平台。学生走出校园，走出书本，亲身体验、了解了信息技术对人才的评定标准，进一步懂得学习书本知识的同时要注重实践，提高动手能力。活动得到学校师生的认可与好评。

附件（略）

附件：活动安全预案

专家点评

这是一次以动漫创意产业为切入点,以参观考察为主要形式的中学生科普活动。

活动设计方案主题选择准确,方案各项要素齐全,准备工作充分,整体活动过程安排有序,各项内容思路表述清楚。

这项普及活动的亮点是不同于一般的参观活动,而是参观前组织学生做了大量的培训准备工作,把学生学到的相关知识和有针对性地网络查询的相关知识以及他们参观考察的内容密切结合,使普及活动的效果进一步深化,使参加活动学生的兴趣进一步深化,达到活动预期的目标。

聆听与感受
——零距离接触民族乐器"琵琶"

北京市东城区少年宫　吕亚琼

活动依据

十七大报告指出,"中华文化是中华民族生生不息、团结奋进的不竭动力。加强中华优秀文化传统教育",是我们教育工作者的责任;《中共中央 国务院关于进一步加强和改进未成年人思想道德建设的若干意见》指出,"要把弘扬和培育民族精神作为思想道德建设极为重要的任务,纳入中小学教育的全过程",校外教育也不例外。

民族器乐是中华文化的瑰宝,是中国传统艺术的重要组成部分。琵琶作为民族器乐的主要门类,以其丰富的表现力和感染力,历来深受人们的喜爱。一些传世名曲更是脍炙人口,成为民族音乐宝库中的瑰宝。少年儿童有很强的好奇心,在多元文化迅速发展的今天,潜移默化地向他们渗透民族音乐文化是非常必要的。

民族器乐需要传承,传统艺术亟待弘扬。身为琵琶指导老师,我从孩子们希望了解传统音乐、渴望认识民族乐器的心情中强烈感受到自己的责任。作为校外音乐教育者,我们也有义务为很少接触过民族乐器的在校学生提供感受民族音乐、零距离接触民族乐器的机会。

活动目标

1. 通过教师讲解,学生能认识琵琶并了解琵琶的结构,绝大部分学生能够说得出琵琶的各部位名称。

2. 通过初步学习和练习,在琵琶组学员带动下,大多数参加活动的学生能够弹奏乐曲《小蜜蜂》。

3. 学生对琵琶产生兴趣,部分学生能产生学习琵琶的愿望,双方学生共同感受琵琶音乐的魅力。

活动时间、地点、对象及规模

5月20日下午3:30—4:30,西总布小学五年级学生40名。

活动内容和方式

通过讲座、名曲视听,普及琵琶初级常识。

活动重点、难点

重点：普及琵琶初级常识，双方学生共同感受琵琶音乐的魅力。

难点：组员协作指导，带动在校学生整齐演奏乐曲《小蜜蜂》。

活动准备

1. 设计活动，撰写《活动方案》。

2. 联系西总布小学，宣传活动的目的和意义，确定参加活动的人员和地点。

3. 活动前培训琵琶兴趣小组组员，明确组员在这次活动中担当的角色；指导组员掌握辅导学生首次弹奏《小蜜蜂》的基本方法；乐曲排练。

4. 准备讲座所需的半成品琵琶和演奏用的15把琵琶。

5. 选定知识竞赛测试题，确定竞赛组织方法，准备小奖品。

6. 布置讲座环境。

7. 制定安全预案。

活动过程

（一）介绍琵琶，让学生了解和认识琵琶的基本结构

1. 教师提问，了解学生对民族乐器基本知识的掌握程度。

（1）请说出你所知道的民族乐器，并形容出它的形状（可以运用不同的启发方式从形状、音色等方面进行引导），教师进行补充和归纳。

（2）民族器乐是怎样分类的？

弹拨乐器都有弦，戴假指甲（扬琴用琴笕）弹奏；

拉弦乐器都用弓子演奏；

吹管乐器都用嘴吹奏；

打击乐都用工具敲击。

通过这些形象的表述使学生了解并掌握民族器乐的分类。

（3）展示琵琶背板半成品，让学生猜想它可能是什么乐器——导出本次活动的内容(认识琵琶)。

（4）通过提问使学生知道琵琶属于民乐的弹拨乐器，简单了解几首琵琶乐曲。

通过四个问题将学生逐步引入本次活动的主题，运用一问多答的学习模式，调动学习气氛，加深学生理解。

2. 向学生介绍琵琶各部位的名称（由上向下的顺序），并展示琵琶半成品。

通过观看琵琶实物与未制作完成的琵琶，结合大屏幕投影让学生直观了解琵琶各个部位的名称及构造。

3. 让同学们仔细观察琵琶的几个关键部位（背板、头花、品、指甲），并尝试回答分别是用什么材料制成的。

在了解了琵琶各个部位的名称及构造的同时，让学生对关键部位的材质进行了解，可以更好地激发学生的学习兴趣，活跃学习气氛。

4．用大屏幕投影展示琵琶的工艺制作过程。

通过观看琵琶的工艺制作过程，使学生了解琵琶是怎样由一块木头逐步演变成能发出优美旋律的乐器，让学生在愉悦的氛围中进一步认识琵琶。

（二）通过欣赏琵琶乐曲，让学生认识琵琶的音色

1．欣赏由琵琶兴趣小组组员演奏的乐曲《旱天雷》。

在学生们欣赏优美乐曲的时候，大屏幕呈现乐曲介绍，加深学生对琵琶音色的印象。同时也锻炼琵琶兴趣小组组员的舞台表现力和相互协作能力。

2．通过提问让学生描述对琵琶音色的印象，教师进行归纳总结，引出《琵琶行》名句"大珠小珠落玉盘"形容琵琶音色。

（三）通过师生互动、生生互动，让学生触摸、弹奏琵琶，学习弹奏乐曲《小蜜蜂》

为了让学生们能够零距离接触琵琶，充分感受传统民族器乐的魅力，分组组织学生，亲手尝试弹响琵琶，演奏他们熟悉的儿歌《小蜜蜂》。

1．将全部学生分成5组（包括兴趣小组组员），分别命名1（do）、2（re）、3（mi）、4（fa）、5（sol）组。《小蜜蜂》由五个音组成，五个小组也分别代表五个音。

2．学习戴指甲，由兴趣小组组员担任小老师。由于本次活动只是一次普及活动，所以学生只学戴食指指甲，便于随后试弹《小蜜蜂》。

3．组织全体学生学唱乐曲《小蜜蜂》，了解基本节奏，能够整齐演唱，为下一步完整而整齐地弹奏乐曲《小蜜蜂》打下基础。

4．学习弹的指法及1、2、3、4、5五个音阶的弹奏。

分组练习，兴趣小组组员进行辅导。每组学生只需练习与组名相同的一个音，要求学生能够按照乐谱准确演奏出本组所承担的音。

5．集体弹奏乐曲《小蜜蜂》，边唱边弹。

短暂的分组练习后，集体弹奏儿歌《小蜜蜂》。通过集体弹奏，可以调动和检验学生参与活动的兴趣和热情。琵琶兴趣小组的组员们在活动中担任"小老师"，指导并带领其他同学弹琴，让他们充分体会到学琴带给他们的自豪感和成就感。

（四）名曲欣赏，进一步认识琵琶的音色，感受民族器乐与民族音乐的魅力

学生欣赏琵琶兴趣小组组员演奏的名曲《金蛇狂舞》。

学生从亲自弹奏小儿歌到聆听旋律优美的琵琶名曲，进一步认识琵琶音色，感受民族传统音乐的魅力，在他们幼小的心灵中加深对所学知识的理解，加深对中国传统音乐的喜欢。琵琶兴趣小组的组员们也能够发展兴趣爱好，展示自己的音乐才能，提升自我艺术修养，在中国传统艺术的传承与发扬中发挥更大的作用。

（五）组织有关本次活动的知识竞赛。通过知识竞赛巩固学习到的琵琶知识和弹奏技能

1. 以分组的形式将活动中涉及的知识进行提问，可以直接了解学生在本次活动中掌握知识的情况。答对的组可获得奥运五环笑脸图标一个。以知识竞赛的方式结束本次活动，既活跃了课堂气氛，又加深了印象，巩固了所学知识。

2. 学生用所得五环笑脸图合影留念。2008年8月北京举办奥运会，它让我们所有的中国人引以自豪。希望学生们能用不同的方式参与奥运。红色、黄色、黑色、绿色、蓝色，分别代表五种不同的微笑，也希望孩子们永远笑对人生。

活动效果测评

1. 通过提问、知识竞赛方式检查学生对民族器乐常识的掌握情况。
2. 通过小乐曲——《小蜜蜂》的试奏，检验本次活动的学习效果。
3. 活动后学生写一篇日记，了解学生感受和体会。

附件（略）

附件：安全预案

专家点评

教师结合琵琶教学的初级知识，带领琵琶组员走进学校开展普及活动，以琵琶工艺制作——欣赏琵琶乐曲——学戴指甲弹琵琶——学习弹奏乐曲《小蜜蜂》的过程，为在校学生搭建了一个动手接触民族器乐的平台。

教师前期准备十分充分，让学生看到一块木头演变为琵琶乐器的视频和实物资料，既有专业特点，又促进了学生的认知和互动。这种情境设置，有效地激发了学生的学习兴趣。方案目标明确，内容充实，过程表述清晰。尤其是让学生触摸琵琶，学习弹奏乐曲《小蜜蜂》环节，教师把学生分成五组，发挥小组员的带动作用，让学生亲手尝试，弹响琵琶，有效地解决了难点。

整体活动设计适合学生心理，自始至终让双方学生有效参与。活动做得很实，选择的内容和形式也很有特点。

走近民族舞　感受傣家情

北京市西城区丰盛少年宫　赵兴

活动依据

1. 以政策依据为基础

（1）作为一名校外教育的教师，应当充分发挥校外教育活动的核心作用，努力使我们的活动更加贴近和服务于广大未成年人。通过各式各样的活动形式，充分发挥普及推广、兴趣培养、体验实践的功能，尽可能地做到一个活动多项功能。

（2）根据教育部要求中小学开展民族团结教育的精神，我想如果能在发挥校外教育场所体验性、实践性、参与性强的优势的基础上，开展民族文化的普及活动，让学生在亲身体验和直接参与中，树立民族团结意识，则更有利于激发学生们对中华民族的热爱之情。

2. 以学生需求为根本

（1）通过多种形式的调查了解，我得知有相当一部分中小学生只知道我国是一个多民族国家，但对我国博大精深的民族文化却知之甚少。他们更不了解，在我国众多少数民族中，有很多都可以称为能歌善舞的民族，人们将舞蹈作为体现民族传统和表达民族情结的重要方式。

（2）通过了解还得知，有许多中小学生对了解民族文化和接触、学习民族舞蹈都抱有极大的热情。

3. 以专业特色为依托

作为一名舞蹈专业的教师，我在小组活动中一直坚持系统的民族舞蹈的教学。为了使更多的或是从未接触过舞蹈的学生们，通过参加活动来感受民族舞蹈，进而激发他们进一步去了解民族传统文化的兴趣，我设计了题为"走近民族舞"的系列普及活动。这次"走近民族舞，感受傣家情"——傣族舞蹈感受与体验普及活动是本次系列活动之一。我同舞蹈小组的学生们进行了沟通，引导他们树立将民族舞蹈进行传播的责任，让他们每个人邀请一位自己的小伙伴共同走进舞蹈教室来参与活动。

活动目标

知识技能：初学者感受到傣族舞蹈身体姿态呈"三道弯"的特点；了解傣族服饰、节日等民俗知识；掌握傣族纱伞运用中的转、扛、举的方法。

能力：运用"转伞"、"扛伞"、"举伞"技能进行泼水动作的创编。

情感态度与价值观：参与学生感受到"舞在游戏中"的乐趣；激发学生更多地去了解我国民族文化知识的欲望；增进学生间的友谊，使舞蹈小组学生建立起传播民族舞蹈技能、知识的责任心，增强社会责任感。

活动时间、地点

2008年7月15日上午9:00—11:00，西城区丰盛少年宫舞蹈教室。

活动对象及规模

小组学生及由他们邀请来的未接受过舞蹈训练的小学生（三—五年级）。

活动内容

舞蹈小组的学生进行傣族舞慢板片段的展示，使初学者直观感受到傣族舞蹈的主要特点。

舞蹈小组的学生们邀请自己的小伙伴，共同参与"泼水游戏"的体验。

全体学生共同进行泼水节游戏舞蹈的展示，交流体验的感受。

活动重点、难点

重点：在互动体验中，使初学者掌握傣族纱伞运用中"转伞"、"扛伞"和"举伞"的技能。

难点：运用互动及游戏的形式，使初学者克服羞怯心理。

活动准备

教师	舞蹈小组学生
设计活动方案，准备活动中需要的舞蹈道具和音乐。	练习准备教授的技能动作，进行分组"模拟教授"。
对舞蹈小组学生如何教授初学者进行培训。	练习活动中展示傣族舞慢板片段。
对参与本次活动的学生进行安全教育。（见附件）	邀请一位自己的同学或邻居，来共同参与活动。

活动过程及思路

环节	活动内容	教师活动	舞蹈小组学生活动	初学者活动	阶段效果测评
感观引入	意图：感观认识傣族的乐器、服饰、音乐。 ①导入活动主题。 ②介绍民俗知识。	引出葫芦丝的演奏。协助介绍民俗。	一名身着傣裙的学生演奏葫芦丝。介绍头饰、服饰等民俗知识。	初步感观傣族音乐的旋律。了解相应的民俗知识。	教师观察学生在仔细聆听葫芦丝的演奏。教师了解、判断学生知道了相关的民俗知识。

续表

环节	活动内容	教师活动	舞蹈小组学生活动	初学者活动	阶段效果测评
直观感受	意图：通过小组学生的舞蹈表演，使初学者得到直观感受。 ①感受傣族舞蹈中姿态、韵律特点。 ②了解傣族舞蹈主要特点等专业知识。	引出小组学生表演。 启发初学者思考傣族舞蹈的主要特点。 讲解傣族舞蹈的主要特点。	进行傣族舞蹈慢板片段的展示。	直观感受傣族音乐及舞蹈。 思考傣族舞蹈的特点。 了解傣族舞蹈身体姿态特征等专业知识。	小组学生在展示中将专业技能得以体现，显示出自信。 初学者直观感受到了傣族舞蹈慢板音乐的优美旋律，并了解了傣族舞蹈的主要特点。
互动体验	意图：运用"斗笠"和"纱伞"创设互动游戏的氛围；在游戏中使初学者掌握傣族舞蹈道具运用的专业技能。 ①运用泼水动作的表演，引出对傣族"泼水节"的介绍。 ②"一帮一"教授、学习"转伞"、"扛伞"技能。 ③进行互动"泼水游戏"。 ④进行自由"泼水"动作编创。	引出"泼水"动作表演，介绍"泼水节"。 引导学生间进行"一帮一"教授。 组织互动游戏。 引导学生进行编创。	用"斗笠"进行"泼水"动作的表演。 教授初学者"扛伞"及"转伞"技能动作。 与小伙伴共同游戏。 带领小伙伴进行编创。	通过"泼水"动作感受欢乐情绪。 跟随小组学生学习。 与小伙伴共同游戏。 与小伙伴共同编创。	通过观察，了解到小组学生热情教授，初学者积极学习，观察到初学者中有"不好意思"的学生，进行重点鼓励与辅导。 在互动游戏及编创中，学生们显露出愉快情绪，并显示出与他人合作的能力。
展示交流	意图：进一步加深体验，检验初学者技能掌握情况。 ①将"泼水游戏"及编创动作串接成一个游戏舞蹈。 ②进行傣族"泼水节"游戏舞蹈的展示。 ③进行交流。	教授串接中用到的"举伞"动作及队形变化。 组织展示。 引导学生间互评、自评及交流。 进行讲评与总结。	与同伴共同完成游戏舞蹈的串接。 与初学者共同进行集体展示。 进行交流。	学习"举伞"动作，完成游戏舞蹈的串接。 与小组学生共同进行集体展示。 进行交流。	学生们积极愉悦地进行展示，体现出较好的技能掌握情况。 在相互交流中，说出真情实感。

活动效果测评

观察学生认真聆听了傣族民俗知识；对傣族舞蹈的特点及音乐有了初步了解。

在互动游戏及集体展示中，检验出学生对技能动作掌握的情况；通过观察学生们愉悦的情绪，了解学生们感受到了"泼水节"的欢乐场面。

在交流体会时，每个学生谈出参加活动的真实感受。

附件（略）

附件：丰盛少年宫安全与学生伤害事故预防措施备案表

活动自评

通过这次公益性的普及活动，使很多从未接受过舞蹈教育的学生走进了我们的舞蹈教学活动，加深了自己对校外教育舞蹈普及活动的思考及实践，取得了较好的教育效果。

目标达成情况

1. 学生们了解到我国众多少数民族中的傣族是一个能歌善舞的民族，傣族舞蹈有着浓郁的民族特色。

2. 初学者通过观看舞蹈小组学生的表演，直观感受到了傣族舞蹈的主要特点，获得了民族舞蹈的专业知识。

3. 初学者通过"泼水节"游戏舞蹈的体验，不但掌握了傣族舞纱伞运用中的"扛伞"、"转伞"等专业技能，并且感受到了"舞在游戏"中的乐趣。

4. 活动中对傣族头饰、服饰、节日等民俗知识的渗透，起到了抛砖引玉的作用，激发了学生更多地去了解我国各民族文化知识的欲望。

活动特点

1. 我尝试将整个活动的普及过程设计为"感受+体验"的模式，将整个活动的重点放在"互动体验"环节。首先使初学者通过感观直观感受了解专业知识，再通过全体学生的互动体验，体现另一个活动目标的达成——使初学者掌握一定技能，这也是本次活动的重点。

2. 从本次普及活动的设计思路到方案，我都与舞蹈小组的学生们进行了研究与沟通。活动中的每个环节，舞蹈小组的学生们都起到了主导作用，她们既是"小演员"，又是"小老师"，她们还是初学者的"好朋友"。

难点突破

本次普及活动要将专业技能传授给没有舞蹈基础的学生们，自然是有一定难度的。主要困难表现在，初学者缺乏用肢体动作表现的欲望，对学习舞蹈动作存在畏惧和羞怯心理。为了使"难点"得以突破，我设计了一段表现傣族"泼水节"的游戏舞蹈，这正是本次活动的"亮点"。并运用了三种方法。

方法一：用游戏的形式打消了初学者对肢体不协调的顾虑，使他们的心中没有了"好与坏"、"对与错"，激发他们参与、尝试、体验的兴趣；

方法二：运用相关道具来创设游戏氛围，进一步激发学生参与游戏的兴趣；

方法三：突出互动体验，采用"一帮一"教授技能动作的形式，使舞蹈小组学生热情积极地教授，初学者轻松愉悦地学习，收到了显著的效果。在最后的集体展示中，初学者的专业技能得到了很好的体现，反映出本次活动的"难点"得以突破。

不足之处

1. 在活动的过程中，专业组学生起到了主导的作用，但在今后的活动中教师可以尝试引导学生们分环节去承担组织者的身份，进一步提高他们的综合素质。对参与学生而言，这样也同样会有一种更加平等的感觉，有助于彼此交流。2. 活动中涉及了专业知识、技能的传授，以及民俗的渗透，为了提高普及的效果，还应扩充活动中的信息量。在今后的活动中，应尝试加上学生间或师生间的即兴交流的环节，这样会使整个活动的内容、形式和信息量更加丰富。

总之，今后应将公益性的普及活动，作为自己教学的重要部分，应吸引更多的学生走进舞蹈活动，为自己摸索并尝试这种"感受+体验"的民族舞蹈普及活动模式，创造更多的实践机会。而且，要在实践中不断总结，探索更有利于民族舞蹈普及活动的方法。同时，还应带领舞蹈小组的学生们走进社区、走进学校，在普及舞蹈活动的同时，注重对学生们"情商"的培养，使之成为有社会责任感的接班人。

专家点评

这是一次舞蹈专业普及活动，是"走近民族舞"系列普及活动之一。

活动围绕"傣族舞蹈的感受与体验"主题目标，设计了"感观引入、直观感受、互动体验、展示交流"四个环节，层层深入地开展普及活动，达到了预期的效果。

值得一提的是，活动主题是"走近民族舞，感受傣家情"，而不是"走进民族舞……"定位十分准确，符合普及活动的特点和目标设定。

专业兴趣小组教师开展专业普及活动十分必要。普及与提高相结合的原则是校外教育教学活动的主要原则之一，开展专业普及活动让更多的青少年学生了解了本专业的特点，起到普及宣传的作用，也可以吸引更多的青少年学生参与本专业的学习。

音乐家贝多芬成长背后的故事
——走近大师创作的小提琴音乐世界

北京市顺义区少年宫 李晓丽

活动依据及思路

活动依据

1. 根据中华人民共和国教育部令第13号《学校艺术教育工作规程》第十条中规定的："学校每年应当根据自身条件，举办经常性、综合性、多样性的艺术活动，与艺术课程教学相结合，扩展和丰富学校艺术教育的内容和形式。"

2. 对于很多培养孩子学习器乐的家长而言，如何引导孩子健康快乐地学习器乐是一件比较困难的事。对于很多孩子而言，因年幼不理解家长的苦心，面对练琴，避之又避……但器乐学习，恰恰需要扎实的基本功，也更需要了解多方面综合艺术知识。

我设计了"音乐家贝多芬成长背后的故事——走近大师创作的小提琴音乐世界"专业群众性普及活动。

活动思路

本次活动用音乐家成长的成功事例，引领听众身临其境地感悟音乐家背后的故事，通过故事，引起学员和家长的思考，启发学员们学习。过程主要以讲故事的形式，把贝多芬的一生划分为四个阶段，幼年烦恼—懵懂立志—蓄势待发—失聪与新生，在叙述故事中穿插表演、演奏、互动、采访四个环节，让大家在听故事中看表演，参与互动，思考问题。目的是让听众了解音乐家贝多芬鲜为人知的故事，受到榜样故事的激励，建立信心，好好学习。在真实生动的故事和现场演奏中普及知识，让家长与学员们在听中看、看中学、学中悟、悟中感。

活动目标

1. 通过故事的讲解和乐曲欣赏，向听众普及音乐知识，让其了解贝多芬的成长经历，喜爱与之有关的小提琴音乐。

2. 通过让学员参与故事背景音乐的表演，在实践中提高理解音乐、表现音乐的能力。

3. 通过活动，使学员的学习热情得到激励，使听众得到艺术的熏陶。

活动重点、难点

重点：让活动对象了解音乐家贝多芬的成长过程，特别是幼年学琴和晚年失聪后创作的历练，引起听众的共鸣，主动参与活动。

难点：活动过程中教师的讲解、学生与家长的表演、台上台下的互动之间的默契配合和有效衔接。

活动时间、地点

2008年8月16日，少年宫多功能厅。

活动对象及规模

1. 在少年宫学习小提琴的学员和家长约50人。
2. 对古典音乐和小提琴感兴趣的音乐爱好者约30人。
3. 愿意参与活动的各界人士约20人。

活动内容和方式

内容：1. 听众在听老师讲与看幻灯片中了解贝多芬成为音乐家的成长故事。2. 部分学员作为那个时代的宫廷乐手为故事做背景音乐的演奏，个别学员与家长扮演贝多芬和他的父亲，参与故事情节的表演。3. 听众在活动中参与故事情节的互动问答。4. 讲座结束后进行采访。

方式：讲座的形式。以老师讲为主线，同步放映PPT图片，学员和家长参与，互动与采访相结合的方式，完成本次活动。

活动准备

1. 确定活动主题，编写活动方案。
2. 搜集贝多芬的故事，整理有用信息，编写活动中需要的故事剧本。
3. 把活动需要的图片、音乐、文字制作成幻灯片。
4. 组织参加活动的对象。
5. 调整活动结构。
6. 选曲与组织学生排练重奏。
7. 组织参与表演的学生和家长进行排练。
8. 联排。
9. 再次调整活动环节，使其更为合理。
10. 制作海报，发出邀请。
11. 制定活动的安全预案。
12. 调试音响、话筒和相关设备。

活动过程

四个阶段	师生活动	设计意图
幼年烦恼 （表演环节） （互动环节）	1. 讲座开始，老师作为旁白，播放PPT图片。背景音乐响起，故事追溯到贝多芬生活的年代，六名学员作为宫廷乐手，坐在舞台上，学生和家长根据编写好的剧本，在老师旁白引导下，开始表演。一名学员家长扮演贝多芬的父亲，一名学员扮演贝多芬，故事通过他们的表演直观地再现贝多芬幼年时期父亲严厉、自己不快的学琴经历。 2. 在讲到贝多芬不喜欢练琴却被父亲强迫时，注意观察学员和家长的神情，并趁势借用舞台表演中定格的形式，把画面停止，让家长和学员思考，"如果历史重演，'你'变成贝多芬会有什么样的感受？"于是我设置"小天使提问"环节，安排一名学员扮演"小天使"采访学员，并针对部分学员的答案，继续请他们换位思考"能够理解父母的做法吗？"邀请学员思考并回答。	1. 通过综合视听，听众在旁白、图片、音乐、表演的带动下，渐渐进入故事情节，身临其境地了解、感受贝多芬的幼年音乐经历，为听众建立一种微妙的心理联系，为下一环节的思考和互动作铺垫。 2. 产生共鸣，引发家长和学员的双重思考。 3. 调动观众参与到活动中来。
懵懂立志 （表演环节）	1. 故事继续，老师旁白，学员和家长继续表演。贝多芬在11岁时，父亲带他拜师，由一名老师扮演贝多芬的老师，悦耳的琴声在恩师指尖流淌，让他暂时忘却了童年的不快，琴声停止，贝多芬被深深感染，第一次觉得音乐是那么美好，于是下定决心，不是为了父亲而是为了自己好好学习演奏音乐。 2. 学员扮演的宫廷乐手们演奏了贝多芬青少年时期创作的几首著名的古典乐曲。 3. 听众感受着小贝多芬转变后对音乐的极大热情，感受着古典小提琴音乐的独特魅力。 4. 学员和家长都沉浸在一种优雅的音乐氛围中。	1. 在历史故事中，与前面互动的问题形成呼应，也许很多孩子现在无法理解家长，但是贝多芬的故事为他们的未来提供了一个榜样。 2. 欣赏贝多芬的弦乐作品，感受古典音乐的独特魅力。 3. 学员亲自演奏贝多芬的弦乐作品，在活动中展示自己，提高表演能力。
蓄势待发	1. 在故事中，穿插贝多芬成年后努力创作的图片。 2. 学员独奏贝多芬成熟时期创作的作品。 3. 讲贝多芬青年时代，才华已经锋芒毕露，但仍然虚心向莫扎特、海顿等音乐大师求教，与音乐界的朋友切磋。为听众们介绍他的成熟作品，在当时这些作品已经颇具影响力。	1. 通过故事情节的继续，加深听众对贝多芬热爱生活、热爱音乐的价值观的理解。 2. 欣赏小提琴音乐。

续表

四个阶段	师生活动	设计意图
失聪与新生	1. 老师在贝多芬晚年创作的交响音乐的背景下，讲述晚年的贝多芬，他遭遇了人生最大的不幸，耳朵失聪。带着极大的悲伤、痛苦、犹豫，他的生活陷入了低谷。当人们认为一位伟大的音乐家会就此消沉下去的时候，他用顽强的意志，又为世人创作了几首最负盛名的交响曲。惊人的毅力、顽强的生活态度，让所有人在感叹他卓越的音乐才华的同时，同样感叹他对音乐的执著和他不朽的一生。 2. 在PPT图片的播放中，穿插播放贝多芬晚年创作的音乐作品。	1. 通过贝多芬的晚年故事，为听众讲述一种励志人生的生活态度，希望引起听众的思索与感悟。 2. 为听众介绍贝多芬晚年的作品——第八交响曲、第九交响曲，请听众欣赏片段。
（采访环节）	邀请老师进行活动后的采访，随机采访几位学生和家长，请教他们对这次活动开展情况的看法以及他们是否在活动中有不同感受和收获。	进行活动的效果测评。

活动效果测评

1．通过采访和活动互动环节，看听众是否喜欢本次活动，并且是否了解了活动普及的音乐知识。

2．通过让学员参与故事与背景音乐的表演，看学员在表演能力和演奏能力上是否有所提高。

3．通过让学员和家长谈活动感受，看学生参与活动的情绪表现。

附件（略）

附件：北京市顺义区少年宫安全与学生伤害事故预防措施备案表

活动自评

本次活动，从构思到实施，我都做了精心的准备。为了让整个活动连贯生动，在设计和安排上，我投入了很多心血，反复修正。当看到参加活动的听众有的讨论故事，有的若有所思，我感到这次讲座已深入人心。本次活动的成功完成，让我觉得运用这么丰富的形式进行普及讲座很有意义；同时，也体现了我安排活动的主要意图，让学生在活动中得到锻炼，让听众在活动中了解知识、收获思考。

本次活动的亮点

1.新颖的选题、形式、创意

活动的选题，让我思考了很久。最后，我从学生和家长的心理需求出发，决定从如何引导孩子快乐健康地学习器乐这个问题入手，突破了以往普及活动的形式，组织了这样一个综合性的普及活动。

这次活动创意也比较新颖、有趣。既有知识内容，又有学员的实践，还有家长的参与，听众也在身临其境、全方位的视听中得到了知识的普及。

借助戏剧的形式，根据历史自编自导自演。情节引人入胜，参与活动的听众神情专注。

2. 充足的准备，注重细节

提前一天对设备和音响进行调试。细节方面包括整场活动秩序的维护；提问互动环节安排"小天使"去传递话筒；学生重奏作为时代背景；上下场的组织和安排；保持每一个阶段和环节的连贯性；等等。

3. 人员的全方位调动

在活动中邀请家长参与故事表演，学员参与背景音乐的演奏，安排学生在互动环节提问，调动听众参与互动，在活动结束后对学员和家长进行采访。

4. 独特的宣传措施

活动当天参与的人很多，因为提前采取了独特的宣传措施。请美术老师手绘海报，借助厚重的颜色与小提琴四根弦的简易线条，加上贝多芬的头像，构成简单鲜明的视觉冲击力，增加了活动的吸引力。

活动不足

1. 提前一天才可以布置会场，灯光正在维修，导致活动当天光线不够充足，钢琴太大，不易搬动，摆放的位置不适合之前设计的舞台表演。对于这样的问题，应该尽早进行协调。

2. 活动当天的提问环节，对学生因紧张而不敢回答问题的情况估计不足，使中间的提问环节略有停顿，但最后也顺利完成了这一环节。"小天使"传递话筒的范围也过于局限，让有意愿参与活动的学生没有得到发言机会。

3. 参与背景音乐演奏的同学在有些声部进入中不够整齐。

4. 活动后回忆，由于时间有限，有些也很好的内容只能一笔带过，有些遗憾，希望有机会的时候可以加以补充。

专家点评

这是一次结合音乐家成长故事的音乐群众性普及活动。

教师带领小提琴组的学员共同参与音乐知识普及活动。

活动采取讲座的形式，又不同于一般的音乐知识普及讲座。

这次讲座活动形式上有所创新。以老师讲为主线，同步放映PPT图片，并且安排学员和家长参与音乐表演，结合互动与采访等方式完成本次活动。符合青少年兴趣，有青少年普及活动的特点。

活动方案设计目标明确，内容充实。特别是在活动过程中，设计了"设计意图"项目，分解了活动目标，明确了各个环节的目标效果。

民族舞蹈走进民族校园

北京市昌平区少年宫　代莹莹

活动依据

1. 我国是一个多民族的国家，丰富多彩的民族舞蹈记载着各民族的文化历史与生活习俗，是孩子们认识中华民族的独特媒介。让学生了解各少数民族的舞蹈，感受舞蹈中的民族风格和基本特征，有利于拓宽他们的审美视野，使他们懂得珍视民族艺术的价值，理解和尊重各民族的多元文化，认识到传承舞蹈文化的意义和责任。

2. 作为一名校外舞蹈教师，有责任也有能力运用多种教学手段去普及舞蹈知识，激发更多的学生学习民族舞蹈的兴趣。教师通过让学生"看一看"、"想一想"、"说一说"、"跳一跳"、"演一演"的环节，给学生提供了解、感受与主动参与民族舞蹈的机会。

3. 少年宫舞蹈组的学员掌握一定的舞蹈知识和技能，让他们以小老师的角色参与活动，与回族同学互相交流、学习，更有益于普及活动的开展，还能够增进民族之间的感情，感受民族团结。

活动主题

手拉手、心连心，民族团结一家亲，民族舞蹈在我心。

活动目标

1. 通过活动，让回族小学的学生了解回族、维吾尔族、藏族、蒙古族等民族舞蹈的风格特征和主要技巧，使他们了解民族舞蹈、喜欢民族舞蹈，进而参与学跳民族舞蹈。

2. 少年宫舞蹈组组员作为小老师，按照一定的辅导步骤，清楚地讲解动作要求，指导回族学生学习动作，最终使每一个回族学生都能够跳起民族舞蹈，并富有感情地演绎民族舞蹈。

3. 在活动中，通过组员与回族学生的交流互动，增进民族感情，促进民族团结，共同领会民族舞蹈文化。

活动时间、地点

2008年10月15日，90分钟，昌平区西贯市回民小学。

活动对象及规模

本次活动的对象为西贯市回民小学学生和昌平区少年宫舞蹈小组组员。参与活动人数共50人,其中回族学生38人,年龄结构为一至五年级小学生。回族小学的学生均没有舞蹈基础。组员12人,少年宫舞蹈组组员学习舞蹈的时间为3—4年,有着积极追求美的意愿,喜欢舞蹈,会思考,善表达,乐于展示自我。

活动内容

导入。组员分组表演五种民族舞蹈。

看一看:多媒体展示,教师动作示范。

想一想:在观看视频介绍和教师表演舞蹈的同时,思考五种民族舞蹈的基本特征和主要技巧。

说一说:回答教师布置的问题,并进行拓展。

跳一跳:集体学习《爱我中华》中回族、维吾尔族、藏族、蒙古族等民族的舞蹈动作,组员分组辅导回族同学。

演一演:配民族服装,配合音乐表演民族舞蹈《爱我中华》。

小结:学生总结本次活动的特点,谈出体会和感受。

活动重点、难点

重点:学习并初步掌握回族、维吾尔族、藏族、蒙古族等舞蹈的基本动作。

难点:掌握多民族的动作语汇,并能顺畅地合音乐串联。

活动准备

1. 确定活动主题,制订活动方案。
2. 联系回民小学,确定普及活动对象,了解回民小学同学对民族舞蹈的知晓度。
3. 培训少年宫舞蹈组组员担任"小老师"角色。
4. 收集多媒体课件素材,并加工、制作。
5. 准备民族舞蹈服装。
6. 准备光盘、多媒体播放器。
7. 经费预算:租民族服装320元。
8. 制定活动安全预案。

活动过程及步骤

(一)活动导入(15分钟)

活动中,以舞蹈导入、思考问题的方式激发学生的思维和学习兴趣。

通过赠送礼物——组员表演五种民族舞蹈的方式,拉近组员与回族学生的距离,同时引导大家观察舞蹈的特点,判断是哪个民族的舞蹈。

（二）欣赏与交流（20分钟）

了解回族、维吾尔族、藏族、蒙古族、傣族的舞蹈特征及主要技巧。

欣赏回族舞蹈《水之秘语》和央视春晚的民族歌舞表演。

教师表演维吾尔族舞蹈，学生运用所学知识回答问题。

活动中，组员和回族学生边看边想边说，师生互动交流。通过视觉冲击，激发学生的求知欲和审美情趣，让学生主动参与、积极体验。

（三）活动体验（45分钟）

1．学习实践阶段（30分钟）。

学生学习舞蹈《爱我中华》的单一动作，体验五个民族舞蹈的特点，基本了解和掌握舞蹈动作的要领。

组员作为"小老师"分组辅导回族同学的舞蹈动作，学生用自己喜欢的方式学习舞蹈动作，从而体现教师是活动的组织者、引导者、合作者、帮助者和引路人。活动中，培养学生自主学习、学会学习，使学生学习民族舞蹈的过程成为主动、探索、创新、个性化的学习过程。在教授知识和技巧的过程中，促进民族团结、传承民族舞蹈文化，体现"手拉手、心连心，民族团结一家亲，民族舞蹈在我心"的活动氛围。

2．活动检测与体验阶段（15分钟）。

通过教师走进村寨参观的形式对学生的学习效果进行检测，学生进行单一动作串联，体现学生是活动的主体、参与者、创造者、执行者。活动由单向传授、被动低效接受转变为多维互动、主动高效学习。

（四）活动小结（3分钟）

学生自由发言，谈出对本次活动的感受和体会。

组员和回族同学互赠礼物（预设），实现总结升华、拓展知识，达到心灵的沟通。

活动效果检测

1．少年宫组员将自己所穿的民族服装给回族同学穿上，集体合音乐表演舞蹈《爱我中华》。以师生互动、生生互动共舞的展示形式检测活动效果。

2．走访回民小学师生，了解他们对活动的感受和对今后普及活动的要求。

活动自评

一、活动总体概述

本次活动以现代化教育理念为指导，重视合作学习、探究活动、小组协作等活动的学习和组织形式，将评价反馈机制贯穿在活动中。从活动的展开情况看，这些方法的运用取得了很好的效果，学生的热情较高，他们积极参与体验活动，现场气氛活跃。活动中组员分组辅导回族同学，形成了师生互动、生生互动的和谐画面。本次活动引发了回民小学学生对民族舞蹈的兴趣，起到了普及的作用，达到了预期的效果。

二、活动效果

1. 现代化教育理念突出的是学生的主体性，以学生的发展作为活动的出发点和归宿。因此，本次活动在教学内容的设计上，强调了学生的体验和感受。通过让学生"看一看"、"想一想"、"说一说"、"跳一跳"、"演一演"的形式，以逐步积累感受五个民族舞蹈的知识，给学生提供了很多主动参与的机会。

如导入时，组员穿民族服装表演民族舞蹈，回族同学观看完表演后，能够指出他们跳的是哪个民族的舞蹈，说出舞蹈中的特点；在全体同学欣赏完民族歌舞表演和教师的表演后，能够说出舞蹈中所用的主要技巧和基本特征；通过组员分组教授回族同学舞蹈动作，使回族同学能够独立表演舞蹈；学生着民族服装配合音乐，展示了所学舞蹈《爱我中华》；在活动后的小结中，学生们非常愉悦，他们纷纷谈出了对本次活动的感受，表达了自己的真挚情感；最后回族同学纷纷将自己最珍贵的礼物"礼拜帽"送给了少年宫组员，孩子们热情地拥抱在一起，现场气氛令人感动。

2. 现代化教育理念重视学科的人文性和文化的渗透。活动中，学生了解了回族、维吾尔族、藏族、蒙古族等舞蹈的风格特征和主要技巧，学会了运用所学知识独立思考。学生在活动中感受到了"手拉手、心连心，民族团结一家亲，民族舞蹈在我心"的氛围，增进了民族感情。

三、存在问题

1. 需要加强活动的连贯性，做到环环相扣。如播放音乐时衔接较慢，让学生等候的时间过长，教师做示范前换服装的时间稍长等问题，容易影响学生的情绪，学生会出现交头接耳的现象，干扰活动的气氛。在今后的活动中，我会着重改善这一不足，缩短活动中各环节的衔接时间，让整个活动变得更加顺畅。

2. 思考如何让组员做一个好老师。教师对组员在解决问题的能力及处理问题的态度上的培训不够。如在活动中组员分组辅导回族学生的环节中，有一个小组记不清动作的顺序，他们并没有去咨询其他小组或教师的意见，而是选择了跳过那组动作继续往下做，这样解决问题容易养成不好的学习习惯。

在今后的教学活动中，我会辅导组员在出现类似问题时如何应对问题、解决问题，将组织能力和应变能力的培养纳入到小组活动训练中。

专家点评

这是一次舞蹈专业的普及性活动。结合民族舞蹈，走进民族学校，教师和舞蹈组小组员通过"看一看"、"想一想"、"说一说"、"跳一跳"、"演一演"的形式，共同普及民族舞蹈知识和技巧，取得较好的普及效果。

活动方案设计思路有新意，项目要素齐全，效果检测办法有特色。

作为一名小组活动教师，应该积极开展专业性群众活动，掌握开展群众活动的设计与组织的基础知识和基本技能，以利于本专业教育教学活动的全面开展和青少年学生的健康成长。希望更多的专业兴趣小组活动教师开展更多的专业普及性活动。

健康宝宝，爱牙行动
——学前幼儿"爱牙日"口腔保健知识宣传普及活动

北京市大兴区少年宫　李君

活动依据

随着时代的发展，口腔健康成为人类现代文明的重要标志，世界卫生组织已把口腔健康定为人体健康的十大标准之一。在中国，据初步统计，平均每个孩子有4.56颗坏牙，学生口腔卫生不良率城市为75%，农村为80%，小学生刷牙率城市为50%，农村不足10%。另据调查，现代儿童持续居高不下的流行疾病除去近视眼就是蛀牙。6岁孩子幼齿的蛀牙率为88%，也就是说，在幼儿园大班中，每25个孩子中只有3个孩子没有患上蛀牙。另据权威人士透露：当今社会，蛀牙已成为现代幼儿五大健康威胁之一。而在美国，超过50%的12岁以内的孩子口腔内没有一颗蛀牙。有关专家认识到，解决牙病问题的根本出路是预防，预防的首要任务是开展群众性的口腔保健教育活动。

《北京市贯彻〈幼儿园教育指导纲要（试行）〉实施细则》中明确指出：幼儿园健康教育是要根据幼儿身心发展的特点，通过适宜有效的多种活动，提高幼儿的健康认识水平，改善幼儿健康态度，培养幼儿的健康行为，最终使幼儿养成健康的生活方式。

在我国第20个"爱牙日"来临之际，我们对全区直属园、镇中心园(农村园）、民办园进行了抽样调查。结果显示：农村幼儿园幼儿龋齿率远远高于直属园。由此，我们决定依托校外学前幼儿教育的专业特长优势，组织一次口腔保健知识宣传普及活动。

活动目标

知识目标
使幼儿了解牙齿的基本构造，知道蛀牙是如何形成的，懂得如何预防蛀牙。
能力目标
学会正确的刷牙方法，学习主动、友好地与他人交往。
情感目标
培养幼儿良好的卫生习惯，让幼儿体验合作与分享的快乐。

活动时间、地点

2008年9月，大兴区南各庄中心幼儿园。

活动对象及规模

少年宫朗诵与表演班师生15人，大兴区南各庄中心幼儿园师生30人。

活动内容和方式

内容：参观幼儿园、文艺演出、发放宣传材料。

方式：参观、演出、游戏、互动。

活动重点、难点

重点：让幼儿了解蛀牙的形成，懂得如何预防蛀牙。

难点：幼儿与幼儿之间的交流与沟通。

活动准备

文案准备：1．活动策划（主题、口号、环节的设计）。2．撰写活动方案。3．制定安全预案（附件1）。4．进行经费预算并上报领导审批（附件2）。

物质准备：1．制作主题宣传旗。2．制作口腔健康小贴士。3．牙具模型。4.制作"健康宝宝，爱牙行动"积分册（附件3）。5．致幼儿家长的一封信（附件4）。

演出准备：1．利用每天下午放学后一小时的时间排练节目。2．演出服装、道具。

家长准备：1．宣传片。2．手抄报（附件5）。

车辆准备：联系租用车辆。

场地准备：对南各庄中心幼儿园进行实地考察，将活动方案通报给对方，请对方配合我们做好安全保障。

活动思路

此次活动我们是从以下几方面考虑和设计的：

1．出发前，幼儿统一服装，手持印有活动口号的宣传旗，头戴"爱牙日"标志，强化此次活动的目的。

2．带领幼儿参观南各庄中心幼儿园室内外环境，请园长简单介绍本园幼儿的基本情况，让我们的孩子亲身体验与感受城市与农村的差别，学习关心别人、帮助别人。

3．赠送宣传旗和"爱牙日"标志。考虑到双方幼儿互不相识，交流起来有一定的困难，为消除幼儿之间的陌生感，我们设计了这一环节，使中心园的孩子们能够尽快融入我们的活动。

4．此次活动，以表演与游戏为活动的主线，使抽象的表演，通过游戏的情景再现，自然而然地将枯燥的知识灵动地储存在幼儿的记忆中。

如：通过"三句半"表演，让幼儿知道牙齿的基本构造；通过"童话剧"表演，让幼儿知道蛀牙是如何形成的，吃糖对牙齿的危害；通过"双簧"表演，让幼儿学会正确的刷牙方法。通过互动游戏让双方幼儿在教与学的过程中，体验合作的快乐。

5. 为让幼儿成为活动的真正受益者，我们还安排保健医为幼儿做蛀牙检测。

6. 仅凭一次宣传普及活动，从根本上解决幼儿的牙疾是不现实的。预防需要持之以恒、坚持不懈，这是五六岁的孩子所达不到的。为此，我们将发放"健康宝宝，爱牙行动"积分册，希望教师能够利用小小卡片监督幼儿的口腔保健行为。

7. 考虑到家长和幼儿在一起的时间最长，他们的责任更大。活动结束，我们为家长准备了口腔保健知识宣传片、爱牙手抄报、致幼儿家长的一封信，希望家长从中了解、掌握预防口腔疾病的基本知识，为幼儿的口腔健康保驾护航。

8. 活动结束后，我们还将采访部分教师和幼儿，检测活动的最终效果。

活动过程

1. 8：00集合，进行10分钟乘车安全教育。

2. 8：10乘车前往大兴区南各庄中心幼儿园，车程约40分钟，乘车途中，教师向幼儿简单介绍南各庄中心幼儿园的基本情况。

3. 8：50到达目的地，双方进行接洽，做活动准备。

4. 9：00参观南各庄中心幼儿园室内外环境。

5. 9：15赠送宣传旗，宣布此次活动的主题、口号（全体响应）。

6. 9:30表演、游戏开始。

（1）三句半表演。

游戏："大魔牙"。

（2）童话剧："没有牙齿的大老虎"。

合作游戏："快乐贴、贴、贴"。

（3）9：50休息15分钟。

（4）双簧表演。

实操游戏："我给模型刷刷牙"。

合作游戏："消灭蛀牙"。

7. 10：30活动延伸。

（1）请保健医为幼儿做蛀牙检测。

（2）为家长发放宣传品、纪念品：

"健康宝宝，爱牙行动"积分册（附件3），致幼儿家长的一封信（附件4），手抄报（附件5），宣传片。纪念品：保健牙刷、牙膏。

8. 10：50集合，乘车返回。

活动效果测评

幼儿座谈：请小朋友谈活动感受。

附件（略）

附件1：（北京市大兴区少年宫）学前朗诵班普及宣传活动安全预案
附件2：（北京市大兴区少年宫）学前朗诵班群众性普及活动经费预算
附件3：致幼儿家长的一封信

专家点评

这是一次群众性普及活动，教师将学前班的儿童作为自己的助手，到幼儿园普及保护牙齿的科学知识。教师抓住幼儿特点，通过学前班儿童的形象表演、互动游戏等符合儿童特点的形式向幼儿宣传牙齿卫生的常识，"活动目标"具体，"活动依据"清楚，活动设计思路明确。

"活动效果测评"应该更加有幼儿特点。

情系灾区，牵手奥运
——朗诵组"六一"庆祝活动

北京市怀柔区学生活动管理中心　崔冰

活动依据

《中共中央国务院关于进一步加强和改进未成年人思想道德建设的若干意见》中强调：加强和改进未成年人思想道德建设是一项重大而紧迫的战略任务。其中第七条规定未成年人思想道德建设的主要任务是：从增强爱国情感做起，弘扬和培育以爱国主义为核心的伟大民族精神。

2008年是中国奥运年，2008年的"六一"更让孩子们期盼，所有的孩子都怀着喜悦的心情为迎接这个节日的到来而忙碌着。然而，"六一"前的汶川大地震在瞬间就让所有人的目光都投向了那里。地震后，中国人表现出的众志成城、坚强勇敢的不屈精神感动着每一个人。在这样一种形势的感召下，朗诵班学员通过媒体、书刊收集整理了数篇关于抗震的诗歌，他们渴望用一种特殊的形式为灾区的孩子们做点什么。鉴于此，我们为孩子们搭建了一个展示自我、为灾区小朋友传递爱心的平台，通过组织"六一"儿童节特别庆祝活动，让孩子们度过一个快乐而有意义的节日。

活动目标

本次活动组织朗诵社团的学员将自己所学专长通过表演的形式向广大青少年儿童进行展示，引导伙伴从身边的事情做起，从点滴做起，吸引更多的儿童迅速加入到关注灾区小朋友的行列中来。通过活动，让孩子们感受中国人在灾难面前的坚强、勇敢、众志成城和奋力抗争的民族精神以及成功举办奥运的信心，并以此来激发孩子们的爱国主义情感。

活动内容

以"情系灾区，牵手奥运"为主题的"六一"庆祝活动，通过以下几个内容来展示：

1. 诗歌朗诵表演；
2. 十米长卷寄语祝福；
3. 观看画展；

4. 向小朋友赠送节日礼物。

活动时间、地点

2008年5月31日上午8:30—10:00，怀柔区学生活动管理中心一层大厅。

活动对象及规模

1. 朗诵社团学员50名；
2. 全体教职员工20名；
3. 现场观众：学生100名、家长代表50名，共计220人。

活动重点、难点

重点：准确运用情感表达诗歌的内涵。
难点：现场气氛的营造与渲染。

活动准备

（一）宣传与组织工作
1. 宣传：背景幕、条幅、信息报送、报怀柔电视台新闻。
2. 组织：
（1）《活动方案》的设计与撰写。
（2）朗诵社团准备：
①围绕"情系灾区，牵手奥运"的主题选取6首诗歌，并由老师与学生一起对诗歌稍加改编，使得每一首诗歌都有同学自己真挚情感的加入。
②主持词的撰写及主持人的选定。
③排练及彩排。
（二）活动地点的选择与确定
中心一层大厅是怀柔区学生的重要社会实践活动场地，安全设施到位，环境优美，是集书画展、大型室内活动于一体的理想场所。
（三）十米长卷的准备
（四）活动环境的布置
在大厅外正门悬挂红底白字条幅；大厅中心立一块3米×7米的背景幕；牌子前地面铺红色地毯；厅中心地面位置用红气球粘成直径为8米的心形，心形内用黄色气球粘成"5·12"字样；大厅西楼梯栏杆悬挂约50条长5米的千纸鹤和红黄相间的气球；大厅西侧距墙壁2米处铺好十米画卷(摆放50支签字笔)；大厅东侧为50幅绘画作品展墙；舞台两侧音响一套，中间固定话筒4个。
（五）经费预算
总支出：6000元。
（六）活动前向同学提出安全要求

活动过程及思路

本次活动以诗歌朗诵表演为主,为了让整个活动更具有艺术性、教育性及完整性,又在活动中设计了十米长卷寄语祝福、观看画展、向小朋友赠送节日礼物等三个环节,起到对整个活动气氛渲染的作用。

一、诗歌朗诵表演

运用四种表演形式,实现情感目标。

1．学生集体表演。共选取三首有关汶川地震和一首迎奥运的诗歌。这四首诗歌采取不同的朗诵形式,有领诵,有齐诵。三首关于地震和奥运的诗歌情感跨度较大,要求学生们要准确把握情感,悲痛但不夸张,激动但不张扬,在表演中用真情朗诵,感动观众、感动自己。

2．家长、中心教师和学生们合作表演。在《母亲和孩子的对话》中,三位家长、老师与孩子分别以对话的形式出现,学生分为三组,在老师表演时缓缓走上舞台,在音乐声中诉说母子永别后的悲痛。舞台上,孩子们和家长、老师遥相呼应,达到对话的完美极致。

3．中心领导及教师表演——《汶川2008》,配乐《红旗颂》,恰到好处地烘托出中国人民在巨大的灾难面前的众志成城、坚强勇敢。伴随着坚定有力的音乐,全体演员走上舞台,此时主持人渲染气氛,带领全场的观众一起高喊:汶川加油、四川加油、中国加油!达到活动的高潮。

4．对现场观众进行采访,主持人针对节目内容提问,让同学们直接抒发情感,谈感受、谈心情,这个环节放在《爱和平、爱奥运、爱圣火》诗歌之后,起到情感过渡的作用。

二、在十米画卷上签祝福语

以下三个环节的背景音乐是《让世界充满爱》。这首乐曲表达了:爱,使我们心灵相通;爱,使世界不再孤单。用这首乐曲来烘托会场的气氛,并起到连接各环节的作用,体现活动的完整性。

演出结束后,组织学生在十米画卷上寄语签名,签上对灾区小朋友的祝福,对北京奥运的美好愿望,让他们在画卷上尽情地抒发情感。在签名寄语中让孩子感受到,只要我们伸出温暖之手,这世界就会充满爱。这个环节形成活动的又一个高潮,也是达成情感目标的重要体现。

三、观看画展

组织现场观众有秩序地观看画展,小讲解员向现场观众介绍作品。学生们由以上两个环节的用嘴说到用手写再到这个环节的用眼睛看,通过不同的方式激励学生奉献爱心,好好学习,报效祖国,是情感目标的延伸。

四、向小朋友赠送节日礼物

"六一"是孩子们的节日，要让他们体验到成长的快乐。全体教职员工向小朋友们赠送"六一"节日礼物，同时用真挚的语言向同学们祝贺节日快乐！这个环节让孩子们感受社会对他们的关爱，把活动中的感受与生活中的实际相结合，再次感受实践过程，将情感意识内化。

最后，在《让世界充满爱》的音乐声中结束活动。

活动效果测评

一、召开学生讨论会，谈体会，谈感想，总结收获与不足。

二、活动结束后，家长向教师反馈意见。

附件（略）

附件：怀柔区学生活动管理中心安全与学生伤害事故预防措施备案表

活动自评

本次活动体现了群众性普及活动的特点，活动过程达到了预先设定的活动目标，具有以下三个方面的特色。

1. 活动设计具有时代感，符合学生的需求

本次活动设计以汶川地震诗歌表演为主线，用多种形式表现朗诵作品更加直观、形象，学生们在其中既是观众又是演员，还是创作者。在练习诗歌的过程中，教师融入真情，促进了学生们生活思维和艺术思维的连接与互动，通过改编诗歌，突出情感诗歌的朗诵方法，吸引学生兴趣，使学生愿意学、愿意表演。整个活动既满足了孩子们为灾区小朋友传递爱心的需求，又让孩子们在实践中运用并掌握了相关的专业知识。

2. 以学生为主体，围绕目标开展各环节的活动

活动中的每一个环节都是为了达成目标而设计，有较强的针对性，活动设计环环相扣。随着活动的进行，学生参与活动的情感也随之发生微妙的变化，由在练习中认真准备、在表演中活动气氛的营造、在签字活动中热情地表现，再到整个活动中的积极配合。应该说，活动的设计符合了学生的认知过程，促进了学生的情感向积极的方向发展。在这一过程中，我们欣喜地看到学生知识的运用、能力的提高、意识的加强和落实到行动中意识的内化，突破了此次活动的难点。

3. 细致周到的准备工作使活动更完美

从主持词的撰写、节目主持人的选拔，到诗歌的选取、全员的参与以及活动前的准备工作都做得细致周到。大到舞台设计，小到配乐曲目，都力求完美再完美。由于准备充分，整个活动一气呵成，较好地体现了艺术性、教育性和完整性。

此次活动较为顺利地进行了实施，也发现了一些需要进一步改进、提高的方面。

1. 在表演过程中，针对学生不能准确把握情感现象，应及时鼓励引导

在表演过程中，整个会场气氛凝重，在表演《爱和平、爱奥运、爱圣火》之前，学生不能及时转换对北京奥运的美好祝福的情感，我立刻对表演的学生进行引导，演员情绪很快稳定并恰当运用情感表达了这首诗歌。针对学生不能准确把握情感现象，我进行了情况了解，在学生性格、对作品理解，通过活动的收获等方面存在一定差异，我将进行进一步的探究，在今后的活动中扬长避短。

群众性普及活动的组织工作应该事无巨细，每一个环节都要考虑周到，提高细致化程度，也让我提高了对此方面的认识。

2. 在活动中，有的学生情绪波动很大，要及时了解，分析原因，做好教育工作

活动中我发现有一个学生平时表现很好，可在现场并不踊跃，活动结束后我找到他了解情况，原来是由于在表演中他没有被选上领诵，觉得很失落，这时我对他说，不是每个同学都要上台领诵，我们只要用真心表达我们的爱就可以了！

在群众性普及活动中，注意学生细微的变化，可能隐藏着一些心理问题，教师要及时发现并解决，才会有益于学生身心的健康发展。

专家点评

这是一次主题性教育活动。在庆祝"六一"的活动中，通过观看师生充满感情的朗诵表演、长卷签名、参观画展、接受礼品等环节，实现欢度节日、不忘灾区伙伴、建立克服困难的信心的活动目标。活动目标明确，准备工作充分，活动环节清楚。"活动自评"中特别总结了活动中个别学生的心理变化和教师的工作，反映了教师的教育意识。

活动的主题可以更集中和突出；"画展"的内容缺少交代，使人不大明确与主题的关系。

舞动民族风，共抒奥运情
——民族舞蹈知识普及活动

北京市密云青少年宫 马艺元

活动依据

北京奥运会期间倡导"迎奥运、我参与、我奉献、我快乐"的精神，奥运会福娃代表着美好的祝愿，为奥运祝福是学生和广大社区儿童、群众的心声。为进一步贯彻落实中共中央相关文件精神，努力发挥校外教育资源优势，广泛开展经常性、大众化、参与面广、实践性强的校外活动，给予青少年施展才华的机会，发挥他们的聪明才智，在实践活动中获得体验、锻炼能力，我带领学员共同开展了舞蹈普及活动。

学员大多学习过五个民族舞蹈的成品节目，但是习惯于听老师讲解知识，模仿表演较好，对自主查找资料，了解民族舞蹈风格特点的主动性还不够。恰逢2008年奥运会创设和谐社区的契机，为给学员搭建自主学习、展示自我的平台，结合舞蹈小组实际情况，我设计了本次以"舞动民族风，共抒奥运情"为主题的民族舞蹈普及活动。

活动将学员所学的民族舞蹈知识与祝福奥运有机结合在一起，调动学员主动查找资料、参与表演、讲解、教舞，向大众宣传不同民族舞蹈的风格特点，使学员得到多种能力的锻炼。在普及活动中让更多社区儿童和群众了解五个民族舞蹈风格特点，增强对祖国民族舞蹈的热爱之情。通过围圈共舞跳藏族基本步和百人同做奥运文明加油手势等鼓舞人心的环节，有效渗透爱国主义教育，共同抒发喜迎奥运的情怀。

活动目标

1. 部分学员能够用语言介绍所跳藏、蒙、傣、汉、维五个民族舞蹈的内容和风格特点，并宣传相关奥运知识。
2. 学员能主动参与普及活动与他人交流互动，有感情地完成民族舞蹈表演。
3. 社区儿童和群众能在学员带动下学习一些舞蹈基本动作并围圈共舞。
4. 学员、社区儿童和群众能够积极参与活动，增强对祖国民族舞蹈的热爱之情，抒发喜迎奥运的情怀。

活动时间、地点

2008年7月20日，密云县果园街道二层多功能厅。

活动对象及规模

1. 密云青少年宫舞蹈组学员35人。
2. 果园街道儿童70人、居民80人左右。

活动内容

学员结合讲解、表演五个民族的舞蹈，宣传民族舞蹈知识。社区儿童和群众在师生指导带动下围圈共舞，共同抒发喜迎奥运情怀。

活动重点、难点

重点：引导学员展示舞蹈、介绍民族舞蹈知识，创设和谐团结、共迎奥运的氛围。

难点：学员能带动群众学习藏族舞基本步：三步一撩，在《爱我中华》音乐声中围圈共舞。

活动准备

1. 师生共同商讨，确定活动主题和活动内容。
2. 委派学员代表和辅导教师共同到果园街道与领导沟通，确定活动地点和参与活动的居民规模。
3. 师生共同勘察活动场地，确定共舞场地，排查安全隐患，撰写安全预案。
4. 组织学员选举五个小主持人，进行培训，撰写采访提纲。
5. 所有参与学员利用多种渠道搜集、整理五个民族舞蹈的相关文字资料，积极排练自己所参与表演的舞蹈。
6. 师生选择并练习藏族舞基本步——拉手、三步一撩简单动作，为指导群众学习围圈共舞打好基础。
7. 确定工作人员，布置场地，准备演出服装、道具、音响等。
8. 设计调查问卷。
9. 经费预算：饮料费、宣传费等800元。

活动过程

一、音乐伴奏：进入民族和谐迎奥运情境

1. 五个身穿福娃服装的小主持人上场，宣布民族舞蹈普及活动开始。福娃是奥运会的吉祥物，每个福娃都代表着一个美好的祝愿：繁荣、欢乐、激情、健康与好运。在这奥运会来临之际，让我们共同祝愿：北京奥运成功、祖国明天更美好。
2. 教师语言导入：我们伟大的祖国是个多民族国家，各民族的舞蹈多姿多彩。少年宫舞蹈组的同学今天将把优美的民族舞蹈奉献给大家，共同感受藏、蒙、傣、汉、维民族的风土人情和舞蹈特点。

设计思路：以福娃的上场调动参与者的好奇心，调动全场共迎奥运的情绪，引

起大家对民族舞蹈的关注，为学员介绍民族舞蹈特点奠定基础。

二、舞蹈表演：展现五个民族舞蹈特点

1. 福娃贝贝介绍自己的造型寓意，随后向大众介绍蒙古族的风土人情和舞蹈的风格特点。蒙古族生活繁衍在我国北方辽阔无垠的蒙古草原，舞蹈风格以开阔、豪放、剽悍为特征，女子动作多以抖肩、翻腕来表现蒙古族姑娘欢快优美、热情开朗的性格。男子舞姿造型挺拔豪迈，步伐轻捷洒脱，表现出蒙古族男子剽悍英武、刚劲有力之美。引出舞蹈《草原赞歌》后，请学员做抖肩、翻腕等典型动作，让大家感受蒙古族舞特点。

2. 第二个舞蹈《邵多丽》的表演结束后，福娃晶晶随即介绍自己的造型寓意，并且介绍傣族风土人情和舞蹈的风格特点：傣族舞蹈优美恬静，感情内在含蓄，手的动作丰富，舞姿富于雕塑性，四肢及躯干各关节都要求弯曲，形成特有的"三道弯"造型。邀请3名观众上台尝试模仿几个傣族的典型动作，并作出评价。

3. 福娃妮妮手持道具（手绢）上场，请观众说出该道具的名称，并尝试使用该道具，向大众介绍自己的造型寓意以及汉族舞蹈的风格特点。简介汉族秧歌中最具有代表性的东北秧歌。东北秧歌形式诙谐、风格独特，稳中浪、浪中哏、哏中俏，是东北秧歌的最大特点。东北秧歌的道具手绢，花样繁多，色彩丰富，有挽花、片花、缠花等几十种，还有顶花、立花、回旋花等高难度舞蹈手绢花技巧，花样繁多的"手绢花"，节奏明快富有弹性的鼓点，哏、浪、俏、稳、美的韵律，构成了东北秧歌自成一体的鲜明特色。引出舞蹈《欢庆》。

4. 福娃迎迎向大众介绍自己的造型寓意后，请学员做三个藏族舞基本动作，并让观众猜测是哪个民族的舞蹈（其中，动作为后面跳圆圈舞时的基本步，在此作铺垫）。介绍藏族的风土人情和舞蹈风格特点：藏族舞蹈的体态特征具有坐胯、弓腰、曲背的特点。由于日常生活中人们都穿着长袖的服装，舞蹈中就更增添了"一顺边"的美。他们性格豪放，能歌善舞，善于用舞蹈和歌声表达感情，表演时热情，舞姿优美活泼，感情表达强烈真挚，充分地表现了雪域高原的民族特点。引出舞蹈《扎西德勒》。

5. 福娃欢欢向大众介绍自己的造型寓意，以及维吾尔族的风土人情和舞蹈风格特点。维族舞蹈以节奏明朗，舞姿明快活泼、优美情深，步伐轻巧，手腕和肢体变化丰富为舞蹈风格特征。引出舞蹈《欢乐地跳吧》，表演结束后，两名学员留下与观众互动，教授观众学习维族舞动作"动脖"。

设计思路：锻炼学员的表演与讲解能力，增强对祖国民族舞蹈的热爱之情，使社区群众了解我国五个民族的舞蹈特点，结合讲授、学员表演及社区群众互动，使大家亲身体验到五个民族舞蹈的魅力。

三、多向互动：共舞抒发喜迎奥运情怀

1. 福娃到台下现场采访，请观众谈观舞感受，同时进行奥运会宗旨、五环颜色等知识问答。

2. 教师引导全体学员向观众宣传奥运文明加油手势，共同祝福奥运会举办成功。

3. 播放《爱我中华》音乐，教师带动部分学员在台上做圆圈舞的基本动作：拉手、三步一撩，指导群众学习围圈共舞。

4. 其他学员邀请部分观众围成大圈，共同学习跳舞。发挥小指导作用，耐心教授群众学习藏族舞基本步：拉手、三步一撩的简单动作，带动社区儿童和群众围圈共舞。

5. 教师引导社区居民展现观看到的民族舞肢体动作(也可拍手、跺脚)，跟随音乐一起打节拍做动作，做奥运文明加油手势，带动全场人员跟随《爱我中华》音乐舞动起来。普及活动在欢快热烈的气氛中结束。

设计思路：运用问答、舞蹈、动手拍打节奏、学习奥运文明加油手势等互动形式，吸引在场所有观众加入到舞蹈普及活动中来，体会在民族舞蹈中团结和谐迎奥运的情感。

6. 活动总结、延伸。

师生共同对活动进行总结，教师肯定学员在活动中的表现，引导学员进一步探究五个民族舞蹈的表演风格和特点，鼓励学员在今后的学习生活中积极大胆地与人交流，提高自己的综合能力。

活动效果测评

1. 现场采访社区居民，了解居民对五个民族舞蹈特点的了解程度。
2. 居民代表与学员、家长交流感想、谈出体会。
3. 学员填写活动调查问卷，考察学员参加活动情况。

活动自评

本次活动是以2008年的北京奥运会为契机，引出相应的民族舞与奥运知识，将社区居民和儿童作为宣传对象，学员以自己的舞蹈表演进行五个民族舞蹈风格特点的宣传普及活动。活动中五个充满童趣的福娃贯穿了活动始终，不但使学生自己保持了高度的热情，而且以学员纯真可爱的表达，让在场的观众印象深刻。借福娃的"口"，将民族舞蹈知识传播给大众，同时配以相应的舞蹈表演和互动，将民族舞蹈与喜迎奥运主题相结合，使学员和群众都得到丰富的体验。本次活动有两大亮点：

一、普及活动带动学员主体作用发挥

学员全程参与活动准备，从确定活动主题到确定活动内容、活动地点和勘察场地、民主选举小主持人、一起撰写采访提纲，通过一系列精心设计的环节，使学员的语言表达能力、合作能力、独立思考能力、交往能力等在实践的过程中得到锻炼和提高。

主体教育思想认为：鼓励学生积极参与活动，要为学生提供必要的指导和帮助，给予学生自主参与的空间。这次带动学员参与普及活动，在安排学员展示表演五个民族舞蹈的同时，还结合民族舞典型动作，请学员到观众中去指导，带动观众学习奥运文明加油手势、指导学习围圈共舞的动作，使学员得到了表演锻炼和指导他人学习舞蹈动作的机会。佳佳同学说："在活动前，我只是自己努力把舞蹈表演好，在这次活动中，我学会了大胆地在台上讲话，而且手把手去指导别人学跳舞。看到他们在我的指导下学会跳舞蹈动作，我特别有成就感。"这样的活动方式不但使学员充分发挥了自己的聪明才智，还调动了学生自主学习、大胆展现的积极性，使他们真正成了学习的主人。

二、互动让更多人了解民族舞、体验民族舞

以前组织活动学员跳舞展示较多，让更多人参与共舞很少。本次活动到社区邀请了160多名儿童和家长一起参与活动，正是学员的积极参与，才激起了更多观众的积极互动。活动安排观众上台模仿舞蹈动作、尝试使用道具、学习维族动作"动脖"、学做奥运文明加油手势、学员带动观众共舞多个互动环节，使参与者兴奋，全场气氛达到高潮。尤其到最后，大家在《爱我中华》的音乐声中围圈起舞时，所有的学员都大胆邀请和指导他人学舞，很多社区儿童和观众被吸引进来，场面更是热烈、感人。他们与学员热情交流，在学员的带动下，情不自禁地随着乐曲拍打节奏，走向场地与大家携手共舞。学员和观众都感受到了民族团结和谐、祝福奥运成功的情感。

活动结束时，有的观众表示：我最喜欢维吾尔族的舞蹈，很想随着音乐欢快起舞，而且学员教我学会了维族舞的"动脖"；有的观众拉着身着民族舞蹈服装的学员合影留念；有的社区儿童围在五个福娃学员的身边恋恋不舍。普及活动面向社区群众传播民族舞知识、结合奥运在共舞中抒发情感，群众响应热烈。真是参与就有舞动，参与就有快乐，参与就有感受，普及活动让更多人感受到五个民族舞蹈的风格特色，更增强了对祖国民族舞蹈的热爱之情。

三、活动的不足之处

活动整体进行顺利，但是也有一些不足。由于缺乏对居民现有民族舞蹈知识水平的调查，实施普及活动的辅助手段不够丰富。当活动按照预想进行的时候，我留意到，除了热闹的舞蹈表演外，每个民族舞的特点都是简要介绍，一带而过。现在回想起来，假设在开展活动前进行更加周密的设计，在介绍五个民族舞蹈的同时，辅以大屏幕播放相应的图片和视频，帮助社区儿童和群众加深认识，一定会使实际效果更加直观、生动、形象，这将成为我今后不断努力改进的方面。

专家点评

活动结合迎接奥运需求和舞蹈教学特点，带领学员走进社区，宣传展示民族舞

蹈，体现活动设计的实效性。活动借助五个福娃之"口"，介绍五个民族舞蹈特点，同时指导社区儿童和观众学习简单舞蹈动作和奥运加油手势，有效吸引在场观众加入到舞蹈普及活动中来。

过程设计不仅安排学员展示舞蹈、介绍民族舞知识，而且注意安排观众上台模仿舞蹈动作、尝试使用道具、学习舞蹈动作、学做奥运文明加油手势、带动观众共舞等环节，调动参与者的互动和实践，让更多人知道有关民族舞蹈的知识和动作，在共同参与舞动中，亲身体会到民族大团结、和谐迎奥运的氛围。活动目标制定明确，选择内容和形式比较符合学员、观众的接受程度，贴近学员和社区儿童的认知和心理，直观性较强。学员从参与活动准备到直接参加民族舞蹈的宣传、展示、主持、指导，主动参与性强。活动整体准备工作充分，设计思路比较清晰。

建议在带动群众共舞等专业性较强的环节中，对指导要求再表述具体一些，使宣传普及活动的要点更加明确。

北京之春"和谐之声"歌曲演唱会

北京学生活动管理中心　王春妹

活动依据

北京市少年宫合唱团已经有50年的历史,目前以中、小学生组成的童声合唱团为主体,同时宫内还活跃着以20世纪50年代合唱团老团员组成的友谊合唱团和以七八十年代培养起来的青年团员组成的女子合唱团这两支合唱团,演唱水平受到专家和社会的好评。近年来,为了推进合唱事业的发展,北京市少年宫创立了合唱中心,开展了一系列的学员演出、教师培训和大型群众歌咏活动。"北京之春"歌曲演唱会活动是我们从2006年开始策划和组织实施的首都群众歌咏交流活动。2008年我在策划第三届"北京之春"活动时主要遵循了以下依据:

1. 为少年宫合唱团员持续搭建社会实践的平台。50年的少年宫合唱团教育教学实践证明,我们必须做到日常教学和社会演出实践相结合,才能不断使小学员们的学习兴趣得以保持、教学效果得以检验、舞台经验得以积累、演出水平得以提升,在学员得以全面发展、健康成长的同时收到好的社会影响。

2. 使北京市少年宫合唱中心更好地成为合唱交流、示范和培训的基地。在工作中,我们根据市教委赋予北京市少年宫"活动中心、指导中心、研究中心"的工作职能,不但长期坚持组员培训与教师培训相结合的方式,努力在合唱艺术的普及与提高方面开展好工作,而且致力于面向学校广大的少年儿童和社会各类群体策划并组织大型演唱活动,服务教师发展,促进团队交流。

3. "小手拉大手",把"北京之春"歌曲演唱会打造成为传统性的群众歌咏活动。目前,首都广大人民群众的休闲娱乐活动形式已经呈现多样化的局面,合唱艺术已经是普及性强、参与面广的群众音乐演出形式,开展合唱交流活动已经具备了较好的群众基础。我们以"小手拉大手"的形式,经过举办2006年、2007年两届"北京之春"歌曲演唱会,在少年宫、学校的童声合唱团和社会成人合唱团中产生了良好的社会影响。

4. 利用北京奥运会难得的教育契机,弘扬人文奥运精神,共唱"和谐"之声。2008年8月,第29届奥运会在北京举行,人文奥运是奥运三大理念的核心,而和谐是人文奥运的灵魂,奥运会不仅是体育盛会,也是文化的盛会。为此,我们将本届"北京之春"歌曲演唱会的主题命名为"和谐之声",就是要让"小团员们"和"大团员们"通过演唱奥运歌曲展现首都群众喜迎奥运的精神风貌,用歌声展示首都人民的自豪与责任,同时深入理解"和谐之声"的内涵,以合唱艺术形式为载体共建社会和谐氛围。

活动目标

1. 创设实践机会

使北京市少年宫合唱团的小团员们积极参与社会实践活动,在展示交流中虚心学习其他团体的特色与优势。

2. 发挥基地作用

通过活动为首都中外老、中、青、少不同年龄组的业余合唱团搭建展示的平台,展现北京各阶层群众合唱团体蓬勃发展的景象,促进合唱事业的普及与发展。

3. 弘扬奥运精神,展现和谐氛围

传播奥运内容的新歌曲,增添合唱音乐丰富多彩的文化内涵;在合唱活动中,与残疾人合唱团等社会成人合唱团共同营造和谐社会的快乐氛围。

活动内容

邀请在京的中外各行各业、不同年龄段合唱团参加群众性大型主题演唱活动。

活动时间、地点

2008年5月3日上午9:30—11:00,北京市少年宫艺术院内。

活动对象及规模

1. 邀请北京8支业余合唱团体,其中包括4支混声合唱团、4支童声合唱团及国际友人组织的合唱团约500人参加演唱活动。

(1)童声合唱团

北京市少年宫童声合唱团

东城区少年宫合唱团

海淀实验中学合唱团

和平街一中金帆合唱团

(2)混声合唱团

北京市少年宫友谊合唱团(老年)、北京市少年宫女子合唱团(青年)

北京老同学合唱团(中老年)

军旅之声合唱团(部队)

朝阳区残疾人协会艺术团合唱团

(3)特邀:国际节日合唱团(外国)

2. 特邀北京市少年宫交响管乐团演奏及伴奏。

3. 特邀请两位歌唱家助兴演唱。
4. 组织200名合唱爱好者观摩。

活动重点、难点

重点：各合唱团的演唱及所在方阵的互动演唱活动。

难点：全体合唱团共同演唱歌曲的合练及与乐队的默契合作。

活动准备

1. 拟定活动方案、天气变化场地转移安排预案和工作细则。
2. 与其他主办单位领导商定活动方案，确定分工。
3. 邀请参加演唱会的合唱团。
4. 召开参加演唱会的合唱团领队会。

（1）召开参演单位领队会，介绍演唱会方案，布置报名工作及要求。

（2）召开第二次领队会，布置落实演出各个环节及要求。

5. 布置场地及人员分工（附件1）。
6. 制作演唱会节目单（附件2）。
7. 细化演唱会工作单（附件3）。
8. 制定演唱会安全工作预案（附件4）。
9. 制订宣传工作方案：邀请北京电视台新闻中心、《北京晚报》、《北京音乐周报》等媒体参与活动宣传报道工作，准备新闻通稿。

活动过程

1. 在北京市少年宫管乐团乐队伴奏下，欢迎主办单位领导及嘉宾入场。
2. 主持人介绍到场主要领导及嘉宾。
3. 请领导代表致辞。
4. 请领导、嘉宾为参加活动的合唱团颁发证书。
5. 演唱会开始，共有四个部分内容。

第一部分：参加演唱会活动的合唱团的个别展示，每团演唱一首歌曲，分成前四个团（演唱内容都是奥运题材歌曲）、后四个团（演唱内容为歌唱祖国等题材歌曲）。

第二部分：参加演唱活动的合唱团，按每两个团组成一个方阵进行展示，每个方阵演唱一首歌曲。

第三部分：特邀两位歌唱家嘉宾及国际节日合唱团助兴演唱，这部分内容穿插在第一、第二部分中。

第四部分：全体合唱团员共同演唱《奥运志愿者之歌——你、我、他快参加》，乐队伴奏。最后演唱会在《歌唱祖国》的歌声中结束。

活动效果测评

1. 现场采访演出的人员谈参加活动的感受。
2. 让合唱团的学生写一篇有感而发的小文来谈参加活动的感受。

活动自评

这次我们策划和组织实施的第三届北京之春"和谐之声"歌曲演唱会在各参演团体的积极配合下,克服了时间紧、人员分散、合作排练不方便等诸多困难,在突降大雨的紧急情况下,现场将近500名演员十分有序地转换了会场,"和谐之声"演唱会取得了圆满成功。

一、活动主要特点

1. 较好地做到了主题与形式的完美结合,突出了"和谐"的主题,用歌声展现了首都人民的激情和梦想,以合唱艺术独特的魅力体现了"和谐、交流与发展"的人文奥运内涵

用歌声展示首都人的自豪与责任成为参与奥运、迎接奥运的直接体现。为此,我们把第三届北京之春的歌咏活动定为"和谐之声",就是为了突出体现北京"人文奥运"的理念。

为了突出"和谐"的主题,我们精心挑选了有代表性的合唱团,同时帮助他们协调和提供演唱的曲目。除了以中小学生为主的四个童声合唱团以外,我们还主动邀请了以老教师、老知识分子为主的老同学合唱团、以中青年为主的来自北京各部队机关的军旅之声合唱团、代表弱势群体的朝阳区残疾人艺术团以及在京工作的国际友人组织的国际节日合唱团。这样的组合会更好地展示精彩纷呈的多元文化,展现中华儿女和谐致美的优良传统。

为了突出"和谐"的主题,我们特地安排了不同的演唱形式。有歌唱家的独唱,有合唱团的单独演唱、方阵演唱,还有全体大合唱。老、中、青少几代人不分年龄、不分国籍、不分工作种类聚集在一起,就像一个和谐的大家庭,用歌声展现了激情和梦想,以独特的魅力体现了和谐、交流与发展的主题,充分展示了人文奥运丰富的文化内涵。我们还将合唱团、乐队组成五个方阵,穿上与五环颜色相同的文化衫,以此来增强奥运意识。为了营造会场气氛,我们还为各团准备了"手持物"(小手、塑料棒、各种颜色的彩带等),做到形式与主题的完美结合。

2. 演唱会为我宫合唱团的小团员们创设了实践机会,使他们在社会实践中得到了锻炼,提高了演唱技艺,在展示交流中虚心学习了其他团体的特色与优势

一个三年级的的小团员在总结中写道:"我没想到中老年人对合唱的热情一点也不比我们差,而且唱歌的水平也很高,我更没想到国际友人的合唱团人数这么少居然还能唱得那么好,真是不可思议!"残疾人合唱团的演唱更是深深地打动了孩子们,虽然他们身有残疾,但他们有自强不息、乐观向上的精神,虽然双目失明,

却有良好的合唱素质和演唱水平。这次社会实践活动，对每一个小团员心灵的触动都是课堂教学所无法做到的。它将会化做一种无形的动力，进一步激发他们参与社会活动的热情，培养他们的社会责任感和团队合作精神。

3. 在活动中充分发挥了少年宫在合唱方面的引领作用

少年宫合唱团已有50多年的历史，长期坚持"走出去、请进来"的教学理念，向国内外的优秀合唱团体、指挥家学习合唱团的训练方法和先进的合唱理念，积累了大量优秀的合唱作品，并形成了一个以老、中、青三代人共存的合唱中心和指挥团队。设计"北京之春"这个品牌活动就是要在开展正常的合唱教育教学活动的同时，利用少年宫这个平台整合社会资源，在主办单位和社会各合唱团体之间搭好桥梁，面向全市开展丰富多彩的合唱活动，提供合唱团展示的机会，加强合唱团之间的交流和学习，从而进一步促进合唱水平的全面提高。

二、不足之处

1. 活动效果的检验不够充分

北京电视台的记者们采访了各团的团员代表，大家谈了参加活动的感受，我们把此内容作为活动效果测评的依据。我作为活动的总策划和当天的舞台监督，由于活动遇雨，主会场从室外转到了室内，更多地关注了有关舞台工作的协调，没有很好地完成活动效果的测评工作。

我要求合唱团的学生写一篇有感而发的小文来谈参加活动的感受，但正值学生期中考试，上交的效果不理想。我应该在下次活动中，细致地考虑好各种因素的影响，将活动效果测评搞好。

2. 各团交流活动开展得不够理想

由于受时间、场地和经费的限制，原定的团际交流活动没有得到深化进行，在一定程度上影响了活动的效果。

专家点评

这是一次普及性的群众歌咏活动，涵盖了老中青少、军和民、国内外，还有残疾人参加，500人之多。活动中演唱形式多样，反映了奥运主题内容。活动组织有序，特别是在突然遇雨的情况下，能够有组织地转移活动场地，反映了准备工作的充分。

此次活动既然把500人作为活动对象，就要从这个"大的"活动对象出发，适当地对"活动目标"、"活动依据"、"活动内容"等要素和活动自评做些修订。"活动过程"是最能体现活动特点、教育理念、组织能力的，应该丰富内容。

你了解楷书吗？
——书法知识竞赛

北京市东城区崇文少年宫 王建民

活动依据

1. 中办发［2006］4号文件和京办发［2006］21号文件指出：校外活动场所要为广大青少年学生积极开展公益性普及活动。

2. 书法艺术是国粹，拥有悠久的历史，但由于学校和社会书法教育的缺失，造成学生对书法了解较少，甚至产生"有电脑了，练字还有什么用"的误解。因此急需在学校和社区开展书法普及活动，提高广大青少年学生对书法的认识。

3. 本次活动的对象是少年宫校外教育基地培新小学三年级的学生，由于每周下校上书法课，对他们有一定的了解。

（1）书法相关的知识知之甚少，不清楚为何要学习书法，更不了解书法艺术的美、书法艺术的内涵。

（2）激励部分有潜质的学生学习书法的热情，发展为学员，重点培养，为学校成立书画社奠定基础。

4. 培新小学为我区重点学校，有一定的影响力，生源和家长素质相对较高，是活动成功的保障，将对我区书法教育的发展起到一定的推动作用。

为此，举办此次欣赏活动让学生认识书法艺术的美是多种多样的。书法是线条的艺术，比较抽象的美，应推广普及书法艺术。

活动内容

1. 学生了解欣赏书法作品的方法。
2. 学生了解楷书中的唐楷和魏碑。
3. 学生亲自动手写字，从中体验书法的乐趣。
4. 学生了解书法的发展历史，认识书法艺术的博大精深。
5. 通过竞赛的形式开展本次书法普及活动。

活动目标

主要目标：通过此次书法普及活动让学生了解楷书、学会欣赏楷书、普及书法知识、提高审美能力，达到推广普及书法艺术的目的。

分目标：

1. 运用知识竞赛的形式激发学生的兴趣，调动学生学习书法的积极性。

2. 学生通过视频、音乐、图片等多种现代化教育手段，全方位拓展视野，展现古老书法艺术的形式美、抽象美，提高审美能力及对书法的兴趣。

3. 学生自己动手书写，体验练习书法的乐趣（培新小学没有开设软笔书法课），从中渗透养成教育。

4. 通过分组合作学习，学生学会合作、学会资源共享，增强自主探究意识。

5. 鼓励书法方面进步较快的学生，帮助他们树立信心，激发参加活动的学生对书法的兴趣，推广普及书法教育。

活动方式

群众性普及活动。

活动对象及规模

对象：培新小学三年级的学生及班主任教师。

规模：培新小学三年级4个班的部分学生，共计50人。

活动时间、地点

2010年7月7日，上午10：30，培新小学多功能厅。

活动准备

教师准备

1. 确立主题，撰写方案。

2. 到培新小学调查、研究、落实各个环节的具体事项，确定学生人数。

3. 制作标题，准备活动的奖品。

4. 确定摄像和多媒体制作。

5. 准备资料：编写问卷、中国纪年朝代表（辅助学生了解各朝代顺序）和录制编辑视频音乐。

学生准备

网络搜集魏碑、楷书、唐楷相关知识。

活动过程

第一阶段：动员学生，激发兴趣（20分钟）

1. 检查用具，讲清用具摆放要求及活动注意事项（渗透养成教育）。

2. 学生填写调查问卷（一）。

3. 各组明确分工，确定每组发言人，讲解活动要求（合作教育）。

4. 用多种楷书书法作品布置多功能厅，贴出标题（创设情境）。

5. 放《高山流水》音乐，让学生稳定情绪（创设情境）。

6. 教师介绍来宾兼评委（三名现场展示的学生）、讲解活动内容和知识竞赛的规则（活跃气氛，激发兴趣）。

7. 运用演示文稿出示碑刻与图片混杂的页面（质疑、激趣，导入主题）。

第二阶段：运用演示文稿欣赏唐楷书法作品（30分钟）

1. 竞赛活动开始，讲解活动要求（合作教育——讲清规则，保证活动有序进行）。

2. 由嘉宾陈思萌讲述活动前搜集整理的楷书知识，引出下一步欣赏的唐楷环节（培养学生运用网络自主学习）。

3. 给学生讲解欣赏书法作品的方法（为下一环节欣赏作铺垫）。

4. 学生看演示文稿中各碑刻所对应的视频短片，进一步加深对书法作品的理解（音乐、视频辅助书法欣赏，提升学生审美能力）。

5. 看演示文稿——颜真卿《多宝塔》、欧阳询《九成宫》、褚遂良《雁塔圣教序》与明式花几、山峰、仪仗兵图片（质疑、激趣，培养学生的想象力）。

各组学生讨论书法的特点，联系与碑刻对应的图片，增强学生对三种碑刻的理解。

6. 教师引导各组学生从笔法、字法方面欣赏碑刻。前三组各分析一种碑刻，第四组点评前三组的分析（分组合作学习）。

7. 教师总结（提高审美能力）。

8. 教师评价本环节各组成绩（激励性评价）。

评价标准：a.回答问题的准确性；
　　　　　b.合作讨论是否充分；
　　　　　c.发言人的表述情况；
　　　　　d.各组纪律表现。

第三阶段：运用演示文稿欣赏魏碑书法作品（30分钟）

1. 看演示文稿——颜体与始平公造像，学生分析两者在风格、特点上的差异，导出魏碑的概念（质疑、激趣，导入魏碑欣赏）。

由嘉宾陈思萌讲述搜集整理的魏碑楷书知识。

2. 看演示文稿中三种魏碑作品的视频片段，进一步加深对书法作品的理解（音乐、视频辅助书法欣赏，多角度提升学生审美能力）。

3. 看演示文稿——《始平公造像》、《泰山经石峪金刚经》、《张玄墓志》与大象、单刀、太极拳图片（质疑、激趣，培养学生的想象力）。

各组学生讨论书法的特点，联系与碑刻对应的图片，增强学生对三种碑刻的理解。

4. 教师点评学生的分析。

5. 教师引导各组学生根据音乐、视频、图片的特点讨论各碑刻的特点，从笔法、字法方面欣赏碑刻（分组合作学习）。

6. 教师总结（提高审美能力）。

7. 运用演示文稿欣赏了解墓志、摩崖石刻和造像三种魏碑的表现形式（丰富书法知识）。

8. 教师总结三种碑刻的美（提高审美能力）。

9. 教师评价本环节各组成绩（激励性评价）。

评价标准：a.回答问题的准确性；
　　　　　b.合作讨论是否充分；
　　　　　c.发言人的表述情况；
　　　　　d.各组纪律表现。

第四阶段：了解楷书的发展演变过程（6分钟）

1. 看演示文稿——"慢羊羊"讲述的楷书发展史（丰富书法、历史知识）。

2. 教师引领学生欣赏甲骨文、金文、篆书、隶书等不同时代的书体，了解书法的演化（丰富书法知识，提高审美能力）。

第五阶段：学生实际书写体验（25分钟）

1. 请三位嘉宾分别书写欧体、颜体、褚体，全体欣赏（展示、激励书法特长生，起到引领示范的效果，推广普及书法艺术）。

2. 在音乐《高山流水》声中全体同学临写或摹写自己喜欢的风格的字帖——志在千里（分层教学，让学生亲身体验书法，体味成功）。

3. 学生们展示自己的书法作品，评价各组本环节成绩（成果展示，体验成功的快乐）。

评价标准：a.书法作品的水平；
　　　　　b.各组技术指导的表现；
　　　　　c.各组用具使用摆放情况；
　　　　　d.各组纪律表现；
　　　　　e.坐姿、写姿、执笔姿势。

4. 评选本次活动的优胜者，颁发奖品——现场展示的书法作品（激励）。

第六阶段：教师小结

教师用演示文稿展示各具魅力的作品，让学生理解书法艺术中不同的美（提高审美能力）。

第七阶段：填写调查问卷（二）（检查活动成果，阶段测评）

活动效果测评

1. 看学生在活动中表现的参与活动的积极性和兴趣程度。

2. 各组在分析点评作品环节的准确性，以及合作讨论和回答时的表述情况。
3. 展示学生完成的作品，并点评各组技术指导员的表现。
4. 学生填写问卷和写体会。
5. 采访参加活动的学生、老师，了解他们参加活动的感受和体会。

活动自评

本次楷书欣赏活动准备充分，活动设计从内容到形式力求做到主题明确，形式新颖，内容严谨，手段丰富，语言生动、有趣，层次清晰、流畅，符合学生年龄特点。

活动实施过程中，各环节实施流畅有序，层层递进，达到了预先设定的活动目标。参加活动的老师和学生反映良好，取得了非常好的活动效果。

一、活动准备充分，确保各活动流程顺畅

1. 根据活动内容和对象分类，做好教具、用具的准备工作

知识方面：针对三年级学生历史知识比较贫乏，我准备好《中国古代朝代表》。

技能方面：针对学生从来没写过毛笔字，每组配备了一名有基础的学生做指导，并复印了四种字帖，学生可根据自身的基础选择临写或摹写，确保了每位学生的参与。

2. 活动前与学校做好沟通，确保场地、人员、设备的使用

二、充分发挥多媒体技术优势，增强书法教育活动的欣赏性和直观性

1. 综合使用多种媒体，提高欣赏效果

本次活动大量运用多媒体技术辅助欣赏活动的开展：把碑刻与临摹的视频和符合碑刻特点的音乐，剪辑成短片，向学生展现书法作品的动态美、韵律美和节奏美；把大象、仪仗兵等图片与作品结合在一起展现不同书法作品的形式美，激发了学生的想象力。

2. 运用动画视频激发学生兴趣，提高欣赏效果

本次活动运用学生喜爱的卡通人物形象剪辑、配音合成设计了"慢羊羊讲楷书发展史"的环节，大大提高了学生的兴趣和注意力，改变了欣赏活动的单调、枯燥，提高了欣赏效果。

通过多种媒体技术的综合运用，借鉴其他艺术形式，让学生从多方位、多角度理解作品，突破欣赏活动的难点，充分调动了学生的感观，激发了学生兴趣，提升了欣赏的效果。

三、活动形式新颖，学生兴趣十足

1. 创新书法欣赏活动形式

我把此次活动设计成"知识竞赛"的形式，引入竞争机制。教师采用分组合作

学习的方式引导各组学生积极参与讨论，极大地活跃了活动现场的气氛，改变了以往书法欣赏活动单一、枯燥的局面，学生成了活动的主体，提高了学生的兴趣和注意力，取得了非常好的活动效果。

2. 创新欣赏活动中分析、评价作品的方法

分析、评价作品艺术特点是欣赏活动的难点，学生理解能力弱、词汇量缺乏和教师缺乏互动。为此，我为学生提供符合书法作品风格特点的词语，让他们自己理解认识后搭配相应的作品。学生在视频、图片欣赏环节后，通过文字进一步理解认识书法作品的艺术特点，突破这一难点，达到了预期的活动效果。

四、创设情境，提高活动效果

1. 教师营造良好、轻松的活动氛围

教师教态自然、松弛，语言生动，善于调动学生的情绪和参与活动的积极性，营造轻松、幽默的学习环境。

2. 活动现场创设情境，激发学生兴趣

楷书作品布置活动现场，创设书法情境，激发学生兴趣；运用古琴音乐创设安静的书法氛围，体现出书法活动特点；动画视频符合儿童心理特点，大大吸引了学生的注意力，提高了活动的效果。

五、充分发挥激励作用与引领、示范作用

活动中三名少年宫书法组学员有一定的书法基础，此次活动是对他们的肯定和激励，树立了他们的自信心。

普及与推广是此次书法公益活动的主要任务，发挥现场书写产生的引领、示范效应，大大激发了学生学习书法的欲望。

六、精心设计，活动达到预期效果

本次活动共设计了三部分，总共20余个层次，从唐楷欣赏入手，层层递进到魏碑楷书的欣赏和楷书演变过程，各环节衔接紧凑，过渡自然；运用"慢羊羊"视频动画并配音合成短片等影音、多媒体现代化教学设备突破难点，提高学生兴趣，开阔学生视野，改变了书法欣赏活动单调、沉闷的讲解模式，形成了师生、生生互动的局面，达到了预期的效果。

七、注重对团队整体的评价，增强团队合作意识

本次欣赏活动采取的是合作学习的方法、知识竞赛的活动形式，竞赛的成绩是四个组在各阶段活动的综合评价累积而成。学生在参与过程中知识共享，互相学习、互相促进，团结协作，增强了团队合作的意识。

活动的个人环节结束后及时对每组的情况与评审组协商，予以评价，保证了活动公平、公正，有序进行。

八、注重书法教育中的美育与德育

此次活动中讲解用具的摆放和使用要求，使得活动中没有出现洒墨、掉笔等常

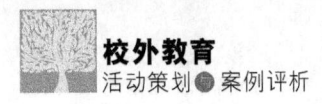

见的书法练习中的问题,保证了活动的有序进行,体现了养成教育;欣赏环节中我运用古琴曲的优雅、舒缓、刚劲的变化和形象的图片,多方位、多角度让学生理解了书法作品中不同形式的美,提高了学生的综合审美能力。

九、整改措施

1. 由于学校的综合演播室期末活动较多,使得活动整体后延了一个半小时,后面填写试卷(二)的活动时间略显不足,部分问答题填写不充分,因此再组织活动时要充分考虑到活动对象时间安排和各阶段安排。

2. 录制书写视频短片时摄像机的位置、角度设置不够理想,影响了播放效果,在今后要调试机位的摆放,提高展示的效果。

专家点评

本活动方案符合校外实践活动设计的基本要求。整个方案结构完整,层次清楚,重点突出,语言流畅,自评中肯。尤其是在向学生介绍楷书基本知识这个环节,能够做到知识点介绍清晰细致,教学进度循序渐进。通过学习,学生不仅增长了书法知识,欣赏了魏碑与唐楷中的名作佳品,而且对汉字的嬗变情况也有了初步的了解,达到了预期的教学目的。总之,该方案是一篇优秀的校外实践活动方案。

古街的牌匾
——我爱身边琉璃厂，学习书写牌匾字

北京市西城区青少年美术馆　王颖

活动依据

把传统文化融入校外艺术教育活动中，对提高学生文化素质、弘扬传统具有极大的意义。琉璃厂是中国传统文化聚集地，汇集了宫廷、民间许多知名篆刻、书法、剪纸等艺术品。下校指导时学生常问："为什么各个门市有很多牌匾？牌匾字体怎么都不一样？这些牌匾字表达什么意思？"根据学生的需求，我设计了本次普及活动。

结合北京市校外教育推广普及活动开展的要求，走进学校，让更多学生初识琉璃厂的牌匾文化，学习摹写琉璃厂的牌匾字，意在促使学生了解牌匾文化的内涵，增强学生对身边琉璃厂文化资源的认知与喜爱。

活动目标

1. 结合琉璃厂资源，了解一些老字号的牌匾字体、字义及文化特色，初步了解牌匾文化。
2. 在互动中锻炼学生查找、摹品能力，合作完成1—2个牌匾字的摹写。
3. 主动参与中产生对书写牌匾文字的兴趣，增强对琉璃厂文化资源的热爱之情。
4. 组员在参与讲解和辅导中锻炼表达能力、书写指导能力。

活动内容和方式

讨论认识琉璃厂老字号牌匾字的文化内涵，学习摹写牌匾字，进行书法普及活动。

活动时间、地点

2010年5月12日下午1:40，西城区炭儿胡同小学多功能厅。

活动对象、规模

美术馆组员6人、炭儿胡同小学四年级学生50人。

活动重点、难点

重点：了解琉璃厂老字号牌匾字的文化内涵，初识牌匾文化。

难点：学生能完成对牌匾字的初步摹写。

活动准备

一、活动准备

1. 撰写方案，联系学校，了解在校学生情况。
2. 教师制作学生书写的"双钩字牌匾"。
3. 带领组员调查与收集以琉璃厂老字号为代表的牌匾文化资料。
4. 组员分析琉璃厂几家老字号的牌匾字体与字义，并学会摹写，练习指导。撰写讲解的文字稿。
5. 做好普及活动前的各种准备工作。

二、材料准备

1. 教师：课件与视频、毛笔、墨、墨盘、"牌匾"及"双钩牌匾"摹写用纸等；活动效果测评表、安全预案。
2. 学生：字典、铅笔，角色扮演的头饰和对话稿等。

活动过程

环节一：进入主题，初步感受

设计思路：学生在图示引导中进入情境，初识琉璃厂牌匾文字，自主查字典并解说牌匾字义，激发学生对牌匾文化的兴趣，为后面进一步学习奠定基础。

1. 在和谐的氛围中美术馆师生与在校学生相互认识。
2. 初识琉璃厂老字号。学生通过视频了解：琉璃厂是中国传统文化聚集地，这里集聚许多老字号，有荣宝斋、一得阁、戴月轩……你们还知道哪些老字号？
3. 欣赏老字号的牌匾。学生在认识琉璃厂老字号及其牌匾中了解什么是牌匾，书写形式与字体应该是什么样的，这些老店的牌匾高高地悬挂在店面前，看上去是多么古朴典雅，让我们先来了解这些牌匾后面的内涵！
4. 学生自主查找琉璃厂老字号牌匾文字内涵，了解牌匾文化。

（1）学生查字典，自主解说老字号牌匾的字义。

（2）教师提示：

荣宝斋："以文会友，荣名为宝"之意。

戴月轩：经营理念是"一笔在手，如握春风。"意思是说，我们把优质的产品、耐心周到的服务传递给每一位书画同仁。

一得阁：店名是以楹联"一艺足供天下用"、"得法多自古人书"冠首取之。

环节二：赏析牌匾，深入了解

设计思路：教师结合琉璃厂老店的牌匾进行讲解，引导学生了解牌匾的字形和字义，使学生对牌匾文化内涵有进一步的认识，激发学生对多种牌匾字体的认知和兴趣。

学生结合PPT图片，了解牌匾的书写字体与特点。

（1）荣宝斋、戴月轩：字体是行书，笔画连贯。

（2）萃珍斋、一得阁：字体是楷书，笔画厚实。

（3）宏宝堂、翰墨斋：字体是隶书，左右舒展。

（4）韫玉阁、书砚斋：字体是篆书，圆润流畅。

（5）师生共同比较牌匾字的书体与书写特点。

牌匾字	书体	书写特点
荣宝斋、戴月轩	行书	笔画连贯
一得阁、萃珍斋	楷书	笔画厚实
宏宝堂、翰墨斋	隶书	左右舒展
韫玉阁、书砚斋	篆书	圆润流畅

环节三：摹写牌匾，品味字意

设计思路：通过讲解和示范，学生明确牌匾字的具体书写要求。在印好的"双钩牌匾"上书写，降低书写难度，解决学生书写难点。通过教师指导、组员辅导，促进学生由不会写到敢写，能够认真体验，在摹写中品味琉璃厂老字号的文化内涵。

1. 布置任务，明确要求，教师示范书写，提示书写方法。

（1）了解执笔的方法，学习怎样摹写毛笔字，按字的笔顺书写。

（2）尽量一笔写完一个笔画，如有空白，可再写第二笔。

（3）用笔蘸墨不宜太多。

（4）可从左向右书写，也可从右往左写。

（5）认真细心品味这些牌匾老店的诚信之意。

2. 学生观看书法组员的书写录像，调动学生想写的愿望。

3. 学生在"双钩牌匾"上练习书写，摹品实践，深入体会。

4. 教师指导，组员参与辅导，帮助学生正确执笔，学习摹写双钩毛笔字。

环节四：展示作品，拓展延伸

设计思路：学生在展示与畅谈中对摹写的牌匾字体、字义及文化特色进行回顾。结合学生的角色表演，促进活动的拓展与延伸，使学生对活动更加感兴趣、更加有收获、更加喜爱琉璃厂的牌匾文化。

1. 进行"双钩牌匾"作品展示，请学生畅谈感受。

2. 学员进行角色对话，表达心愿（学生扮演成外国人、老人、同学和小孩，到琉璃厂观赏。向大家询问老字号的意思，学员扮演与外宾对话，介绍老字号牌匾的寓意）。学生在兴趣中观看组员表演，联系自己在琉璃厂文化街遇到询问者，会怎样介绍这些老字号及其牌匾，从中感受学习牌匾文化后的拓展应用。

3. 学生填写活动测评表，请校领导谈本次活动在校实施的意义。

4. 教师进行小结，鼓励学生常到古街看看，闻书香、解文意、达文理，做个琉璃厂文化的小宣传员。

活动效果测评

1. 通过作品展示谈感受，了解学生对牌匾字义及文化特色的认识情况。
2. 通过学生摹品的过程，检验学生书写能力和组员书写指导能力。
3. 结合问卷和观察学生参与情况，了解学生主动参与活动的兴趣，以及对琉璃厂牌匾文化的热爱之情。

附件（略）

附件1：炭儿胡同小学学生参加活动测评表
附件2：（宣武少年美术馆）安全与学生伤害事故预防措施备案表

活动自评

本次活动把传统文化融入艺术教育的普及活动中，适应琉璃厂周边学校的需要，带动六位书法组员参与，发挥了美术馆教育资源的优势，以看中学、比中知、摹中品、展中思的有效过程，使整体活动在学生的兴趣中愉快地结束了。学生对自己摹写的牌匾留恋不舍（因为教师要带回去拍照），对学员的角色表演意犹未尽，我感受到，有意义的普及活动学生喜爱，学校欢迎！

一、促使学生自主探究、增长知识

本次活动教师设计了欣赏古街老字号牌匾，引导学生自主探究，如你欣赏的牌匾字有什么不同？学生通过观察与思考，探究出牌匾字的书写形式不同、书写字体不同等，增长了他们的知识。

在出示琉璃厂几家著名老字号店的牌匾字后，老师安排学生自主查字典，顿时激发了学生探究牌匾字义的兴趣。他们在查找字义的过程中，对这些老字号店名的字义有了更多的认识和理解，远比教师直接告诉学生更加深入人心。这样在师生介绍牌匾字义后，学生的记忆更加深刻。

二、促使学生认真书写、赋予情感

讲解介绍琉璃厂牌匾文化，使学生对牌匾文字有了深刻的理解，产生了浓厚兴趣，增强了学生对琉璃厂文化的热爱。

当学生对琉璃厂的牌匾文化有了一定理解后，又加上他们看到了那么好看的"牌匾"，纷纷拿起毛笔，兴致盎然。书写过程中，在老师指导和组员的辅导下，知道了执毛笔的方法，学习怎样摹写双钩毛笔字，在共同努力中完成了"双钩牌匾"字的书写。

由于"双钩牌匾字"的精心设计、老师和组员的耐心指导，增强了学生的自信心，使学生由没有基础到敢写、到写得不错，值得赞扬。由此证明，学生是有潜力的，是聪明的！

从展示测评中看，反馈是活动的一面镜子。从书写作品看，照片中学生现场牌匾字的摹写，写得还是很不错的。当我把学生的作品拿回到馆里时，老师们都称赞："写得好！"并从作品中又挑出1/3展览在我馆的"情系琉璃厂"专栏里。

学生谈感受时，无论是学生还是组员，感受都很深刻。甲学生说："我知道了牌匾的由来，还学会了写毛笔字。"乙学生说："我知道了琉璃厂的老字号牌匾。"甲组员说："我对牌匾的字体又有了新的理解。"乙组员说："通过活动我知道了商家请名人书写牌匾以及优质的服务，能够使店家有信誉，也能使我国的传统文化留传下去。"

从反馈表演看，角色扮演让学生体验快乐。活动中组员扮演的"询问者"戴着头饰，分别扮演成外国人、老人、同学和小孩，到琉璃厂参观，向大家询问老字号的意思。学生惟妙惟肖的扮演和解说，不仅回顾了学习的内容，而且在活动的最后环节带动起学生参与活动的快乐情绪。组员体验了表演的快乐，而同学们更感受到了参与活动的乐趣。

我认为组员的参与是活动中的又一个亮点，它使普及活动锦上添花。表演使气氛轻松自然、愉悦。在学生书写时，组员看到自己小组的同学执笔不正确了，非常认真地提醒和帮助。组员在活动中成为好助手，他们在教室中耐心地指导同学，就像是一道亮丽的风景线。

从学生填写的测评表中统计出，参与活动的人数共50人，对活动内容、方式，教师的表现，学员的表现以及对自己的书写这些项目"很满意"的均达到96%。他们在测评表中写道："牌匾的意思很深奥"、"我的字写得很不错"、"我非常喜欢这次活动"等。总体来看，学生对这次活动还是很满意的。

三、促使教师认真思考，反思不足

活动当时感觉效果挺好，静下来观察学生作品，感觉还有一些不足：从学生书写过程看，有的学生执笔方法还有欠缺；从书写的牌匾字来看，有的学生写得有些粗糙，有的学生书写速度很慢。分析原因有两点：一是关注活动内容和组织过程多，对学生执笔环节设计不细。二是学生书写能力有限，只能让学生初步感受和尝试，而书写能力不是短时间能提高的。对此的改进措施是：活动后应安排时间对学生进行一些毛笔书写方法的培训与指导，或者再设计活动时对执笔环节带动学生先做一点练习，然后再书写牌匾，效果可能会更好。

专家点评

本活动方案符合校外实践活动设计的基本要求。整个方案结构完整，层次清楚，重点突出，语言流畅，自评中肯。琉璃厂不仅是西城区的一条文化古街，更是北京传统文化的一个缩影。教师能够抓住这一特色，通过琉璃厂的牌匾来展现京味文化，应该说是匠心独具。其方案设计也很清晰细致，通过学习，学生达到了预期的教学目的。

风靡世界300年的"乐器之王"
——钢琴知识普及活动

北京市丰台区少年宫　刘晓宇

活动依据

在世界各国的成千上万种乐器当中，现代钢琴被众多的音乐家们誉为"乐器之王"。这不仅是由于它的体积最大、内部结构最复杂，更主要的还是由于它优良全面的性能和广泛的用途都是其他任何乐器所无法比拟的。钢琴文化牵动着西方悠久灿烂的音乐文化，因此以本专业为依托，普及钢琴文化应坚持"三个教育"，即启蒙教育、兴趣教育和基础教育是十分必要的。

本次活动的意义在于普及钢琴知识，让少年宫的学生及家长对钢琴有初步的了解，激发学生欣赏音乐作品、了解钢琴知识的兴趣，进而提高他们的音乐修养。

活动目标

1. 知识技能目标：使学生对钢琴的基础知识有一定的掌握。
2. 能力目标：使学生对钢琴的演奏形式及发展历史有一定的了解，以增强学生的音乐鉴赏能力。
3. 情感态度目标：通过多种感官体验，激发学生的学习兴趣。

活动时间、地点

2010年8月8日，北京市丰台区少年宫多功能厅。

活动对象及规模

对象：来自少年宫各个专业的学生，年龄为6—12岁，以及部分学生家长。
规模：50人左右。

活动准备

1. 普及对象的分析，确定活动的定位。
2. 活动计划及安全预案的制定。
3. 会场布置、调查问卷设计及打印。
4. 丰富有趣的视频图片。

活动内容

1. 钢琴的发展历史。
2. 钢琴的演奏形式。
3. 钢琴为什么被称为"乐器之王"。

活动重点、难点

重点：有关钢琴基础知识的介绍。
难点：活动气氛的把握和激发学生了解钢琴的兴趣。

活动方式

1. 图片的讲解，视频的观看。
2. 亲身体验。
3. 知识问答。

活动导入

导入方式：以抢答游戏的方式提出问题，增强与学生的互动，活跃现场气氛。答对的学生可以获得小奖品。

问题

1. 谁知道钢琴有多少个琴键？
2. 谁知道钢琴有多少年的历史？
3. 说出你知道的三首钢琴曲。
4. 说出你知道的三位钢琴家的名字。

设计思路：发奖品吸引学生的注意力，抢答游戏活跃现场气氛，引导他们对活动的关注。

第一部分：钢琴的发展历史

1. 知识点：第一台钢琴。

1709年，意大利人克里斯托福里发明了第一台钢琴，从而成为世界公认的钢琴发明人，距今301年，即钢琴诞生至今301周年。

2. 知识点：现存最早的钢琴。

图片是克里斯托福里1720年制作的钢琴，它是世界上现存最早的钢琴，有54个琴键。（展示现存最早的钢琴图片）

设计思路：着重介绍知识点并强化学生的记忆。

3. 钢琴的发展历史：千姿百态的乐器之王。

钢琴的外形在最初的200年里经历了很大的变化。

请大家来看一些图片，这些是从刚刚发明钢琴开始200年里钢琴的照片。（展示钢琴在发展历程中的不同造型图片）

从1709年在意大利问世算起，现代钢琴已经陪伴人类300多年。几百年来，它被不断地整容。于是，展示在我们眼前的钢琴，时而平躺着，时而又竖立起来；时而方形，时而又变成了翼形；它还曾经和书写台、床甚至缝纫机组合在一起，在演变了200多年后基本定了型。

设计思路：图片展示钢琴发展过程并强调经历过演变现代钢琴的两种形式：立式钢琴和三角钢琴。

第二部分：钢琴的演奏形式

1. 钢琴独奏：A.请学生演奏小乐曲。B.动画片《猫和老鼠》的片段欣赏。

设计思路：在这个片段中，除了让学生了解钢琴的独奏形式，还可以让他们通过有趣的动画了解钢琴的内部构造。

2. 钢琴协奏：郎朗与乐队演奏的《黄河》片段欣赏。

设计思路：在这个片段中，除让学生了解钢琴的协奏形式，还可以展示钢琴的音色与音量在乐队中的分量。

3. 四手联弹：电影《不能说的秘密》，周杰伦与桂纶美合奏的片段欣赏。

设计思路：这个片段是学生熟悉的流行明星所展示的，让孩子们有亲切感，拉近钢琴与学生的情感距离。

第三部分：钢琴为什么被称为"乐器之王"

1. 和声丰富——可以做出任何形式的和声组合以及多声部旋律组合。这也是世界上几乎所有著名的音乐家都要为钢琴写下不朽名作的重要原因。

体验环节：和声——双手十个手指同时弹奏，由两人合作的四手联弹当然就可以同时发出更多的音，可以做出任何形式的和声组合以及多声部旋律组合（请学生上台感受十个手指同时触键的发声，并请两名或以上学生同时弹奏）。

2. 音量控制——它能发出音乐中使用的从最弱音直至最强音。

体验环节：强与弱——音量可以在演奏者的控制下作任意的强弱变化（请学生上台感受连续弹5个强音和5个弱音）。

3. 音域宽广——88个琴键，也就能发出88个不同高度的乐音，宽广的音域完全涵盖了音乐中所使用的整个乐音体系。

4. 音色美——音色变化极多，而且可以有近乎无限种组合，这也是其他乐器难以比拟的。

"乐器之王"小结

钢琴是一个永不过期的明星。不论是华贵、庄严的巴洛克风格，还是雄伟、奇拔的古典主义；不论是奔放、凸显个性的浪漫之声，还是摒弃传统、追求光与色彩的印象派潮流，钢琴全部胜任。所有的音乐家都向它顶礼膜拜，没有钢琴的音乐史是不可想象的。钢琴已不单单是一件乐器的名称，而是一种力量，一种激发着人类不同时代的想象力和无法泯灭的激情的力量。

300年来，钢琴在造就自身的同时，也成就了人类。毋庸置疑，钢琴的诞生，是人类音乐历史上的重要里程碑。

请学生演奏《童年的回忆》，让孩子们现场体会钢琴的优美音色。

活动小结：

有些同学正在学习钢琴或者其他乐器，请这些同学一定要珍惜现在的学习机会，刻苦、用心地坚持练习，才能最终演奏出美妙的音乐。

还有些同学现在并没有学习器乐，但这并不妨碍我们在生活中去了解音乐、欣赏音乐。只要我们用心去聆听，音乐一定会带给每位小朋友不一样的感受。

活动效果测评

（一）问卷式：用问卷的形式了解此次活动的普及情况。

1. 你知道钢琴属哪一类乐器吗？
  A. 弦乐　　B. 管乐　　C. 打击乐　　D. 键盘乐
2. 钢琴有多少年的历史？
  A. 100年　　B. 200年　　C. 300年　　D. 400年
3. 钢琴有多少个琴键？
  A. 55　　B. 66　　C. 77　　D. 88
4. 你喜欢钢琴的音色吗？
  A. 喜欢　　B. 不喜欢
5. 对本次活动你还有什么意见或建议？

本次活动现场发放了调查问卷，通过现场回收调查问卷的情况看，绝大部分学生掌握了本次活动的知识点，初步掌握了钢琴的基本知识，并对钢琴产生了很大兴趣。

（二）现场有奖问答式：现场针对普及内容提问，请参加活动的学生回答。

从现场回答问题的情况来看，学生们对知识性问题基本掌握。

活动自评

1. 本次活动依托于本专业的特点，普及对象明确，讲座的知识点明确并简单易懂，坚持了"三个教育"(即启蒙教育、兴趣教育和基础教育）的宗旨。本次活动的意义在于普及钢琴知识，让少年宫的学生及家长对钢琴有初步的了解，激发学生欣赏音乐作品、了解钢琴知识的兴趣，进而提高他们的音乐修养。

2. 本次活动普及了钢琴的基本知识，通过教师的语言交流,学生的亲身体验，以及观看视频,使学生基本了解了钢琴的发展历史、演奏形式及主要特性。活动中视频的选择活泼有趣，能够吸引学生们的注意力；亲身体验环节增强了老师与学生的互动；有奖问答带动了学生的参与性,激发了学生的学习兴趣。

3. 本次活动回收调查问卷28份。从调查的结果可以看出:学生对少年宫开展普及活动持欢迎和支持的态度,学生对活动内容和形式表现出积极参与的态度和兴趣。

4. 效果测评采用问卷式和现场有奖问答式,通过测评绝大部分学生掌握了本次活动的知识点,初步掌握了钢琴的基本知识,对钢琴产生了很大兴趣。

本次活动的特点

1. 教师在整个活动中突出知识点的设置,不灌输概念性的内容,而是用图片、视频,通过亲身体验的形式来强化学生们对知识点的记忆,并采用互动问答的方式,调动学生情绪,激发学习兴趣。

2. 在活动效果测评的方式上,我们采用多元化的评价方法,让学生家长共同进行评价。它真实、及时地反映了活动的效果和活动的不足,便于我们对下次活动进行调整和改进。

活动不足及分析、改进

1. 活动的准备工作还要进一步完善和加强。在本次活动中,由于事先的宣传工作做得还不够,所以当天参与活动的学生人数很有限。以后在活动前,应再提前扩大宣传的范围,使更多的学生能参与到活动中来。

2. 以后在活动中再增加一些道具的使用,实物道具和直观的键盘会给学生们更亲身的体验,加强他们对活动的感知性。

3. 在活动的组织工作上还有所欠缺。来参加活动的学生年龄段比较低,因此活动的内容略显枯燥。在今后的活动中,针对低龄段孩子活动的趣味性还要增强,而且要再加强互动环节和体验环节的设置。

专家点评

活动方案设计思路清晰,目标明确,活动内容适合于来自少年宫各个兴趣小组的6—12岁学生。从活动方案内容和实施方案录像,以及对方案的介绍和答疑中,反映出教师专业基本功比较扎实,教育活动的过程安排细致、逻辑严谨。这项活动也可以称为是一次互动性强的普及钢琴知识通俗讲座。教育活动自始至终都在促进学生与老师的互动,把对钢琴的认识和知识的普及变得很有趣味性,增进了学生对钢琴的了解,激发了学生和家长参与学习的兴趣。因活动的题目涉及"乐器之王"的定论概念,如能在陈述目前的概念外,增加对"乐器之王"认定的不同观点比较就更好了。

群众性教育活动

"我不是塑料袋"
——红领巾迎"绿色奥运"环保袋创意设计大赛颁奖、展示活动

北京市东城区少年宫 潘涤

活动依据及背景

全国将于2008年6月1日起执行国务院办公厅《关于限制生产销售使用塑料购物袋的通知》。《通知》指出：在全国范围内禁止生产、销售、使用厚度小于0.025毫米的塑料购物袋(超薄塑料购物袋)，并将实行塑料购物袋有偿使用制度。塑料袋成为白色污染，正在对生态环境构成严重威胁，免费塑料购物袋将伴随着公众环保意识的提升退出我们的生活，以环保袋替代塑料袋是大势所趋。

保护环境并不只是大人们的事。如何发挥校外教育作用，在青少年中贯彻落实国务院办公厅《关于限制生产销售使用塑料购物袋的通知》精神，进行环保教育活动？同时，"绿色奥运"是2008北京奥运会的三大理念之一，如何将环保教育活动与奥运教育相结合？是摆在我们校外教育工作者面前的一项课题。

我不是塑料袋——红领巾迎"绿色奥运"环保袋创意设计大赛是在此大背景下设计、面向中小学生开展的环保主题教育活动。设计制作环保袋的意义，不仅在于它的实用功能，更在于它的宣传、教育功能。少使用塑料袋，让小小环保袋走进家庭、走向社会，让孩子们在潜移默化中树立环保的理念，在环保生活中健康成长，让拒绝使用塑料袋成为一种自觉意识、一种时尚，让"绿色奥运"理念和环保意识在青少年中发扬光大。

活动目标

在前期校内学生创意设计制作环保袋的活动基础上，通过大赛颁奖和展示活动，进行创意交流，将小作者的环保创意理念与在场的小伙伴和家长们进行共享，让更多的人们感受环保就在我们身边，从我做起，为支持北京"绿色奥运"贡献力量。

活动时间、地点

2008年5月31日（星期六）上午7:30—8:15，东城区少年宫广场。

活动对象及规模

参与活动学校有校尉小学、北官厅小学、灯市口小学、丁香小学、东四十四条小学、什锦花园小学、回民小学。7所学校部分获奖学生代表109人，学生家长100人，总计209人。

活动准备及人员分工

活动准备

1. 根据整体活动方案要求，细化分享阶段即颁奖、展示活动组织实施方案。

阶 段	时 间	内 容
启动阶段	2008年3月上旬	发布主题活动信息
创作阶段	3月中旬—4月底	美术教师组织学生创意设计环保袋
评选阶段	5月初—5月15日	评委会进行优秀作品评选工作
分享阶段(颁奖、展示活动)	6月1日前夕	少年宫广场表彰、展示优秀作品

2. 根据获奖情况以及活动场地情况，选择7所学校确定109人参加5月31日活动。召开7所学校大队辅导员活动预备会，布置当天有关事宜，讲解活动注意事项，发放学生活动邀请信（见附件1）。

3. 设计活动Logo（见附件2）；设计广场活动场地布置平面图（见附件3）；设计奖状、活动彩喷背板（见附4）；联系印刷奖状。

4. 确定学生和教师组成的"问号"团名单。

5. 与少年宫服务中心落实活动音响；落实广场活动场地环境布置、用电位置及学生座椅摆放位置；落实活动学生奖品等采购事宜。

6. 与少年宫办公室、信息部落实活动摄影、摄像以及新闻宣传报道工作，撰写活动新闻稿。

7. 当天遇雨应急措施：如活动当天遇雨，则改在少年宫剧场进行。

工作人员分工

落实活动工作人员，召开工作协调会，进行活动工作岗位分工。

总负责、活动主持人：潘涤。

场地安全监督：张国江（与保卫部协商配备若干保安，保障活动过程中学生与家长活动区内外分离）。

"秀秀"我的环保袋活动环节上场调动：

第一场"秀"负责人：霍艳平，负责安排四所学校登场展示。

第二场"秀"负责人：马莹，负责安排三所学校登场展示。

学生和教师组成的"问号"团组织工作：赵晶晶（特邀）。

活动用具管理（颁奖奖状、大奖奖品；活动后联系学校发放优秀奖奖状和奖品）：魏建立、张宝林。

背景音乐监督：刘鸿艳。

活动过程

活动时间	活动环节	内容安排	活动意图
7:15—7:30	入场，准备	1．各校队员进入活动场地，按指定座位区域就座。 2．发放个人获奖作品，整理作品准备展示。 3．活动开始前进行活动注意事项教育。	
7:30—7:35	序曲	北官厅小学合唱队演唱《善待地球》。	以北官厅小学合唱队演唱《善待地球》歌曲，突出活动环保教育主题内容，同时吸引到场活动队员及其家长注意力，提示活动开始，参与活动。
7:35—7:45	开场活动	1．介绍到会领导。 2．介绍环保袋创意设计大赛活动情况。	此环节介绍大赛全区28所中小学3200名学生参加活动，经学校初评，上交800多件环保袋创意设计作品。大赛评选10个最佳创意设计奖，158个优秀创意设计奖。当日参加活动的队员都是获奖代表，每个人都将展示自己的获奖作品。
		3．介绍"问号"团。 "问号"团的四名队员特意由一所学校里活跃的一支孩子自发环保队的队员代表构成，通过活动给他们一次展示的机会；两名教师是由学校大队辅导员和校外教师组成。活动当天进行"问号"团的指导培训，明确活动目标，协助发挥"问号"团的特殊作用。	此环节特别介绍由4名队员和2名教师组成的"问号"团。设立"问号"团的目的，是通过现场采访部分获奖者，挖掘获奖者环保袋创意的闪光点，让所有参与活动者，包括到场参与活动的家长一起，共享环保理念。"问号"团将在活动中起到点睛的作用。

续表

活动时间	活动环节	内容安排	活动意图
7:45—8:05	"秀秀"我的环保袋	第一场"秀"（10分钟） 　　北官厅小学、灯市口小学、东四十四条小学、什锦花园小学共38人听音乐有序登场展示。 　　"问号"团挑选2—3人采访交流创意心得。 　　全场循环走完后，一起登上主席台，由"问号"团成员在他们"走秀"展示时有针对性地挑选2—3名队员重点采访揭示创意设计思路、材料的选择以及创意中的寓意，通过彼此问答向人传递废物利用的环保理念。	"秀秀"此环节是活动重点，它体现全员参与，人人都是活动的主人的理念。"秀秀"环节能充分调动孩子们的活动兴趣，张扬个性。在活动开始前已对此环节进行动员和"走秀"路线提示。为了使气氛活跃，选择动感比较强烈并与奥运有关的乐曲伴随"走秀"路线，分别在台下就座的领导以及周围的家长面前展示自己的作品。
		第二场"秀"（10分钟） 　　校尉小学、丁香小学、回民小学共47人听音乐有序登场展示。 　　"问号"团挑选2—3人采访交流创意心得。	同上。
8:05—8:15	精彩时刻	1. 到会领导为登台展示的获奖者颁发"优秀创意设计奖"奖状。	参与活动的每个人都是活动的主人，人人都有获得成功的自信和参与活动的快乐！
		2. "问号"团学生代表宣布"十佳"创意设计大奖名单，"十佳"创意设计大奖获奖者登台展示。	"问号"团学生代表宣布"十佳"创意设计大奖名单，此形式打破一般由成人宣布奖项的常规。
		3. 主持人宣布活动组织奖名单。	领导颁奖并与获奖代表合影留念。
8:15	结束	宣布活动结束。	简单结束语，总结此次活动，感谢家长和学校带队教师对活动的支持；最后主持人点明活动主题，宣布活动结束。

活动经费预算和来源

活动总体经费预算2400元，由少年宫办公经费支持。

活动效果测评

1. 活动前，大队辅导员征求参加活动的学校对活动实施方案意见。
2. 活动后，利用全区大队辅导员工作会时机，倾听活动反馈意见。

附件（略）

附件1：学生活动邀请信

附件2：活动logo

附件3：广场活动场地布置平面图

附件4：奖状、活动彩喷背板样张

附件5：广场活动安全保障措施

附件6：颁奖、展示活动程序

活动自评

在2008年6月1日起执行《国务院办公厅关于限制生产销售使用塑料购物袋的通知》后，以环保袋替代塑料袋将是大势所趋。

保护环境并不只是大人们的事。同时，"绿色奥运"是2008北京奥运会的三大理念之一，将环保教育活动与奥运教育相结合，组织"我不是塑料袋"——红领巾迎"绿色奥运"环保袋创意设计大赛是在此大背景下开展的主题教育活动。

东城区少年宫携手区部分中小学校美术组，将环保议题与美术教学相结合，带领孩子们一起开展环保袋创意设计活动。全区28所中小学3200名学生参加活动，经学校初评，上交800多件环保袋创意设计作品。大赛评选10个最佳创意设计奖，158个优秀创意设计奖。

在前期校内学生创意设计制作环保袋的基础上，2008年5月31日，109名获奖代表在少年宫广场参加了环保袋创意设计大赛颁奖、展示活动。展示活动中，一支由学生、教师组成的"问号"团特别引人注意，它形成活动的一个亮点。他们在活动中与作者进行创意交流，将小作者的环保创意理念与在场的小伙伴和家长们进行了共享。与此同时，所有参加活动的学生都将自己制作的环保袋作品推向T形台，登台"秀秀"环保袋。

活动过程中，学生百分之百参与活动，主动性比较高。在学生创意的作品中，许多是由家长帮助制作的，这一点得到我们的肯定，作品得到家长的指导帮助，全家齐上阵，一起宣传树立环保理念，更是我们需要的。活动在第二天的《北京日报》上刊登了活动照片，及时反映了青少年积极响应国家号召，带头宣传使用自制环保袋，取得了一定的社会效益。

活动有以下三个特色

1. 活动实效性强

活动内容紧密联系国家关于限"塑"通知，从孩子需求出发，让他们以实际行动响应国家号召，保护环境并不只是大人们的事，参与环保教育活动，"小手拉大手"，影响家庭改变以往的购物观念，减少塑料袋使用量，让拒绝塑料袋成为一种自觉意识，为北京"绿色奥运"作贡献。

2. "两个"相结合

将奥运教育、环保主题教育相结合，将主题教育与美术教学相结合，是校内外教育活动的一次有益的尝试。许多个性化、富有灵气的作品发挥了学生的创造性。设计制作漂亮的小小环保袋的意义，不仅在于它的实用功能，更在于它的宣传、教育功能。

3. 凸显"孩子是活动的主人"理念

活动特别设计了"秀秀"我的环保袋的环节，每个人听动感音乐有序登场，充分展示自己的环保作品，张扬个性；学生和老师组成的"问号"团，增强环保创作理念的交流，让学生间相互教育，学生环保理念获得成人的认同感。参与活动的每个人都能体验到自己是活动的主人，人人都有获得成功的自信和参与活动的快乐！

不足之处

上百件获奖作品设计多样，由于活动时间的原因，"问号"团不能让更多的学生表达自己作品的创意思想，无形中影响了部分学生的积极性。这点是此次活动的遗憾。所以，小小环保袋在交流宣传、发挥其教育功能作用方面就感到不足。

环保袋创意设计大赛活动抓住了有利的教育契机，贴近了学生的需求，发挥校外活动策划组织教育活动优势，以"走秀"的传统活动形式，为教育内容增添活力，以多种活动方法调动学生积极性，学生参与面广，活动受到学生和家长的欢迎及领导的肯定。

专家点评

这是一次群众性主题教育活动，是"红领巾迎'绿色奥运'环保袋创意设计大赛"中的颁奖、展示部分。所以这次活动有其特殊的背景，一是有着广泛的群众参与基础：28所中小学校3200余名学生参加了"大赛"活动；二是有了丰硕的"大赛"成果，推荐出800多件环保袋创意设计作品。这次活动的目标在于展示成果、推广成果、拓展成果。

这次活动的设计亮点在于"问号"团的设立。把一个一般的总结颁奖会设计成师生互动、生生互动的宣讲会，在展示作品、宣讲创意的过程中深化主题，达到活动目标。

活动方案设计要素齐全、详略得当。活动自评全面，特色突出，问题不足查找准确。

心手相连，美在童年
——西城区少年宫2008年"六一"国际儿童节庆祝活动

北京市西城区少年宫　王燕红

活动依据

1. 根据校外教育的公益性、创新性、教育性和艺术性原则，落实公益性中校内外相结合的教育内容，以学生为主体开展群众性教育活动。

2. 西城区少年宫是全区学生活动的中心，注重教育的时效性。抓住汶川大地震这一爱国主义教育的良好契机，适时地开展主题活动，与灾区孩子心手相连，随时关注着四川灾情和来自灾区的孩子们，献上自己的爱心。

3. 一年一度的"六一"国际儿童节就要到了，为使灾区孩子们能在灾后拥有一个快乐的节日，抚平灾难带给孩子们的心灵阴影，特举行"心手相连，美在童年——'六一'国际儿童节庆祝活动"。

活动目标

1. 关注在我区学习、生活的川籍学生，让他们感受到来自社会方方面面的温暖，帮助他们鼓起勇气，树立重建美好家园的坚定信心。

2. 通过丰富的活动内容，学生的自主参与，让灾区孩子感受美好的学习环境、体验美好的学习内容、抒发美好的情感、留下美好的回忆；让首都孩子学会关爱他人。

3. 发挥校外艺术教育特色，在活动中向学生们大力宣传抗震救灾的感人事迹，激发学生爱祖国、爱党、爱人民的情感，体验"一方有难，八方支援"的中华传统美德和众志成城的民族精神。

活动时间、地点

2008年5月31日（星期六）上午9:00—11:30，西城区少年宫。

活动对象及规模

以在我区学习的25名灾区学生为主体，邀请现所在23所学校领导、现任班主任、2个小伙伴、在京监护人及少年宫学员约300人。

活动内容

1. 观——共同参观美丽的四合院建筑，感受美好的学习环境。
2. 选——老师辅导灾区学生选择一项艺术培训项目，圆美好的艺术梦想。
3. 写——共写心愿卡，参加软笔书法笔会，抒发美好的情感。
4. 赏——共赏文艺节目，体验美好的学习内容。
5. 照——共拍"全家福"艺术照片，留下美好的记忆。

活动准备

1. 设计活动方案，确定工作人员分工及工作内容。
2. 制定安全预案，落实各项安全措施（见附件1）。
3. 制订详细经费预算（见附件2）。
4. 通过网络向各学校下发活动通知，及时解答相关咨询电话。
5. 确定节目内容、演员名单，各专业教师组织学员排练节目，落实主持人、主持词，确保演出质量。
6. 联络上级部门，邀请相关单位、团体、组织及人员，并确认参加活动的各校川籍学生名单。
7. 培训声乐班学员如何向灾区孩子介绍少年宫。
8. 准备活动道具，搭建舞台，布置活动现场。

活动过程

（一）迎——乡音姐姐迎接灾区学生

西城区少年宫川籍教师以乡音迎接灾区学生，熟悉的乡音能够拉近京川两地的距离，让灾区学生一进少年宫大门就听到浓浓的乡音，感受到"家"的温暖和亲切。乡音姐姐还要给每个孩子穿上印有"心手相连"图案和"西城区少年宫"字样的文化衫、戴上遮阳帽、发给每个孩子一瓶矿泉水，使孩子们消除陌生感，尽快融入到活动中。

（二）观——参观美丽的四合院，感受美好学习环境

西城区少年宫有独具特色的四合院建筑，具有丰厚的民族文化底蕴，由少年宫声乐班的学生与灾区学生手牵手，向灾区孩子们简单介绍少年宫的历史和特色，带领他们参观少年宫，增加对新家的了解，感受传统民族文化和美好环境，激发对少年宫这个儿童乐园的兴趣，喜爱这个新家。

（三）选——选艺术培训项目，圆美好艺术梦想

少年宫学生带领川籍学生来到精心布置的多功能厅，少年宫的专业教师指导川籍学生进行兴趣选择，为孩子们制订个性化成长计划书，并为其进行免费艺术培训，使孩子们与少年宫学生共同学习，在这里圆自己美好的艺术梦想，感受到少年宫师生与他们心连心，虽然地震毁掉了物质家园，但从美好的艺术培训中得到精神上的最大抚慰（见附件3）。

（四）写——书法笔会，抒发美好情感

川籍学生通过参观少年宫和选择艺术项目，在有一定的情感体验的基础上，与少年宫学员们一起通过书法和写爱心卡来抒发这种美好的情感，所有参加活动的学生、老师共同参加，表达对未来的美好憧憬。孩子们共同书写："自强不息"、"爱心连着我和你"等书法作品，进一步增强灾区孩子勇敢生活的自信心。

（五）赏——欣赏文艺节目，体验美好学习内容

文艺节目特意选择川籍学生杨阳与少年宫学员共同主持、同台演出。首先由少年宫主任王小慧致辞，并将少年宫学生的爱心捐款和教职工的特殊党费捐献给阿坝州红原县青少年活动中心；由教委领导致辞，表达社会关爱；文艺节目女声合唱、朗诵、武术表演、民乐合奏、群舞等以激励内容为主，推进情感体验；节目中间穿插到场嘉宾为灾区孩子们赠送图书、文房四宝、羽毛球拍等礼物的环节，将活动推向高潮，川籍学生以一曲萨克斯独奏《感恩的心》表达他们感谢社会关爱的心声（见附件4）。

（六）照——拍摄"全家福"艺术照，留下美好回忆

孩子们带着喜悦，感受着关爱，最后由少年宫请来的专业摄影师为川籍学生照"全家福"，包括与伙伴、班主任、校长、临时监护人合影和个人照，孩子们露出开心的笑脸，留住在少年宫的美好回忆，这些美好回忆将持续到他们今后的学习生活中，激励他们更好地学习。少年宫将在相册制作完成后送到学校，继续进行后续的一些活动。

活动效果测评

1. 安排学生小记者及时采访、搜集信息。
2. 记录到场领导、老师、学生的反映。
3. 活动后组织访谈，通过学校、家长、学生的反馈检测活动效果。

附件（略）

附件1：活动安全预案

附件2：活动经费预算

附件3：川籍学生个人艺术专项培养计划书

附件4：庆祝活动节目单

活动自评

西城区少年宫与灾区人民心手相连，抓住四川汶川大地震这一爱国主义教育的良好契机，适时地组织不同形式的活动。为使灾区孩子们能拥有一个快乐的节日，西城区少年宫以在西城区学习的25名灾区学生为主体，邀请现所在23所学校领导、现任班主任、2个小伙伴、在京监护人及少年宫学员约300人，举行了"心手相连，

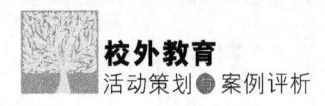

美在童年——'六一'国际儿童节庆祝活动"。

西城区少年宫依据校外教育的公益性、创新性、教育性和艺术性原则，落实校内外结合的活动特点。体现了群众性活动实效性的特点，抓住了四川汶川大地震这一爱国主义教育的良好契机，适时地组织群众性教育活动；体现了群众性活动广泛性的特点，这次活动有四川灾区学生、周围小学学生、少年宫学员参与，整合了资源，尽可能扩展受教育人群；注重群众性活动的参与和体验，以学生为主体，通过各个活动环节增强互动；关注学生的年龄特点和心理特点，通过活动让孩子感受大教育观。这是一次非常成功的活动，体现了少年宫美育的功能，活动过程从主题、目标、内容到环节都紧扣"美"的主题。

（一）成功之处

1．关注学生的需要和现实情况，策划周密，主题突出，内涵丰富，使学生有全方位、多感官的体验。2．围绕主题，环环相扣。观—参观美丽的四合院建筑，感受美好的学习环境；选—选择一项艺术培训项目，圆美好的艺术梦想；写—共写心愿卡，参加软笔书法笔会，抒发美好的情感；赏—欣赏文艺节目，体验美好的学习内容；照—拍摄"全家福"艺术照片，留下美好的记忆。紧密相连的活动环节突出了"美"的主题。3．以学生为主体，由学生实践活动和情感体验两条主线串起整个活动。通过活动，让学生们感受到浓浓的乡情、亲情、友情。4．活动在时空上不断延展。当日活动结束后，西城区少年宫还将通过艺术照相册继续与这些灾区孩子开展各种活动，灾区孩子们也将在西城区少年宫参加各种艺术培训，圆自己的艺术梦想。

（二）亮点

1．活动对象以川籍孩子这一特殊群体为主体，这些孩子有的家园被毁，有的家长受伤，有的家长在一线救援，我们关注着他们，与他们心手相连。2．注意细节，环节设计上以乡音姐姐迎接灾区学生拉近距离，使灾区学生一进少年宫大门就听到浓浓的乡音，体会到"家"的温暖和亲切，改变了签到的单一功能。3．以拍"全家福"艺术照结束，孩子们带着喜悦，感受着关爱，通过"全家福"艺术照让孩子们永远留住这美好回忆。

（三）不足之处

由于活动内容丰富，京川学生自由交流时间不够充足。作为组织者应给予北京学生与川籍学生更多的互动时间，在与川籍学生后续的系列活动中将予以改进。

通过这次活动，我进一步体会到群众性活动时效性的特点，而且做到教育方式的创新、教育内容的创新，同时不断挖掘群众性教育活动的思想性，这才是成功的群众性教育活动。

专家点评

此项活动将汶川地震的时代事件与庆祝"六一"活动相结合,邀请灾区的学生代表到少年宫来过自己的节日,并通过"观、选、赏、写、照"几个环节,体现"心手相连"的主旋律。"活动目标"清楚,"活动准备"全面,"活动过程"各环节清晰,"活动效果测评"可行。

"活动目标"和"活动主题"还可作适当的调整,使活动主题与活动对象更统一,使活动目标更具体、准确,并与活动过程的环节相呼应。

走进京剧殿堂，感受国粹魅力

北京市东城区崇文少年宫　张倩

活动依据

1. 新的教育形势背景

学校课程改革一个很重要的内容就是京剧进入中小学生的音乐课堂，并且确定了15首京剧经典唱段作为中小学音乐课的教学内容，目的是为了在中小学普及宣传传统的京剧艺术，培养孩子们对京剧的兴趣。京剧是我们的国粹，京剧进入课堂，普及宣传传统文化艺术从娃娃抓起，有利于传承、弘扬优秀的民族文化。京剧进课堂的意义，不仅仅在于让孩子欣赏到京剧的美，更是一种培养、一种认知，是转变单一的美育为全方位素质教育的一个实验。

2. 实际工作中的发现

在这样的教育导向下，北京市各中小学进行了许多有意义并且卓有成效的工作，包括对教师的戏曲知识培训讲座等。我发现，在对教师的培训讲座中，他们深深被京剧艺术的美所折服，由从不看京剧到对这门艺术充满探究的兴趣。我由此想到，让学生直观感受一下京剧艺术，感受京剧艺术的美，对培养学生的审美意识及对宣传京剧传统文化艺术有促进作用。让学生走进北京戏校，调动看、听、学、模仿等各种感官来近距离地感受京剧，应该非常生动有趣且富有教育意义！在这样的思考下，确立了这次的活动主题。

3. 学生学习特点的需求

活动前调查了解到孩子们的学习特点，他们对直观的、能亲自参与互动的活动形式更感兴趣。

活动目标

1. 通过听讲京剧知识，初步了解京剧的概念和虚拟表演的特点。

2. 通过观摩戏曲各行当的课堂教学，参观京剧舞美服装道具，开始了解京剧艺术的特点，感受京剧艺术作为国粹所体现的博大精深的美。

3. 通过和北京戏校的学生互动学习交流，为小学生音乐课堂的京剧学习提供直观的感受。

活动时间、地点

2008年6月5日，北京戏曲学校。

活动对象及规模

崇文小学三年级学生和老师50人。

活动内容和方式

活动中共设置三个环节。

1. 听戏校老师讲解戏曲基础知识，包括生、旦、净、末、丑各个行当的特点，舞台方位，虚实表演等。这个环节的活动形式是老师讲解，戏校学生示范，参加活动的学生模仿表演，上台体验，最后和戏校的学生一起跑圆场互动。

2. 参观戏曲服装、盔箱、道具室。了解戏曲服装、舞美、道具，每个环节都有专业老师告诉学生这些服装、帽盔所对应的行当，有哪些人物穿着、怎样保养等。这个阶段的活动形式是专业老师讲解，学生看、听并触摸、试戴、试穿、试舞。

3. 参观戏校学生上课的课堂，感受戏曲的教学形式，以及"台上一分钟，台下十年功"的辛苦。

活动准备

1. 2008年5月10—15日，编写活动计划，撰写活动方案。

2. 联系参与活动学校，落实参加活动的年级、人数和时间。

3. 联系北京戏校，落实活动设计的内容、流程，确定各个环节戏校方面的负责人。

4. 确定摄像和摄影事宜。

5. 联系媒体报道活动。

6. 安排人员分工。

总负责：1名；摄像：1名；照相：1名；发奖品：1名；活动场所学生安全监督：1名。

7. 制定活动安全预案。

8. 准备活动的用车、奖品、横幅、水。

9. 到北京戏校进行活动前的踩点，再次落实各项工作。

10. 活动经费预算：总计880元。

活动过程

（一）第一阶段——活动前奏

1. 兴趣动员

告诉学生今天的活动是一个什么样的活动，为什么要组织这样一个活动，去哪里活动。在语言组织上要有鼓动性，使学生对这次活动充满期待和兴趣，情绪高涨，提几个问题让他们思考，例如：你知道如何在空空的戏曲舞台上表现山水、骑马打仗吗？戏曲人物如何一刹那间就从一个地方到另一个地方驰骋千里？等等，让学生在活动中找到答案，引发他们对活动的兴趣和参与欲望。

2. 行车安全教育

提出安全要求，做好晕车等特殊情况的处理准备。

（二）第二阶段——活动主体的三个环节

到达北京戏校，戏校方面活动负责人接待。下车整队，提出活动中的安全要求，安排学生上厕所（10分钟）。到达排练厅，介绍排练厅的情况，安排学生活动区域和位置（2分钟）。在戏校的活动分为三个环节，分别是在排练厅听戏校老师讲课，了解一些京剧知识；参观服装舞美和盔箱，让学生对戏曲服装、头盔、舞美等有直观的感受；参观戏校上课课堂，让学生了解戏曲演员的专业传授特征。

第一个环节：（地点：戏校大排练厅，时长：60分钟）

听老师讲京剧知识。这个环节是活动的主要内容，活动形式是老师讲解，戏校学生示范表演，崇文小学的学生模仿参与，凡上台表演和回答问题正确的同学都有奖品，中间穿插四次发奖品。最后是崇文小学学生和戏校的孩子一起表演跑圆场，这个活动环节至此达到高潮。

教师做这个环节的总结。包括带领学生感谢讲课老师，感谢参与示范表演的戏校学生，向学生提问老师讲课中涉及的知识，请学生回答，还要问参与模仿表演的感受等，目的是了解学生的收获和感受。

第二个环节：（地点：戏校舞美科，时长：30分钟）

参观京剧服装，了解京剧服装方面的知识，感受京剧服装的美。

在刚刚经历了戏曲知识讲课之后，为了对所听内容有个延伸，接下来要让学生感受一下戏曲服装的美，在戏校京胡的伴奏声中，带领学生来到舞美科，由戏校刘老师向学生展示戏曲服装，包括靠旗、蟒袍等，细致介绍什么样的人物穿什么样的服装，戏曲服装的保养等，并让学生触摸感觉服装的质地等。

参观戏曲的刀枪剑戟等道具。考虑到这个年龄段的学生对戏曲舞台上的刀枪等会感兴趣，由戏校老师向学生展示京剧演出时使用的道具，包括马鞭、枪、锤等，让学生近距离地看到戏曲舞台上的刀和枪等。

参观戏曲盔箱。主要是让学生看一下戏曲的头盔、乌纱帽、玉带等盔箱，向学生介绍他们所熟悉的孙悟空戴什么样的帽子，项羽戴什么样的帽子等。

第三个环节：（地点：武旦教学课堂、老生教学课堂、青衣教学课堂，时长：20分钟）

观摩戏曲教学课堂。为了让学生加深所了解到的知识，在他们兴趣盎然的时候，再让他们看看京剧教学课堂，选定学生感兴趣的武旦、老生、青衣的行当。在参观过程中，让崇文小学的学生和戏校学生展示互动，了解戏曲学习情况，让学生感受京剧演员的成才是苦练苦学才能换来的，正所谓"台上一分钟，台下十年功"。

（三）第三阶段——教师总结

1. 简单总结活动过程。强调京剧是我国国粹，在京剧艺术舞台演绎人生的悲欢离合、善恶美丑，希望学生今后更加关注京剧等中国传统文化艺术的发展状况。2. 提问学生参加活动的总体感受。3. 提示学生撰写参加活动的感受、体会文章，并及时上交老师。4. 提醒学生返校时注意交通安全。

活动效果测评

1. 观察学生在活动过程中的参与程度和热情程度。
2. 用提问的方式，了解学生学到哪些京剧知识。
3. 采访参加活动的学生、老师，了解他们参加活动的感受和体会。
4. 让学生针对这次活动的收获和体会写作文。

活动自评

"走进京剧殿堂，感受国粹魅力"活动，在活动前的策划、活动内容设计、活动形式设计、活动实施等方面达到了设定的目标，取得了预期的活动效果。

一、活动策划创意紧跟教育新形势

2008年下发的《教育部办公厅关于开展京剧进中小学课堂试点工作的通知》，要求将京剧纳入九年义务教育阶段音乐课程之中，这是一项具有深远意义的大好事。"走进京剧殿堂，感受国粹魅力"这个活动，就是在这样的形势下策划并组织实施的，从这个意义上说，非常符合学校课程改革的导向。

二、活动内容丰富，活动形式注重参与体验

"走进京剧殿堂，感受国粹魅力"在活动内容设计上，考虑到参加活动的学生对京剧的了解水平和程度，他们对京剧知之甚少，所以我在活动内容设计上更多地考虑到对学生的普及宣传和审美感受，正如标题所标出的"感受国粹魅力"，主要是感受魅力，而不是接受知识。所以在活动内容设计上，我充分考虑到了要让学生的眼、耳、身都动起来，有听、看、模仿、互动和三个环节的参观，而不是侧重对京剧专业知识的传达。所以，活动内容除了请老师讲解京剧常识外，还辅之以听、看，为接下来的参观了解环节作知识上的铺垫。

三、活动流程流畅，每个环节独立存在又互有联系

活动流程设置三个环节，第一个环节听老师讲解京剧知识。在这个环节里，有戏校学生的示范表演，有参加活动孩子的上台模仿表演，感受了京剧的艺术和技术，知道了一些京剧的知识。在接下来参观京剧服装、道具、盔箱的第二个环节，

是对第一个环节的延续和拓展，是对在第一个环节中所感受到的京剧艺术特点在舞美方面的印证。第三个环节观摩京剧的教学课堂，又是对第一个环节和第二个环节的延伸、补充、印证。孩子们在每个活动环节中都表现了极大的探究兴趣，在每个环节中都兴趣盎然。

四、活动效果明显

最后在活动总结时，我提问参加活动的孩子在活动中对京剧的感受，他们的反映是："京剧的服装很漂亮"、"京剧的身段很美"、"看京剧还能知道历史故事呢！"、"学京剧要能吃苦"、"我摸到孙悟空戴的帽子了"、"我想考戏校，学老生，演诸葛亮"等等。活动结束后，听到孩子的反映是让人欣慰的。参加活动的付宝环老师评价说："这个活动很好，让学生亲自来到戏校，这么近距离地感受京剧，对孩子来说很难得，非常有意义……我们希望这样的活动能多组织，让更多的学生感受京剧传统艺术的美。"

五、不足之处

1. 在活动中语言组织不够精练。

2. 每个活动环节结束我做点评，为衔接下一个活动环节作铺垫时，由于当时是根据现场情况临时发挥，不够生动。

3. 这个活动得到了北京电视台7日7频道的报道，当天有记者来采访活动，没有事先准备好活动的文字资料，如果先有准备，会使记者对活动有更深、更详细的了解，对记者写活动新闻稿件有帮助。

六、改进措施

1. 针对活动中语言不够精练的问题，除了在以后的活动前准备得更细致以外，平时还要经常阅读，提高自己的语言表达能力。同时，还要多向其他老师借鉴经验。

2. 针对第二个不足之处，在以后的活动中要想临场发挥得好，仅对活动内容有充分了解还不够，还要对活动过程中出现的新情况进行预设，做到先有心理准备。

3. 第三个不足之处提醒我以后准备工作要更充分周全。

专家点评

这是一次群众性主题教育活动。

活动选题好，结合学校的课程改革，带领小学生走进戏曲学校，近距离接触京剧。通过听、看、模仿、互动等环节，感受京剧艺术魅力，是很好的民族文化艺术教育活动。活动方案设计规范，内容充实，过程安排紧凑，活动准备工作充分周密。活动自评真实、全面，比较到位。校外群众活动必须坚持公益性、实效性。这次活动紧密配合学校课程改革，对学生进行民族文化——京剧国粹艺术的感受教育，是一次服务学校、服务学生的好活动。

走进京城百工坊，感受民族传统工艺魅力

北京市东城区崇文少年宫　王瑛琳

活动依据

1. 2008年奥运会开幕式上中国传统文化艺术的展示，震撼了世界，中国民族传统文化受到世界的瞩目。

2. 京城百工坊是中国传统文化的基地，坐落在人文文化与历史文化都基础深厚的崇文。百工坊是展示民族传统文化的"活博物馆"，这是开展民族传统文化教育的有利条件。

3. 本次活动的对象是小学四五年级的学生，他们有一定的理解、接受能力，但多数不了解传统文化；学生通过亲自动手参与等方式，对民族传统工艺产生兴趣，感受到它的魅力，进而使传统文化得到更好的传承与发扬。

活动目标

1. 通过视、听、做等活动，学生了解一些具有代表性的民族传统工艺知识，知道景泰蓝、琉璃、金蝉猴、剪纸、丝毯等工艺的制作过程。

2. 学生亲手制作一件传统工艺品，培养学生动手能力；通过亲自体验民族工艺制作，形象地感受到动手实践的乐趣和传统工艺的魅力。

活动时间、地点

2008年10月7日下午1:30，京城百工坊。

活动对象及规模

东城区4所小学四五年级学生，共计50人。

活动内容

1. 学生听传统工艺知识讲座。
2. 学生参观富有民族传统特色的工艺制作坊。
3. 学生亲手制作中国结和撕纸工艺品。

活动准备

1. 确立主题，撰写方案。

2. 多次到百工坊实地考察、调研，落实各个环节的具体事项。
3. 与民族传统工艺大师沟通，确定教做内容。
4. 联系参与学校，确定学生人数。
5. 联系媒体，做好活动的宣传准备。
6. 准备活动的奖品。
7. 制作标题条幅。
8. 安排活动当天接送学生的车辆。
9. 对分组参观的带队老师进行统一培训。
10. 召开所有工作人员的准备会。
11. 工作人员的详细分工。

活动总负责人：1名；安全负责人：两名；摄像：两名；照相：两名；接送学生：两名；学生奖品发放：1名；物品管理：1名。

12. 安全预案（附件）。
13. 经费预算（由少年宫活动经费开支），总计800元。

活动过程

第一阶段：兴趣动员

教师动员：用寻宝的提问引起学生对活动的兴趣。介绍今天我们要参观的百工坊里有许多宝贝。它们为什么成为宝贝？通过参观就会明白。同学们参观时要爱护它们，因为它们不仅是我们民族的财富，同时也是全世界的财富。

阶段效果测评：看是否引发了学生的参与兴趣。

第二阶段：介绍民族传统工艺的知识

1. 给学生提听讲解的要求。
2. 学生看介绍百工坊里传统工艺的录像。
3. 百工坊的总负责人崔老师用生动的传说故事介绍传统工艺历史，并以景泰蓝的实物告诉学生制作工艺过程，给学生强烈的直观感受，引起学生迫切想要参观的兴趣。
4. 教师提出下一步参观要求：注意安全，分两组参观。

阶段效果测评：老师提问学生，看是否记住传统工艺名称和景泰蓝制作工序。

第三阶段：参观各种工艺坊及了解工艺制作过程

1. 老师与学生参观各种工艺坊：可以乘古老、传统的中式电梯参观。

第一组路线：骨雕—火绘葫芦—面人—京绣—料器—毛猴—剪纸—丝毯

第二组路线：料器—毛猴—剪纸—骨雕—火绘葫芦—面人—京绣—丝毯

2. 在参观的过程中，教师对每个参观的工艺坊作特色介绍。比如：来到金蝉猴坊，教师介绍金蝉猴，俗称毛猴，周身都由中药制成。先引起学生的好奇、自觉参与的兴趣，学生自然就会主动去问大师都是由什么中药做成的，学生与大师之间的问答，达到他们的互动。

阶段效果测评：

1. 观察学生参观工艺制作坊的积极性。

2. 所有的参观结束后，教师提问：刚才我们看到的传统工艺坊，你哪个印象最深？

第四阶段：动手制作传统工艺品

1. 教师向学生介绍教授制作工艺的大师。

2. 把学生分成两大组，一组学做编织中国结"吉祥手链"，另一组做撕纸工艺"金鱼"。

3. 两组学生同时学习制作。

（1）教授中国结的大师，手里拿着几个编好的中国结，介绍"中国结"到底是什么，"中国结"的文化内涵，今天教的叫什么结，制作步骤，然后按步骤教学生编手链。

（2）教授撕纸的大师，先讲解撕纸工艺的制作要点，今天撕制的"金鱼"代表什么，制作步骤，然后按步骤带领学生用手撕制。

4. 学生动手制作过程中，教师巡视观看、指导。

阶段效果测评：

1. 学生作品完成，教师找做得较好的学生展示。

2. 教师点评，问学生制作传统工艺品的感受。

第五阶段：总结

1. 全体集合，学生进行作品交流。

2. 教师总结：希望你们把今天看到、学到、感受到的知识能告诉同学，让更多的同学来到这里，来感受民族传统工艺的魅力。

今天正好是我们中国的传统节日"重阳节"，请把你亲手制作的传统工艺作品送给家里的长辈当礼物。

把今天活动中的感受写成作文。

回去路上注意安全。

阶段效果测评：

1. 让学生说说参加今天这次活动的感受。

2. 征集参加活动学校随行老师的感受。

活动效果测评

1. 看学生在活动中表现的参与活动的积极性和兴趣程度。

2. 设定每个活动环节的效果测评办法。

3. 学生完成制作后，进行作品展示。

4. 让学生针对这次活动的收获和体会写作文。

5. 采访参加活动的学生、老师，了解他们参加活动的感受和体会。

附件（略）

附件："走进京城百工坊，感受民族传统工艺魅力"安全预案

活动自评

本次活动准备充分，在活动内容设计上力求做到丰富多彩、贴近学生年龄段；在活动形式设计上力求做到新颖、生动、有趣；在活动进行中力求做到流畅，各个活动环节丝丝相扣；并且注重"教育评价"理念。在活动实施过程中，以上策划想法得到了比较顺利的实施，参加活动的老师和学生都反映良好，达到了预先设定的活动目标，取得了不错的活动效果。

一、在活动内容设计上做到了丰富多彩，适合学生年龄特点

在活动内容设计上，考虑到参加活动的学生对传统工艺的了解水平和程度，他们对传统工艺知道较少，所以我在活动内容设计上更多考虑到对学生的普及宣传和审美感受，正如标题"感受传统工艺魅力"，主要是感受魅力，而不是接受知识，所以在活动内容设计上，我充分考虑到要让学生的眼、耳、手都动起来，有听、看、互动、制作等环节，而不是侧重对工艺知识的传达。所以，活动内容除了请老师简单讲解非遗和景泰蓝外，还辅之以参观、交流，特别是动手制作，符合儿童年龄特点，引发学生对民族传统工艺的兴趣。

二、在活动流程上做到了流畅

活动流程设置三个环节。第一个环节听老师讲解具有代表性的传统工艺知识，在这个环节里，有对百工坊传统工艺知识的简单介绍，还有老师现场实物讲解，学生知道了一些工艺的知识，还通过实物讲解引起下一步参观的兴趣；第二个环节参观工艺制作坊，是对第一个环节的延续和拓展，是对在第一个环节中所感受到的传统工艺艺术特点在直观方面的印证；第三个环节是制作工艺的实践活动，又是对第一个环节和第二个环节的延伸、补充、印证。孩子们在每个活动环节中都表现了极大的探究兴趣，在每个环节中都兴趣盎然。

三、达到了预期的活动目标

在活动最后总结时，我提问参加活动的孩子对传统工艺的感受，他们的反映是："让人看的眼花缭乱"、"很精致，要认真才能做出"、"很漂亮"、"应该发扬光大"、"历史很悠久，非常精细"……听到孩子们这样的反应是让人欣慰的；学生手里捧着自己制作的传统工艺品，也很有成就感。活动结束后，光明小学的郭颖老师评价说："能参加这次活动的学生很幸运，因为他们受益颇多。通过活动，学生能把民族精神和爱国主义教育深入到内心，希望让更多的学生来到这里，来感受我们中华民族的美。"

四、注重"教育评价"理念

在活动设计策划中,注重"活动评价",特别是本着"过程评价"的教育理念,活动过程中每个环节都设计了"阶段效果测评"部分,采用不同方式进行阶段性效果测评。这样做,一是可以了解学生在每个环节中是否有收获,二是可以体现活动的阶段教育效果。

五、亟待改进的不足之处

1. 参观料器坊时,因为空间太小,后面学生有的看不到大师的制作。2. 大师教做撕纸工艺时,没有事先协调好,百工坊给学生用的纸是不带颜色的,幸亏教师用机智的"回去涂颜色"的方法巧妙带过,但也有遗憾。

六、整改措施

在今后的活动工作中,每个环节和每个物件的落实都需要做到更加细致,做到科学有效地安排活动流程。

专家点评

这是一次以弘扬民族工艺为主题的群众性教育活动。

这项活动有两个亮点,一是通过视、听、做等活动,让学生看一看民族传统工艺作品,听一听民族传统工艺大师讲民族传统工艺的特色,亲手学着做一做民族传统工艺作品,使学生了解一些具有代表性的民族传统工艺知识。二是利用了"百工坊"这个崇文特有的传统工艺文化教育资源开展青少年群众教育活动,给校外教师一个启迪,要充分利用地域中博物馆、展览馆、主题公园等各项教育资源,共同开展青少年教育活动,既体现了资源共享,又突出了地域性和特色性。

在活动方案设计方面,"活动效果测评"一项很有特色。除了设计了一般的活动后效果测评之外,还"设定每个活动环节的效果测评",把活动评价贯穿于每个活动环节过程之中。

知识就是力量，科技改变生活
——"科技大篷车"活动

北京市海淀区青少年活动管理中心　王彦斌

活动依据

海淀区是全国有名的科技园区，将各科技领域的前沿知识及高新技术及时有效地在青少年及广大市民中普及推广，突出、利用、发挥海淀区的高科技资源优势，使科技知识融入青少年的日常生活和学习中，是我们义不容辞的责任。

1. 贯彻国务院发布的《全民科学素质行动计划纲要》，推动我国公民科学素质建设，提高全民科学素养；落实北京市《关于进一步加强和改进未成年人校外教育工作的意见》，充分体现公益性原则和面向广大未成年人的服务宗旨。

2. "科技大篷车"形式灵活、生动直观，科学性、实践性强，能满足我区广大青少年学科学、用科学的急迫需求。

3. 海淀区青少年活动管理中心具备教育资源优势，组织人员长期从事青少年科普教育工作，具有较强的工作能力和很高的工作热情。

活动目标

1. 知识目标：了解生活中的科学常识和农业科技知识，理解高科技原理的应用，掌握水汽箭的制作方法。

2. 能力目标：发挥学生的想象力和创造力，培养学生发现、探究的能力，动手操作的实践能力。

3. 情感目标：培养科学态度，学习科学方法，提高对科学的兴趣和热情，在活动中锻炼科学思维，促进青少年德、智、体、美全面发展。

活动时间、地点

2008年10月1日9:00—16:00，海淀公园。

活动对象及规模

海淀区西苑小学、万泉河小学高年级学生400人及家长、游人共约2000人。

活动内容

问卷调查、有奖问答、科技实验、科技制作、收割水稻、科普展览。

活动准备

1. 制订活动计划、方案，上报主管部门。

2. 成立组织机构，落实具体工作，做到岗位清晰、分工明确、责任到人。（见附件1）

3. 落实具体事项：（1）确定活动的时间和地点；（2）联系公园，勘察活动场地，设计场地安排和会场布置（见附件2）；（3）准备活动器材（活动材料、展板、问卷、奖品、制作工具等）；（4）聘请工作人员；（5）进行活动宣传，动员学校师生，预计参加人数；（6）聘请相关领导；（7）邀请相关媒体；（8）经费预算（见附件3）；（9）落实人员分工安排；（10）制定安全预案等（见附件4）。

4. 活动场地准备：活动前一日布置场地，运送物资（见附件5）。

5. 学生准备：下发通知，向学生介绍本次活动，了解活动内容，激发参与兴趣（见附件6）。

活动过程

（一）环节一

活动开始前，向参与者介绍活动的内容、目的、形式，激发学生广泛参与的热情。

（二）环节二

1. 有奖问答，获得知识

现场进行科学知识有奖问答活动，1000个日常科学知识的小问题，涉及数、理、化、天、地、生，最新的科技热点、科学的生活常识等，任观众自由抽取，答对有奖，答错重来，以有趣的方式激励参与者获取知识。

2. 问卷调查，提升素质

向所有参与者发放科学素养调查问卷。我们可以通过这些问卷，了解广大民众对科学的认知程度，掌握他们对科技的需求，促进广大青少年对生活中科学知识的理性认识。

（三）环节三

1. 科技实验，观察感受

邀请我区著名的科技特级教师以科学实验的形式，与现场的青少年观众进行近距离的互动，生动地向学生演示科学原理、解释自然现象。如超低温实验，让学生体验在低温下物质的神奇变化；超导特性的演示，使学生明白磁悬浮列车的原理；用直观的方式揭示龙卷风的形成；用小磁块的表演，展示磁铁的特性；还有杠杆原理、秤的构造原理、金属物质在不同温度下的特性等。

通过学生主动体验的方式，鼓励参与者细心观察、大胆想象，解答参与者现场的提问，揭示科学奥秘，培养参与者探索科学的精神和方法。

2. 科技制作，体验成功

现场用废弃的可乐瓶制作水汽箭模型。由辅导老师讲解水汽箭的制作方法、构造及发射原理，了解我国航天科技的伟大成就，培养学生强烈的爱国主义情感和民族自豪感，增强环保和节约的意识。参与的每个学生通过合作，制作并发射水汽箭。此项活动重在学生参与，让学生在制作的过程中相互合作、相互交流，从而发现问题、解决问题，提高动手动脑的能力，体验成功带来的喜悦。

3. 收割水稻，收获成果

五月插秧，十月收割，同学们亲手种植的水稻，经过五个月的生长，终于到了收获的季节。在此期间，同学们细心观察，目睹并记录了农作物的生长过程，他们将亲自收割自己栽种的水稻，收获农业科技带来的丰硕果实。

（四）环节四

科普展览，扩大视野

通过观看奥运知识展、航天科技知识展、青少年心理生理知识展，领略科技成果，普及科技知识，增强民族自豪感。

（五）设计思路与预设目标达成

1. 设计思路：原有的科普教育方式大多是展览、报告等形式，在亲身参与等方面比较欠缺，学生和公众觉得科学是深奥、遥不可及的。此次设计的"科技大篷车"活动，就是为了揭开科学的神秘面纱，让学生通过观察、通过体验、通过实践，了解科学、感受科学、触摸科学；让学生通过科学制作，掌握知识、收获自信、赢得成功；让学生学会运用科学的方法看待问题、研究问题、解决问题，从而真正感受到科学并不遥远，科学就在我们身边。因此，本次活动力求在科普教育的形式和内容上有所突破，所有环节均围绕达成预设的三个目标设计。

2. 预设目标达成：通过环节二，预设知识目标达成；通过环节三，预设能力目标达成；通过所有环节，预设情感目标达成。活动当日，各个活动环节贯穿始终，充分发挥活动潜能，所有人员可以随时参加各项活动，凸显"科技大篷车"以学生为本、促学生发展的理念，使参与的每个人都有所收获，引导他们不断更新知识，理解"知识就是力量，科技改变生活"。

活动效果测评

从活动满意度、活动效果方面进行及时而全面的测评，检验活动效果，确认是否达到了预期的活动目标，并对今后的活动提出改进建议，从而提高活动的质量和效果。具体方法为访问法、座谈法、问卷法。

1. 对所有调查问卷进行信息整理、分析，测评活动实效。
2. 对参与活动的学生、家长、教师、群众、工作人员作访谈，了解各方面的反映。
3. 组织参与学校的负责人召开研讨会，探讨活动的新形式、新方法。

附件（略）

附件1：活动组织机构

附件2：场地图

附件3：活动经费预算

附件4：活动安全预案

附件5：场地物资安排

附件6：学生活动通知

附件7：调查问卷

活动自评

一、总体概述

据统计，参加此次在海淀公园举行的"科技大篷车"活动的青少年超过1000人，家长、群众超过2000人，很好地达到了弘扬科学精神、传播科学思想、倡导科学方法、普及科学知识的目的。

综观整个活动，方案的设计是合理而全面的，达到了预期的活动目标，充分体现了公益性、普及性原则。

二、活动的成功之处

活动内容设计符合青少年的需求，学生在活动中积极参与、热情很高，提高了观察事物、分析思考、发现问题、解决问题、动手动脑的能力；在活动中增强了荣誉感、自信心、自立能力、想象能力、协作意识；体验到了科学带给他们的乐趣，达到了预期的活动目标。

活动形式多样、内容丰富、环节紧凑，活动方案设计合理、准备工作充分有序、工作人员各司其职、安全预案切实可行，确保了活动的顺利实施。

三、活动亮点

1. 参与学生最多的是实验区，他们被老师的实验深深吸引，目不转睛地观察，认真思考，回答问题，在不知不觉中学到了一些实验的方法和技能，从老师的解答和操作中也明白：科学素养包括严谨的工作作风、踏实的工作态度、敏锐的观察能力等。实验能让学生对科学产生浓厚的兴趣，激发他们爱科学、学科学、用科学的热情。所以，在今后的活动中应该增加实验的内容，让学生能够更多地接触到身边的科学。

2. 在制作区，学生根据教师的讲解，自己按照流程图动手制作水汽箭模型，增强了实践操作和相互合作的能力。同时，科技制作的成功，使学生增强了自信，产生了探究科学奥秘的强烈愿望，达到了预期目标。

3. 问卷调查环节学生的参与程度很高，每个学生都填写了问卷，为我们今后组织活动提供了宝贵的财富。我们将根据问卷进行分析整理，了解学生的真实情况、

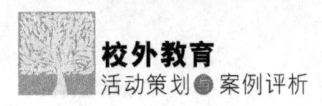

真正需求、真切感受，将活动的内容和形式加以完善，设计出学生喜爱的、贴近生活的、符合需求的科技活动，将科技教育真正落到实处。

四、今后需改进的内容

1. 通过现场观察和问卷调查，我们发现在展板前阅读的主要是成人，青少年比较少。他们认为这种方式比较老套，缺乏新意。而且，展板这种形式在学校、社区、公共场所比较多，虽然里面的内容也是精挑细选，但仍然缺乏吸引力，很难长时间吸引学生的注意力。应在此形式上有所创新，如内容的挑选上、版面的设计上、摆放的形式上等。

2. 通过现场访谈、活动后研讨及问卷调查，反映出学生和公众非常喜欢这项活动，希望"科技大篷车"活动的范围更大更广，能经常地进学校、进社区。

3. 通过调查，我们深切地感到学生是活动的主体，只有贴近他们的生活，了解他们的需求，才能设计出从内容到形式都为他们所喜爱的科技活动。

本次"科技大篷车"活动充分体现了公益性原则，突出了教育性和普及性的特点，实现了对青少年实施素质教育、促进青少年健康发展的教育目标。今后，我们将不断摸索、不断改进、不断创新，将"科技大篷车"活动越办越好！

专家点评

这是一次青少年群众性科普教育活动。

校外青少年科普教育活动是校外群众性教育活动的重要组成部分。"科技大篷车"活动与青少年科普游园会、科普赶集会、科技欢乐大本营等活动异曲同工，是综合性的青少年科技普及活动。

《中华人民共和国科学技术普及法》规定：各类学校及其他教育机构，应当把科普作为素质教育的重要内容，组织青少年学生开展多种形式的科普活动。海淀区青少年活动管理中心发挥海淀区高科技园区的资源优势开展科技普及活动，体现了群众性活动的综合性。

活动设计内容丰富，形式多样，适合青少年年龄特点和兴趣爱好。特别是设计了"科学素养问卷调查"这项活动很有远见。可以通过问卷调查，了解青少年对科学的认知程度，掌握他们对科技的需求，为进一步有的放矢地开展科普活动提供了依据。

大兴区中小学生"争当理财小行家"主题教育活动

北京市大兴区少年宫　任磊

活动依据

1. 为了贯彻落实《中共中央 国务院关于进一步加强和改进未成年人思想道德建设的若干意见》中"坚持贴近实际、贴近生活、贴近未成年人的原则",引导全区广大青少年在实践体验活动中养成良好行为习惯,增强创新精神和实践能力,提高自身综合素质。

2. 针对当今青少年在消费上出现的花钱没有计划、过于铺张浪费或与他人攀比等不良现象,引导青少年学生端正消费态度、建立诚信观念、学习理性消费、培养理财意识。

3. 多数青少年有买东西的经历,很少有卖东西的感受,开展此项活动为我区广大中小学生搭建体验平台。

活动目标

1. 学生能够准确说出商品标签应包括的主要内容。
2. 在活动中学生100%能够进行以物换物的自主交易;交换理财沟通卡不少于1张。
3. 学生能够做到成功交易后自觉"纳税"。
4. 通过活动把自己闲置的物品交易出去,学生能够感受到物品都是有价值的,要养成勤俭节约的习惯、理性消费的意识。

活动时间、地点

2008年5月24日上午9:00—11:00,大兴区滨河小学操场。

活动对象及规模

大兴区10所中小学校的200名学生。

活动内容

学生把自己搁置不用的图书、文具、手工制作物品等带到模拟的市场上,通过以物换物、以钱买物的交换形式获得自己需要的商品。在活动中学生自己制作商品标签和销售海报、自愿互留理财沟通卡。活动要求同学每成功交易一次"纳税"一角，所得"税款"纳入"爱心基金"。活动现场设有"爱心自选超市"，"超市"的商品是由学生捐赠给本次活动的。"超市"不设经营者，学生按照物品标明的价格付款（不准以物换物）并放在钱盒中。理财活动结束之前由市场管理员统计"超市"出售情况，售后款项纳入"爱心基金"。"爱心基金"捐赠给四川地震灾区的学生。

活动程序

1. 介绍参与活动的学校学生。
2. 介绍担任市场经理和市场管理员的学生。
3. 学生代表发言。
4. 交易活动正式开始。
5. 市场经理进行本次活动的小结。
6. 主持人全面总结。
7. 活动结束。

活动重点

1. 交易活动开始后，卖方学生通过特色商品、促销广告等方式吸引买方学生。买方学生通过观察市场、询问价格、了解功能等方式了解商品。买卖双方通过议价买卖或交换物品并自愿交换"理财沟通卡"。

2. 参与活动的同学每成功交易一次，交易的双方都要"纳税"一角。学生工作人员记录"纳税"的情况并对"纳税"或捐款较多的同学通过广播进行表扬。

3. "爱心自选超市"不设经营者，学生在"超市"里按照物品标明的价格付款（不准以物换物）并把钱放在钱盒中。

活动准备

活动的准备分为校外办、学校、学生三个方面（见附件13）。

（一）校外办：1．初步制订活动计划、考察活动地点，设计现场；2．撰写活动方案、安全协议书（见附件1）；3．经费预算；4．发活动通知、组织报名、召开领队会（见附件2）；5．邀请有关媒体、准备新闻素材（见附件3）；6．工作人员分工（见附件4）；7．检查场地布置、引导学生入场、查看物品摆放、登记"爱心自选超市"物品、排练、展示理财口号、与学生工作人员沟通并安排工作。

（二）学校：1．研究活动通知、进行报名、参加领队会；2．各校选20名同学，做好分工、分组、互助销售；3．制作特色商品区的标志和促销海报、选定理财口号并制作成横幅；4．承办学校培养市场经理、市场管理员共3人，指导学生代表发言1人；5．检查学生的准备情况、选定捐赠物品、确定一名小队长负责本校秩序和上报统计数据；6．集体练习理财口号、安排乘车及安全教育；7．指导检查布置摊位、关心捐赠物品。

（三）学生：1. 各校学生统一穿校服，小学生戴红领巾；2. 每人准备6件有再利用价值的物品，贴好商品标签，保证物品不危及学生的健康；3. 每名学生带零钱不超过15元，计划好自己的钱怎样消费更有价值、更有意义；4. 填写理财沟通卡；5. 布置摊位、上交捐赠物。

活动过程

活动进程	教师活动	学生活动	备注
1.宣布"争当理财小行家"活动开始	主持人：介绍本次活动的目的、意义以及注意问题。明确理财能力是我们生存能力的重要部分。	学生倾听，明确活动倡导讲诚信、讲文明、善理财、献爱心的活动要求。	教师主持活动主持词见附件5。
2.介绍参与学校	主持人：参加今天活动的有xx学校的同学，欢迎你们！	当介绍到哪个学校时，学生满怀激情地报出自己团队的理财口号，如"你不理财，财不理你"，以不同方式互相沟通。	经理及管理员职责见附件6。
3.介绍市场经理及管理员	主持人：担任本次活动市场经理的是xx同学；担任市场管理员的是xx和xx两位同学，大家欢迎！	市场经理主持活动；负责市场秩序；及时播报情况；统计上报数据；总结发言。	
4.学生代表发言	倾听、观察学生情况。	理财小行家学生代表发言，对参与活动同学提出理财的倡议：遵守纪律、文明购物、团结协作、自立自强、奉献爱心、及时填表，做文明快乐的理财小行家。 全体学生能知道公平公正、合情合理、爱护物品的交易方式，初步建立使用文明用语、待人热情大方的参与态度。	学生经理主持四到六项程序。 学生发言稿见附件7。
5.学生担任市场经理宣布交易活动开始	观察、指导市场经理及管理员的工作。 教师对文明交换、纳税、爱心捐献的学生及时表扬，对出现临时情况及时指导。	同学们寻觅自己心仪的商品开始交易。 在交易过程中，同学们自愿互留记录有与理财相关的个人信息，以便今后更深入地交流。 一名市场管理员负责"纳税"登记环节，维护"纳税"秩序。 另一名市场管理员负责登记"爱心自选超市"的商品、记录出售情况，维护"超市"的运转。 市场经理对在活动中出现的好人好事、不规范经营等情况随时进行播报，引导大家文明理财。	理财沟通卡统一制作"纳税"登记表见附件8。 物品登记表见附件9。 经理主持词见附件10。

续表

活动进程	教师活动	学生活动	备注
6.市场经理进行本次活动小结	教师协助市场经理及管理员汇总数据，进行公布。	全体学生回到原位、保持安静，市场经理对本次活动进行小结。公布成功交易次数，爱心捐款数额，表扬好人好事等，使全体学生了解现场交易情况。	小结内容见附件11。
7.活动总结	主持人：对学生参加活动情况进行简要总结，鼓励学生继续学习理财，争当理财小行家。	学生倾听，结合教师对好人好事的表扬，进一步建立公平交易、礼貌待人、自主管理、文明理财的观念。	教师主持活动。

活动效果测评

1. 每位学生上交一份《学生营销情况统计表》（见附件12），通过此表可以得知学生在活动中的参与率以及每个学生交换理财沟通卡的数量。

2. 通过"纳税"登记表(见附件8）可以得知学生交易后自觉纳税的情况。

3. 通过活动后撰写实践体验的征文可以得知学生对节约、消费和交往等方面的体会。

活动成果

1. 通过"纳税"、"爱心自选超市"环节所获得的"爱心基金"。

2. 评选优秀辅导员、理财小行家、爱心小使者。

3. 征集理财活动体验征文、评奖并择优推荐到《大兴校外教育报》。

附件（略）

附件1：大兴区中小学生"争当理财小行家"活动安全协议书

附件2：大兴区中小学生"争当理财小行家"活动——走进滨河小学领队会内容

附件3：大兴区中小学生"争当理财小行家"活动新闻素材

附件4：2008年大兴区中小学生"争当理财小行家"工作人员安排

附件5：大兴区中小学生"争当理财小行家"活动教师主持词

附件6：大兴区中小学生"争当理财小行家"活动市场管理人员职责

附件7：大兴区中小学生"争当理财小行家"活动学生代表发言稿

附件8：大兴区中小学生"争当理财小行家"活动纳税登记表

附件9：大兴区中小学生"争当理财小行家"活动爱心自选超市物品登记表

附件10：大兴区中小学生"争当理财小行家"活动市场经理主持词

附件11：大兴区中小学生"争当理财小行家"活动小结

附件12：大兴区中小学生争"当理财小行家"活动学生营销情况统计表

活动自评

为引导学生建立文明理财的意识，我们坚持"贴近实际、贴近生活、贴近未成年人"的原则，创设了"争当理财小行家"主题教育活动。活动旨在引导全区广大青少年在体验中建立文明交易习惯，增强实践能力，提高自身素质；引导青少年端正消费态度，学习理性消费，培养理财意识；引导青少年学生走出校园，走进社会，学习沟通，学会交往。

一、引导学生自主参与，锻炼学生理财能力

我们创设一个模拟的自由市场，请学生把自己闲置不用的图书、文具、手工制作物品等带到模拟市场上，通过以物换物或以钱买物的交换形式，获得自己需要的商品。目的是引导学生在实践中获得真实体验，建立勤俭节约、理性消费的意识。活动程序共分七步，其中现场交易是活动的主体。本着学生活动自己办的观念，现场交易部分全都由学生自己组织、管理、实施，这也是活动的亮点之一。为引导学生自主参与、成功交易，活动中为学生建立了自主参与的契机。

（一）学生自己制作商品标签和销售海报。

（二）学生自愿互留记录自己理财的沟通卡。

（三）学生每成功交易一次"纳税"一角，所得"税款"纳入"爱心基金"。

（四）活动现场设有"爱心自选超市"，学生自愿捐赠物品。

（五）"超市"售后款项纳入"爱心基金"，学生自愿捐赠给四川地震受灾的儿童。

这样一些契机的设置，把学生放在自主管理、平等参与的地位，使学生的积极性被充分调动起来。在快乐的自主交易中，学生接触到更多的自主参与空间、自主选择过程。有的学生说："我第一次知道计算对方物品的价格，在礼貌交换中得到我喜爱的物品。"有的学生说："过去我见到好玩意儿就想买，这次好像忽然懂得理财很重要，今后花钱要算一算。"有的家长说："孩子还把物品捐给'爱心超市'，回来后很兴奋，说是还想给灾区的学生再捐献一些爱心。"这使我感到，理财对学生成长很重要，仅靠说教不一定见效，给学生一个自主实践的平台，学生就会真的入情、入境、入心、入脑。

二、反思活动不足，引发自身思考

总体来看，学生参加本次活动的积极性很高，活动从形式到内容具有创新性，准备充分、组织周密，现场学生活动充分且有序，达到了预期的效果。但是活动中还存在一些不足：

（一）离活动地点较远的农村学校学生不方便参加此项活动。我们今后将有意识地采取走进农村学校的形式，方便承办学校周边的学校学生参加此项活动。

（二）很多学校都想参与"争当理财小行家"的活动，但是由于学校工作安排因时间的问题不能参加区级活动。作为组织者不可能为满足学校个性化的需求而频

繁地开展这项活动。针对这个问题，可以给想开展活动的学校必要的指导，学校自行组织开展此项活动，把学校自行组织开展的活动纳入到"争当理财小行家"整体活动之中。

（三）学生捐赠给"爱心自选超市"的物品在"物美价廉"方面还需把关。"超市"的商品只有做到物美价廉，才能在整个市场中更具竞争力。这就要求指导教师在活动前的准备阶段把好这一关。

（四）学生参加完活动的感受、感想还需及时总结整理成文。学生经过准备、参与活动全过程都会产生一定的感受、感想，辅导教师应及时加以引导，使学生的认识在勤俭节约、理性消费、诚信交往等方面得到升华和交流。

（五）活动中出现了以盈利为目的倒买倒卖的个别现象。"争当理财小行家"的交易活动不是以盈利为目的的，所以应杜绝为了赚钱而进行的交易行为。针对这个问题首先需要辅导教师做好活动前的宣传教育，其次还可以通过对市场的管理杜绝以盈利为目的的交易行为。

通过对本次活动的反思，我看到了工作中的亮点，找到了工作的不足。在今后的工作中，我会继续努力提高自己的业务素质，创造性地开展工作，为我区中小学教师和学生提供更多的教育活动机会，提高我区中小学教师和学生的整体素质。

专家点评

活动设计符合群众性主题教育活动特征。教师关注学生花钱消费没有计划的现实问题，设计以物换物、以钱买物的理财教育活动，很有新意。

这种活动为学生搭建了一个模拟实践的场景，引导学生在实际换物中真实体验，建立文明理财、勤俭节约、理性消费的意识。与以往讲座式、说唱表演式主题教育活动相比较，更加具有实践性、活动性、教育性特点。为了引导学生有效参与，教师前期进行了大量准备工作，为学生的自主参与奠定良好基础。同时，整合学校、教师等各方面资源，搭建一个自主交流的平台，组织学生走进自主锻炼交易的场地，培养学生勤俭节约、理性消费的意识。且与爱心捐赠相结合，在接受理财教育的同时，设立关注灾区小朋友的环节，使学生在内心建立起对灾区儿童的一份责任心。活动设计有很强的现实意义。方案内容充实，目标具体，过程比较清晰，活动突出主题，是一个有创意的活动方案。

建议对活动组织工作进一步细化，如位置的安排，交易的具体方法等。

同心迎奥运，携手创明天
——什邡市中小学生北京夏令营活动

北京学生活动管理中心　张京华

活动依据

1. 特定的背景：在全国人民翘首喜迎奥运的欢乐时刻，在首都北京全力备战奥运的关键时刻，2008年5月12日，我国四川汶川发生了特大地震，使四川遭受了巨大的损失，人民蒙受了前所未有的灾难。地震无情人有情，在震后的第一时间，党和政府就吹响了抗震救灾的号角，全国各族人民都积极投身到抗震救灾的行列中。作为正在积极筹办奥运的首都北京，无一例外也是抗震救灾行动的主战场。首都人民情系灾区，首都教育支持灾区已经成为我们的具体行动。在市委市政府的领导下，中共北京市委教育工委、北京市教委承担了地震灾区重建对口支援任务。

2. 特定的任务："5·12"四川地震后，什邡市是灾后重建北京市对口支援的单位，根据教育部对口援建工作的总体部署，为灾区孩子们组织夏令营活动是北京市教育系统为灾区学生要办的一件实事。为此，北京市教育委员会、四川省什邡市教育局决定暑期在北京为灾区学生举办夏令营，具体活动的策划实施由北京学生活动管理中心负责。

3. 特定的人群：此次活动对象是在这次地震中受灾较严重，刚刚经历了身体和心理重创的四川灾区师生，他们需要通过假期放松心情、振奋精神。

4. 特定的时间：活动时间定于2008年7月15日至20日，适逢举世瞩目的奥运会召开的前夕，让营员感受奥运、了解奥运是活动的重要内容。因此，夏令营活动主题定为"同心迎奥运，携手创明天"——什邡市中小学生北京夏令营。

5. 特定的要求：灾区学生震后精神处于紧张状态、生活秩序没有恢复正常，他们的身体情况和精神状态受到社会的关注，到北京后，要保证不能再让学生们受到身体和心灵的伤害。

活动目标

1. 通过夏令营活动，使四川灾区学生度过一个快乐的暑假，减轻地震给他们造成的心理伤痛，重树健康、快乐的心态。

2. 通过夏令营活动，使营员了解北京筹备奥运会的情况，感受奥运的魅力，体验参与奥运的快乐。

3．通过夏令营活动，了解北京，感受中华文化的博大精深，增强民族自豪感和爱国情感。

4．通过夏令营活动，感受现代科技，感受伟大祖国的发展，激发营员立志学习，奋发向上的精神。

5．通过夏令营活动，体现首都人民对灾区师生的关爱。

活动时间

2008年7月15—20日。

活动对象及规模

什邡市中小学生135名，教师15名。

活动主办、承办单位及职责

单位		工作职责
主办单位	北京市教委	负责全面统筹领导，协调重大事项，筹集活动经费。
承办单位	北京学生活动管理中心	负责制订工作整体方案，全面牵头组织协调，落实具体工作方案，沟通联系什邡市教育局，具体管理落实活动经费。
协办单位	海淀区教委	负责协调落实对口交流学校，安排组织学校一日交流活动，提供条件组织保障。
	中国人民大学附属小学	负责提供条件保障和人力支持，配合开展组织工作。

活动组织机构

成立由主办、承办单位各级领导组成的活动领导小组，并下设活动办公室及工作组。办公室主任：张京华

组别	组长	成员
宣传组	张京华（兼）	3名
活动组	吴文	5名
后勤组	王斌	2名
安保组	刘弦	1名

活动内容

开营式、参观首都名胜、参观奥运场馆、奥运城市志愿者体验活动、京川两地学生交流、闭营联欢会。

活动准备及分工

（一）宣传组：1．与什邡市联系确定到京人员情况；2．开、闭幕式的领导邀

请；3．撰写领导讲话稿；4．落实领导讲话；5．制作营旗、营服、营帽、秩序册等项物品；6．负责证件的制作、发放；7．确定交流学校；8．负责环境布置；9．活动摄影摄像；10．准备办公室及设备（电话、传真、电脑）。

（二）活动组：1．负责整体活动方案的策划；2．负责各项活动的实施；3．负责活动场地环境布置。

（三）后勤组：1．负责采集与住宿、接站、餐饮等有关的信息；2．安排与活动及与会务有关的交通；3．负责给全体营员上保险；4．负责订返程火车票；5．安排救护车；6．安排饮食、住宿等事宜。

（四）安保组：1．负责制订外出安保方案；2．负责对讲机的管理；3．负责制订学校内安全保卫方案。

活动过程

（一）阳光雨露

活动目标：通过隆重的开营仪式，体现党和政府对地震灾区中小学生的关怀；体现首都人民和教育系统师生对什邡市中小学生的关爱。

主要活动：开营式。

议程：1．北京市教委领导致欢迎词；2．什邡市教育局领导讲话；3．北京中学生集体献词；4．什邡市中小学生北京夏令营营员代表发言；5．教育部、北京市领导讲话；6．领导向夏令营营员代表赠送礼物；7．领导宣布夏令营开营；8．领导向夏令营营员代表授夏令营营旗；9．领导与营员在营旗上签名、合影留念。

（二）感受奥运

活动目标：通过参观等活动，使营员感受奥运；通过体验活动，使营员感受参与奥运的快乐。

主要活动：参观鸟巢、水立方，体验奥运城市志愿者。

（三）体验北京

活动目标：通过组织营员参观首都名胜，使营员了解北京，感受中华文化的博大精深，增强民族自豪感和爱国情感；通过参观现代化设施和场馆，使营员感受现代科技，感受伟大祖国的发展，激发营员立志学习、奋发向上的精神。

主要活动：游览颐和园、故宫、长城；参观中国科技馆、北京天文馆、国家大剧院；观看升旗仪式。

（四）学校交流

活动目标：开展北京、什邡两地学校学生交流活动，体现首都师生对灾区师生的人文关怀。

主要活动：一日校园生活（参观校园、观看艺术团文艺表演、学生一对一交流、赠送礼物、互动游戏活动）。

（五）依依惜别

活动目标：通过活动，进一步加强京川两地学生的交流，增进感情。

主要活动：闭营联欢会。

日程安排

日期	时间	活动内容	地点
7月15日（周二）	17:30—21:00	接站、安排食宿。	人大附小
7月16日（周三）	8:30—9:00 9:30—11:30 14:30—16:30 19:00—21:00	开营式； 游览颐和园； 参观中国科技馆； 观看电影。	多功能厅 颐和园 中国科技馆 多功能厅
7月17日（周四）	4:59—11:30 14:40—17:00 19:00—20:30	观看升旗仪式、国旗知识讲座； 奥运倒计时牌留影、参观中山公园； 参观天安门城楼、故宫； 参观北京天文馆； 文体活动。	天安门广场 北京天文馆 操场、教学楼
7月18日（周五）	8:30—16:00 19:15—20:45	学校交流； 观看传统文艺演出——杂技。	中关村中学 二十中 石油附中 天地剧场
7月19日（周六）	8:00—10:00 14:00—16:30 19:00—20:30	游览长城； 参观鸟巢、水立方； 参观国家大剧院； 闭营式。	长城 国家大剧院 多功能厅
7月20日（周日）	8:00—8:30 9:00	收拾物品； 返程。	

活动效果测评

1. 访谈参加夏令营师生。
2. 参阅营员撰写的心情日记。

附件（略）

附件1：安保方案

附件2：工作进程安排

附件3：日程表

附件4：预算

活动自评

夏令营是暑期中学生喜闻乐见的一种活动形式，但什邡市中小学生北京夏令营不是一般性质的夏令营，是在特定的环境和背景下组织的一次意义重大的活动，参加活动的对象也是一批特殊的群体。从活动组织者来说，希望通过夏令营活动，一方面使灾区学生减轻地震带来的心理阴影，使他们过一个快乐的暑假，体现首都教育工作者对什邡师生的关心和对灾区中小学生的关怀；另一方面更希望通过这次活动能够在他们人生的记忆中留下深刻印象，能够对他们今后的成长产生积极影响。

从活动内容看，即将召开的奥运会给予此次活动良好的活动背景，北京浓郁的人文环境和深厚的文化底蕴为此次活动注入了活力和激情。我们精选的游览景点和参观场馆成为营员们了解北京、感受奥运的主要途径。营员们参观故宫、长城和颐和园等代表中国、代表北京的名胜古迹，使同学们深刻理解中华文化的博大精深；前往天安门广场，观看升旗仪式，增强同学们的爱国情感和民族自豪感；参观中国科技馆、北京天文馆等现代化设施，使营员感受了现代化科技，激发了营员立志学习、奋发向上的精神，好好学习、报效祖国成为孩子们的共识。

从活动形式看，活动注重学生的参与性和互动性，鼓励学生用眼去观察、用心去体验，如在营地我们设立了"营地心情驿站"，营员们的日记成为生生之间、师生之间交流的平台。根据学生活泼好动的特点，活动中加强了学生互动体验。如我们设计的奥运歌曲带动唱，让学生在轻松活泼的气氛中学习了奥运知识；闭营联欢会成为川京学生心灵沟通的通道；红领巾小导游和"北京一日校园生活"活动，架起了北京与灾区学生之间的一道桥梁。这也是此次夏令营最突出的亮点和特色。

从活动效果看，夏令营活动是在充满着浓浓的关爱与感恩的亲情中度过的，关爱与感恩成为活动的主旋律。夏令营活动的整体安排，得到了全体师生的赞扬，他们发自内心地感谢首都师生对灾区同学的关心和照顾，并把北京人民对灾区人民的深情进行传递成为全体营员的自觉行动。在活动中，灾区学生张张笑脸，表现出的坚强、乐观、感恩的人生态度，也感染教育了参与夏令营活动的北京师生，激励着他们用更高的热情和爱心为灾区孩子们服务。大家说：他们的坚强、勇敢和乐观将永远印在我们的心中，激励我们今后的生活和工作。因此说，夏令营活动不仅是对灾区孩子的帮助和教育，也是对北京师生心灵的一次洗礼。

活动体现了党、政府和首都人民对灾区人民的关心和关爱，也引起了各大媒体的高度关注，北京电视台、中国教育电视台、北京电台、《北京晚报》等媒体对本次活动进行了深度报道。

总之，整个夏令营活动体现了人文关怀，突出了奥运特色、首都特色。营员们感受了首都历史文化和人文渊源，有所收获和感悟。

此次夏令营筹备时间仓促，从筹备到开营只有短短的10天时间，因而一些活动

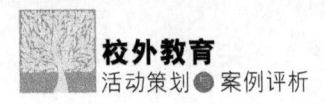

细节设计还不够精细。如在营地内的活动还缺乏夏令营特色，没有建立以营员为主体的营委会，没有组织起营地的宣传、娱乐、卫生评比等活动，这些活动形式的疏落，淡化了夏令营的特色，同时也失去了对学生教育的一种有益形式。

专家点评

这是一次夏令营活动，属于青少年群众性主题教育活动。

夏令营活动是校外传统教育活动，深受青少年学生的欢迎。夏令营可以是专项性的，也可以是综合性的；可以是一日营，也可以是多日营；可以是本地营，也可以是异地营甚至国际营。不同时代赋予其不同的内容和形式。

这项夏令营活动是在特定的背景下有着特殊意义的夏令营。活动是由北京市教育委员会、四川省什邡市教育局主办的，活动对象是四川灾区来到首都的特殊客人，活动的大环境氛围是举国上下迎奥运，活动的第一目标是让四川灾区学生度过一个快乐的暑假。活动组织者的主要任务是在以上的限定条件下，发挥最大的创造性和拓展性，最大限度地把活动设计得更好，达到内容、形式、效果的最佳深化。

活动方案设计内容丰富、形式新颖，特别是"学校交流"环节很有特色。

防震减灾，从我做起
——防震减灾科普教育体验活动

北京市大兴区少年宫　张淑萍

活动依据

1. 为认真贯彻国家减灾委员会《关于做好今年防灾减灾有关工作的通知》（国减电〔2010〕1号）精神，"认真总结借鉴汶川特大地震抗震救灾经验，全面提升我国地震灾害综合防范应对能力"，促进全社会防灾减灾意识和能力的提高，全面提高师生的防震减灾意识和自救自护能力，努力构建和谐平安的校园环境。

2. 2008年四川汶川特大地震人员伤亡惨重，遇难人数超过8万，这其中学生遇难人数超过5000。中小学生作为未成年人，在地震灾害面前的自救、互救和逃生能力都比较弱。北京处于环太平洋地震带。20世纪70年代的邢台、唐山地震时刻告诫我们，地震离我们并不遥远，因此，加强中小学生防震减灾宣传教育，确保在地震发生时能够做到科学避险、减轻地震灾害造成的伤害和损失，具有十分重要的意义。

3. 作为全国第一座专业化的地震灾害紧急救援训练基地，内设有世界先进的设备设施，是社会公众进行地震知识普及和抗震自救与技能训练的最佳场所。

活动目标

1. 知识目标

（1）能说出两种以上地震成因。

（2）能正确说出地震的类别和震级的类别。

（3）能说出三种地震发生前的常见现象。

（4）初步掌握避震自救知识。

2. 技能目标

（1）掌握在学校、家庭里，平房、楼房中避震逃生的技能技巧。

（2）锻炼学生应对突发事件下的应急反应能力。

3. 情感态度与价值观目标

（1）提高学生对地震灾害的科学认识，能正确对待地震天灾。

（2）通过体验活动使学生团结协作意识得到加强。

（3）通过本次活动使学生认识到生命的珍贵。

活动对象及规模

小学高年级学生60人。

活动时间、地点

2010年6月19日，上午9:00—12:00，国家地震紧急救援训练基地。

活动内容

通过组织学生去国家地震紧急救援训练基地，充分利用基地的硬件设备设施，达到使学生掌握地震基础知识和避震逃生方法，提高自救互救技能为目的的一项科普教育体验活动。

活动准备工作

活动过程	活动程序	教师活动	学生活动	设置意图
一、开始阶段	活动开始	介绍本次活动的目的、意义及对活动基地进行简介。	注意倾听。	明确活动目的，对活动场所具有初步认识。
二、了解感受地震阶段	1.参观模拟震后废墟楼	边介绍边带领同学参观。	边听介绍边参观。	初步对地震强度有一个直观认识。
	2.听讲座	1.介绍所讲内容及认识教官。 2.讲要求并发测试题。	1.边听讲解边与教官互动交流。 2.完成测试卡片（见附件2）。 3.与教官一起讨论试题答案。	让同学在理论上对地震的基本知识有一科学、正确的认识。
	3.观看4D影片《灾害警示录》	1.简介影片的大致内容。 2.讲要求。 3.看后采访："（1）你们以前看过4D电影吗？（2）今天看后有什么感受？"	1.观看4D影片。 2.自由发言谈感受。	同学通过看影片，感受地震来临时的情景，并通过采访表达真情实感。

续表

活动过程	活动程序	教师活动	学生活动	设置意图
三、防震避震训练阶段	1.19度倾斜楼内逃生体验	1.简介建造这种斜楼的目的及进入楼内的注意事项。 2.体验同时采访：（1）楼内问："此时有什么感觉？"（2）楼外问："现在感觉怎么样？" 3.对教官进行提问：（1）"为什么人在楼内外感觉会不一样？"（2）"处在这种楼内正确的上下楼行走姿势是怎样的？"	1.听教师讲解。 2.走入楼内做体验。 3.自由发言谈感受。 4.听教官讲解教师的提问。 5.体验正确方法下楼梯。	1.让同学走进斜楼亲身体验震后人们慌不择路、迷失方向的原因。 2.掌握斜楼内正确上下楼行走姿势。
	2.烟雾通道逃生体验	1.简介体验项目及要求。 2.挑选体验小勇士。 3.与同学一起体验。	听要求，争当小勇士，积极进行体验。	让同学掌握在这种环境中避震逃生技巧，同时锻炼他们的胆量，培养协作精神。
	3.避震逃生演习	1.提问：地震发生了，你在家、学校、公共场所、户外都应怎样避震？ 2.简介演习路线。 3.发令开始。 4.评出优胜队并颁奖。	1.以组为单位进行抢答。 2.进行演习训练。 3.受奖。	对同学所学避震逃生知识与技巧进行实地检测。
	4.互救拓展游戏	1.简介游戏规则。 2.宣布游戏开始。 3.评判优胜队并颁奖。	1.听要求。 2.开始游戏。 3.受奖。	把地震互救技能的掌握融入游戏当中，让同学在轻松愉快的氛围中获得知识，符合同学的认知特点。
四、总结阶段	活动总结	1.对本次活动进行全面总结。 2.现场找同学谈收获。	1.倾听。 2.自由发言谈收获。	通过教师的全面总结，使同学对这次活动的目的、意义更明确。

活动效果测评

1. 现场采访法（每一环节一访问）。

2. 问卷法（收回知识答题卡）。

3. 演习（实地训练）。

活动自评

本次活动是面向我区小学高年级学生开展的一次科普教育体验活动。本次活动的主题是"防震减灾，从我做起"。活动以"地震—逃生"为主线，通过参与多种形式的体验活动来获取知识，提高技能，同时激发学生珍爱生命、与自然和谐相处的情感。我认为本次活动是成功的，实现了预定目标。

成功之处

1. 充分利用校外教育资源，为学生学习地震知识搭建平台

针对地震教育，很多社会教育资源有着得天独厚的优势条件。在活动筹备过程中，我先后考察了多所社会地震教育基地，亲身体验了基地内的多种地震教育设备设施，最终在区地震局的帮助下选定了位于海淀区的国家地震紧急援救训练基地作为活动地点。主要考虑到：一是该基地是国家级的、一流的，设备设施都是根据实际演习训练的不同需要而专门购置建造的，是其他科普基地所无法比拟的；二是体验内容较适合小学高年级孩子参与；三是远离大兴，很多学校没有到过，有新鲜感，容易激发师生参与兴趣；四是安全设施完备又有有经验的专门人员保护。活动实践证明，我们的选择是对的。

2. 专业教育设备设施为学生提供立体、全方位逼真体验

近几年，北京地区还没有大的地震发生，孩子们没有亲历地震的考验和经验，对地震所具有的破坏程度，只是从书中或电视等媒体中获取，感受不是很深。本次活动中同学刚刚进入国家地震紧急救援基地大门，就被眼前的场景惊呆了，倾斜的楼房、瓦砾遍地，各种被破坏的建筑、垃圾扭曲地混在一起，似乎刚刚遭遇了一次地动山摇的震荡。这是模拟地震后建筑物的倒塌场景。接下来通过观看动感逼真的4D电影《灾害警示录》，从视觉、听觉、触觉全方位直观感受到地震发生时地动山摇、房倒屋塌、海浪呼啸等灾难场面，就像处在真实的地震环境中一样。学生通过看到的这些场景，真切感受到了地震的巨大威力，地震对建筑物的摧毁程度有多大。走进19度倾斜楼，过烟雾通道，学生们都亲身体验了每个环节。通过亲身体验、感受，学生获取了知识，提高了技能，从而加深了孩子们对地震灾害的认识。

3. 拓展游戏，让学生在快乐中学习

本次活动中，为使学生进一步提高地震避震、自救互救的能力，我设计两个竞技游戏，一个是避震逃生演习，一个是闻声寻人游戏。同学们在掌握了避震逃生的理论知识基础上，进行了趣味性浓烈的游戏活动。而学生要想在游戏中取胜，首先要注意相互配合、协作完成，其次注意技能的发挥。整个活动氛围轻松愉快，真正起到了寓教于乐的作用。

不足之处

1. 参与此次活动的学生范围应该再广泛一些，让更多的中小学生参与进来，使地震教育在所有的青少年中得到普及。

2. 自救与互救体验环节应再加强一些。

总之，本次活动是一次校外群众性教育活动。活动充分利用了校外资源，为学生在社会这个大课堂中汲取营养提供了平台，学生在实践中体会、在实践中提高。这次活动的开展既是素质教育的重要组成部分，更是社会发展形势的需要。

专家点评

　　这个科普体验活动的选题密切结合了学生知识和能力共同提高的原则，贴近学生在社会生活中的实际需求，形式新颖。整个方案突出了充分利用社会资源的有利条件，同时指导教师有效地把握活动的环节和步骤，以达到较好的活动效果。整个设计注重了全面、细致、实用。尤其是活动目标的设定，符合具体、可行、可测的要求，做到了活动内容与目标的紧密结合。

　　在活动过程的设计中，对教师的设计理念和指导、组织工作的环节应加强理性地阐述，即要说明"为什么"这样考虑，以增加方案的"刚"性高度。

我和星星在一起
——天文科普教育活动

北京市怀柔区学生活动管理中心　秦雪莲

活动依据

2007年温家宝总理的《仰望星空》一诗发表在《人民日报》上，鼓励广大青年要有远大的理想、高尚的道德、渊博的知识、强健的体魄和完整的人格。这首诗成为北京航空航天大学校歌歌词，2010年高考作文题目《仰望星空，脚踏实地》引发了众多考生的深思。由此可见，做一个学会"仰望星空的人"已成为时代的呼唤。我想仰望星空要从学习天文知识开始，而培养激发学生兴趣要从青少年学生开始，为此我设想开展一次小学生的群众性天文知识普及活动。通过对全区各校的调查发现，学生的天文知识匮乏，而宇宙奥秘能够很容易地激发学生的好奇心。此外，怀柔区学生活动管理中心天文馆拥有先进的数字宇宙剧场和天文科普设施，特别适合开展天文科普活动。

活动目标

1. 认识北斗七星、北极星，学会寻找北极星的方法，能够画出大熊星座、小熊星座的范围和位置。
2. 使学生产生认星识座的兴趣。

活动时间、地点

2010年7月25日上午，怀柔区学生活动管理中心天文馆。

活动对象及规模

小学一、二年级学生共55人。其中，怀柔区一小21人、二小18人、三小16人。

活动内容

1. 参观展厅。
2. 春季星空知识讲座。
3. 观看数字球幕电影。
4. 动手实践。

活动重点、难点

重点：学生通过知识讲座环节，认识北斗七星，学会寻找北极星的方法。

难点：能够在星空图中画出大熊星座和小熊星座。

活动准备

一、调研与下校考察

1. 在全区各校老师协助下，对一、二年级学生进行关于天文知识了解情况的调查。
2. 确定活动具体内容。

二、方案策划与申报

1. 撰写《活动方案》、《安全预案》，上报中心审批。
2. 拟定发放《参观学管中心天文馆通知》。

三、宣传与推广工作

1. 宣传海报的制作与发行。
2. 做好报名登记工作。

四、召开安全小组会议，具体分工，明确职责

五、天文教师的准备工作

1. 确定讲座内容。
2. 数字宇宙剧场内设施设备的调试与检修。

六、安保准备工作

七、活动经费预算：100元

活动过程及思路

一、活动前动员

教师首先组织学生在天文馆门口集合，向学生介绍本次活动的目的、意义及环节，并对学生进行安全、文明教育，提出活动具体要求。

二、参观展览

学生依次参观星座平面图、太阳系立体模型等实体模型、展板区和实物展区。

学生年龄小，天文知识匮乏，通过参观展览，听教师介绍天文馆概况，了解太阳系基础知识，感受天文馆环境氛围，使学生产生对星空知识的学习欲望，为下一步学习星体、认识星座奠定基础。

三、知识讲座

学生对星空认识了解很少，教师通过知识讲座，帮助学生认识星体、识别星座，使学生掌握利用星座辨认方向的技能。

1. 认识北斗七星。

在数字宇宙剧场里，教师引导，学生安静聆听、仔细观看，天文教师利用数字环幕模拟春季星空，讲述如何寻找北斗七星。

2. 学会寻找北极星。

学生通过教师讲解，幻灯片视觉刺激，学会利用北斗七星大勺子的勺柄寻找北极星的方法。

3. 记住大熊星座、小熊星座。

"看"：学生记住大熊星座和小熊星座的范围和位置，知道北斗七星位于大熊星座，北极星位于小熊星座。

"画"：教师引导学生随环幕一起在空中边看边画，记住所学星座。

四、观看球幕数字电影《大鸟探险记》

《大鸟探险记》通过卡通形象"大鸟"带领学生在星空海洋遨游，重温北斗星和北极星。惟妙惟肖的故事情节、炫目多变的视觉感受，帮助学生巩固所学知识、增加印象，为动手实践环节做好铺垫。

五、动手实践环节

1. 绘制星空图（作为效果检测的重要环节）。

找星星：找出北斗七星和北极星，并用笔画出大勺子。

连星座：动笔画出大熊星座和小熊星座的轮廓。

装边框：组内合作互助，讨论后装饰四边框。

发挥小组集体智慧，让学生体验团队合作的乐趣。

2. 评选优秀星空图。

采用小组自评与教师评价相结合的方式，每组选出1—2幅优秀作品。

3. 优秀作品展示。

学生上台展示作品，大家分享作品，体验成功后的喜悦。

六、赠送纪念品——北京海底世界门票，激励学生去探访海底世界，增长科普知识

活动总结

教师总结本次活动，表扬优秀的小组和学生，进行安全教育后组织学生离开天文馆。

活动效果测评

1. 举办星空图作品展，展出活动成果。

2. 召开座谈会，教师引导学生从知识掌握和激发兴趣方面谈谈参加本次活动的感受，并安排课后任务，教会家长认识一个星座，活动后随访家长。

附件（略）

附件：怀柔区学生活动管理中心安全与学生伤害事故预防措施备案表

活动自评

本次活动以认识北斗七星、北极星、大熊小熊星座等星体星座，激发学生认星识座兴趣为主要目标，重点设计了参观展厅、春季星空知识讲座、观看数字球幕电影、动手实践四个环节。回顾全过程，策划编排合理，活动形式新颖，前期准备充分，过程严密有序，活动效果明显，达到了预期设定的目标。

活动亮点

1. 活动设计具有时代感，符合学生情感需求

2007年温家宝总理的《仰望星空》一诗发表在《人民日报》上，2010年高考作文题目《仰望星空，脚踏实地》引发了众人的深思。由此可见，做一个学会"仰望星空的人"已成为时代的呼唤。但调查显示，当今少年儿童天文知识匮乏。教师口头教育学生"努力学习天文知识"成效甚微，而激发兴趣主动学习才是首要之选。为此我设计本次活动，带领学生走进天文馆，与星星近距离接触，激起学生对星空的无限热爱。活动结束后召开座谈会，学生踊跃发言，证明了本次活动的成功。

2. 活动形式新颖，激发了低龄儿童参与活动的积极性

活动以学生喜闻乐见的动画电影和动手实践相结合的形式，通过炫目多变的视听媒介，激发学生的学习欲望，使学习成为快乐的求知活动。借助多媒体课件的视听效果，学生顺利完成了认星、找星、记星座、画星座等任务。在知识讲座环节中，利用数字球幕播放春季星空，学生看北斗七星的眼神充满了好奇。紧接着观看"会动"的北斗七星，变动的画面帮助学生很快学会了找星体的方法，学生的脸上写满了成功的喜悦，在边看边画的游戏中，学生记住了大熊星座、小熊星座。球幕数字电影《大鸟探险记》更给了学生视觉和听觉的双重刺激，让学生在欣赏中有效巩固了所学知识。动手实践环节，学生以组为单位合作学习，共同拿起笔，画出北斗七星和北极星，描绘出大熊星座和小熊星座，在老师引导下将刚刚学到的知识再次呈现，巩固了知识，增加了印象。既突破了活动的难点，又让学生体验了团队合作的乐趣。整个活动形象直观，形式活泼，符合该年龄段孩子的学习特点。

活动不足之处

本次活动也存在一些需要进一步改进与提高的方面。例如：动手实践环节时间略长。由于学生年龄小，在动手实践环节的最后，个别学生的注意力不能完全集中。在以后活动中，教师要把握好活动前后时间，促进活动的有效开展。

本次活动是成功的。活动内容、活动方式、组织形式等为今后工作提供了成功

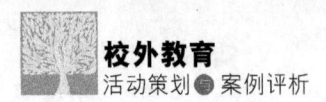

经验，其不足之处在今后活动中加以不断完善。

专家点评

选题贴近学生的日常生活，形式新颖，注重了活动的实效性。方案简洁，行文清楚流畅。设计者的思路清晰，环节也比较完整。活动设计在脉络上采用逐层递进的方法，又能够始终围绕着所设定的目标和主题的贯彻以及重点、难点问题进行，所以使人感到方案的紧凑性和环节的有序深入，这样能够有效地保持学生的积极性、注意力，以促进活动目标的实现。

这个设计方案中参加活动的学生年龄偏小，知识点的接受会有一些难度，可以适当提高活动对象的年龄。

团队展风采，快乐伴成长
——北京市密云县小学生游戏体验活动方案

北京市密云青少年宫　隋福中

活动依据

1. 政策依据：《北京市校外教育机构工作规程》中提出"校外教育活动可以通过兴趣小组活动、社团活动、游戏娱乐活动等形式开展"。而在实际工作中，开展什么游戏活动？怎样开展游戏活动？采用什么样的方法与模式开展游戏活动？如何挖掘游戏活动中的教育因素？这些都需要我们在活动实践中积极探索、总结和归纳。

2. 需求依据：游戏是儿童的天性，符合儿童的年龄特征，能调动儿童的积极性。游戏既是有兴趣的认知活动，又是多元化、多功能的体验教育活动。游戏对培养儿童的全面发展有着巨大促进作用。时逢暑期，小学生的户外活动减少、看动漫和网络游戏时间超长，身心健康受到影响。家长希望有丰富多彩、健康快乐的校外活动帮助孩子分散对电视和电子游戏的过分关注，并帮助他们树立正确的游戏娱乐观念，选择良好的游戏娱乐方式。

活动目标

1. 学生能够积极、主动地参与游戏体验活动，并能在游戏活动中获得体验的快乐、成功的快乐和合作的快乐。

2. 学生能够体验3个以上的游戏项目，并能够了解规则、学习规则、遵守规则。

3. 学生在游戏中能按要求建设团队、运行团队、发挥团队优势，较好地完成游戏项目。

4. 学生能够在现有的规则基础上，在游戏道具方面、游戏规则方面、游戏方法方面有所创新。

活动时间、地点

2010年8月14日，密云青少年宫篮球馆。

活动对象及规模

自愿报名的20所小学的四至六年级小学生，学生、组织教师、观摩家长共140人。

活动内容和方式

1. 活动内容

调查了解团队建设、游戏体验、游戏竞赛、信息分享。

游戏项目包括急流勇进、旱地龙舟、卡酷巴士、太空漫步、智慧传球、超级排球大PK共6个。

2. 活动形式

（1）活动准备部分：学生通过多种途径调查了解规则、团队的知识。

（2）活动开始部分：集中学习游戏规则。

（3）常规体验部分：团队建设、试玩游戏、研讨改进、游戏竞赛。

（4）创新体验部分：自选1—2项游戏实施创意、展示创意。

（5）大团队体验部分：全体学生分红、蓝两队进行超级排球游戏竞赛。

活动重点、难点

1. 活动重点：如何通过游戏活动让孩子们玩得充分、有内涵，并获得真切的快乐体验。

2. 活动难点：如何落实团队建设、切实发挥团队优势，较好完成游戏项目。

活动准备

1. 活动组织人员的准备：2008年7月2日—7月13日，召开动员会、活动预备会，撰写活动实施方案，召开领队会，向学校、学生及家长提出活动要求及提示，做好场地、物品的准备工作。

2. 学校的准备：2008年7月2日—7月12日，下发活动通知，对参与游戏体验活动的学生进行纪律教育、安全教育。

3. 学生的准备：2008年7月2日—8月13日，按通知要求了解游戏体验活动的内容和基本形式，完成了解规则和团队方面的思考题，报名，做好其他方面活动准备。

活动流程及思路

活动阶段	活动环节	学员准备	教师活动	设计意图
常规体验部分 7:50—8:15	组织检录 7:50—8:00	报到，同组队员相互认识。	点名、发体验卡；组织学生初识；引导学生入场。	通过教师干预，改善随机分组的合理性、科学性，为进行团队建设作铺垫。
	集中宣讲 8:00—8:05	在教师引导下参加开幕式。	主持开幕式、集中宣讲，维护场地秩序。	激发学生兴趣，让学生了解活动内容、明确活动要求，介绍活动组织教师，方便学生与教师沟通和联系。
	规则学习 8:05—8:10	在教师引导下学习游戏规则。	播放规则，演示文稿。	让学生全面、细致地了解游戏规则，保证游戏活动顺利开展，保证学生游戏快乐、安全。
	热身运动 8:10—8:15	在教师引导下进行热身活动。	安排教练员引导学生热身。	遵循运动规律，减少运动意外事故，保证学生愉快体验。
常规体验部分 8:15—10:00	常规体验的部分采用游戏超市的方式进行。学生以小组为单位自由选择喜欢的项目轮换进行体验。每个游戏体验项目中基本环节包括：团队建设、初步体验、研讨改进、小组竞赛、分享收获五个基本步骤。	根据兴趣选择游戏项目，按照要求建设团队。	引导学生有序轮换项目，进行团队建设。	保证学生体验时间充分，活动安全有序。
		重温规则，试玩游戏。遵守规则、研讨改进、小组竞赛，进行体验。	引导学生熟悉规则，监护学生试玩游戏，引领学生运行团队提高成绩。	促进团队建设和运行团队，较好地完成体验规则。引导学生在交流、研讨中改进游戏策略，发挥团队优势，体验合作的快乐。
		团队合作，小组竞赛（三局两胜）。交流研讨，改进策略，对抗竞争，提高成绩，团结协作，体验快乐。	竞赛裁判、活动指导，引领创新，引导交流。	
		分享游戏快乐，交流活动感受。（把感想、收获、体会、新创意等写在留言簿上）	鼓励、引导学生表达、交流。填写游戏体验卡。引导学生留言。	寓教于乐，促进规则和团队教育活动目标的落实，收集活动信息。

续表

活动阶段	活动环节	学员准备	教师活动	设计意图
创新体验部分 10:00—10:30	实施游戏新创意	学生自主选择有创意的游戏项目，与组织教师交流创意、思路，并在教师监护下进行创新游戏的试体验。教师引导学生研讨交流、不断完善游戏创意。	巡视、检查学生活动及教师组织情况，进行活动调控。调动学生积极参与、引导学生发挥团队优势进行游戏创新。	实现学生的主体地位，尊重学生的游戏兴趣，激发、保持学生的参与积极性。
	展示优秀游戏创意	学生组内交流，研讨与改进新游戏。	监护学生进行试新游戏体验。引导学生交流、研讨、改进新游戏。	做好不安全隐患的预见与处理，加强安全监护，保证学生安全。
		展示团队创新成果，分享收获、留言。	引导学生展示新创意，为适合竞赛的创意裁判，评议创新设计，填写体验卡。	保持学生活动兴趣，引导学生发挥团队优势，进行有意义创新。展示学生的创新成果，鼓励学生创新。
超级排球PK 10:30—10:45	分组与规则学习	学生在教师引导下学习新项目的游戏规则，试体验，研讨改进提高团队成绩的方法和策略，组织大团队竞赛。	引导学生学习项目规则。引导学生参与超级排球PK活动。	体验大团队合作项目的快乐。通过体验更深入地了解团队合作的重要性，将活动的气氛推向高潮。
	团队竞赛（PK）			
活动总结 10:45—10:55	学生发言裁判点评教师总结	学生上台发言，分享游戏体验活动的感想与收获。	引导学生进行体验分享，安排活动组织教师点评，进行活动总结。	引导学生分享收获，提升理解。进一步明确活动的意义，落实寓教于乐的活动目标。
活动结束 10:55—11:00	学生交卡领取奖品有序退场	领奖品，填写调查卡，交回体验卡。	提示退场、离校、返程要求。对观摩家长进行访谈。	保证学生平安返程。收集活动效果信息。

活动效果测评

1. 规则问答。
2. 访谈（学生现场采访、活动后期效果采访、家长采访）。
3. 填写游戏体验卡、活动效果调查卡。
4. 组织教师反馈。

附件（略）

附件1：游戏的规则
附件2：安全预案
附件3：学生体验卡
附件4：学生检录表
附件5：工作人员安排表
附件6：游戏器材清单
附件7：活动场地图

活动自评

"团队展风采，快乐伴成长"游戏体验活动以新颖活泼的形式，丰富多彩的内容，吸引了我县20所学校的100多名小学生参加。在整个活动中，学生情绪高涨持久，场面热烈有序，活动围绕着规则教育、团队教育、合作教育和创新教育四个关键词，从学生的实际需求出发制定了4个清晰、准确的活动目标，围绕目标设计活动过程，各环节衔接紧密，整个活动采用任务引领的方法，使参加活动的学生自始至终在思考、讨论和实践中体验、感受游戏带来的乐趣。通过游戏体验卡、随机访谈、现场观察等多元化的活动评价反馈表明：此项活动目标达成度较高。

经过全面地反思，我认为此次活动有以下几个亮点。

亮点之一：立足激发兴趣，实现游戏功能

快乐是游戏的灵魂。我们紧紧把握游戏的特征，结合小学生的特点，立足于激发孩子们的兴趣，确定了"主动参与，积极体验"获得快乐的活动目标。精心设计了六个团队游戏项目，精心制作了新颖别致的游戏道具；采用小组对抗和游戏积分的形式，安排了学生自主创新的环节，吸引学生的参与。在整个活动过程中，学生兴趣浓厚、热情饱满，积极、主动地参与了游戏，达到了寓教于乐的活动目标。

亮点之二：通过多种途径，落实规则教育

规则是游戏的本质特征，没有规则，就没有游戏。我们确定了规则教育活动目标，进行了精心策划：活动前通过预设思考题引发学生对规则的关注与了解；活动现场利用多媒体设备引领学生学习游戏规则、利用场地中的易拉宝帮助学生重温游戏规则，游戏活动中让学生们亲身体验规则、创新规则；活动后通过访谈、体验卡

收集等形式反馈规则学习的情况。多途径、多方法学习和体验，切实有效地实现了规则教育目标。在活动中，学生们领会到了规则的重要性，理解了学习规则、遵守规则的必要性，促进了学生形成正确的规则理念：小到游戏，大到生活，处处要遵守规则。

亮点之三：拓展创意空间，培养创新能力

学生对规则的认识是创造性发挥的前提。只有让孩子们获得了创造的自由，他们才会在游戏中感到快乐、满足，充满成就感，才能真正为孩子们创造性地发挥提供契机。我们在游戏体验、小组竞赛中设计了三局两胜制，给学生留有创新的余地，使团队的优势和个人的智慧得以发挥。在常规体验后，我们还专门为孩子们设置了创新游戏体验板块，学生们在这个板块中可以自由想象、自主创意，运用智慧、展现才华，孩子们的创新能力在充满快乐的游戏中得到了培养与发展。

反思本次活动的不足，有一点尤为突出：那就是团队建设目标的达成不够理想。

首先，是因为活动策划教师关于"团队教育"的理论学习不足，对团队建设工作的方法、途径的理解与把握不够深入。其次，是对学生及活动组织教师在"团队教育"层面的基本情况了解不足，造成了活动中关于"团队建设"的措施没有对活动目标的达成产生全面的支撑作用。

有了此次活动的经验，今后再组织活动时，无论是活动之初的方案策划、学情了解、组织教师培训，还是活动后期的反馈与检测，必须要把组织措施的制订与活动目标达成关联起来。要紧紧围绕活动目标来策划和制订全面、细致的活动组织措施，要把活动策划人员的理论学习和业务提高纳入到组织措施中，切切实实通过组织措施的制订和运行保障活动目标的达成。

专家点评

以青少年喜闻乐见、积极参与的游戏活动做选题，并赋予通过游戏活动促进团队建设教育的内涵，体现了设计者注重"寓教育于活动之中"的思想。方案比较完整，内容充分体现了游戏的创新性和可推广性，在活动的环节和流程中，注意了主题的体现和贯彻，对调动学生参与的积极性有细致的安排，对教师的适时指导思考得当。尤其是针对此类活动的安全保障工作，给予了充分的重视。

在方案设计的"内容和方式"部分中，文字表达不十分贴切；对重点和难点问题的解决方法在设计上有些不足。

附录：六个校外教育活动案例实录

请扫描二维码，即可免费观看以下六个校外教育活动案例实录。

案例实录一　友谊医院实施智能化调查活动

案例实录二　走进北京胡同 感受北京文化

案例实录三　民族音乐 爱心之旅

案例实录四　走进桃乡展才艺 音乐连着我和你

案例实录五　爱在太阳村

案例实录六　走进机器人世界